"十二五"国家重点图书出版规划项目
洞庭湖生态经济区研究丛书
The Research Series of Dongting Lake
Ecological Economic Zone

农村城镇化研究
——以洞庭湖区域为例

柳思维　徐志耀　熊曦　著

湖南大学出版社

内容简介

本书包括理论与实证、战略与对策、实践与案例、专题研究等，多角度、深层次地探讨了我国农村城镇化问题。重点对环洞庭湖区域农村城镇化的历史沿革和发展现状进行了评析，提出了环洞庭湖区域农村城镇化建设战略对策。并对常德、岳阳、益阳三市农村城镇化实践进行了具体评述。

图书在版编目（CIP）数据

农村城镇化研究——以洞庭湖区域为例/柳思维，徐志耀，熊曦著.—长沙：湖南大学出版社，2012.12
（洞庭湖生态经济区研究丛书）
ISBN 978-7-5667-0299-9

Ⅰ.①农… Ⅱ.①柳… ②徐… ③熊… Ⅲ.①洞庭湖—湖区—农村—城市化—研究 Ⅳ.①F299.276.4

中国版本图书馆 CIP 数据核字（2013）第 005742 号

农村城镇化研究——以洞庭湖区域为例
NONGCUN CHENGZHENHUA YANJIU
——YI DONGTINGHU QUYU WEILI

作　　者：	柳思维　徐志耀　熊　曦　著
策划编辑：	刘　旺
责任编辑：	刘　旺　　责任校对：全　健　　责任印制：陈　燕
印　　装：	国防科技大学印刷厂
开　　本：	710×1000　16 开　　印张：18.5　　字数：353 千
版　　次：	2014 年 6 月第 1 版　　印次：2014 年 6 月第 1 次印刷
书　　号：	ISBN 978-7-5667-0299-9/Z·10
定　　价：	74.00 元

出版 人：雷　鸣
出版发行：湖南大学出版社
社　　址：湖南·长沙·岳麓山　　邮　　编：410082
电　　话：0731-88822559（发行部），88821174（编辑室），88821006（出版部）
传　　真：0731-88649312（发行部），88822264（总编室）
网　　址：http://www.hnupress.com
电子邮箱：liuwangfriend66@126.com

版权所有，盗版必究
湖南大学版图书凡有印装差错，请与发行部联系

洞庭湖生态经济区研究丛书

编辑委员会

顾 问

梅克保　王克英　吴向东

主 任

颜永盛

委 员

（以姓氏笔画为序）

刘　宏　刘茂松　李松龄

柳思维　蔡四桂

总　序

"洞庭湖研究丛书"是湖南省洞庭湖区域经济社会发展研究会的专家学者和实际工作者以洞庭湖区域经济、社会、文化发展为研究对象所取得的研究成果的结晶。"丛书"首卷于 2011 年问世，此后将陆续出版。它的出版，旨在为当政者提供决策参考，为后来者留下研究资料。

"洞庭天下水"，洞庭湖是世界知名的淡水湖，是湖南的母亲湖。它接纳四水，吞吐长江，通江达海，交通便捷。洞庭湖区物华天宝、人杰地灵、历史悠久、文化厚重。"湖广熟、天下足"，自古以来，它就以"鱼米之乡"誉满天下。新中国成立以后，八百里洞庭生机焕发，成为我国重要的粮、棉、麻、油、鱼、猪生产基地，为我国的粮食安全、水利安全、生态安全作出了巨大贡献，是湖南经济的重要支柱和最具活力的增长板块。面对经济全球化、信息化、工业化、后三峡时代和区域经济协调发展的新形势，洞庭湖区出现了许多新情况、新问题，面临着新的机遇和挑战。如何抓住机遇、迎接挑战、跨越发展，进一步发挥洞庭湖"生态之湖""调蓄之湖""富民之湖"的重大功能，是洞庭湖区人民的殷切期望，也是促进"长株潭"城市群两型社会和全面小康建设，加速中部崛起的客观要求。

2009 年春，一批对湖区发展具有强烈使命感的专家学者和实际工作者，拟组建湖南省洞庭湖区域经济社会发展研究会，以便进一步系统深入地研究洞庭湖区域发展问题。在湖南省委、省政府的关心支持下，研究会于 2009 年 12 月 24 日正式成立。这是湖南省第一个以洞庭湖区域发展为研究对象的省级学术组织。

研究会成立以后，广大会员针对洞庭湖区域经济社会发展战略、发展规划、生态环保、水利交通、城乡统筹、产业升级、文化旅游、发展历史等重大问题，广泛调查、深入研究、举办论坛、集思广益、百家争鸣，逐步取得了一些成果，催生了这套"丛书"。

"丛书"的编写力图站在历史的高度、时代的高度、科学的高度，坚持历史与现实、理论与实践、经济与文化、生态与发展、系统与开放的有机结合，面向实际，面向未来，着眼全局，博取众长，努力使之具有科学性、前瞻性、时代性、可行性，为洞庭湖区域又好又快发展提供理论依据和智力支持。

发展无止境，认识无终点。今天的研究仅为开篇破题之举、抛砖引玉之作。我们将与时俱进，探索不止。希望能有更多的有识之士来为洞庭湖区域经济社会发展献计献策、赐教赐稿，让洞庭湖区这颗祖国的中部明珠更加璀璨，让"洞庭湖研究丛书"这块理论园地百花齐放。寥寥数语，言不尽意，权当总序。

2011年秋于长沙

（总序作者系湖南省人大常委会原副主任、湖南省洞庭湖区域经济社会发展研究会会长）

前　言

（一）

农村城镇化的问题是我 20 世纪 70 年代末从事经济学研究时就关注的一个领域，这也和我的工作经历有关。1970 年秋，我从中国人民大学贸易经济专业毕业后分配到湘西土家族苗族自治州民族贸易局工作，担任办公室综合秘书时，就与民族地区农村小集镇结下了不解之缘。当时，我相当多的时间是下到全州十个县的农村城镇做市场调查。当时的体制是内外贸易不分家，商业供销不分家，民族贸易局机关是原商业局、外贸局、供销社三合一的行政机关，工作重心是抓支农，因此去基层供销社较多，而基层供销社所在地多在农村小城镇，因此，湘西许多著名小城镇也是我下去调查的重点。1970 年 8 月我第一次调查就去了永顺县王村镇，此外先后调研考察了永顺县万坪镇、龙山县里耶镇、花垣县茶洞镇、吉首乾州镇、泸溪县浦市镇、保靖县迁陵镇、大庸县永定镇和沅古坪镇、桑植县洪家关镇、凤凰县阿拉镇等一些著名小城镇。尤其是 1973 年，组织上安排我去凤凰县阿拉区供销社锻炼，我在凤凰县阿拉镇工作生活了整整一年，目睹了地处湘黔边境上这一农村小城镇上一幕又一幕热闹的场景，亲身感受到了小城镇在农村经济生活中的重要作用。

1978 年我离开政府机关到学校从事经济学、管理学教学与研究，在我大学老师、著名经济学家林文益教授指导下，我的学术研究就从农村小城镇集市贸易研究起步。我记得当时州委机关报《团结报》经济版曾分六次连载了我撰写的关于研究农村小城镇集市贸易的文章。在此基础上我撰写的《集市贸易与民族地区经济发展》的论文与调查报告先后在北京大学《经济科学》《中央民族学院学报》等刊物上发表，还入选了 1982 年全国商品流通渠道理论研讨会，并在会上作了专题发言。1984 年 10 月商业部在江苏扬州市召开了全国第一次农村小城镇商业研讨会，我撰写的《论集镇商业在农村市场的横向功能》一文入选，我在会上作了专题发言，该文于 1985 年获中国商业经济学会首届优秀科研成果二等奖,也是湖南省入选该奖项排名第一的成果。会后,我参与了我国著名经济学家万典武教授主持的《集镇商业》一书的撰写及修改工作,这是我国第一本研究集镇(小城镇)商业的学术专著。扬州会议后,我便再次去凤凰县阿拉镇等地作了调查,撰写了《凤凰县阿拉镇牛市交易调查报告》,入选《集镇商业》一书,该书于1986年由中国商业出版社公开出版。

　　1984年我在扬州参加全国集镇商业研讨会时,结识了云南社科院经济研究所《经济问题探索》杂志社王若研究员,他与我一道应邀参加了《集镇商业》一书的修改,并约我撰写一篇关于中国农村小城镇的论文。会后,我便再次去湘西一些小城镇作了调查,收集了全国各地农村重点小城镇的有关资料,并在此基础上撰写了《中国农村集镇特点研究》的长篇论文,寄给王若研究员斧正,后选入《经济问题探索》杂志社专题论文集出版。1985年我从湘西自治州调往长沙工作,在湖南商学院前身湖南商业管理干部学院从事商业经济学、市场学、消费经济学、企业管理等课程的教学与科研,但对于中国农村市场与农村小城镇的研究一直没有间断。1998年为了应对城镇化新阶段的到来,我申报了一个湖南省软科学课题:以县城扩容为中心,加快湖南农村城镇化的研究。该课题获得立项,同时纳入当年湖南省各民主党派参政议政重点调研课题。我和课题组的同志先后到益阳市赫山区的泉交河镇、沧水铺镇,常德市安乡县城以及岳阳市湘阴县、君山区,长沙市望城县,湘潭市湘潭县等地调查。在调查研究的基础上,执笔撰写了《以县城扩容提质为重点,加快我省农村城镇化和农村人口非农化》的主题报告,调研报告初稿还得到了著名经济学家、原民盟中央副主席厉以宁教授、冯之浚教授的肯定和修改。该报告中明确提出:"通过实地调查和研究我省城镇化发展状况,(我)认为在近、中期应当由中小城镇数量扩张转到以县城扩容和城镇化建设质量升级为重点的发展模式上来。"依据这一调研报告,我在全省政协会议上提交了"十五期间以县城扩容提质为重点加快全省城镇化"的提案,后来湖南省政府将这一建议纳入"十五"规划中,当时的湖南省计划委员会还专门给我来函,对此提案予以肯定。

　　在主持湖南省关于以县城扩容提质为重点加快农村城镇化课题的同时,1999年我申报了"关于环洞庭湖地区农村小城镇市场结构研究"的课题,被国家社科规划办评审批准立项,使我对农村小城镇的研究更加专门化和深入。其后,我在主持湖南省第一批重大社科基金项目"湖南应对中部崛起的战略与对策研究"中,重点将小城镇发展纳入长株潭城市群战略当中,专门论述。2005年我又主持了国家社科基金项目"关于城乡统筹发展的研究",提出将发展重点农村小城镇作为城乡统筹发展的空间节点,与城市化、工业化、农业现代化同步推进,课题结题评审为优秀。2008年我申报主持了湖南省重大社科基金招标项目课题"长株潭城市群建设中的城乡统筹制度创新研究",我带领课题组同志先后来到长沙县的星沙镇、㮾梨镇、黄兴镇、金井镇等地调查,对重点小城镇的发展及其在城乡统筹中的重要作用有了更深的认识。在本课题完成后,鉴于对城镇化问题的关注,2010年3月在原湖南省委书记张春贤主持召开的转变经济发展方式座谈会上,我就湖南"十二五"经济发展思路作了发言,明确提出要完善"一化三基"的思路,要坚持工业化与城镇化并重,更加注重城镇化发展。同年4月在原湖南省副省长韩永文召集的城市化座谈会上,我又重申了这一思路,并强调要重视农村重点小城镇的发展。我的建议得到了媒体的关注和湖南省领导的重视,省委省政府广纳众议,及时提出了"四化两型"的发展战略,将工业化与城镇化、信息化、农业现代化并列为"四化"。2010年我又主持了湖南省社科基金重大项目委托课题"环洞庭湖区域城镇化研究",主要研究内容在本书中作为重要内容述及。在研究这一课题的同时,2010年我作为省政府参事还向省政府提交了《突出提质发展农村重点小城镇推进湖南城镇化的思考》,并在年底的省参事工作会议上被选定为发言的三个参事代表之一,直接向原湖南省省长徐守盛、原湖南省副省长于来山、湖南省委常委统战部长李微微作了汇报,得到了省领导的肯定。

  罗列上述研究过程,并不能说明我在研究农村城镇化方面有什么重大创新,而只是表明,农村城镇化一直是我学术生涯中关注的重要问题之一。从我所理解的贸易经济专业知识来讲,从古至今城镇与市场和商业是不分家的,城镇既然是人口聚集的空间,有人群,就有规模消费需求。而要实现和满足人的消费需求,就必然要通过交换和商业这两个平台,这是经济学最基本的常识,更何况依赖交换是人的天性。正如亚当·斯密1776年在《国富论》中所讲的倾向交换是人不同于动物的原始本能,所以关注与研究商业和贸易,就不能不关注商业活动集聚和集中的小城镇。

(二)

  关注农村小城镇的研究,这在很大程度上还源于我从小就形成的小城镇情结。从记事时起,两个小城镇就与我儿时的喜怒哀乐紧紧连在一起。我们家是半边户,我们兄弟几个与母亲住在洞庭湖边的农村,即原湘阴县第六区营田乡新民村,父亲当店员,在河市镇工作。在我家往西边8华里(1华里=0.5 km,后同)的地方有一个营田镇。营田镇处于湘江边,因水而兴,上连湘阴县湘江边上的虞公庙码头,镇西面的湘江中有个狭长形的洲,即湘阴县青潭乡,村上居民以渔民为主,我母亲就是青潭乡倪家山村人。营田镇作为一个江边小镇并不大，我从小去外婆家就从这地方坐船，当时这里是水运码头，来往的船只很多，特别是江边经常停泊着许多货船、渔船。儿时脑海留下最早最深的记忆是我四岁那年和村里大人们去镇上看清匪反霸斗争中全乡举行的公审大会。会场设在营田镇旁边，我是骑在村里大人的肩头去参加大会的，一辈子都不会忘记。但我第一次感到小城镇的重要则是缘于我的一次治病经历。大概是1953年夏天我尚未读小学前，我脑袋顶上发炎长了一个疮，我母亲听了乡下巫医的话，请巫医画了一道"神牌"置于我家桌台上，"神牌"前放上一大白瓷碗，碗里面置入清水，曰神水。巫医另画一些"神符"放在瓷碗旁，然后将神符放入水中再捞起贴到我头顶患处，并嘱我母亲每天换一次符。但神水符贴了几天却没有一点效果，我脑袋上的疮反而越肿越大，变成了名副其实的"冲天炮"，由红变紫，越来越胀痛。周末一天，父亲从镇上回来一看我这个样子，十分着急，他将"神牌"和神水摔在地下，并带着我立即赶往营田镇医院。医生一看立即动了手术，用刀划开我头顶脓疮，用酒精将里面的脓液洗净，然后用纱布包住伤口，并用了一些药剂敷在上面，回到家不到一个星期就好了。这件事使我深深感受到在农村信鬼神治不了病，到村里解决不了的问题到镇上就可以解决。后来我从农村读初小二年级时便转学到营田镇小学，那时读小学是每天清早起床往镇上赶，放学后从镇里往农村家里跑。营田镇有一条东西走向的麻石街，一直从街东延伸到河边码头上，街两边南杂店、食品店、药店、餐饮店、日杂店、绸布店，一家接一家，还有渔具店、鱼店，卖新鲜活鱼、活鸡、活鸭的摊子也挤在街西头。河边码头上也有航班开往湘阴、磊石、南大、益阳等地。总之，这湘江边上的营田镇便是我家乡的名镇，作为当地政治、文化、经济、商业活动的中心，使我从小感受到，农村孩子读书、购物、治病都离不开小城镇。

而另一个儿时感受最深的小城镇则是河市镇。河市镇离我家较远，位于我家西北角二十多华里的洞庭湖边。它比营田镇规模大几倍，有"小南京"之称。我父亲从11岁当学徒出师后便一直在河市镇当店员。该镇位于汨罗江注入洞庭湖的交汇处，在汨罗江下游的西南边，离屈子祠不远。1953年我第一次去看望父亲就被该镇的热闹繁华所吸引。平时我们住在农村老家，家后面就是一望无际、波涛翻滚的洞庭湖。从小看到的是湖边的村落、炊烟、稻田、猪牛，脑子里全是湖边农村的场景。一进河市镇，立即被那鳞次栉比的街道、熙熙攘攘的人群、琳琅满目的商品、不绝于耳的叫卖声所吸引；还有在街道旁河港中，一排排停靠的大帆船，有的正在卸货，有的正在装货，挑着担子的人们从船头走上走下。这些都是我在乡下从未见到的景象。父亲当时是河市镇一家名为"大隆"南杂店的店员，白天站柜台售货十分繁忙，无暇顾及我。晚饭后,商店关门,父亲偶尔也会带我到镇上的小茶坊去听道情(琴)。道情类似于北方的评弹,表演者操一把琵琶,边弹边唱边讲,多是章回小说中的历史故事,如罗通扫北、薛仁贵征东、薛丁山征西等,而我从小对历史感兴趣就是父亲在河市镇带我听评书故事所引发的。儿时的经历使我深深感到城镇的生活比农村丰富多了。城镇的房子多、人多、商店多,人与人交流多。但遗憾的是,随着年龄的增长,昔日繁华热闹的河市镇却在"人民公社、'大跃进'、总路线三面红旗万岁"的欢呼声中渐渐消失了。1958年洞庭湖大围垦,我们村成了国营农场,一条长几十公里的大堤从营田镇修到垒石山,一条十多公里长的避洪沟从汨罗修到营田镇湘江边,汨罗江入洞庭湖口一大片湖泊全部封堵起来,围湖造田,昔日的水边重镇——河市镇竟成了一个死镇,镇的建制也被取消,成为一个分场场部所在地。对河市镇为什么消亡,读中学时的我百思不得其解。一直到20世纪70年代末我从事经济学教学研究后才明白其变迁的历史原因和制度因素。因此,我在70年代末和80年代初开始从事农村市场研究时就特别关注湘西一批重要农村小城镇,当我站在酉水边里耶镇、王村镇时,我就想到洞庭湖东头有我儿时永难忘却的营田镇、河市镇,因而研究农村小城镇便成为我的一种责任和情感的寄托。

(三)

对研究洞庭湖区域城镇化的重视,还缘于我对湖南区域经济总体发展战略的关注,也是我在20世纪90年代作为省政协委员参政议政时对湖南区域经济发展战略进行思考的结果。当时湖南的发展战略是突出"一点一线"发展,并提出了加快西线开发,我认为这是对的,但总感到湖南经济发展离不开洞庭湖区域这一板块。记得80年代初我与原北京大学经济学院蒋建平教授[①]一道研究明清之际湖南为什么成为中国米谷贸易货源之地时,就查阅了大量明清时期开发洞庭湖区域的资料。洞庭湖作为当时的天下第一米谷粮仓就得到清朝乾隆皇帝的高度肯定,并有"湖广熟,天下足"的评价。新中国成立以后,洞庭湖区作为重要的商品粮、棉、麻、猪、水产品等农产品生产基地,为国家经济发展和民生幸福作出了重要贡献。同时,其汇聚四水、吞吐长江、通江达海的独特区位优势也是湖南其他地区无法取代的。此外洞庭湖区工业化、城镇化的发展也有一定基础,环湖产业带也正在形成。在系统思考的基础上,我于1996

---

① 蒋建平,湖南湘阴人,1965年考入北京大学经济学院,1970年毕业留校工作,主攻近代经济史,系著名经济史学家,后调入北京商业管理干部学院任副院长、院长。

年参加了湖南省政协七届四次会议,并在会议上呈上了我的研究报告——《关于建设湘北环洞庭湖经济带的几个问题的研究》。该研究报告提出,"要使环洞庭湖经济带成为湖南省内继长株潭之后经济最具活力的地带之一","成为我省世纪之交和21世纪实施开放带动、兴工强农战略的示范区",并具体提出以下观点:"要实现环湖地带农业的产业化、市场化、现代化、基地化,将环湖经济带的工业化和城市化有机结合起来,尽早形成背靠长江的环湖城市带","要以治水为重点突出抓好环湖经济带的基础建设"。我的这一材料得到省政协领导的肯定和重视。我记得我在省委大礼堂的主席台上发言后走下来的时候,正好遇到原省政协副主席陈彰嘉同志,他当场对我表示了赞赏和肯定。此文后来经过修改充实,公开发表于《学术界》杂志1997年第1期,后又入选由湖南省社科联组织编写的《湖南跨世纪发展战略》一书。现在来看,当时文中提出的一些见解和对策今天仍有现实意义。

对洞庭湖经济带农村城镇化的关注促使我于1999年申报了国家社会科学规划基金项目课题"环洞庭湖地带农村小城镇市场结构研究",该项目当年获得批准立项,这也是我获得立项的第一个国家社科基金课题。研究的重点内容是优化和完善洞庭湖地区农村小城镇的市场体系及其对策,以更好地促进农村重点小城镇在联结广大农村、促进农村城镇化方面发挥更大作用。围绕这一主题我先后在一批学术刊物上公开发表了关于"农村城镇化"的系列论文,《中国经济时报》《三湘都市报》《湘声报》《湖南经济报》先后对这些研究成果进行了采访报道或述评。2002年我的"农村城镇化"系列论文获湖南省第六届优秀社科成果奖经济学类二等奖(一等奖当年空缺)。

2007年底,国务院、国家发改委正式将长株潭城市群列为国家级两型社会建设综合配套改革试验区,这是湖南区域经济发展第一个进入国家战略层面的区域项目。紧接着湘南地区于2010年又作为承接产业转移的示范区进入国家战略层面,2011年大湘西武陵山区作为集中连片的扶贫开发区也纳入了国家战略层面,唯独与鄱阳湖处于同等重要地位的洞庭湖区域在发展上没有进入国家战略层面。作为一个对家乡魂牵梦萦的经济学者,我们十分焦急,担心洞庭湖区域的发展成为被国家战略高层遗忘的角落。其实早在2008年江西鄱阳湖生态经济区列入国家战略层面后,我和湖南一批学者就酝酿着首先要从民间和学术研究上来推动洞庭湖区域经济的社会发展,为洞庭湖的发展鼓与呼。在原湖南省委副书记梅克保、省人大原副主任颜永盛和一批省级老领导的支持重视下,在湖南省社科联原副主席刘宏研究员的具体组织协调下,湖南成立了湖南省洞庭湖经济社会发展研究会筹备组,中南林业科技大学、湖南商学院等作为筹备发起单位,刘茂松教授、李松龄教授、蔡四桂教授等学术界专家和我均出任筹备组成员。2009年洞庭湖经济社会发展研究会在长沙正式成立，省人大原副主任颜永盛同志被推选为研究会会长，一批领导干部和专家学者均当选为研究会副会长，从此对洞庭湖研究的关注就成为一种有组织、有计划的常态活动了。颜永盛主任带领我们学会的专家、领导先后深入岳阳、常德、益阳调查了解后三峡时期洞庭湖区域发展中的新情况新问题，2010年和2011年相继在岳阳市、常德市举办了两届洞庭湖发展论坛，这就迎来了研究洞庭湖发展的学术高潮期。2010年我撰写了《努力将洞庭湖区域建成我省农村城镇化的示范地带》一文在《湖南城市经济》杂志上发表。在2010年洞庭湖发展论坛上，我作了《发展环洞庭湖旅游产业带》的主题报告。会后我又和刘宏副会长、聂芳容参事、童潜明研究员等一道就首先修建环湖旅游公路一事进行了专题研究，向省发改委提交了规划文本。我主持的"环洞庭湖区域城镇化研究"也被列为研究会首批重点课题，并同时列项为湖南省社科基金重大项目委托课题。2011年在湖南省召开第十次党代会前成立了党代会报告起草组，我和刘茂松教授作为学术界代表被聘为省党代会报告起草组顾问，在参与党代会报告起草及修改中，我们力主将洞庭湖区域写进党代会报告，并列为湖南经济的又一重要板块。省委主要领导最终拍板将"洞庭湖生态经济区"列入党代会报告，并决定将洞庭湖生态经济区规划制定纳入省委省政府议事日程。

　　2012年1月3日，湖南省发改委召集专家召开洞庭湖生态经济区发展规划编制大纲意见征求会，我与刘茂松教授、朱翔教授等参加了座谈，专家们就规划的发展思路、主要内容和对策等提出了建议。2月22日原湖南省委副书记梅克保，省政府原副省长徐明华、省人大原副主任颜永盛在岳阳市召开了洞庭湖生态经济区规划座谈会，省直有关厅局主要负责人，长沙、益阳、常德、岳阳四市政府负责人均参加了会议。我和刘茂松教授、刘宏研究员、聂芳容研究员等专家参加了会议，我撰写了《关于洞庭湖生态经济区发展的战略思考》一文参加了会议，并在会上作了发言，其他专家也发了言，紧接着湖南省政协也将"环洞庭湖生态经济区"发展列为省政协2012年参政议政重大课题。2月27日湖南省政协副主席谭仲池等召集了该课题调研组会议，我也与刘茂松教授、李松龄教授应邀参加了会议。3月13日一批厅局领导和我们一道，再赴岳阳、湘阴、华容实地调查。这样建设洞庭湖生态经济区就成为全省各方的共识，这也是2012年开局之初湖南区域经济发展的一大盛事、一大喜事。我们相信，洞庭湖生态经济区的建设一定会进入国家战略层面，作为一直为洞庭湖发展鼓舞与欢呼的学者，我感到特别欣慰和激动。

（四）

《农村城镇化研究》一书的内容涉及农村城镇化的理论与实践问题，本书主要从以下几个方面进行构架：

第一部分为理论与实证（1～5章）。在这一部分中一方面从理论上要解读农村城镇化，在对国内外学术界对城镇化研究成果进行综述评析的基础上，书中对中国特色城镇化进行了理论解读，并在对城镇化进行国际比较的同时，分析了中国城镇化的影响因素。另一方面，则对环洞庭湖区域及环洞庭湖地区农村城镇化的历史沿革和发展现状进行了概述与评析，也提出了构建洞庭湖生态经济圈的问题。同时，从定量分析方面试探性地构建了洞庭湖区域农村城镇化的指标体系，对环洞庭湖区域农村城镇化进行因子分析聚类分析，对洞庭湖农村城镇化进行了实证研究。

第二部分为战略与对策（6～8章）。该部分的内容首先是对推进洞庭湖区域农村城镇化的战略思想原则及指导思想进行了研究。在推进洞庭湖农村城镇化的对策研究中，最重要的是制度创新与制度设计。按照新制度经济学的观点，制度是经济发展与经济增长的一个重要变量。实际上，中国改革开放三十多年来的迅速发展，其根本还是制度变迁的结果，没有十一届三中全会确立的基本路线，没有实行市场取向的改革开放，不可能有今天中国经济总量居世界第二的格局。同理，要推进洞庭湖区域农村城镇化，必须加大制度创新，为此，对户籍制度、社会保障制度、土地流转制度、财政金融政策、行政管理体制等都必须进行改革与创新，以形成有利于促进农村城镇化的制度安排。在着力论述制度创新的同时，该篇还就推进洞庭湖区域农村城镇化的对策进行了探讨，分别从完善基础设施建设，加大产业发展力度，包括现代农业、工业、商贸流通产业、旅游产业的发展，以及加强人力资本培育等方面提出了建议。在调查中我们深感洞庭湖区域农村城镇基础设施建设的滞后，一些上万人口的大镇到"十一五"末期连群众饮水的问题、垃圾处理问题、城镇农贸市场的建设问题都未解决好。因此，加强基础设施建设是城镇化的重中之重，而产业发展则是城镇化的重要动力与基础，没有产业基础的城镇化是伪城镇化。大力发展有湖区特色的工业、旅游业、商贸流通等服务业，创造更多的城镇就业岗位，是加快农民市民化的不二选择，同时加大人力资本建设投入，提高城镇干部、市民、农民素质是提高城镇化发展质量的保证。

第三部分为实践与案例（9～12章）。本部分对洞庭湖区域的农村城镇化的实践过程进行了研究，分别对益阳市、岳阳市、常德市的农村城镇化实践进行了概括分析。处于南洞庭湖旁的益阳市和处于东洞庭湖的岳阳市,以及处于西洞庭湖的常德市,既具有资源、产业、文化上的同源性、同构性,又在区位、产业、资源等方面具有差异性。以岳阳市为例,其在区位上处于洞庭湖入长江处,拥有天下名楼岳阳楼和湖南第一大内陆通江达海的港口城陵矶码头和湖南省最大的石化工业企业。而地处西洞庭湖的常德市在湖南素有纺城、烟都、酒乡之称,是著名的芙蓉王品牌卷烟产地和桃花源风景区所在地。地处南洞庭湖的益阳市正处于资水下游雪峰山脉接壤处,农林水产资源丰富,文化底蕴深厚。本篇特对三市的概况进行了论述,在此基础上对益阳、岳阳、常德三市的农村城镇化进程及经验启示进行了研究。同时对农村重点小城镇的个案进行了分析,对沅江草尾镇商业兴镇发展情况进行了调查,并对在农村重点城镇建设农村区域性综合商业中心的问题进行了探讨,以便为洞庭湖区域城镇化建设提供启示和参考。我认为中国地域广阔,湖区、山区、丘陵区、平原区人口的密度不同,并存在资源差异、产业差异和城市密度差异,城市化应有不同模式或不同发展类型,而且也不可能将农民都迁往或转移到某一个城市中去。相反,散布各地的农村重点小城镇便是农民就地转化的最优选择。因此,洞庭湖区域城镇化的一个重要内容就是要发展和建设好一批人口集中、规模在万人以上的(建制)重点小城镇,一方面能更好地吸收中心城市的各种功能的辐射;另一方面,又连接广大农村村庄社区,实现城乡统筹、城乡一体,因而在一个县域范围内城镇化的重点,是包括县城在内的一批重点农村小城镇的扩容升质与特色经济的发展。

  第四部分为专题研究。它包括了两个方面的内容:其一是我主持研究湖南省社科基金重大委托课题"环洞庭湖区域农村城镇化研究"的阶段性成果,包括公路基础设施对城镇化的空洞计量分析、洞庭湖区域与鄱阳湖区域城镇化模式的横向比较、城乡市场协调发展与城镇化的质量关系实证分析等。其二是我从20世纪80年代以来撰写的与农村城镇化有关的代表性论文,包括80年代初撰写的"农村集镇商业横向功能探讨""中国农村集镇的特点与类型"。还有我主持国家社科基金项目"洞庭湖地带农村小城镇市场结构研究"的"农村城镇化"系列论文中的几篇,论文中关于"发展小城镇与扩大内需的相关效应"等观点当时被《经济学文摘》等引述为中国关于城镇化的代表性观点。值得欣慰的是,时间虽然过了二十多年,但过去论文中的一些论述及思想仍未过时。收录在此书中,也可以使读者了解我研究农村城镇化的思想轨迹,也可让实践再检验、再审视、再修正过去的某些研究结论。

  由于本书撰写时间较为仓促,且本人学识有限,书中仍存在不少问题,特别是对洞庭湖区域农村有代表性的小城镇未作全景式的实地调查勘测与研究,所取个案的代表性还不强，这是本书的一大缺陷。洞庭湖城镇化过程如何突出生态经济发展、如何建设两型城镇，本书也缺乏系统深入研究。此外，对农村城镇化模式的研究缺乏国际国内相关数据比较分析，事实上，欧美、日本等发达国家和巴西、印度等具有新兴市场力量的国家，其农村城镇化的模式和经验教训也是值得我们借鉴的，但本书涉及不多。当然也考虑到国内关于这方面的研究著述及文献颇多，简单罗列难免有复制之嫌。

原湖南省委副书记梅克保同志，湖南省人大原副主任、洞庭湖经济社会发展研究会会长颜永盛同志对于洞庭湖农村城镇化课题研究给予了高度重视与支持，在此表示衷心感谢。感谢湖南省社科规划办将洞庭湖农村城镇化列入2010年度重大委托课题。在本书研究撰写过程中，我和课题组成员先后深入到洞庭湖区的岳阳、常德、益阳市的有关县、市、镇调查，得到湖区各调查所在地党和政府负责同志及有关部门的大力支持，并参阅了三市政府有关部门提供规划文本及调研材料；湖南商学院欧阳峣书记、唐未兵校长，湖南省社科联原副主席刘宏教授、省委政研室巡视员张富泉同志，省发改委副主任欧阳彪博士，刘茂松教授、李松龄教授、蔡四桂教授等对本课题研究给予了指导帮助，湖南大学出版社刘旺老师对本书的编辑出版给予了精心安排，唐红涛副教授、徐志耀博士生、熊曦博士生、朱艳春博士生先后随我去湖区调查，一起协助我完成课题研究任务，徐志耀博士生、熊曦博士生协助我参与全书部分章节初稿撰写，在此一并表示衷心感谢。

柳思维

2012年10月于长沙

目　次

01 农村城镇化研究综述 ... 001
1.1　国外研究综述 ... 001
1.2　国内研究综述 ... 007

02 农村城镇化概论 ... 017
2.1　城市化的基本内涵及"中国特色城镇化"解读 ... 017
2.2　农村城镇化的基本内涵及发展模式 ... 021
2.3　城镇化发展的国际比较 ... 027
2.4　农村城镇化的影响因素 ... 040
2.5　农村城镇化的理论支撑 ... 044

03 环洞庭湖区域农村城镇化发展现状研究 ... 052
3.1　环洞庭湖区域的界定及历史沿革 ... 052
3.2　努力建设环洞庭湖区域生态经济区 ... 055
3.3　环洞庭湖区域农村城镇化发展现状 ... 058
3.4　环洞庭湖区域农村城镇发展的特点 ... 063

04 环洞庭湖区域农村城镇化水平评价研究 ... 065
4.1　环洞庭湖区域农村城镇化指标体系的建立 ... 065
4.2　环洞庭湖区域农村城镇化发展的因子分析 ... 066
4.3　环洞庭湖区域农村城镇化发展的聚类分析 ... 070

05 环洞庭湖区域农村城镇化的实证研究 ... 073
5.1　农村城镇化影响因素的理论分析 ... 073
5.2　模型设定及数据来源 ... 074
5.3　实证的结果及解释 ... 078

06 推进环洞庭湖区域农村城镇化的战略思考 …… 082
- 6.1 推进环洞庭湖区域农村城镇化的战略意义 …… 082
- 6.2 推进环洞庭湖区域农村城镇化的战略要求 …… 085
- 6.3 推进环洞庭湖区域农村城镇化的战略原则 …… 087
- 6.4 推进环洞庭湖区域农村城镇化的战略重点 …… 090

07 推进环洞庭湖区域农村城镇化的制度创新 …… 094
- 7.1 推进户籍制度改革 …… 094
- 7.2 就业与社会保障制度创新 …… 095
- 7.3 完善土地流转制度 …… 097
- 7.4 财税金融政策创新 …… 099
- 7.5 环洞庭湖区域城镇管理体制创新 …… 101

08 加快推进环洞庭湖区域农村城镇化的措施 …… 104
- 8.1 加快人力资本培育 …… 104
- 8.2 完善基础设施建设 …… 106
- 8.3 加大城镇化发展的产业基础建设力度 …… 107

09 岳阳市农村城镇化实践 …… 112
- 9.1 岳阳市的区位及经济社会发展概况 …… 112
- 9.2 岳阳市农村城镇化空间布局与规划 …… 119
- 9.3 岳阳市农村城镇化的功能定位与规模 …… 121
- 9.4 岳阳市农村城镇化的经验及方向 …… 124

10 常德市农村城镇化实践 …… 129
- 10.1 常德市的区位及经济发展概况 …… 129
- 10.2 常德市农村城镇化的思路及内容 …… 134
- 10.3 常德市农村城镇化建设取得的成效 …… 140
- 10.4 常德市农村城镇化的经验及启示 …… 146

11 益阳市农村城镇化实践 …… 153
- 11.1 益阳市的区位及经济社会发展概况 …… 153
- 11.2 益阳市农村城镇化的成就及特点 …… 155
- 11.3 益阳市农村城镇化的路径及模式 …… 163

11.4　益阳市农村城镇化的经验及启示 …………………………… **165**

12　典型案例：沅江市草尾镇商业兴镇的实践与探索 ……………… **168**
　　12.1　商业兴镇与建设农村区域性综合商业服务中心 …………… **168**
　　12.2　洞庭湖区域沅江市草尾镇的商业发展情况调查 …………… **170**
　　12.3　建设农村重点城镇综合性商业服务中心的意义 …………… **171**
　　12.4　加快建设农村综合性区域商业服务中心对策 ……………… **174**

13　专题研究 ………………………………………………………………… **178**
　　13.1　浅谈集镇商业在农村市场中的横向联系功能 ……………… **178**
　　13.2　关于中国农村集镇特点研究 ………………………………… **184**
　　13.3　关于建设湘北环洞庭湖经济带的几个问题 ………………… **192**
　　13.4　论发展农村小城镇与加快中国城市化的若干问题 ………… **199**
　　13.5　进一步破除城乡分割体制　加快农村城市化的探讨进程 … **208**
　　13.6　努力将洞庭湖区域建成湖南省农村城镇化的示范地带 …… **218**
　　13.7　公路基础设施对中部地区城镇化贡献的空间计量分析 …… **223**
　　13.8　洞庭湖区与鄱阳湖区城镇化模式的横向比较及启示 ……… **231**
　　13.9　加快发展环洞庭湖旅游产业带的思考 ……………………… **238**
　　13.10　城乡市场协调发展与城镇化质量关系的实证分析 ……… **245**
　　13.11　突出提质发展农村重点小城镇、推进湖南城镇化的思考… **256**
　　13.12　加快推进湖南省城镇化若干建议 ………………………… **263**

参考文献 ………………………………………………………………………… **271**
后　　记 ………………………………………………………………………… **274**
编后记 …………………………………………………………………………… **275**

01 农村城镇化研究综述

1.1 国外研究综述

当前全球城乡人口各半,但至2025年将有2/3的人口居住在城市,并且到那时,城市人口中将有80%是在发展中国家(Wilson,2004)。另一项预测与此类似,2030年全球人口的增加主要是集中在发展中国家(Graeml,2004)。学术界普遍认为发展中国家的政府须加速城镇化进程,为经济持续增长提供不竭的动力。胡锦涛同志在党的十七大报告中明确指出:"走中国特色城镇化道路,按照统筹城乡、布局合理、节约土地、功能完善、以大带小的原则,促进大中小城市和小城镇协调发展。以增强综合承载能力为重点,以特大城市为依托,形成辐射作用大的城市群,培育新的经济增长极。"十七届五中全会的《中共中央关于制定国民经济和社会发展第十二个五年规划的建议》中再次明确指出:"坚持走中国特色城镇化道路,科学制订城镇化发展规划,促进城镇化健康发展。"这是我们党在深刻总结几十年来解决"三农"问题实践经验的基础上,根据我国经济社会发展的阶段性特点而提出的一个全新的思路和方针,是党中央在新世纪、新阶段做出的重大战略部署,是我们在"三农"问题认识上的一次升华和飞跃。2011年年底召开的中央经济工作会议再次强调,要积极稳妥推进城镇化,合理确定大中小城市和小城镇的功能定位、产业布局、开发边界,形成基本公共服务和基础设施一体化、网络化发展的城镇化新格局。加速推进城镇化是中国经济走持续发展道路的题中必有之义,国内外许多学者针对农村城镇化进行了深入系统的研究,并提出了城镇化的重要性、动力来源、实现途径以及评价指标体系等许多理论观点。

1.1.1 农村城镇化内涵的研究

"农村城镇化"这一概念是马克思于 1859 年在《政治经济学批判》一文中首次提出的,他指出,"现代历史就是农村城镇化的历史"①。埃尔德里奇较早提出,人口向城市集中的过程就是城市化的全部含义。西班牙工程师 Serda (1867) 在其著作《城镇化的基本理论》中提出,城镇地区包括农村、镇及镇以上的各级居民点。但在国外有关城市研究的文献中,"城市化"的用法更为普遍,"城市化"和"城镇化"二者无本质区别,"农村城镇化"和"城镇化"二者亦无本质区别。《简明大不列颠百科全书·第二卷》第 270 页中写道,城市化就是"人口集中到城市或城市地区的过程。这种过程可能有两种方式:一是通过城市地区数量的增加;二是通过每个城市地区内人口的增长(来实现)。联合国建议所有国家的人口普查和统计,均以两万人以上的集中地区称作"城市"。兰帕德、麦基、弗里德曼和沃尔夫等人认为,城市化是人类社会发展的缩影,是物质、空间、经济、人口、体制以及社会特征的多维现象反映。当代城市化的实质含义在于:人类进入工业社会时代,社会经济发展进入了农业活动的比重逐渐下降、非农业活动的比重逐步上升的时期。与这种经济结构的变动相适应,出现了乡村人口比重逐渐降低,城镇人口比重稳步上升,居民点的景观面貌和人类生活方式逐渐向城镇性质转化和强化的过程。也就是说,城市化不仅包括城市人口和城市数量的增加,还包括既有城市经济社会的进一步社会化、现代化和集约化。美国经济学家 Hirsch W. Z. (1990) 在其著作《城市经济学》中提出,城市化是指人口稀疏并相当均匀遍布空间、劳动强度很大且以个人分散为特征的农村经济,转变为只有基本对立特征的城市经济的变化过程。英国的 Barton K. J. (1984) 在《城市经济学——理论和政策》一书中提出,城市化是人口、社会生产力逐渐向城市转移和集中的过程。英国帕乔内将城市化定义为三方面的含义:一是人口城市化,即城市人口占总人口比重的增加;二是城市增长,即城市和城镇的人口和用地规模增加;三是城市生活方式,即城市生活的社会和行为特征在整个社会的扩展。苏联社会学家 Куцев, Г. Ф. (1987) 在其著作《新城市社会学》中则提出,城镇化是随着工业革命、大机器工业的出现、劳动分工的深化、交换范围的扩大,社会从一种形态转向另一种形态的世界历史性过程。

综览以上观点,关于农村城镇化的内涵包括以下三个方面:第一方面,人口变化,即人口向城镇集中,城镇人口规模和人口密度的不断增加;第二方

---

① 马克思,恩格斯. 马克思恩格斯全集(第 46 卷)[M]. 北京:人民出版社,1962.

面，经济变化，即非农产业从业人员及非农产业产值比重不断增加；第三方面，社会变化，即城市文明和城市生活方式的传播和扩散。其中前两个因素是衡量城镇化的基础，后一因素则是衡量城镇化的核心。由于人口向城镇集中或迁移的过程包含了社会、人口、空间、经济转换等多方面的内容，加上可以采用比较简单易行、有一定可比性的以城镇地区人口占全地区总人口的百分比这一指标衡量城镇化水平，故这一衡量城镇化水平的方法得到不同学科的普遍接受。

1.1.2 农村城镇化重要性的研究

早在1776年，亚当·斯密就在《国富论》中提出了关于农村城镇化的论述。他认为，工商业都市的增加与富裕，为农村的产品提供巨大而便利的市场，促进农村土地的开发，并使农村突破传统关系的制约，变得更有秩序、有好的政府和有个人的安全和自由。美国经济学家 Lampard E. E. 在《经济发展和文化变迁》第三卷中发表了一篇名为《经济发达地区城市发展历史》的文章，文章指出，近百年来，美国城市发展与经济增长之间呈现一种非常显著的正相关，经济发展程度与城市化阶段之间有很大的一致性。[①] 美国地理学家 Berry B J L.（1965）选用了95个国家的43个变量进行主成分分析，以解释城市化水平与这些因素之间的关系，最后导出经济、技术、人口和教育等因子与农村城镇化之间的关联度。他的论述证明了经济增长与城市化之间的关系相当密切。Chanaly（1975）在《发展的模型：1950—1970》一书中，在第一阶段研究发展的一致性特点部分，通过模型回归，提出了城市化率与人均GDP的一般对应关系，认为城市化率对人均GDP的增长有一定影响。另外，Chanaly 对 1950—1970 年 101 个国家的经济发展水平数据与城市化水平数据进行回归分析，其结果表明，在一定的人均国民生产总值水平上，有一定的生产结构、劳动力配置结构和城市化水平相对应。[②] 美国地理学家 Northam（1975）研究发现，城镇化水平与经济发展水平之间是一种粗略的线性关系，即经济发展水平越高，城镇化水平也越高。[③] 1981 年美国人口咨询局进行的相关研究亦表明，不同经济类型的国家加权平均每人国民生产总值与其相应的加权平均城市化水平之间确实呈现出一种很明显的相关关系，人均国民生产总值高的国家一般城市化水平也高。

---

① 许学强，周一星，宁越敏. 城市地理学［M］. 北京：高等教育出版社，1997.
② 张疑，赵民. 论城市化与经济发展的相关性——对钱纳里研究成果的辨析与延伸［J］. 城市规划汇刊，2003（4）.
③ 李小建. 经济地理学［M］. 北京：高等教育出版社，1999.

1.1.3 农村城镇化动力机制的研究

国外有关农村城镇化的动力机制研究主要有以下几种：

①工业化拉动机制。恩格斯（1870）[1]对英国曼彻斯特城镇化过程进行了研究，并作了相关说明。他说："农村建立的每一个新工厂，都含有工业城市的萌芽……在竞争和集聚的状况下，工厂会形成一个完整的村镇……""于是，村镇就变成小城市，而小城市又变成了大城市。"恩格斯认为曼彻斯特的繁荣和人口增长源于其工业化迅速发展所产生的拉力。Francois·Perroux（1949）[2]在其提出的"增长极理论"中认为，由于城市的聚集作用，主导部门和有创新能力的企业形成了经济活动中心，从而成为一个"增长极"。"增长极"的产生，使人口、资本、生产、技术、贸易等高度聚集，产生"城市化趋向"。Lewis W. A.（1954）在其提出的"二元结构模型"中认为，发展中国家经济可划分为传统农业和现代工业两个部门，经济发展的过程归结于经济结构转变的过程，即农业比重逐渐下降而工业比重逐渐上升。按照"二元结构模型"，随着工业化进程的加快，农业劳动力将源源不断地从农村流向城市，直到农村剩余劳动力被城市完全吸收，为通过工业化导致乡—城人口迁移进而产生的人口城市化研究奠定了重要理论基础。Chanaly 和 Syrquin M.（1975）在研究各个国家经济结构转变的趋势时，系统地分析了工业化与城镇化之间的关系，由此指出，在一个连续均衡的国民经济中，城镇化可能表现为因果链条上的各类事件的最后结果，即以导致工业化的贸易和需求的变化为开端，以农村劳动力向城市就业的源源不断转移为结果，并提出了相关定量模型：随着人均收入水平的上升，工业化的演进导致产业结构的转变，带动了城镇化程度的提高。[3] Scott A. 从劳动过程的角度探讨了工业化对城镇化的推动作用。他认为，在许多发展中国家，工业化正在起步，科研水平和工人技艺都有待提高。生产的自动控制和科学管理远未全面铺开，许多企业内部生产工艺的集约化程度还比较低。在这些国家，工业仍是吸收农村剩余人口和推动经济增长的主要部门，工业化主导城市化的过程正处在上升阶段。[4]

②第三产业拉动机制。日本地理学家国松久弥认为，现代城市化的过程就是第二和第三产业集聚行为所进行的过程。发达国家工业现代化后，工业化在城市化过程中的作用减弱，第三产业在城市化中的作用日益突出。

---

① 马克思，恩格斯. 马克思恩格斯全集（第46卷）[M]. 北京：人民出版社，1972.
② 转引自：戚晓明. 国内外乡村城市化的理论研究综述[J]. 农村经济与科技，2008，19（8）.
③ 钱纳里，等. 工业化和经济增长的比较研究[M]. 上海：上海三联书店，1996.
④ 许学强. 城市经济学（第二版）[M]. 北京：高等教育出版社，2009.

③农村推动机制。Williamson 将农村城镇化归因于马尔萨斯式的人口压力、土地稀缺及圈地运动。

④"推拉因"动力机制。Bagne D. J. 认为，人口流动的目的是改善生活条件，流入地那些有利于改善生活条件的因素就成为拉力，而流出地的不利的生活条件就是推力。根据这一理论，有学者认为，发达国家在工业化中，由于城市工业的发展提供了大量的就业机会，把农村人口拉了进来，"拉因"成为城市发展的主要因素；在发展中国家，由于乡村破产，乡村人口大量拥入城市，造成城市人口膨胀，"推因"成为城市发展的主导因素。①

另外，一些经济学家从总体上研究了发达国家的城镇化动力机制，根据各种动力在城镇化过程中的作用程度及影响，可将城镇化动力组合为三种模式：

①以工业化为第一推动力与政府宏观调控结合的"西欧、日本模式"。在西欧、日本的城镇化发展过程中，与城镇化相关的人口、土地、资本等经济要素能够自由流动和配置，主要是工业化发挥了第一推动力作用。同时，在城镇化的过程中，各国政府通过体制机制的不断完善，针对各个特定阶段出现的问题及时调整政府政策，用行政、财税、规划等手段来弥补市场机制的不足，引导城镇化与市场化、工业化互动发展。

②以农业为基础、现代交通运输为推动力、自由放任的"美国模式"。不像欧洲和日本在工业化、城镇化过程中农业出现了衰退，美国城镇化过程中农业一直发展较快，为城镇化解决粮食问题、提供原料和广大的国内市场。农业生产率的迅速提高，为大批农业劳动力向城镇转移创造了条件，并且，为美国城镇化提供了大量资金积累。另一方面，1887 年美国修建的铁路网络将全国数以万计的大小城镇连接起来，推动了西部开发和城镇加速发展。在城市发展的空间格局上就表现为城市沿公路线不断向外低密度蔓延，城市发展为包含着若干连绵的市、镇的大都市地区。但由于美国政府没有及时对以资本为导向的城镇化发展加以有效的引导，造成城镇化发展的自由放任，并为此付出了高昂的代价。其突出表现就是过度郊区化，城市不断向外低密度蔓延，城镇建设无序，空间和社会结构性问题日益突出。②

③以新农村运动为主动力、政府规划为引导的"韩国模式"。虽然韩国的城镇化是伴随着其经济的腾飞而推进的，但政府的公共政策发挥了十分重要的作用。从 1962 年开始，韩国政府采取效率优先的经济发展政策，在产业布局和基础设施投资方面，城市优先于农村，大城市优先于小城市，促进了以大都

---

① 许学强.城市经济学（第二版）[M].北京：高等教育出版社，2009.
② 仇保兴.国外模式与中国城镇化道路选择[J].人民论坛，2005（6）.

市为核心的空间集聚。同时，从 20 世纪 70 年代开始的"新农村运动"，使得韩国在工业化和城镇化过程中同步推进农村现代化，这反过来提升了城镇化发展质量。

④以市场动力机制为主、排斥政府作用、过度城镇化为特征的"拉美模式"。拉美国家在城镇化的进程中，过分强调市场动力机制而排斥政府作用，奉行土地私有制，加剧了农村土地兼并，迫使大量农民失地破产而拥入城市。"过度城镇化"导致出现了大量的城市失业群体，带来贫民区的产生和犯罪率的上升等社会不安定因素。

1.1.4 农村城镇化的模式研究

自 18 世纪中叶欧洲工业革命开始，学术界就开始关注城市化现象，并试图对这种现象背后的一般规律进行探索，因此形成了非常丰富的研究成果。下面按欧洲模式、美国模式、发展中国家模式对这些研究文献进行回顾。

①关于欧洲城市化模式和经验的研究。Pooley & Cruze（1994）对 1760—1830 年间英格兰西北部地区的人口流动和城市化模式进行了研究，并用典型案例的实证方法证明了英格兰的城市化过程是渐进式的，而中小型工业城市在这个过程中起到了非常关键的作用。Puga（1998）对 19 世纪欧洲城镇化模式和当前发展中国家的城市化模式进行了比较实证研究，认为欧洲城市化模式的基本特征是大城市较少，中小城市蓬勃发展；人口集中度并不特别高。而现代发展中国家的城市化模式则相反，它以大城市为主要载体；中小城市不多；人口高度集中在少数几个大城市。Puga 进一步对造成以上差异的主要因素进行了实证研究，结果表明，影响欧洲模式形成的主要因素是较高的要素空间流通成本、较弱的规模经济效应以及较小的劳动力供给弹性三个方面。Gregory & Henneberg（2010）基于 GIS 数据对 1825—1911 年间英格兰与威尔士地区铁路线路改善与城市化模式之间的因果关系进行了实证研究，结果表明，铁路线路的延伸和铁路站点的设置对英格兰和威尔士地区的中小城镇发展起到非常重要的作用。黄柯可（1994）对英国城市化的速度进行了总结，认为英国在初步实现城市化以后，城市化率的提升就开始变得比较缓慢。

②关于美国城市化模式和经验的研究。Monkkonen（1990）对 1780—1980 年间美国的城市化模式进行深入和系统研究后指出，美国快速城市化阶段主要发生在 1830—1980 年这 150 年的时间里。Monkkonen 认为，在前 100 年，美国吸收了大量的欧洲移民，大手笔的交通基础设施投入以及西部大开发战略推动了国内人口的流动，形成了如曼哈顿、纽约、芝加哥和旧金山等几个大型城市，在这一阶段小城镇的数量非常少；在随后的 50 年，美国大城市的

拥挤效应开始出现，地方政府开始在大城市周围新建起星罗棋布的中小城镇，极大地弥补了大城市的不足。Monkkonen还着重提到，美国松散的联邦治理体制使各地方政府像"公司"一样经营着城市，这种自由的竞争机制缩小了区域间的经济差距，同时加快了城市的多样化发展趋势。Riefler（1979）对美国在19世纪城市化进程突然加速的影响因素进行了实证研究，结果表明，在南北战争之前美国城市化的主要动力是州内和州际贸易活动，而在南北战争之后则是各地制造业的迅猛发展对美国城市化进程起到了主要的推动作用。

③关于俄罗斯、印度、巴西等国城市化模式的研究。Molodikova & Makhrova（2007）对苏联解体后的俄罗斯城市化模式进行了系统研究。结果表明，户籍制度对农民的限制仍然十分明显，城市化进程滞后于工业化进程，大城市人口增长缓慢的同时，苏联时代遗留下来的中小城市（特别是中部和远东地区的中小城市）迅速减少，当前城市人口中有35%以上都居住在百万人口以上的大城市里。

1.2 国内研究综述

1.2.1 关于农村城镇化内涵研究

城镇化，或称城市化（urbanization），是当今世界上重要的社会、经济现象之一。尽管国际学术界对城镇化的研究已有数十年的历史，但是，由于各个学科对城镇化的理解不一，迄今为止，关于城镇化的概念还没有一个完整统一的解释。在国内，最早提出农村城镇化问题的是我国著名社会学者费孝通。早在20世纪30年代，他在《江村调查》中就论及农村的分工、劳动力转移与城镇的关系；20世纪80年代，他最早提出"小城镇、大问题"的科学论断。最早将城市化的理论引入中国城市发展研究的是我国地理界学者吴友仁（1979）。[①] 1991年，辜胜阻在《非农化与城镇化研究》中使用并丰富了"城镇化"的概念。辜胜阻（1992）提出，城镇化是人口不断由农村向城镇转化的一种社会经济过程。仇保兴（2002）认为，城镇化可表述为农村人口持续地向城镇转移的过程。《中国大百科全书·地理学卷》写道："城市化，通常指人口向城市地域集中和乡村地域转化为城市地域的过程。"《中国大百科全书·社会学卷》中写道："都市化指社会经济关系、人口、生活方式等由农村型向都市型转化的过程。"侯晓丽、贾若祥（2007）认为，城镇化是多种要素，特别是经济要素和人口要素向特定地区集聚的过程；并指出城镇化的本质应该是人的城

[①] 宋俊岭，黄序. 中国城镇化知识15讲［M］. 北京. 中国城市出版社，2001.

镇化，即从产业上实现由从事农业向从事包括工业和服务业在内的非农产业的转换，从居住和生活方式上实现由农村向城镇的空间转变。罗宏斌（2010）则对"新型城镇化"进行了阐释，指出新型城镇化是指坚持以人为本，以新型工业化为动力，以统筹兼顾为原则，推动城市现代化、城市集群化、城市生态化、农村城镇化，全面提升城镇化质量和水平，走科学发展、集约高效、功能完善、环境友好、社会和谐、个性鲜明、城乡一体、大中小城市和小城镇协调发展的城镇化建设路子。新型城镇化的"新"就是要由过去片面注重追求城市规模扩大、空间扩张，改变为以提升城市的文化、公共服务等内涵为中心，真正使城镇成为具有较高品质的适宜人居之所。城镇化的核心是农村人口转移到城镇，而不是建高楼、建广场。农村人口转移不出来，不仅农业的规模效益出不来，扩大内需也无法实现。并指出，与传统提法相比较，新型城镇化更强调内在质量的全面提升，也就是要推动城镇化由偏重数量规模增加向注重质量内涵的提升转变。

1.2.2 关于农村城镇化重要性研究

我国著名学者费孝通先生（1986）对江苏吴江县的农村经济进行了长期、深入的调查研究，认为农村小城镇的快速发展将是中国农村一次大变革的开始，提出了"小城镇、大问题"的科学论断；辜胜阻、成德宁（1991）指出，在当前中国农民收入增长乏力、国内需求不旺的形势下，加快农村城镇化进程，对于启动农村市场、转移农村剩余劳动力、推动乡村工业和农业产业化进一步发展、转变农民生活方式等都具有十分重要的战略意义。辜胜阻（2009）、仇保兴（2005，2008，2009）、孙久文（2009）、史育龙（2008，2009）和肖金成（2008，2009）等学者认为，探索和发现一条适合我国国情的农村城镇化道路，对于促进国家现代化乃至实现民族复兴具有重要战略意义。佟光霁（2010）从相关基本理论入手，论述城乡协调的理论内涵和城乡系统的结构与功能；从协调城乡关系出发，以实现城乡整体协调发展为主线，重点研究城镇化进程中城乡协调的演变过程、自组织状况、地域类型和调控方式等，初步构建城镇化进程中通过制度调整退出"闭锁状态"，实现城乡协调的理论框架；并从城乡协调的历史和现状分析出发，以路径依赖理论为理论参照系，重点论述城乡协调的现状特征和存在的问题，并明确不同发展阶段城乡协调的标准。从产业合作、市场合作、生态合作等方面分析影响城乡协调的自组织机理建立的影响因素，建立不同地区、不同发展阶段的城乡协调模式。从财政、金融、税收、农村公共品供给等诸多方面，探讨如何通过制度调整来保证权益平等基础上的城乡自组织协调作用的发挥。由此指出，城镇化不仅是一个系统性工程，而且对推进相关产业和经济发展有着至关重要的作用。

1.2.3 关于农村城镇化动力机制研究

动力与途径问题是农村城镇化研究的核心问题，如同国外学者一样，国内学者亦围绕这一核心问题进行了深入研究，并形成了丰富的理论分支。我国著名学者费孝通先生（1986）在对我国农村经济进行了长期而深入的调查研究后指出："农民从农村转移到小城镇，目前采用了离土不离乡的形式……客观条件引导中国农民作出了这个离土不离乡的选择，这是符合当前中国的具体情况的。"费孝通先生认为，农村工业化是农村城镇化的根本动力，并通过乡镇企业这个具有中国特色的载体得以最终实现。郑弘毅（1998）系统地研究了农村城镇化理论、动力机制、指标体系及地域差异，对长江三角洲、珠江三角洲、京津唐、辽中南等地区的农村城镇化进行了实证研究，并对相关的几个重要研究领域作了积极有益的探索。崔功豪、马润潮（1999）认为，乡镇企业发展、劳动力转化和小城镇建设构成自下而上城市化的实质内容，影响这三者发生、发展、变化的决定性因素是政策、资金和地方政府的作用，而农民群体和区域外部力量也有重要的启动作用。宁登（2000）从转型时代、经济的结构性变化、全球化与区域化、交易革命与生产体制变革、新的区域性城市空间——区域城市带和网络城市等方面对城镇化的动力机制进行了探讨。孙中和（2001）认为，我国城市化发展的动力主要体现在四方面：一是农村工业化的推动。比如乡镇企业加速了资本、技术、信息等经济要素向乡镇工业小区区域内的转移。二是比较利益的驱动。农业人口的非农化过程是在农业内部推力和非农产业的外部拉力双重作用下完成的。三是农业剩余的贡献。农业为城镇化提供充足的食物和工业生产原料、市场、生产要素、外汇方面的支持。四是制度变迁的促进作用。制度安排与创新在城镇化过程中的核心作用主要体现在农业生产效率和农业产出水平的提高、农业部门的要素流出推力和城镇基础设施及房地产业的开发等方面。柳思维（1984，2005，2008，2010）则认为发展流通产业对促进农村城镇化有重要的作用，并对环洞庭湖农村小城镇的市场结构进行了专题研究，认为利用环洞庭湖农村的独特优势，充分发挥市场流通的作用，可使其建设成为湖南工业化、产业化、城市化的活力地带。褚素萍（2005）认为，农村城镇化动力机制可分为来自农村内部的内在动力和由于外部环境对农村城镇化所形成的外在动力。内在动力包括我国农村人地矛盾紧张对农民的推力，城乡差距对农民的外部拉力，农民观念转变对农民进城的动力等。而外在动力，即外部环境——物质基础、政策环境、农村工业化、制度的变迁等是农村城镇化动力机制中不可缺少的组成部分。王信东、赵安顺（2000）认为，农村城镇化的动力机制是在一定的条件下，农村投资环境的改善（人、财、物及自然资源等生产要素价格优势或交易机制的低成本等），引致预期资本利润率水平的提高，从而形成对建设项目投资的增加，使其适应社会的产品和服务供给能力增加，示范作用与规模经济效应推动公众预期进一步上升，投资、生产规模进一步扩大，人口迁入增加，居民与企业的收入水平、政府的财政收支能力增长，农村用于工业、商贸、居民住宅、公用设施等的支出增加，经济得到快速发展，农村城镇化由此形成。汤茂林（2000）认为，有四种模式推动我国城镇化：国家主导的资源开发型的"攀枝花模式"；社区政府主导的以集体经济为主体的"苏南模式"（费孝通，1986）；以个体经济和民营经济为主导的"温州模式"（费孝通，1986），以及以外资推动、外向型经济为工业化动力的"珠江模式"。此外，顾朝林（1999）从人口流动、辜胜阻（2000）从人口非农化、曾尊固（1999）从经济发展等方面研究了城市化动力机制。

1.2.4 关于农村城镇化路径研究

长期以来，我国学者对农村城镇化的实现途径进行了不懈的探索，并提出了许多建设性理论。辜胜阻、李永周（2000）提出多元道路论，认为城镇化必须坚持以下方向：一是城市化与农村城镇化同时并举，实行城市化和农村城镇化同时并进的二元城镇化战略。二是政府发动型机制和民间推动型机制同时并举，充分利用政府发动和民间推动这两种机制。三是自上而下与自下而上相结合，各级政府要加强对农村城镇化的指导。四是"据点"发展式和"网络"发展式相结合。在"据点"发展式和"网络"发展式这两种方式中，注意城镇化的网络式发展，同时，将一部分建制镇过渡到城市，建立新的城市"据点"。庄晋财（2000）认为发展农村中小企业集群是实现农村城镇化的可行途径。廖丹清（2001）、秦尊文（2001）提出重点发展大城市论，认为小城镇道路是市场对资源配置扭曲的表现，因此，只要环境承载能力允许，只要经济发展需要，就要放手让大中城市健康发展。姜太碧（2002）认为，农村城镇化应实现小城镇非均衡发展战略，重点择优发展中心城镇。一般应选择在县区域内的两三个有优势的城镇，通过优势城镇带动其他城镇的发展和培育区域增长极。

柳思维（1999）撰文指出："发展农村小城镇是解决中国城市化短缺与滞后的重要出路，要以县城扩容为重点，使重点小城镇成为农村人口非农化枢纽。"陈美球（2003）提出充分发展小城镇论，即要在21世纪初快速推进中国的城镇化，必须充分发挥小城镇的作用。肖万春（2003）主张小城镇发展应依托城市发展。小城镇是城乡网络的结点，表现为发源于城市一端的扩散和落实于农村一端的聚集，小城镇的发展质量既取决于农村的聚集过程，也取决于中心城市的扩散过程。因此，小城镇的发展绝不能忽视已有中心城市的建设，注意建设中心城市与小城镇间的联系通道，充分发挥中心城市对小城镇的辐射带动作用及小城镇对中心城市的支持作用。

蒋满霖（2004）认为应该通过农村制度创新来加速农村的城镇化进程；吴文情（2007）认为应该通过农业现代化来实现农村城镇化。党中央国务院在农村城镇化的实现途径方面作了许多尝试，如提出工业反哺农业与城乡统筹发展道路、社会主义新农村建设道路等等。辜胜阻（2009）、仇保兴（2005，2008，2009）、孙久文（2009）、史育龙（2008，2009）和肖金成（2008，2009）等学者提出"中国特色城镇化模式"。仇保兴（2005）提出应推行"正规就业"为主、"非正规就业"为辅的劳动力转移模式，以提高农民收入，促使部分富裕起来的农民自然迁移到城镇生活和工作，同时鼓励走农民自主创业为主的城镇化道路，并防止以农业特别是粮食产量大幅度衰减为代价的农村人口"驱赶型"城镇化。同时积极培育区域中心城市，形成"发展极"和等级次序相对合理的大中小城市序列，带动城乡的协调发展；适当选择城市群和都市圈的空间布局和发展道路，形成城市之间有机组织、合理分工与合作的共赢模式，增强区域整体竞争力。并且注重城市的跨越式发展阶段的机遇性，适时进行规划布局的调整；结合城郊生态资源、自然遗产和基本农田的保护，设定不可开发区域、控制开发区域，合理引导城市空间结构的发展；保护和培育城市有机构成，促使产业集群的落户和成长壮大，方便农民进城创业。资源枯竭型城市的规划调控要与产业转型和接续产业的培育相协调。

辜胜阻（2009）提出，中国的城镇化不能照搬别国的模式，必须从自己的国情出发，走有中国特色的城镇化道路，要在产业转型与体制转型的背景下，将人口城市化与农村城镇化、"政府推动"和"市场拉动"的城镇化机制结合起来，并积极、多渠道地解决农民工市民化问题。[①] 由曲福田教授主持的教育部哲学社会科学研究重大课题攻关项目——中国工业化、城镇化进程中的农村土地问题研究，以中国快速工业化、城镇化进程为背景，从协调推进工业化、城镇化和农业现代化出发，综合运用经济学、管理学和法学等多学科的理论方法，在准确把握中国工业化、城镇化阶段特征和农村土地问题主要矛盾及其成因的基础上，以优化土地资源配置效率和保障农民合法土地权益为目标，分析了中国土地非农化的运行机制和生态影响，测算了不同阶段土地非农化的适度水平，探索了土地制度改革和土地管理机制创新的目标和路径，提出了农村土地法律体系的建设任务和立法建议。

---

① 辜胜阻，等. 中国特色城镇化道路研究［J］. 中国人口·资源与环境，2009，19（1）.

1.2.5 关于农村城镇化评价指标体系研究

郝寿义等（1998）选取城市的综合经济实力、资金实力、开放程度、人才及科技水平、管理水平、基础设施等六个方面共 21 个指标构建城市竞争力评价指标体系，采用主成分分析方法对城市竞争力进行数量分析，建立总体的城市竞争力的计量模型。最后根据模型计算各城市的城市竞争力的得分。[①] 后来他们又对城市竞争力指标体系做了进一步完善，将指标体系分为显示性指标与解释性指标两大类 73 个指标。王炜（2000）等对农村城镇化程度进行了归纳，建立了包括经济指标、社会指标和城镇建设指标的评价体系。孙海泉（2000）从人口与规模、市镇数量的有机增长、市镇具备城乡结合点的功能和市镇成为市镇社会的中心四个方面对上海开埠后苏南市镇城镇化过程进行了考察。宁越敏、唐礼智（2001）在继承了 MD 和波特国家竞争力模型的基础上，构建了城市竞争力的理论模型。认为产业竞争力、企业竞争力、综合经济实力、科技实力是构成城市竞争力模型的核心因素，同时城市竞争力受金融环境、政府作用、基础设施、国民素质、对外对内开放程度、城市环境质量等支撑，构建了 39 个具体的城市竞争力测度指标体系。[②] 王桂新、沈建法（2002）认为城市竞争力主要由城市的经济发展竞争力、社会发展竞争力和环境发展竞争力组成，简称为城市发展的三维竞争力，并建立了一个由 3 个层次、12 个子项目、55 个指标构成的评价指标体系，并对我国地级以上城市的竞争力进行了评价。[③] 倪鹏飞等（2003）提出了国内影响最大的城市竞争力模型——城市竞争力弓弦箭模型，他们认为城市竞争力系统构成是复杂的，其众多的要素和环境系统以不同的方式存在，又处在不同的维度和层次上，它们共同集成，构成城市综合竞争力，决定城市的价值收益；并提出了两个城市竞争力解释框架：第一个解释框架是城市竞争力的弓弦箭模型。他们将城市竞争力分解成硬竞争力和软竞争力两个部分，同时将硬竞争力要素比做弓，软竞争力要素比做弦，城市产业比做箭，它们相互作用，形成城市竞争力。而鉴于城市竞争力研究的多角度特征，他们还提出了城市竞争力研究的第二个解释框架，即城市竞争力飞轮模型。该模型把城市竞争力从里到外分成三个层次：本体竞争力（人才本体和企业本体竞争力）、城市内部环境竞争力（生活、环境和商务环境机构竞争力）

[①] 郝寿义、倪鹏飞. 中国城市竞争力研究——以若干城市为例 [J]. 经济科学，1998（3）.
[②] 宁越敏、唐礼智. 城市竞争力的概念和指标体系 [J]. 现代城市研究，2001（3）.
[③] 王桂新、沈建法. 中国地级以上城市综合竞争力研究 [J]. 复旦大学学报（社会科学版），2002，（3）.

和城市外部环境竞争力（包括城市所在区域、国家的竞争力和国际环境）。①陈鸿彬（2003）建立了构建一个涉及经济发展、设施环境优良、人民生活富裕、社会进步等诸多因素的多层次的复合型指标体系。北京国际城市发展研究院在借鉴波特的产业价值链分析理论的基础上提出了城市竞争力的价值链模型。该模型将城市竞争力分成城市魅力系统、城市潜力系统、城市活力系统、城市能力系统、城市实力系统五个层面，并构建了由 140 个指标组成的评价指标体系。②谢守红（2004）则从经济、基础设施、科技文化、对外开放、环境五个方面构建了城镇竞争力评价指标体系。陈鸿彬（2005）指出农村城镇化质量评价的基本方法有层次分析法、聚类分析法和主成分分析法，这些方法可以把专家的定性判断数量化，把具有不同社会经济特征的变量根据其属性进行归类，把多个指标归纳为少数几个综合指标。确定评价指标权重的主要方法有 AHP 法、专家调查法、误差逆传播神经网络技术等。李永强（2006）从城市可持续发展力、资源集聚力、价值创造力的角度来评价城市的竞争能力，以及三种能力对城市竞争力的作用程度和机理，通过 209 个地级市 2002 年度数据的拟合，提出分析评价我国地市级城市竞争力的结构方程模型，并对该模型的效度、信度进行了分析。③陈名洋（2008）对农村城镇化质量评价体系进行了探索，构建了包括经济发展、城镇建设、居民生活和社会进步四个方面的指标体系，并以湖南邵阳农村为例进行了量化评价。

1.2.6 关于国内城镇化阶段研究

中国是城市化进程滞后的国家，具有现代意义的城市行政区的建制制度（即行政区划制度）的产生，仅有 80 余年的历史。新中国成立以来，社会主义制度下的城镇化经历了曲折的发展进程。如何划分和确定中国 50 年来城镇化历程，既是一个热点问题，也是一个难点问题。借鉴姜爱林的观点，城镇化阶段的划分可以归纳如下表 1-1 所示。

---

① 倪鹏飞，等. 中国城市竞争力报告 No.1——推销：让中国城市沸腾[M]. 北京：社会科学文献出版社，2003.
② 北京国际城市发展研究院. 中国城市蓝皮书[M]. 北京：中国时代经济出版社，2003.
③ 李永强. 城市竞争力评价的结构方程模型研究[M]. 成都：西南财经大学出版社，2006.

表 1-1　中国城市化发展的阶段划分

划分法	代表作者、年份	阶段定义与划分标准
两分法	叶裕民（2001）	第一阶段（1949—1978年）为城市化的停滞和低速增长阶段；第二阶段（1978—2000年）为城市化的迅速推进阶段
两分法	陈甬军（2004）	第一阶段（1949—1978年）为政府严格控制型城市化道路的形成与发展阶段；第二阶段（1978至今）为政府与市场共同作用的多元城市化道路的形成与发展阶段
三分法	陈赜（1998）	第一阶段（1949—1957年）为城市拉动型的城市化发展时期；第二阶段（1958—1978年）为城市化倒退、停滞时期；第三阶段（1979—1998年）为城市化较快发展时期
三分法	王茂林（2000）	第一阶段（1949—1957年）为城市经济恢复和顺利发展阶段；第二阶段（1958—1977年）为新中国成立后中国城市化发展阶段；第三阶段（1978—2000年）为城市化进入崭新的发展阶段
三分法	秦润新（2002）	第一阶段（1949—1956年）为恢复和初步发展阶段；第二阶段（1957—1978年）为调整和曲折发展阶段；第三阶段（1978—2000年）为改革和加速发展阶段
四分法	中科院国情分析研究小组（1996）	第一阶段（1949—1957年）为城镇化起步发展阶段；第二阶段（1958—1965年）为城镇化起伏发展阶段；第三阶段（1966—1976年）为城镇化停滞发展阶段；第四阶段（1977—1978年）为稳定发展期
四分法	社科院著作的城市经济学教科书（1999）	第一个时期（1949—1957年）为城市化上升时期；第二个时期（1958—1965年）为城市化波折时期；第三个时期（1966—1978年）为城市化停滞时期；第四个时期（1979—1998年）为城镇化正常发展时期
四分法	顾朝林（2000）	第一阶段（1949—1957年）为起步阶段；第二阶段（1958—1965年）为大起大落阶段；第三阶段（1966—1978年）为停滞阶段；第四阶段（1979—1998年）为恢复与发展阶段
四分法	中国国际城市化发展战略委员会（2008）	根据城市化率的变化趋势分为四个阶段，第一阶段是缓慢发展期（1949—1964年）；第二阶段为停滞发展期（1965—1975年）；第三阶段是平稳发展期（1976—1999年）；第四阶段（2000—2006年）是快速发展期
四分法	张超（2010）	第一阶段（1949—1978）为围绕工业化建设生产型城市阶段；第二阶段（1979—1990）为城市体制改革拉动阶段；第三阶段（1991—1999）为城市外部扩张和内部重组加速阶段；第四阶段（2000—）为城乡统筹发展阶段

续表

划分法	代表作者、年份	阶段定义与划分标准
五分法	辜胜阻（1993）	第一阶段（1949—1957年）为工业化起步时期的城镇化阶段；第二阶段（1958—1960年）为"爆发性"工业化所引起的超高速城镇化阶段；第三阶段（1961—1965年）为工业调整时期的第一次逆城镇化阶段；第四阶段（1966—1977年）为工业化停滞时期的第二次逆城镇化阶段；第五阶段（1978—1993年）为改革开放时期的高速城镇化阶段
	周华蓉（2008）	第一阶段（1949—1957年）为我国城市化的过渡阶段；第二阶段（1958—1960年）为城市化的"大跃进"阶段；第三阶段（1961—1977年）为反城市化与城市发展停滞阶段；第四阶段（1978—1996年）为我国城市化稳步推进阶段；第五阶段（1997年至今）为我国城市化加速推进阶段
	陈秀山（2010）	第一阶段（1949—1957年）为城市化起步阶段；第二阶段（1958—1965年）为城市化波动较大阶段；第三阶段（1966—1978年）为城市化停滞发展阶段；第四阶段（1979—1991年）为城市化快速发展阶段；第五阶段（1992—2008年）为城市化稳步发展阶段

除以上划分方法外，谢文蕙（1996）将中国几千年的城市化发展进行划分。按此线索，中国城市化历程可划分为四个阶段：第一阶段为城市化的史前阶段——古代城市的发展（公元前21世纪—1840年之前）；第二阶段（1840—1949年）为城市化的起步阶段——近代城市的发展；第三阶段（1949—1977年）为城市化的初步阶段——计划经济体制下城市的曲折发展；第四阶段（1978—1996年）为城市化的加速阶段——改革开放后城市的迅速发展。

以上种种划分方法是从不同的角度，根据不同的标准所作出的，并无优劣之分。有一点值得肯定的是，无论哪一种划分方法，对我们了解、认识和研究中国城镇化发展的进程都有一定的帮助和借鉴作用。笔者认为，对中国城镇化发展进程的划分既不宜太粗，也不宜太细，应视具体需要而定。如果以经济社会发展水平、经济制度变迁、城市经济发展变化、工业化发展阶段或人口流动态势等为依据，可将新中国成立60年来的城镇化进程大体划分为三个阶段：1949—1978年的城镇化停滞及曲折发展阶段；1979—2000年城镇化的恢复及正常启动阶段；2001年至今的城镇化快速发展阶段。而从划分的研究方法来说，关于定性的叙述，其论述还显得不足，这是需要今后加以研究的重要内容。

1.2.7 关于环洞庭湖区域农村城镇化研究

柳思维于1996年在关于建立环洞庭湖经济带的文章中就提出应将洞庭湖区域建设成全省城镇化的示范地带。2001年在其主持的国家社科基金项目"环洞庭湖农村小城镇市场结构研究"中对环洞庭湖农村小城镇的市场结构进行了专题研究,认为利用环洞庭湖农村的独特优势,充分发挥市场流通的作用,可将其建设成为工业化、产业化、城市化的活力地带,为洞庭湖区域农村城镇化建设指明了道路。罗放华(2006)、隋国庆(2007)和董明辉(2007)等也对环洞庭湖经济一体化发展的可行性等问题进行了跟踪式研究;齐恒(2005,2006)对环洞庭湖区农业结构调整、经营模式转换以及县域经济可持续发展等问题进行了研究;覃永晖、吴晓(2008)等对德国农村建设经验进行介绍后得出以下结论:环洞庭湖农村建设应遵循"循序渐进、有法可依、财政保障、科技支撑、农民参与以及可持续发展"原则;王志远(2008)等对环洞庭湖区新农村整治规划进行了探索,提出提高农村土地资源集约利用效益,实施村庄合并等整治措施及相应的保障对策;周新德、田小勇(2009)则提出了对环洞庭湖现代航运物流业发展的思考;段玉(2009)研究认为,环洞庭湖新农村建设要充分发挥本地特色资源、特色产品优势,发展特色产业,打造特色专业市场和提升综合竞争力。梅克保(2011)在由湖南省洞庭湖区域经济社会发展研究会主办的2011洞庭湖发展论坛上书面发言指出,环洞庭湖三市应按照国家推进主体功能区建设的要求,进一步明确洞庭湖区域发展战略,合力推动这一战略上升到国家层面。而且着重指出,城镇化是扩大投资和消费的重要抓手,是城乡统筹发展的最佳结合点,也是县域经济的重要增长极。环洞庭湖区域各市要抓好以城市扩容提质为主的新型城镇化建设,大力发展二三产业,不断提高城市的承载能力和服务功能,带动农村劳动力向城镇转移,促进区域经济发展。

总之,国内外学者围绕农村城镇化问题进行了大量的研究,相关研究结果表明,农村城镇化是发展中国家和落后区域经济增长、社会进步的必经过程;在不同的区域,其发展动力、作用机制和实现途径存在较大差异。然而总的来看,并未将农村城镇化研究从系统框架和一般思路落实到具体区域的发展实践中,因而显得较为空洞;在研究对象上,针对一般性理论研究较多而从理论到个案的研究较少;在研究方法上,定性研究较多而定量研究较少。并且,本课题组拟从全新的研究视角来探析特定区域的农村城镇化,即通过洞庭湖区域农村城镇化发展的空间理论视角来研究该区域农村城镇化的动力机制。

02 农村城镇化概论

2.1 城市化的基本内涵及"中国特色城镇化"解读

2.1.1 城市化的内涵

城市化是指在现代社会生产方式的促进下,农村人口和社会职能向城市或城市聚集地集中,城市的生产方式和生活方式向全社会扩展,最终实现城乡一体的过程。

城市化是一种世界性的发展趋势,一般用城镇人口占总人口的比重来描述城市化的水平(即城市化率),其实质是反映人口在城乡之间的空间分布规律。城市化是"人类生产与生活方式由农村型向城市型转化的历史过程,主要表现为农村人口转化为城市人口及城市不断发展完善的过程"。[①] 简单地说,城市化就是城市不断替代乡村、融化乡村变城市的一种过程,表现在人口转移、空间布局、产业结构、文明推进等多方面,是一个经济发展与社会进步交叉变化的系统工程。首先,城市化是一个区域生活方式的发展过程;其次,城市化是农村人口不断向城市集中的过程;再次,城市化是农业经济向非农业经济为基础的生活方式转变的过程。从空间布局的角度来看,城市化是城市的兴建、已有城市向外扩张、城市内部向更高结构形态发展的过程。可以说,城市化是一个国家或区域实现人口集聚、产业集聚、智力集聚和信息集聚的过程,是一个形成"人流、资金流、物流、信息流、技术流"聚集平台和枢纽的过程,也是生产方式进步、社会方式进步和文明方式进步的一个过程。城市化的实质是以内向式集聚和外向式辐射为特征的综合作用过程。二者在城市发展的不同阶段,表现出不同的推拉效应与功能形态。城市化按其所处的经济体制的不同,可分为市场型城市化和计划型城市化;按城市化发展水平的不同,可分为发达

[①] 《中华人民共和国国家标准术语》对城市化的定义。

型城市化和发展型城市化；从城市化与工业化发展水平关系来考察，可划分为四种模式，即同步城市化、过度城市化、滞后城市化和逆城市化。

同步城市化是指城市化的进程与工业化和经济发展的水平趋于一致的城市化模式。一致主要指城市化与经济发展呈显著的正相关，发达国家在城市化加速时期，这种相关性表现得相当明显。据测算，发达国家在整个工业化中期，工业化与城市化的相关系数极高：1841—1931年英国为0.985，1866—1946年间法国为0.970，1870—1940年瑞典为0.967，整个发达国家为0.997。工业化率与城市化率几乎是两条平行上升的曲线。

过度城市化又称超前城市化，指城市化水平明显超过工业化和经济发展水平的城市化模式。城市化的速度大大超过工业化的速度，城市化主要是依靠传统的第三产业来推动，甚至是无工业化的城市化，大量农村人口拥入少数大中城市，城市人口过度增长，城市建设的步伐赶不上人口城市化速度，城市不能为居民提供就业机会和必要的生活条件，农村人口迁移之后没有实现相应的职业转换，造成严重的"城市病"。过度城市化形成的主要原因是二元经济结构下形成的农村推力和城市拉力的不平衡（主要是推力作用大于拉力作用），而政府又没有采取必要的宏观调控措施。相当数量的发展中国家基本上是这种城市化模式，如墨西哥的工业化与经济发展水平远远不如发达国家，但1993年其城市化水平高达74%，明显高于同期瑞士（60%）、奥地利（55%）、芬兰（62%）和意大利（67%）。

滞后城市化指城市化水平落后于工业化和经济发展水平的城市化模式。滞后的原因主要是政府为了避免城乡对立和"城市病"的发生，采取种种措施来限制城市化的发展，结果不仅使城市的集聚效益和规模效益得不到很好发挥，而且还引发了诸如工业乡土化、农业副业化、离农人口"两栖化"和城镇发展无序化等"农村病"现象。这是一种违背工业化和现代化发展规律的城市化模式。改革开放前的中国城市化就是这种城市化模式的突出代表。1980年世界城市化水平为42.2%，发达国家为70.2%，发展中国家为29.2%，而中国城市化水平仅为19.4%。从城市化与产业结构的关系看，我国城市化明显滞后于工业化。1996年我国城市化率与工业化率（指工业增加值占GDP的比重）之比仅为0.69，远低于该比值（1.4~2.5）的合理范围。这一方面说明了我国城市化的滞后，另一方面也表明我国工业化过度地孤军深入。

逆城市化指城市市区人口尤其是大城市市区人口郊区化、大城市外围卫星城镇布局分散化的城市化模式。所谓"逆"，并不是指城市人口的农村化，更不是指城市文明和生活方式的农村化，而是指城市市区人口向郊区迁移，大城市人口向卫星城迁移的倾向。造成逆城市化的原因主要有大城市城区人口过于密集，就业困难，环境恶化，地价房租昂贵，生活质量下降，引起人口向环境优美、地价房租便宜的郊区或卫星城迁移；城市产业结构的调整和新兴产业的发展，带动了城区人口的外迁交通，通信工具的现代化大大缩短了城市与郊区的时空距离等。逆城市化的倾向主要发生在20世纪50~70年代城市化水平很高的发达国家。如美国除洛杉矶以外的12个最大城市，在1950—1971年间，城市市区人口从2 625.3万下降到2 552.4万，郊区及卫星城人口则从1 463.5万增加到1 714.7万。实际上，逆城市化不是城市化的反向运动，而是城市化发展的一个新阶段，是更高层次的城市化。

对于城市化形态，从20世纪80年代开始，学术界一直有两种争论：一种认为应该以大城市建设为主，大城市土地利用的集约化程度高，通过大城市辐射来推动城镇化，可以实现城镇的集约化发展；另一种认为应该以中小城镇建设为主，中小城镇特别适宜吸纳亦工亦农的农村剩余劳动力，便于他们实现就近城镇化。以上观点都是以城市规模论发展，而不是按照城市的效益论发展。周一星教授通过相关研究认为，城市的规模与城市效益之间仅仅呈现弱的正相关，因此，仅仅凭借城市规模就判定今后城镇化应采取的主要形态难免有失偏颇。国家《十一五规划纲要》中摒弃了以城镇规模来决定其今后发展优先次序的观点，指出要把城市群作为推进城镇化的主体形态，逐步形成以沿海及京广京哈线为纵轴，长江及陇海线为横轴，若干城市群为主体，其他城市和小城镇点状分布，永久耕地和生态功能区相间隔，高效协调可持续的城镇化空间格局。

2.1.2 "中国特色城镇化" 解读

"中国特色城镇化"是我国在推进城市化实践中逐步形成的概念。1979年中共中央关于农村工作的文件中提出要发展农村小城镇。20世纪80年代初著名社会学家、民盟中央主席、全国人大副委员长费孝通提出"小城镇、大问题"，并向中央建议要大力发展小城镇，得到时任党中央总书记胡耀邦的重视与肯定，后来党中央国务院又陆续颁布了有关加快小城镇建设的政策措施。2000年中央确定"大中小城市和小城镇协调发展的道路，将成为中国推进现代化进程中的一个新的动力源"。2001年中央明确把"积极稳妥地推进城镇化"作为"十五"期间必须着重研究和解决的重大战略性、宏观性和政策性问题。2002年党的十六大明确提出了"中国特色的城镇化"，确定将"全面繁荣农村经济，加快城镇化进程"作为中国新世纪头20年经济建设和经济体制改革必须抓好的八大任务之一，并提出"坚持大中小城市和小城镇协调发展，走中国特色的城镇化道路"

等城市化建设的具体内容。

2007年,党的十七大再次肯定了"中国特色城镇化道路"这一理论的正确性,并进一步明确提出:"走中国特色城镇化道路,按照统筹城乡、布局合理、节约土地、功能完善、以大带小的原则,促进大中小城市和小城镇协调发展。"2009年中央经济工作会议再次强调,要"积极稳妥推进城镇化,提升城镇发展质量和水平。要坚持走中国特色城镇化道路,促进大中小城市和小城镇协调发展,着力提高城镇综合承载能力,发挥好城市对农村的辐射带动作用,壮大县域经济"。十七届五中全会关于《国民经济和社会发展第十二个五年规划的建议》中提出,我国农村城镇化"应坚持走中国特色城镇化道路,按照统筹规划、合理布局、完善功能、以大带小的原则,遵循城市发展客观规律,以大城市为依托,以中小城市为重点,逐步形成辐射作用大的城市群,促进大中小城市和小城镇协调发展"。2012年政府工作报告再次强调,应积极稳妥推进城镇化,促进大中小城市和小城镇协调发展。笔者认为,党中央在实践中总结并一再强调走中国特色城镇化道路这一理念,既符合世界城市化发展的客观趋势,又适合中国的国情。[①] 中国是世界上人口最多的发展中大国,也是农村人口总量最多、农村人口比重最高的国家,在农村人口的空间分布上,大量的农村人口散落在几万个农村小城镇上,农村小城镇星罗棋布,这是中国的国情特色。因此必须从中国实际出发,走"中国特色的城镇化道路"。理解中国特色的城镇化道路其本质要求是坚持科学发展观指导,坚持城镇化与新型工业化良性互动,以建设资源节约和环境友好型社会为基本方向,紧紧围绕城乡统筹、区域统筹、经济社会协调可持续发展的原则,强调五个"着力",即:着力优化城镇体系,着力增强城镇功能,着力改善生态环境,着力增强城镇辐射带动能力,着力推进城镇创新,全面提升城镇化的质量和水平,走经济高效、功能完善、资源节约、环境友好、城乡协调、社会和谐、大中小城市和小城镇协调发展的新型城市化道路。中国特色的城镇化也是最终解决中国"三农问题"的根本出路,通过城镇化最终实现"新三化",即农村现代化、农业工业化、农民市民化。

[①] 学术界有的专家也提出,应用"城市化"取代"城镇化"的提法,如清华大学蔡继明教授就提出:"'城镇化'提法欠妥,我个人认为两种提法无本质区别,且可通用,'城镇化'提法更符合现阶段中国国情。"

2.2 农村城镇化的基本内涵及发展模式

2.2.1 农村城镇化的基本内涵

农村城镇化是人类聚居形式进化的结果。对农村城镇化的含义,不同的学科从不同的角度对其进行了不同的表述:从人口学的角度讲,农村城镇化是农村人口转化为城镇人口的过程;从地理学的角度讲,农村城镇化是农村地区转变为城镇地区的过程;从社会学的角度来讲,农村城镇化是农村生活方式转化为城市生活方式的过程;而从经济学角度讲,农村城镇化则是生产方式由农村自然经济转化为城市社会大工业生产的过程。以上不同学科从不同侧面揭示了城镇化的本质特征,综合上述观点,对城镇化的含义我们可以作如下概括,即城镇化是社会生产力发展到一定阶段后引起的人类生产方式、生活方式以及居住方式变革的过程。具体的特征表现为:一个国家或地区的农业人口转化为非农业人口,即人口由农村向城镇转移;农村区域的不断减少,城镇区域的不断增加,以及与其相对应的城镇数目的不断增多;城镇居民生活质量不断提高,观念不断更新,并影响到农村地区,带动着农村居民在生活方式上向城镇居民靠近;农村和农业生产方式的变化,由小生产逐渐向社会化大生产转变。

城镇化是一个综合性概念,它既包括城乡人口结构的变动,即城镇人口增长和比重的上升,农村人口的减少和比重的下降,也包括人口观念的转变和质量的提高;既包括总人口在城乡比例上的变动,也包括由此带来的国民经济结构的变动;既包括劳动力向城镇聚集的过程,也包括资金、技术等生产要素向城镇流动的过程;既包括乡村的城镇化,也包括城镇自身的发展和素质的提高。城市化是一种影响深远的社会经济化过程,包含两个方面的主要内容:一是非农产业和劳动力向城市集聚;二是以社会化服务为特征的城市生活方式的扩展和强化。早在1945年,著名经济学家、发展经济学创始人张培刚教授在哈佛大学的博士论文《农业与工业化》中就强调了中国农村的发展要沿着农村工业化、城镇化方向发展。库兹涅茨认为,各国的经济增长就是人均产量的持续增长,通常伴随着人口增长和结构变化。城市化是结构变化的一个方面,它导致了城市和乡村之间人口分布的变化。

农村城镇化是在我国目前国情下实现城乡一体化的途径,有着特殊的战略意义。随着农村社会生产方式和生活方式向城市形态转变,农村人口向城镇集中,也在地理空间上出现了从农村地域逐渐向城镇地域的转变,这里的城镇在我国又称为集镇或小城镇,是介于乡村与都市之间的过渡居民区。这一过程也是城镇规模不断扩大、产业结构不断优化、社会结构不断变化、城乡文明不断融合发展的过程。农村城镇化是推动社会现代化的强大动力,也是现代化的必由之路。城镇化的本质是聚集,即产业聚集、人口聚集和生产要素的聚集。通过聚集产生较高的经济、社会、文化要素的配置效率,从而不断推动经济规模的扩张,带动经济结构的优化,创新发展模式,使城镇成为经济发展和社会进步的综合体现。因此,可以说,农村城镇化有着两个方面的显著含义:第一,农村城镇化是"有形的城镇化",即物质上和形态上的城镇化。具体反映在人口的集中方面,包括人口总量的集中,即城镇人口比重的增大;城镇点的增加,呈现正密度的加大;每个集中点——城镇规模的扩大;空间形态的改变,如城市建设用地增加,城市用地功能的分化,土地景观的变化;经济社会结构的变化,如产业结构的变化,由第一产业向二三产业的转变;社会组织结构的变化,由分散的家庭到集体街道的变化,从个体、自给自营到各种经济文化组织和集团的变化。第二,农村城镇化也是"无形的城镇化",即精神上、意识上的城镇化,生活方式的城镇化,具体包括:城市生活方式的扩散;农村意识、行为方式、生活方式转化为城市意识、行为方式、生活方式的过程;农村居民逐渐脱离固有的乡土式生活态度、方式,而采取城市生活态度、方式的过程。

2.2.2 农村城镇化的战略意义

我国在改革开放初期历史包袱非常沉重的情况下,通过农村城镇化,培育了城镇积累功能和自我发展机制,在避免了大量的农业剩余劳动力拥入城市、直接冲击城市的情况下,引导已经非农化的、过剩的农村人口进入城镇,从而减轻有限的农业用地已经超载的农业人口负担,并且在市场经济条件下,进一步改革农村社区和乡镇企业产权制度,保证了我国农业有可持续发展的必要条件。有研究表明,目前我国已经进入工业化中后期的前半段,估计到 2020 年前后将基本完成工业化任务。在我国,以制造业为主的第二产业占 GDP 的比重已于 2000 年超过 50%,此后第三产业所占比重开始逐步上升,第一产业所占比重则出现持续性下降,近年来第二产业所占比重也开始逐渐下降。到 2010 年底,第一产业仅占 10.17%,第二产业占 46.87%,第三产业占 42.96%。三次产业比重的变化表明,我国的工业化程度正在深化,水平正在提升。这种现象符合多数国家工业化发展的规律:以工业为主的第二产业所占比重先是快速上升,然后是第三产业比重上升,第一产业比重下降,第二产业比重也下降。横向比较也可以清楚地看到,低收入国家工业占 GDP 的比重大都接近或超过 40%,中等收入国家则更高一点,而高收入国家工业大都低于 40%。目前,我国的三次产业结构变动正沿着这样的方向变化,且有进一步加快之势。伴随工业化进程的加快，我国城镇化也进入加速期。这种加速的一个重要表现就是，大量农村青壮年劳动力拥向城市，成为农民工，进而携带全家生活在城里，以至于目前他们的第二代几乎不大清楚农村到底是个什么样子，实际上已成为准市民。从现实的角度来看，农村城镇化具有如下几个主要战略意义：

①农村城镇化有利于农村剩余劳动力的转移。农村城镇化为农村剩余劳动力转移提供了广阔的空间，成为吸纳农村剩余劳动力的"蓄水池"，缓解了农村人口压力与土地承载力之间的矛盾。我国现有2 000多个县，如果把基础设施较好、具有吸引力的县城或县域首位镇作为农村城镇化的"龙头"，并把它们分别建设成为规模不同的小城市，如果每个县城平均吸纳5万人，就可以转移1亿农村剩余劳动力。

②农村城镇化可以激发巨大内需。扩大内需是我国经济可持续发展的主要动力，作为世界第二大经济体的中国，必须形成内需主导的经济增长动力结构。工业化创造供给，城镇化创造需求。在市场配置资源、市场在经济活动中起主导作用的情况下，农村城镇化可以拉动农村居民的消费需求和投资需求，成为启动农村市场乃至整个国内市场、解决需求严重不足问题的切入点。如加快小城镇交通、通信等基础设施的建设，引导农民进城建房、买房，可以直接带动建筑、建材等相关产业的发展。城镇化发展，尤其是加快发展中小城市和县城的城镇化战略是我国最大的内需所在。首先，城镇化可以引发消费需求。推进城镇化发展有利于大批农民进入城市，变农民消费为市民消费。同时，城镇化的发展能够加速农村剩余劳动力的转移，通过农业规模化经营提高农民收入水平，使农村潜在的消费需求变为现实的有效需求。其次，城镇化可以刺激投资需求，有利于加快城镇的交通、供水、供电、通信、文化娱乐等公用基础设施建设，给建筑和房地产市场带来巨大需求，并带动多个相关产业的发展。再次，城镇化能够助推服务业发展。城镇化的发展不仅能够推动以教育、医疗、社保、就业等为主要内容的公共服务发展，也能够推动以商贸、餐饮、旅游等为主要内容的消费型服务业和以金融、保险、物流等为主要内容的生产型服务业的发展。据测算，全国城市化率每提高一个百分点，就说新增投资需求6.6万亿元，能够替代10万亿元出口，因而，城镇化将成为扩大内需的巨大引擎，是转变经济发展方式的突破口和着力点。

③农村城镇化有利于推动农村工业的集聚发展和结构升级。农村城镇化成为乡镇企业集约化发展、农村非农化及其增长方式转变的"突破口"。农村城镇化为农村工业的发展提供了聚集的空间与载体，有利于农村工业布局适度向重点小城镇集中，如浙江省一批重点小城镇成为某一种工业品专业化生产基

地。农村城镇化延长了农村产业链条，拓展了农业化发展的空间，孕育和培植了大批龙头企业和农副产品交易市场，成为农业产业化向深层次发展的"助推器"。

④农村城镇化有助于农民工三大期盼的实现。"市民梦""创业梦"和"安居梦"是当前农民工特别是新生代农民工十分迫切的三大期盼。农民工虽然进入城市，但仍游离于城市体制之外，这就使得城镇化了的农民工难以市民化，农民工同市民之间存在着"同工不同酬、同工不同时、同工不同权"的不平等现象。同时，伴随着农民工的流动，这一队伍也在不断分化，出现了与老一代农民工具有鲜明差异的新生代农民工。当前新生代农民工群体的处境是"回不去农村，融不进城市"，他们素质相对较高，也更贴近城市的生活方式和思维方式，但却面临着能力与期望失衡的问题，这是在解决农村剩余劳动力向城镇转移问题上必须面对的新课题，这些问题需要放入市民化进程中来应对。与"市民梦"紧密相连的是农民工的"创业梦"和"安居梦"，许多农民工经过打工实践，在外开阔了眼界，学会了本领，掌握了技术，拥有了资本，具备了创业的能力。同时，住房是人类最基本的生存需求之一，在城市实现安居也是农民工十分迫切的需要。对此，城镇化加大县城和县域中心镇建设，鼓励农民工返乡创业，改革中小城市户籍制度，实现进城农民工与市民在劳动报酬、子女就学、公共卫生、住房租购以及社会保障方面的平等权，让符合条件的农业转移人口逐步市民化，这将有助于农民工"市民梦""创业梦""安居梦"的实现。

⑤农村城镇化有利于促进我国城镇空间的合理布局。农村城镇化打破了原有城乡格局，使农民既可实现职业转变，也可实现异地转移或就地转移，使农村由封闭走向开放。农村城镇化既可以克服大城市过度膨胀所形成的"城市病"，又可以消除分散的乡村工业化带来的"农村病"，成为我国城镇空间合理布局的"调节剂"。从我国城镇化发展的实际需要来看，片面发展大城市或者盲目发展小城镇都行不通。如果中国未来城镇化的发展只关注大城市的发展，让农村人口向大城市过度集中，会给大城市发展增加过度压力，挑战大城市的人口承载力，造成"大城市病"。由于我国农民工规模大，流速高，流向过度集中，北京、上海、广州、深圳等大城市已经面临着人口严重超载的问题。但如果盲目无序遍地开花地发展小城镇，虽然能够有效缓解大城市压力，但也极易造成土地浪费、污染等"农村病"，并不能有效解决我国城镇化问题。因而，只有推进城镇化均衡发展，才能满足我国人口流转的需要，才能实现城镇化的健康发展。推进各级各类城镇协调发展，形成合理的城镇体系，是城镇化健康发展的重要保证，也是调节人口流速、流向与资源环境相适应、与社会经济发

展水平相协调的重要途径。城镇化放宽了中小城市和小城镇落户条件,促进了大中小城市和小城镇协调发展,可着力提高城镇综合承载能力,为未来城镇化发展指明了方向。

⑥农村城镇化有利于提高农民收入。我国城乡收入差别的表现是:大中城市高于小城镇,小城镇高于普通农村,农村兼业户高于一般纯农户。据调查分析,小城镇居民平均收入水平一般高于农民人均收入的60%,有些地区甚至高得更多。农民迁居到小城镇居住和进入二三产业就业,收入渠道和收入来源增多,收入水平将有不同程度提高。同时大批农民进入小城镇就业,减少了直接从事农业的劳动力数量,相应增加了农业劳动力的人均自然资源,有利于扩大农民经营规模和提高农民收入,也有利于缩小城乡收入差距,从而实现全面小康。

⑦农村城镇化可推动区域经济均衡发展。我国区域经济发展不协调的状况还没有发生根本性转变,推进区域经济协调发展的任务十分艰巨。同时,我国经济发展的要素环境已经发生了重大变化,产业与人口的"双转移"成为推动区域均衡发展的重要机制。当前,农民工流动出现了两个新的趋势:一是东部地区结构转型和产业升级需要将产业向中西部地区转移。东部一些地区正面临着土地空间、能源资源、人口重负及环境承载力难以为继的问题,产业结构升级的问题显得尤为迫切,因而对农民工的流向产生重大影响。二是农民工回流创业趋势日益显现。农民工返乡创业直接推动了县城的民营经济发展,使县城能够形成一定的产业支撑,极大地提升县城的经济实力;带动资本等要素向城镇集聚,有效推动当地城镇建设;加速人口向县城集中,扩大当地人口规模。鼓励返乡农民工就地创业,是推进区域经济协调发展的重大战略部署。

2.2.3 农村城镇化的发展模式

改革开放以来,我国经济模式的转变为广大小城镇的发展提供了有利的宏观环境,各地区小城镇充分发挥自身优势,抓住发展的有利时机,走出了适合自身发展的小城镇发展之路,增强了小城镇的经济实力,促进了小城镇的建设与发展。如珠江地区的东莞模式、顺德模式、中山模式,长三角地区的苏南模式、温州模式等。根据小城镇经济发展动力机制的特点,可以将小城镇发展模式归纳为外源型发展模式、内源型发展模式和中心地型发展模式三类,它们在区位条件、产业结构变动、对外联系强度等方面体现出不同的特征。

①外源型发展模式。外源型城镇发展模式是以开放带动为主的发展建设模式,其经济发展动力主要来自于区域外部,以外向型经济为主导推动小城镇的工业化和城镇化。外源型地区主要以镇、村两级为主开展招商引资,发展生产性投

资，规划和兴建各种开发区等。市、镇、村在经济上构成了明显的金字塔结构，越到基层所占经济份额越大。城镇建设以基层社区政府发动和农民自主推动为主，走的是"以开放促建设、以建设带发展"的路子，城镇的土地开发效益和城镇建设水平在很大程度上取决于外资意图和镇、村基层政府。即使在相邻地区，其发展水平和建设风貌也存在较大差异。我国沿海地区20世纪80~90年代的城镇化在很大程度上得益于吸引外资的开放带动战略，通过引进投资项目，带动当地房地产开发，吸纳农村剩余劳动力，实现产业、人口向城镇的集聚和集中。深圳由一个农业小渔村变成一个现代都市的过程就充分说明了这一点。

②内源型发展模式。内源型发展模式是指依靠本地生产要素的投入来推动经济和城镇化的协调发展，以乡镇企业和家庭私有企业为主体进行本地的工业化和城镇化。内源型经济要求本地有丰富的农业剩余积累，以及较殷实的民间资本积累，并有一批市场意识和创业精神突出的产业精英，能够为小城镇的非农化提供充足的资金投入和劳动力投入，或者发展地区有手工业传统或工业基础，使这些地区的工业化能够迅速发展起来。改革开放以来，浙江温州等地的城镇化就是靠自身内生动力，依靠民营经济、家庭工业、专业市场的发展，迅速崛起了一批工商业城镇，并使当地农村人口就地转化为城镇人口。另一种情况是小城镇受所在区域大、中城市的产业、技术、管理经验等要素的扩散影响，通过本地的资金投入承接大中城市转移的产业，再把产品返销到大城市市场。如上海市郊区、苏南地区的城镇化就是这样。内源型发展地区的城镇化除了加快本地人口的非农化外，由于内源型发展模式的经济主体多以乡镇企业、家庭私有企业为主，专业化程度高，形成了一地一品的生产规模，即块状经济，也能吸纳其他地方的农村劳动力。

③中心地型发展模式。中心地型发展模式是指以传统型经济为主的城镇化发展模式。该类型区域必有一个经济辐射功能、聚集功能的重点城市或中心城市作为该区域的政治、经济和文化中心，形成了比较明显的"中心—外围"结构，即绝大部分工业和第三产业集聚在城镇郊区附近发展，同时随着农产品的丰富和农村收入的提高，农副产品加工业、手工业和轻工业的发展逐渐开辟了供给市场和需求市场，城镇地方型传统工业逐步发展起来。如京津冀地区区域城镇化发展过程中，由于北京、天津和唐山的辐射和吸引力作用，初步形成了特大、大、中、小城市、小城镇和乡集镇组成的城镇网络。京津保和京津唐两个金三角地区已成为城镇密集度较大的地区，同时，大城市城市化的能量可以直接辐射到远郊区，并促进远郊区农业集约化、乡村现代化，实现京津特大城市城乡空间布局的科学化和可持续发展。中心地型发展模式下的农村城镇化主要是由中心城市的功能决定，其工业化也受周边区域发展因素制约。

2.3 城镇化发展的国际比较

2.3.1 国外城镇化演变历程与特征

2.3.1.1 世界城镇化演变历程

从近代以来世界各国城镇化的进程来看,城镇化发展大致可分为三个主要阶段:

第一阶段是早期的城镇化和近代城镇的兴起。从18世纪后半期开始,由于工业革命首先发生在英国,英国成为第一个走向城镇化的国家,到1850年,城镇化比重超过了50%,而当时整个世界城镇化水平大约是6.4%。此后,城镇化进程伴随着工业化的发展从英国扩散到欧洲大陆、北美、大洋洲和亚洲的日本等地,到1900年,世界城镇化人口的百分比上升到12.6%。这一阶段兴起的城镇可视为典型的近代城镇,其主要特征是以工业作为主要产业,在城市集聚,如当时英国伦敦、曼彻斯特、伯明翰等大城市都是工业中心。劳动力和产值的重心由第一产业向第二产业转移。但城市贫富差距增大,犯罪等社会问题严重,市政系统和城镇规划均不完备,工业造成了城市污染严重,如19世纪的英国伦敦是世界著名的"雾都"。

第二阶段是中晚期的城镇化和现代城镇的形成。这一阶段从20世纪初开始到40年代末,大约经历了半个世纪。由于交通体系的不断完善,极大促进了城市的发展,其主要特征是城镇化水平进一步提高,规模和范围进一步扩大。到1950年,世界城镇化水平已达28.4%,超过50%的国家有法国、荷兰、捷克斯洛伐克、加拿大、澳大利亚和新西兰等。在这一阶段,城镇已由近代城镇发展为现代城镇,其主要标志是城镇的基础设施大大改善,城镇的生活和工作条件大为改观,使得城镇规模的扩大和新兴城镇的崛起成为这一时期的特点。

第三阶段是城镇现代化与后起城镇化并行的阶段。一方面,发达国家在城镇化水平很高的情况下走向城镇现代化,城镇基础设施进一步完善,人们的生活更加舒适和方便,劳动力和产值开始从第二产业向第三产业转移,社区服务和社会综合治理大大加强,出现了像"卫星城"或"大都市带"这样的衍生现象。另一方面,广大的发展中国家则处于"追赶城镇化"的阶段。当1950年发达国家的城镇化水平已达53.6%时,发展中国家的城镇人口却只占15.8%;到1980年,发展中国家的城镇化水平比50年代前翻了一番,达到30%左右,从而迈上了一个新的台阶。

2.3.1.2 国外城镇化发展的特点

①城镇化进程具有一定的阶段性。综观世界各国城镇化发展，它不仅仅是人口的简单聚集，而且是整个社会基本形态由农业型社会向更高一级城市型社会的转型，是经济增长和社会发展互相联动的历史演进过程。它的发展水平往往是与工业化和经济发展相适应的，其进程一般沿着起步——快速发展——高位趋缓的轨迹来发展，体现出初期阶段、中期阶段、后期阶段三个鲜明特征。

当城镇化水平在30%以下为城镇化初期阶段。该阶段农业经济占国民经济的主导地位，比重较大，农业人口比重占绝对优势，农业所能提供的生活资料不够丰富，国民经济总体实力薄弱，第二产业发展所需的社会资本短缺，城镇对农村人口的"吸纳能力"还不够大，农村人口向城市转移的规模和范围有限，所以城镇化的速度比较缓慢。

城镇化水平在30%～70%为中期阶段。该阶段城镇化发展进入加速期。主要特征是现代工业基础初步确立，工业规模和发展速度明显加快，城市的就业岗位增多，对农村劳动力的"吸纳能力"增大，人口和经济活动迅速向城市集聚，城镇化水平每年提高一个百分点左右。城镇化水平在相对较短的时间里从30%上升到70%以上。

城镇化水平在70%以上为后期阶段。该阶段城镇化发展进入到一个高级阶段，城镇化增速相对稳定，发展速度趋于缓慢。随着工业生产机械化程度的增强和资本与劳动力比例的提高，城市的主要功能逐渐由产品加工和低层次服务向信息处理和高层次服务转变。农业现代化程度进一步提高，农村的经济和生活条件大大改善，乡村人口向城市转移的动力较小。农村的推力和城市的拉力都趋向均衡，城乡间人口转移达到动态平衡，城镇化进程趋于停滞，部分城市出现"逆城镇化"现象。

②城镇发展需要一定的动力来推动。从各国的城镇化过程来看，工业化是城镇化的基本动力，城镇化每前进一步，往往离不开工业化的推动。英国是世界上最早开始工业化和城镇化的国家。在工业革命的推动下，英国的城镇化进程十分迅速，曼彻斯特、伯明翰、利物浦等一大批工业城市迅速崛起、成长。德国的鲁尔地区、法国北部地区、美国的大西洋沿岸等地区都是在工业革命中随着资本、工厂、人口向城市的迅速集中而形成的城市密集地区。从发展的速度看，城镇化的高速发展期一般处于工业化加速阶段，即从工业化初期向工业化中期迈进的时期，也就是所谓的"同步城市化"。工业化及其所带来的资本扩张成为城镇化发展不可或缺的第一动力，可以说整个城镇化过程就是资本扩大再生产过程在城市地域的体现。

③小城镇与大都市的发展同步进行。在西方发达国家城镇化发展历史上，

人们最先注意的是要优先发展大城市。从这一思路延伸下去，城镇化基本经历了从小城市、中等城市、大城市到都市区、大都市区的发展过程。例如在1800年世界著名城市中，多数城市人口规模都比较小。但到2000年，世界100万人口以上的大城市数迅速增加到162座。但由于大城市城区人口过于密集，由此带来一系列弊端和问题，如就业困难，环境恶化，地价房租昂贵，生活质量下降，在这种情况下，人们开始重新审视城市发展的问题，小城镇的建设引起更多人的关注。于是人们向环境优美、地价房租便宜的郊区或卫星城迁移，出现了人口尤其是大城市市区人口郊区化、大城市外围卫星城镇布局分散化的趋势，也就是所谓的"逆城市化"。逆城市化的倾向主要发生在20世纪50～70年代城镇化水平很高的发达国家。实际上，逆城镇化不是城镇化的反向运动，而是城镇化发展的一个新阶段，是对小城镇重新审视的结果。

2.3.1.3 不同类型国家城镇化的比较

从世界人类社会发展过程看，由于经济发展水平、社会制度差异和文化历史的不同，发达国家以及发展中国家等不同类型国家，其城镇化发展具有不同的特征。

①发达国家城市化过程。英国工业革命和法国大革命是英、法等发达国家近代以来城市化的主要推动源泉。早在1843年，英国罗伯特·沃恩就声称："我们已处于大城市时代。"在1801—1911年的110年间，英国94%的人口增长是在城市化地区，其中1/3来自农村地区的移民。第二次工业革命后至20世纪初，世界经济增长中心从西欧转移到北美，美国步入经济社会的快速发展期，到1923年，人均GDP跃过6000美元。也就是在20年以后，美国单个城市的向心集聚达到顶峰，生产要素集聚逐步转向城市之间，美国进入快速城市化时代。

发达国家城市化过程主要用"剩余产品"理论解释。可以概括地说，发达国家的城市化是一个人口的逐步转移与经济结构变化相适应的平滑过程，这就是经典的戴维斯城市化曲线。需要强调的是，西方发达国家150年相对渐增的城市化过程始终是与它们缓慢的城乡人口结构变化交织在一起的。从英、美等西方发达国家的城市化过程看，城市化与逐步的工业化和经济变化始终交织在一起。在这一时期，由于城镇的劳动力需求表现为稳定的增长，也就存在从农村到城市的稳定移民流。与此同时，农业技术进步和制造业发展也充分吸收了从农业部门解放出来的剩余劳动力，并能使农村劳动力逐步转化为城市劳动力和居民。

②发展中国家城市化过程。发展中国家经济普遍落后，殖民地时期的城市化也是畸形发展，城市化过程普遍滞后于发达国家。一直到二战以后的五六十

年代发展中国家才开始出现快速的城市化,但是整个过程与发达国家的城市化进程不同,主要表现为人口城市化过快、工业化普遍滞后的"城市通货膨胀"或"虚假城市化"基本特征。

战后发展中国家城市化过程被西方学者概括为"推拉理论"。首先,由于非正规部门经济的存在,尽管它的规模小且分散,但对城市经济具有推动作用。其次,由于城市提供良好的市场、基础设施和医疗服务设施,吸引并拉动了大量的农村人口快速进入大城市地区。尽管这一时期工业化对发展中国家有很强劲的影响力,但是制造业在这些国家所占的比重并不高。在20世纪60年代,发展中国家工业占GDP的比重大约在15.6%;到了80年代也仅仅增长到17.5%。由于工业滞后,大量农村人口进入城市聚居,形成了人口虚高的城市化。

③中等收入国家陷阱与拉美模式城市化。二战以后的新兴国家城市化,由于全球资本主义生产体系和贸易制度的影响,成功的范例不多,留下的则是众多失败教训。学术界将这一经济现象概括为"中等收入国家陷阱",将这一社会现象归结为"拉美模式城市化"。

所谓"中等收入陷阱",是世界银行在研究东亚国家发展模式后提出的一个概念,是指有的发展中国家在人均GDP达到了3000美元后,由于各种矛盾,使经济增长长期处于波动而难以越上人均一万美元台阶的现象。根据库兹涅茨·威廉姆森假设:按照自然演化规律,中等收入国家在城市化的早期发展阶段,首先出现收入不均问题,由于中心城市和经济发达地区的投资环境优越,会进一步导致这样的趋势加剧,最终导致空间不平衡,这就是所谓的"中等收入国家陷阱"。中等收入国家陷阱现象表现为收入分配差距过大,城市化以大规模的贫民窟为代价,金融体系脆弱,产业升级缓慢和社会服务滞后。

"拉美模式的城市化"。拉丁美洲和南亚地区是战后人口城市化速度最快的地区,到20世纪60年代末,3/4的人口生活在城镇中。然而,在进入快速城市化过程中,当地很快跌入经济发展受社会问题钳制的"中等收入国家陷阱",贫民窟城市成为"拉美城市化模式"最大的硬伤。在拉丁美洲,世界第二大城市墨西哥城和世界第四大城市巴西圣保罗市以及阿根廷的布宜诺斯艾利斯,大量的贫民窟成为快速人口城市化的社会后遗症。如巴西,已经有80%的人口居住在城市;里约热内卢(曾为巴西首都)是一座风景如画的海滨城市,也是即将举办奥运会的城市,占地500 km²的建成区,低收入人口居住区和贫民窟占城市面积的80%以上。拉美模式城市化现象的原因主要在于:快速的城市化过程很快剥夺了农民的土地,把农民赶到了城市;经济的激烈竞争促使拉丁美洲制造业远离大城市,到更远的地区追求廉价的土地和劳动力;农民失去了土地,到城市又找不到工作,大量贫民窟必然成为他们蜗居城市的所在。

拉美国家的城市化弊病在南亚国家同样存在。2009年奥斯卡最佳影片《贫民窟里的百万富翁》在全球热映，影片中描绘的印度孟买贫民窟也成为名噪一时的"热门景点"。印度的各主要城市都有贫民窟，孟买的贫民窟最多，全市1 200万人口中，有60%居住在贫民窟里。位于市区中部的达拉维是亚洲最大的贫民窟，人均住房面积只有1.8 m²。实际上，居住在印度贫民窟的并不都是穷困潦倒的穷人，比如孟买贫民窟的人口中只有4%属于印度的实际贫困人口，而住在达拉维的一些人实际上每天在半岛南部的写字楼里上班。巴基斯坦也有类似印度的城市化过程，其最大城市卡拉奇现已取代孟买而成为亚洲最大的贫民窟所在地，贫民窟总面积达到50 km²。联合国报告显示，当地贫民窟人口拥挤，环境脏乱，又存在许多非法工厂，在卫生和居住安全等方面存在许多隐患，包括传染病蔓延及火灾等。此外，由于居民成分复杂，贫民窟的犯罪率一直居高不下。

2.3.1.4 世界城市化与城市发展新趋势

纵观20世纪50年代以来的世界城市化进程，目前世界城市化与城市发展出现了以下趋势：

①发展中国家城市化进程进一步加快。全球正在经历一个人口结构的重大转折期——人类历史上将首次出现城市人口多于农村人口，也就是说，全球的城市人口将超过32亿。然而，只有少量城市人口增长发生在发达国家，1950—1975年，发达国家城市人口年均增长1.99%；1975—2000年年均增长率降低为0.83%；而据预测，2000—2025年，将进一步降低到0.41%。随着发达国家城市化的发展，其农村人口将从1950年的3.7亿降低到2025年的2.15亿。城市化过程在许多发展中国家迅速推进。如2011年中国的城市人口达到6.9亿人，第一次超过农村人口。根据预测，到2030年，世界人口的60%将居住在城市，而这多数发生在发展中国家。到2020年发展中国家的城市人口将会超过农村，2025年城市人口将占总人口的54%。到2020年，农业人口将稳定在31亿，甚至开始缓慢衰退；而城市人口将会继续增加，城市化水平也将进一步提高。

②发达国家逆城市化更加明显。20世纪70年代，美国和西欧出现了逆城市化现象。逆城市化反映了城市中心区人口向外围郊区流动的过程，城市中心区通常经历了更快的衰退。一些国家最近显示出逆城市化后的再中心化倾向，城市中心区及较近的郊区人口增加，其中中心区增加较快。郊区化是逆城市化的重要原因，它引起人口和就业从城市中心向大都市郊区迁移。大量富裕的城市居民迁移到郊区归因于社会、政治和经济因素。这些因素包括市区种族关系紧张，郊区较好的教育和娱乐设施，政府对中心区基础设施和工业的投资较

少，高速公路的建设使人们转变为在中心区工作而在郊区居住。郊区化使大都市区的人口进一步分散化。郊区化伴随着城市的向外扩张，促进了郊区商业和居住区的繁荣，提高了私人汽车的利用率，新郊区的向外扩张越过了农村和不发达地区。城市中心的交通堵塞、学校拥挤、娱乐和公共空间缺乏等问题开始在郊区出现，促使居住者迁移到更远的地区或周边农村。

③巨型城市增多及人口向大型城市集中的趋势。全球化的发展促进了信息和资本的流动，城市规模不断扩大，甚至出现了超大规模的城市。1975年发展中国家百万以上人口的城市有110个，到1995年增长到250个，2000年增长到292个；而发达国家1975年百万以上人口的城市有85个，1995年增加到114个。据预测，到2015年，发展中国家将有426个，发达国家有138个城市人口超过百万。在发达国家，生活在特大城市的人口比例将从1975年的23％增长到2015年的30％，因此，未来的世界不仅是城市化的世界，更是一个大城市的世界。

④城市管理将面临更严峻挑战。占全球人口88％的发展中国家的核心问题是处理好城市地区人口的飞速增长问题；在发达国家，城市未来的焦点是如何应对城市人口的复杂变化，尤其是城市的郊区化。在亚洲和拉丁美洲，东亚和东南亚出现了繁荣的、相互连接的城市带，如由高速公路连接的菲律宾和马尼拉—宿雾，韩国的汉城—釜山，印度尼西亚的雅加达—苏腊巴亚，泰国的曼谷—清迈，中国的长江三角洲、珠江三角洲和环渤海城市带等。

2.3.1.5 世界各国城镇化对中国的启示

当代中国城市化的发展背景远比西方发达国家城市化高潮时期以及大多数发展中国家面临的状态和问题错综复杂得多。一方面，中国持续、快速的经济增长和工业化对城市的拉动作用越来越强；另一方面，数以亿计的农村剩余劳动力形成的城乡迁移、跨区流动对城市化的推动作用无与伦比；与此同时，全球化、信息化也在对沿海发达地区城市化施加越来越重要的影响。

改革开放30年来，中国的社会、经济、文化和市场得到了很大发展，城市化进程加快，城市化的地域差异也不断扩大。由于中国正处在由计划经济向市场经济过渡的转型时期，国外发达资本主义条件下发展的城市化理论（社会剩余产品理论）和发展中国家的城市化理论（推拉理论）都难以直接引进并加以应用，因此我们需要根据中国国情，探索中国特色的城市化道路，尤其应对中国城市化过程中城市生活方式的转变赋予内涵，而不是片面追求城市化率的提高。

2.3.2 国内城镇化演变历程

美国经济学家、诺贝尔经济学奖获得者斯蒂格里茨曾经指出，中国的城市化和经济的全球化是在21世纪对人类影响最深远的两大事件。从中国城镇化的演变进程来看，在漫长的封建社会，中国城镇发展经历了一个周期性兴衰变化的曲折过程。在汉唐盛世、宋明清盛世，中国城镇发展规模曾居世界前列，如汉唐时代的长安、扬州、洛阳、成都，宋代时的汴京（开封）、杭州都是当时世界首屈一指的中心城市；1795年时，世界超过100万人口的城市有10座，其中有6座是中国的，即北京、南京、广州、扬州、杭州、泉州。但中国封建社会的城镇发展极不稳定，随着农民战争的爆发和封建王朝周期性更替，城镇的发展也是兴衰变化，呈现周期性的衰落→复兴→繁荣过程；而且封建城市主要是政治、军事中心，经济中心的作用不显著。

1840年鸦片战争后，中国沦为半殖民地、半封建社会，中国的城镇化也畸形发展，沿海、沿江一批城市被迫开放为通商口岸，并逐渐成为外国帝国主义控制中国经济和市场的节点与枢纽。1949年新中国成立后，国内的城镇化面貌发生了根本性变化，特别是"一五"时期崛起了一大批工业新城镇。但由于思想路线上"左"的危害和不断进行的政治运动，直到改革开放前，中国的城镇化都不能正常启动，只是在曲折中摸索，发展过程也是起起伏伏，中国城市化经过了一个漫长而曲折的过程。1950—1978年，在赶超战略和计划经济体制下，政府通过户口迁移制度、粮油供应制度、劳动用工制度、社会福利制度、教育制度等，造成了城乡人口的隔绝。这些现象的存在，制约了城市化发展的进程。在这一期间，虽然工业化水平从不足17%上升到44%，但城市化水平仅从11%上升到18%，城市化过程实际上是处于一种停滞的状态。而且，在这一时期，一旦城市经济产生了需求（如1958年的"大炼钢铁"）或出现了问题（如1960年的"自然灾害"），加速或抑制城市人口的增长便成了首当其冲的缓解办法，从而使城市化过程出现了剧烈跳跃和跌落。

从1978年开始，中国开始实行改革开放，随着改革的不断深入和市场经济的发展，城市化才进入了一个稳定→快速发展时期。随着城乡间的壁垒逐渐松动并被打破，大量知识青年和下放干部返城并就业，高考制度的全面恢复和迅速发展也使得一批农村学生进入城市；城乡集市贸易的开放和迅速发展，使得大量农民进入城市和小城镇；乡镇企业的快速发展，使得全国出现了大量新兴小城镇；1992年以后，国家逐步放宽对人口流动的管制，允许农民进入城市就业，鼓励农民迁入小城镇，城市、小城镇和经济技术开发区迅猛发展，我国城市化进入全面推进阶段。

2001年中国加入了世界贸易组织，中国经济进一步融入经济全球化过程，对外开放进入到了一个新阶段，随着更多的国外投资，国外企业进入城市产业及基础设施项目，城镇化的步伐进一步加快，特别是沿海地区"三资"企业的急剧增多，吸纳了大批农村劳动力，农业人口非农化比重急剧上升，农民工成为城市化象征的代名词。此外，随着工业化的推进以及基础设施建设的完善，特别是交通、通信基础设施建设的迅速推进，历史上最大规模的固定资产投资和公共基础设施建设给中国城镇化注入了一股新的动力。更为重要的是，在科学发展观的指引下，党中央、国务院把推进新型城镇化上升到国家战略层面，作为转变经济发展方式、统筹城乡发展和区域发展、建设两型社会的重要内容，并在全国范围内将一批城市群、城市圈建设上升为国家战略，这从政策层面、政府层面极大地推进中国城镇化步伐，使中国城镇化进入到一个以城市群（圈）为主导的全面发展的新时期。

近年来，我国城市化进程明显加快。城市化率已经从1978年的17.9%增加到2011年的51.27%，年均城市化率上升1个多百分点。到2011年年底，全国的城市数量已经达到了666个，比1980年增长了3倍，建制镇19811个，城镇人口超过5亿，但仍然远远落后于世界发达国家城镇化水平。据世界发展报告统计，早在2000年世界平均城市化水平达47%，中等发达国家为50%，高收入国家为79%，我国的城市化水平比发达国家低近20个百分点。

纵观30多年来的城市化进程，尽管我国城市化的水平从1978年的17.9%提高到了2011年的51%以上，但是由于种种原因，城市化的步伐始终未能赶上工业步伐，城乡二元经济结构的状况仍未有根本的变化，"三农"问题不能得到根本上的解决。城市化滞后于工业化，已经不仅仅是我国经济增长和结构调整的瓶颈制约，而且成为在人口资源、环境等方面加重潜在危机的关键因素。正如十六大报告中所指出的，"城乡二元经济结构还没有改变，地区差距扩大的趋势尚未扭转，穷困人口还为数不少"。要想改变这一状况，必须牢固树立科学发展观，坚持大中小城市和小城镇协调发展，在加快小城镇建设的同时，重视大中小城市的发展，发挥它们的聚集效应和辐射效应，把大量农村人口转移出来，使农民变成市民，从根本上解决"三农"问题，为实现全面建设小康社会的目标奠定坚实的基础。

2.3.2.1 中国城镇化发展的主要特征

新中国成立以来，随着城镇不断发展和城镇化的加速推进，绝大多数城镇的历史遗存及其原有组织结构发生了根本性变化：一是行政中心城镇进一步增多；二是矿业、加工业新兴城镇迅速崛起；三是新型的交通枢纽城镇不断壮大；四是旅游城镇后来居上；五是城镇总量及其规模增长迅猛；六是东中西城镇空间分布不平衡。这些变化，从一个侧面反映了中国城镇化发展变化的新格局。

中国是一个发展中国家，从近50多年城镇化的发展历程看，似乎在形式上与一般发展中国家城镇化发展并无多大差异。然而，由于中国特殊的国情和经济社会制度的不同，中国城镇化又具有自己的特色，表现出明显不同的特征。对中国城镇化特征的研究，有的是从工业化的角度进行归纳，有的是从国家主权独立的角度进行概括，也有的是从城镇化水平的角度进行论述，还有的是从城镇发展的综合角度进行表述。根据中国城镇化发展的历史及其规律，笔者将中国城镇化发展的特征概括归纳为以下几个方面：

①发展过程的曲折性与滞后性。一是新中国成立初期和改革开放以后，城镇化速度都比较快，后者更快，而且是逐年递增；二是相对于工业化速度而言，城镇化速度则表现出缓慢、停滞、徘徊或加速的特性，城镇化速度要慢于工业化发展速度；三是中小城市发展速度要快于大城市；四是城镇人口增长迅速，人口规模越来越大。根据其发展过程的曲折性与滞后性特点，可以将其划分为如下几个阶段：

第一阶段，恢复和起步时期（1949—1957年）。这一时期是中国城镇化发展较快时期，城镇人口从1949年的5 765万人增长到1954年的9 949万人，年平均增长率达7%，是总人口年平均增长率（2.2%）的3倍多。这一时期可再细分为两个时期：①1949—1952年的三年恢复时期。该时期城市经济迅速恢复，安排了大量失业人口，从农村迁入城市的人口较多，1951—1953年间年均人口净迁入率为33.1‰，城镇人口年增长率为7.5%。②1953—1957年的第一个五年计划时期，这也是中国工业化的起步阶段。为满足工业建设项目的需要，"一五"期间从乡村进入城镇的人口达1 500万之多，加上城镇人口的自然增长，至1957年，城镇人口增加了2 400万，年均增长7.0%左右，成为城镇人口发展最快的时期之一。

第二阶段，超高速城镇化阶段（1958—1960年）。这一时期强调赶英超美，提出了"以钢为纲、全民大办工业"的总路线，致使出现了爆发性的工业化过程和超高速城镇化过程，3年间新设城市33座，全国2000多万农民进入城市工业企业工作，城镇人口年平均增长率达到9.5%，国民经济主要比例严重失调，城市市场供应不堪重负，出现了全国性经济危机。

第三阶段，城镇化停滞时期（1961—1976年）。这一时期又可细分为两个时期：第一，1961—1965年的经济调整时期；第二，1966—1976年的"文化大革命"时期。由于盲目大跃进，至1961年时中国出现了经济发展的大滑坡，中央政府不得不大力调整工业结构，2 000多万工人回乡务农，同时通过提高设市设镇标准而大量精简城市人口。其结果是，城市数由1961年的208座下降到1965年的171座，同时期内的城镇化率也由24.7%下降到18.0%，出现了城镇化的大回落。"文化大革命"期间，中国出现剧烈的政治动荡，经济濒临崩溃的边缘，出现了第二次城镇化的大回落。其显著特征是大量的知识青年上山下乡，大量的城市工商业者、城市干部被下放到农村。在工业建设方面，过分强调战备意识，导致"三线"企业的布局过于分散，阻滞了基建投资对城镇建设的促进作用，造成城镇迁出人口多于迁入人口。这一时期城镇人口的增长完全由城镇人口的自然增长所致。

第四阶段，城镇化恢复增长阶段（1977—1999年）。这一时期，随着改革开放政策的实施，国家开始重新重视城镇的发展，并适时适度地在1979年前后实施了一系列新的政策，如允许知青回城、允许下放干部返城等，从而使城镇人口、特别是大城市的人口增长加快，出现了城镇化水平的整体提高。1984年，中央政府颁布了新的户籍管理政策，允许农民自带口粮进镇务工经商和进镇落户，同时又修正了20世纪60年代以来的市镇建制标准，从而使全国城镇数量迅猛上升。1984年，全国设市城市数为300个；到1994年年底，设市城市数即增加到636个，建制镇增加至20 312个，平均每年增加20个。城镇化水平也由1984年的23.01%上升至1993年的36.22%。

第五阶段，城镇化高速增长阶段（2000年至今）。进入21世纪以来的我国实施加快城镇化发展的总体战略，先后经历了小城镇规模扩张时期、城镇群发展扩张时期等阶段，2011年城镇化率超过51%，年均增加1个以上百分点，速度进一步加快。这一时期城镇化的重点一是区位条件较好的大城市新城区迅速崛起，如上海浦东新区、天津滨海新区、郑东新区、沈北新区、重庆新区、长沙大河西先导区等，城镇规模迅速扩大。二是由于交通等基础设施建设加快，城市间交通进入高铁时代，城镇之间交往密度增加，一批分工协作的大城市群逐步形成，城市群主导中国城镇化阶段到来。

②空间分布的非均衡性。空间分布是否均衡是城镇化发展的一个重要特性，中国城镇化空间分布的非均衡性主要表现在：就城镇化水平而言，中部比东部低，西部比中部低。就城市化建设的规模而言，东部沿海地带的城市建设规模较大，而中西部地区城市规模往往比东部沿海城市要小。就城市区位来讲，沿湖沿江沿海的城市规模往往比内陆地区城市规模要大，城镇化水平也要高些。特别是东部沿海地区城镇密度远远高于中西部地区，其中西部地区地广人稀，城镇分布的数量大大低于沿海地区。

③发展动力的多元性。中国城镇化动力有政府推动、市场自动、开放带动、工业与投资驱动等因素。改革开放以前中国城镇化发展的主要动力是政府自上而下推动城镇化，改革开放后政府推动仍占据主导地位，特别是各级地方政府对造城、扩城具有一种超常规的内在冲动，对城市房地产业发展更有超乎寻常的偏爱。而农村经济体制改革的东风，催生了自下而上的城镇化模式，使

农村经济和乡镇企业的发展,成为城镇化发展的又一动力。城镇化发展的动力模式在自上而下与自下而上并行发展的同时,又表现出混合发展的特点,由此凸现出多元主体推动城镇化的趋势。如湖南省近年来推进新型城镇化开发,通过统筹城乡发展规划,促进乡产业发展,做好社会保障和公共服务,加快制度创新和加大政策支持落实力度,新型城镇化进程明显加快,成效显著。2011年,全省城镇化率为45.1%,比2005年提高8.1个百分点,"十一五"时期年均提高1.26个百分点。尤其是长沙的城镇化率已经达到68.5%,大大高于全国城镇化的平均水平。

④发展因素的复杂性。首先,由于政府是经济发展的决策机构和工业化的发动者,所以中国城镇的建立和发展基本上是由政府规划的,从而形成了政治中心与经济中心两位一体的城镇网络。其次,由于中国面积广大,各区域经济环境、发展历史以及人文环境、人口密度、资源分布差异性大,致使城镇化发展过程中的速度不一致,发展的动力因素也呈现多样化。尤其是城镇化发展的过程中需要依赖现代化综合交通运输网络、方便快捷的信息化网络、稳定可靠的电力能源网络、安全完善的水利工程网络等,只有构建和完善了这些有利于社会经济发展和城镇建设的区域基础设施支撑体系,才能真正实现城镇化过程中城乡社会、经济、环境协调可持续发展。仅以湖南省城镇化发展所依赖的水资源看,湖南水资源总量较丰富,但随着全球气候的变化,雨水连年减少。如2011年,湘江流域降雨严重偏少,湘江长沙段水位更是屡破历史最低水位。随着城市化的加速发展,工业、农业和居民生活用水有增无减,更是加重了水资源开发的难度。水资源对城镇化的支撑能力显得更加脆弱,城镇化的进程必然受到一定的制约。另外,从能源看,湖南是一个能源较为贫乏的省份,随着湖南省城镇化进程的加速推进,基础设施和住宅的大规模建设需要大量的能耗密集型产品,居民生活用能也在不断增长,能源不足对城镇化的制约作用也将逐步显现。

⑤发展的二元性特点。中国式农村城镇化的发展,形成了中国独特的二元城镇化结构。一方面,由中央和各级政府发动的自上而下的城市化过程是在强调工业化的基础上形成的,因而设市城市的技术构成一般都比较高,且城市的地域规模、人口规模和产业规模发展都较为有序。另一方面,由乡村剩余劳动力自发转移而形成的自下而上的农村城镇化过程,却是在资金不足、人才匮乏和技术构成较低的情况下起步的,因此表现为明显的小规模、分散化特征,城镇的基础设施较差,城乡差异不大,劳动力转移更多地表现为职业上的转变,而不是空间上的转变。

⑥发展模式的多样性。一是形成了自上而下的政府发动型城镇化道路和自

下而上的农村推动型城镇化道路；二是改革开放前以政府发动型城镇化道路为主，改革开放以来两种模式并存，共同推进城镇化的发展；三是政府发动型城镇化道路逐渐强化，农村推动型城镇化道路越来越强劲，一条多元发动型城镇化道路模式正在形成。

2.3.2.2 国内推进新型城镇化的路径选择

近几年来，各地为了加速推进城镇化，在城镇的建设路径方面充分发挥主动性、创造性，并进行了不懈探索。概括起来，主要有以下几种值得参考与借鉴。

①天津泛华工业园区建设路径。泛华集团是国家住建部原直属企业，是为探索城市建设和建筑业改革，并为实践城市运营、工程总承包和建设项目全过程管理而设立的现代化企业。历经20年的探索和创新，泛华集团始终站在城市建设运营的角度，按照建设项目全寿命周期理论，提出了"中国城市发展创新模式"理论体系来参与中国的城市建设。"中国城市发展创新模式"以城市聚集力打造为着眼点，研究如何通过战略定位和产业选择，引导区域要素资源的快速积聚，形成能够指导城市发展的作战地图，并运用创新金融工具，与国家开发银行建立了城市建设领域长期的合作伙伴关系，打造城市造血机能，提升城市竞争力，实现城市跨越式可持续发展。2004年7月泛华建设集团参与到海林市的城市发展当中，与吉林省海林市政府共同打造和经营一个12 km²的经济开发区。泛华集团主要是采取系统服务和投资模式。所谓系统服务，就是从战略发展规划的角度，对整个开发区进行区域发展战略定位，制订发展战略目标，确定实施路径和时序，进行战略规划、产业规划、空间规划、投融资策划和重大项目规划等。所谓投资，就是泛华集团与海林市政府共同搭建了一个投融资平台，将泛华和海林市政府双方的信用捆绑在一起，形成一个强有力的投融资平台，从根本上打破了由于单一模式，或是海林市独资操作而产生的信用额度不够、融资规模太小、资金运作比较困难的瓶颈，使得开发区的建设有了充分的资金保障。之后，双方合作，大力实施经济开发区的征地、拆迁、基础设施配套等大规模的建设改造，建设速度明显提升。在此基础上，加大了招商引资力度，充分发挥双方优势，即海林的政府平台优势和泛华建设集团以商招商的优势。双方优势的叠加，使得招商引资的进展非常顺利，原定12年完成运作的开发区建设，提前了3～4年，达到了很好的效果。同时，开发区的建设，带动了整个海林市经济的提升，财政收入在5年内翻了两番。

②湖南大汉城市建设路径。湖南大汉控股集团有限公司创立于1993年，总部位于娄底市中心城区，是一家跨地区、跨行业的民营企业，集团综合实力位居全国民营企业500强。近年来，大汉集团致力于参与县域城镇建设，以改

善县城面貌促进县城扩容提质，以扩大县城吸纳当地农村人口转移的能力来促进城镇化。其典型特点是：民营资本参与城镇化开发，找准了国家、地方发展和企业发展的共同点，是发挥民营资本推进县域城镇化进程的有益尝试。大汉模式强调以生产要素互换为基础，自行融资开发县域城镇基础设施（包括城镇主干道、防洪工程、街心广场等），以市场化经营城市为手段，主动承担风险。通过项目运作（包括商业地产开发、专业市场开发等），大汉控股集团有限公司先后在双峰、溆浦等地投资城镇开发并获得成功。以双峰县城为例，在短短八年的时间内，城区扩大了一倍，人口增加了两倍。大汉模式逐步形成了"三个一"的城镇开发模式，即"修好一条发展路，建设一座致富城，营造一个温馨园"。可以说，大汉模式改变了单纯依靠政府外在行政力量推进城镇化的传统动力机制，吸引更多市场主体通过市场机制来加快城镇化，"大汉模式"的出现成为民营资本向城市基础建设投资的典范。

③宅基地换房小城镇建设路径。隶属于天津市东丽区的华明镇在全国率先成功探索出了"宅基地换房"的小城镇建设模式，得到国家相关部门的肯定和支持，国土资源部把天津列为全国土地挂钩试点城市。在2010年上海世博会期间，华明镇作为中国城市最佳实践区项目向全世界展示其建设成果。以宅基地换房的办法是指在国家现行政策的框架内，按照"承包责任制不变、可耕种土地不减、尊重农民意愿、以宅基地换房"的原则，通过对农民宅基地（包括村庄集体建设用地）的整理，以不减少耕地为前提，高标准规划建设一批现代化、有特色、适于产业聚集和生态宜居的新型小城镇。农民按照规定的置换标准以宅基地无偿换取小城镇中心的一套住宅，迁入小城镇居住，原有的宅基地由村民委员会组织农民整理复耕后，实现耕地的占补平衡。他们的主要操作程序包括七个方面：一是由区政府组织编制建设规划和土地整理复垦规划及年度实施计划，报市政府审批。二是组建开发建设投资机构，作为投融资主体，按照市场化的原则，负责示范小城镇建设。三是区政府向市国土房管局申请建设用地周转指标，用于示范小城镇建设，再以原村庄宅基地整理复耕后的土地予以抵还。四是拟迁入小城镇的村民向村民委员会提出以其宅基地换取新建小城镇住房的申请。村民委员会制定村民宅基地置换住房办法提交村民代表大会或村民大会通过。村民委员会与村民签订以宅基地换房的协议。村民委员会与小城镇开发建设投资机构签订本村村民以宅基地换房的总体协议。五是农民住宅建成后，由小城镇开发建设投资机构交付村民委员会，由村民委员会进行分配。六是农民搬迁完成后，由村民委员会负责组织村民对宅基地（包括村庄建设用地）进行整理复耕，由市国土房管局组织验收。七是复耕出的农用地除用于抵还建设示范小城镇借用的建设用地指标外，其余的建设用地指标，在符合

土地总体规划的前提下，经批准可以调剂使用。

除了上述路径外，近几年四川成都在实施城乡统筹综合改革实验的过程中，也在郊区农村实行"土地向规模经营集中，人口向城镇集中，产业向园区集中"的探索，并对农民宅基地承包地的流转实行货币化、市场化，也收到了良好的效果。

2.4 农村城镇化的影响因素

2.4.1 自然因素

城镇化基础是指水资源和自然生态承载力等。同时，自然资源禀赋状况会影响政府公共政策及经济制度的制定及调整，影响一定时期人口、资金、技术的流动性，从而也制约城镇化的发展模式和路径选择。城镇化的发展受到这些自然因素的影响，因此合理配置绿地，协调城市、乡镇、农业用地，建设农村城镇化的生态环境，还必须做好相关的治理工作，控制污染源，保护环境。

水资源是决定城镇承载人口的关键因素。世界上最早出现城市的地区主要集中在尼罗河流域、两河流域、印度河流域、中国的长江和黄河流域。因此，城市因水而兴。中国是全球人均水资源最贫乏的13个国家之一。水资源匮乏制约了城镇化进程。我国大部分城镇存在"缺水"问题，北方城市是资源枯竭型缺水，而南方城市是水质污染性缺水。有些城市盲目"做大"，往往"盲"在不顾水资源的制约。在推进城镇化的过程中，还要特别注意城镇的合理布局和合理的发展规模，把推行"节水型"城镇作为一种战略性措施来抓。

能源问题也是城镇化发展面临的严峻问题。我国每年新增1 800多万城镇人口，对电、石油、燃气、煤等能源消耗的增量是很大的。仅以石油而言，我国现在已成为世界第二大石油消费国，我国的城镇，特别是大城市已开始进入"汽车时代"，汽车消费势头方兴未艾。面对这种态势，唯一的选择是大力发展多种交通方式的城市公共交通工具，与私用汽车"比"便利，"争"客流；从长远看还要调整城市的能源结构，采用"绿色"的、可再生的新型能源，应坚决推行"节能城市"战略等。

土地是城镇化发展的另一个重要资源。我国现有城镇的土地利用与世界各国比较，是属于"中等高密度"的。大量农民成为城镇人口，他们的居住形态将从分散、低层、独居为主变为集约型、多层为主的城市社区，如果原来的宅基地也能转换为城镇居住用地，那么城镇化并不比农村多占土地。城市本来就是一种集约型的居住方式。近几年那种盲目圈地造成的耕地流失和浪费是一种不正常的现象，相信会逐步得到纠正。但是新增城镇人口总要占用一部分土地，包括耕地。年均新增 1 800 多万人，如果按现行规划用地标准简单测算，则需要 2 000 km² 左右的土地，数字也是很大的，并且超过近几年土地供给的规模。中国的城镇化应该提倡在合理的基础上节约用地，做到"精明增长"。在空间结构上采取"紧凑发展"的模式，但要保证必要的生态环境条件，合理的密度。项目建设（包括工业、交通等在内）要满足节地要求，采取合理的用地标准。

2.4.2 经济因素

影响农村城镇化规模及结构和速度的经济因素主要有以下几个方面：

①宏观经济发展是影响农村城镇化的基本因素。从纵向看，我国总体城镇化的发展离不开我国宏观经济水平的提高，大多数学者认为城市化与经济发展水平为正相关关系，城镇化的发展是以经济发展为基础，以二、三产业发展为动力。改革开放 30 多年以来，我国城镇人口已经从 1978 年的 1.7 亿增加到 2011 年的 6.9 亿，我国城镇化水平由 1978 年的 17.92% 提高到 2011 年的 51.27%，增长了 33.35 个百分点，这得益于我国快速增长的经济发展形势，我国 GDP 从 1987 年的 3 645.2 亿元增加到 2011 年的 471 564 亿元。产业结构也从"二一三"模式转变为"二三一"模式，城乡二元结构得到很大改善。从横向看，我国城镇化的地区差异也反映了我国经济的空间差异。受三大地带经济发展水平和发展速度不同的影响，东部地区小城镇数量较多，规模较大，发展较快；而西部地区数量较少，规模过小，发展较慢。

②区域商品经济的发展及农业产业化是促进农村城镇化发展的直接原因。城市的基本功能之一是作为经济腹地商品的集散地。城市的级别越低，其商品集散地的作用对象越倾向于农村腹地。在我国，城镇的发展速度和规模就受农村地区农业发展的速度、规模和性质的制约，尤其是在工业化、城镇化深入发展过程中同步推进农业现代化显得十分重要和必要。由于城镇化与农村和农业发展有着密切关系，城镇化的发展必然不可能脱离农业与农村经济而另外成为一个经济体系，如商品性农业以商品交换为特点，其形成和发展需要一系列为农产品交换提供服务的软硬件，而小城镇正是这些中间服务系统存在和运行的主要载体，多数小城镇是为适应农村商品经济发展需要而产生的，小城镇是这些经营组织实现集聚以谋求规模经济效益的理想场所，农业产业化的发展也必然推动着小城镇的发展，因此，在城镇化过程中就需要妥善处理好城镇化与农业发展的关系。

③产业支撑是农村城镇得以持续发展的战略保证。实施农村城镇化的战略目标是通过增强农村城镇的经济力量，完善城镇的相关功能，吸纳农村剩余劳

动力,改善农村社会经济结构,带动农村社会经济的发展。要实现这一目标,就必须依赖坚实的经济基础,而产业正是经济基础最根本的体现。一个地区城镇化的质量在很大程度上受当地产业结构影响,城镇化进程必须要有产业支持,有需求拉动。如果第二产业和第三产业结构合理,且比重较大,则城镇化质量也高。如我国浙江、江苏等经济发达地区的城镇化是城镇化、工业化、农村剩余劳动力转移成功的典范,只有依托产业支持、靠市场力量,才能推动区域城镇化水平的提高。

④乡镇企业和民营经济的发展是农村城镇化的主要启动力量。乡镇企业是我国农村经济向市场经济过渡的起点,它为小城镇发展提供了基本的条件。乡镇企业的发展增加了乡镇的财政收入,为小城镇的建设提供了资金来源。乡镇企业和民营经济的发展吸收了大量的农村剩余劳动力,并且它的集中又会促进相关产业,尤其是服务业的较快发展,引发剩余劳动力的大规模聚集,从而推动小城镇的迅速崛起,促进农村城镇化水平的提高。乡镇企业和民营经济完全的市场化运行机制为小城镇在市场经济条件下的发展奠定了基础。乡镇企业和民营经济的发展进一步为小城镇建设提供了产业扩展的基础,企业和行业之间的亲和力,将产生显著的外部规模经济效应,推动企业、行业在空间上相对聚集。可以说没有乡镇企业和民营经济的集聚,小城镇的形成发展将缺乏经济支撑。

⑤交通通信等基础设施影响因素。基础设施建设是塑造良好城市形象的基点,城市基础设施包括许多方面,如交通状况包括交通体系是否完善,即陆、空、水运等各种运输线路建设状况,交通设备性能,各种交通方式的通达状况,这些直接影响城市生活成本以及各种产业—行为的边际成本与收益。此外,还有通信、电力、自来水、天然气等基础设施是否健全,这些都是体现城市功能的基础要素。上述基础设施如果明显不足,将大大制约城镇化进程。同时,城市绿化、美化、亮化工程及垃圾处理、污染治理设施也和上述因素一样,会制约城镇化水平的提高。因此,注重基础设施的全局和长远规划,并按部就班做好城镇化建设必要的基础设施配套,是城镇化水平提高的关键性因素。

2.4.3 人口因素

城市历来就是人口聚集的空间,人口因素是直接制约城镇化的基本因素。人口因素包括人口总量规模、人口净增长率、人口的结构、人口的空间分布及人口密度、人口流动状况等,由于上述人口因素在不同国家及不同区域具有差异性,因而各地城镇化的状况并不一致。20世纪是全球城镇化快速发展的时期,全球城镇化率到20世纪末达到48%,而20世纪初只有13%,100年间提高了35个百分点。这个时期的特点是:大量发展中国家开始城镇化,其中一部分国家由于农业生产率低下,农民缺少生计,大量拥入缺乏就业岗位的大城市而造成所谓"过度城镇化"现象。一部分发达国家则基本处于城镇化相对停滞的阶段,这些国家的城镇化率不再上升,但并不意味着城市停止发展。值得注意的是,在20世纪全球城镇化过程中,随着城镇人口数量的增长及其在国家和地区总人口中所占比重的提高,城镇的空间形态发生了很大变化。首先是大城市的不断增长。百万人口以上的大城市,1950年71座,2000年增加到388座。人口超过1 000万的巨型城市是20世纪后半期出现的。1950年只有1座,2001年已有17座,其中13座在发展中国家(包括中国的上海、北京)。这种巨型城市无一例外都是"区域性的城市",城市的"范围"就是一个"区域",其影响范围就更大了。从区域范围看,有些发达国家的最发达地区出现了以一个或几个大城市为核心,周围分布着成组成群的中小城镇的都市连绵区。这种特大城市组群形态的出现是经济发展,特别是交通运输条件发展所促成的。可见,全球城镇化不仅表现在数字和比重上的提高,还包含着丰富的空间形态上的发展变化,表现出多样的形式和特点。

根据相关人士的预测,在中国将会有3亿农民在不到20年的时间里转移到城镇,成为城镇人口,这在世界城市发展历史上是一项史无前例的"壮举"。不少学者指出:真正意义的城镇化,不仅是农民"身份"的改变,还包括从事的产业、生活居住的方式、文化素养等各方面的变化。这无疑需要经历一个较长的过程,而且这种变化是渐进的。即使第一步——"身份"的变化,也不只是户籍的改变,而是有很多基础性的条件需要准备。当前和今后一段时期,影响我国城镇化进程的主要"瓶颈",不是户籍、政策等问题,排在首位的是"就业"问题。我国城镇的就业形势一直比较严峻,从1978年至2010年,全国城镇年均增长就业人数636万人,近几年城镇登记失业率一般为3%左右,如果加上"隐性"失业,这个数字将更大一些。如果今后按照年均新增城镇人口1800多万人计,需要新增的就业岗位为年均800多万个,任务是非常艰巨的。为此必须进一步发展城镇经济,扩大产业规模,开拓新的产业,在结构调整上注意发展能够提供较多的就业岗位、生产链较长的企业是摆在城镇化发展决策层面前的重要工作点。

2.4.4 制度因素

制度因素包括正式制度与非正式制度两个层面。从正式制度来看,长期形成的城乡"二元"分割的政策体系和管理体制,使得城乡之间在就业、教育、医疗、福利、保险等各个领域都存在着制度上和政策上的不公平。以户籍为分界的不公平的社会管理制度，导致我国出现了一个庞大的既脱离农村社区组织，又脱离家庭，同时又没有融入城市的庞大的农民工群体。大量农民工长期处在城市的边缘，不被城市接纳乃至受到歧视或伤害，融不进城市社会，享受不到应有的权利，定会累积很多矛盾。农民工自身的合法权益难以得到保障，对城市普遍怀有一种疏离感和责任缺失心态。处理不好，可能成为不稳定因素。推进城镇化还必须保证城乡居民在参与国家政策、决策方面享有平等权利和相同的机会。应确保城乡社会福利一体化，特别是要建立城乡一体化的社会保障体系，使城乡居民享受平等的社会福利。

从非正式制度因素看，民族价值取向与创新精神、市民的自治与权利平等理念都影响城镇化进程。以美国为例，独特的移民文化及创新观念形成了居民流动性强的特点，因此，美国城镇化中市场机制的作用十分明显，居民生活成本最优选择成为大家定居城市的内在动力，而产业在城市的合理集聚与流动也会按照成本选择原则进行最优决策，故各个城市之间的竞争促进了城市创业、就业、生活成本的下降和城市管理水平的提高。

2.5 农村城镇化的理论支撑

2.5.1 聚集—扩散理论

聚集—扩散理论是德国经济学家 F. 韦伯于 20 世纪初就城乡动态关系，特别是对城镇形成机制的描述。他基于成本费用的视角指出聚集经济就是指劳动、资本等生产要素集中所带来的规模经济效益。最高的经济效益通过最大限度的空间集中而获得。

聚集的主要动力来源于工业布局的技术因素，工业由农村疏散布局方式集中到农村中心，通过一定时间的发展，处于农村中心地的人口、建筑等要素就会得到快速发展和集中。聚集可能带来聚集经济或聚集不经济，如一批厂商的相对聚集，不仅可以带来可观的经济效益增加，还可以在一定程度上减少工业费用，那么这种聚集就会形成聚集经济。例如工业的聚集，可以共享电力、水源和交通运输等各种基础设施，避免污染的扩散。聚集经济为社会经济活动的空间聚集提供了吸引力和推动力。聚集也可能给社会经济活动及相关要素如空间集中带来一些费用增加或收入、效用的减少，这种聚集就会形成聚集不经济。聚集不经济则构成空间集聚的排斥力和约束力。聚集将带来一定程度的聚集效应，即聚集带来的社会经济活动的空间集中所形成的聚集经济和聚集不经济综合作用的结果。一座城市的兴衰实际上也是由要素聚集效应的聚集经济和聚集不经济的综合作用所决定。

与此相对应，要素的扩散也会给区域发展带来一定的影响，形成扩散效应。扩散效应是指当经济发展到一定程度以后，发展速度将放慢，原来已经积聚的资金和技术力量开始寻求更高的发展机会，于是出现由增长点向周边地区的扩散，带动周边经济的发展。

运用聚集效应的原理指导城镇化建设有着非常重要的意义。在城镇化建设进程中，其间受到各种各样因素的影响，由于劳动力、市场、自然资源、土地等方面因素的综合作用，由集聚—扩散效应产生的地域结构变化推进了农村城镇化进程，促进城镇化的发展。对此，在城镇化发展过程中城乡支撑体系的完善是关键一步，没有畅通的流通渠道，资金、技术、信息无法从城市输入，而人口、产业等也无法在农村地域上聚集，农村城镇化进程必然严重受阻。因此，城镇化发展过程中，要尽可能优化区域聚集效应和扩散效应，合理布局相应的要素，提高城镇化发展的支撑力度。

2.5.2 二元及三元结构理论

二元结构最早由荷兰经济学家贝克提出，而后希金思、赫希曼、缪尔达尔从技术部门、地域结构和政策效应方面作了不同程度的探索。而集大成者是美国经济学家刘易斯提出的二元部门模型。他首次指出了二元结构的困境，在1954年发表的《劳动无限供给条件下的经济发展》一文中，对发展中国家经济的"二元性"进行了详细阐述。他认为发展中国家的经济结构可以概括为落后的农业部门与现代化的工业部门同时并存。

而双重二元经济结构理论是指旧有的城乡二元经济结构已逐步转向城乡之间、城市内部和农村内部的双重二元结构，即位于农村地域上的农村工业部门和农业部门，以及位于城市地域上的城市传统工业区和城市新型经济区。由此构成了城乡双重二元矛盾，使以往的城乡矛盾更趋复杂。"三元结构"比"二元结构"多出来的另一元，就是以中间技术为主导，以乡镇工商企业为主体的农村非农业部门及其载体——小城镇。三元结构理论下的小城镇模式如图2-1所示。

就中国实际而言，农村的农业部门与城市的工业部门，构成了中国传统的二元经济结构的主体。而随着乡镇企业和民营经济的繁荣发展，形成了农村工业化。农村工业部门既不同于现代工业部门，又区别于传统的农业部门，成为介于两个系统部门之间的新兴部门，从而使中国的二元社会结构又发生了巨大的历史性变化，中国社会在二元社会结构中又衍生了三元经济结构。依据二元和三元结构理论，在推进城镇化、工业化、农业现代化的建设过程中，小城镇

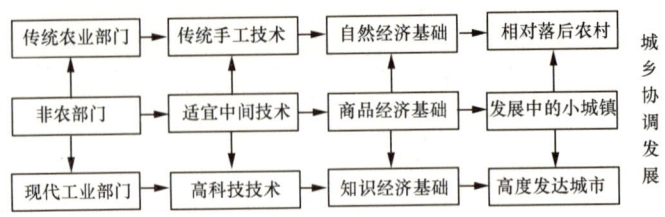

图 2-1　三元结构理论下的小城镇

应是其进程中重要的发展极、增长极和稳定极。小城镇作为"三元结构"发展模式的支撑点，将发挥重要的轴心作用，不仅有助于推动城乡经济社会健康发展，而且还可以推进农村剩余劳动力和人口有序转移，促进大中城市劳动密集型产业和人才资源的小城镇集聚。借助三元结构理论，城镇化进程中通过技术的支撑和产业的优化布局，以推进中国的城镇化、工业化和农业现代化，实现城乡协调发展。

2.5.3 中心城市发展理论

2.5.3.1 中心地理论

德国地理学家克里斯塔勒于1933年在他的重要著作《德国南部中心地原理》一书中，系统地建立起了对地理学具有重大影响的理论，即中心地理论。建立该理论的目的在于探索决定城市的数量、规模以及分布的规律是否存在，如果有这样的规律，探寻这类规律是什么样的。中心地理论是一种综合的、宏观的、静态的、以市场为中心的区位论，在于探索和揭示城镇分布的"安排原则"，为具体解决计划、规划问题的动态平衡打下基础。

克里斯塔勒基于经济学观点来研究城市地理，认为经济活动是城市形成、发展的主要因素，城镇形成于一定数量的生产地中。在研究的具体过程中，他不仅关注每个具体城市的位置、形成条件，而且更加关注一个区域的城市总体数量、区位、发展和空间结构。他的基本理论要点是把一个区域分为一个中心点和六边形上均匀分布的六个点，从行政管理、市场经济和交通三个方面对城镇等级、规模及分布进行研究。该研究认为，城市服务功能的档次决定着中心城市的等级及其吸引范围。中心城市服务档次越高，便需要更大空间范围的消费者作为服务对象，才能够实现其最基本的收益，因此，提出城镇应建在位于乡村中心的地点，发挥周围乡村中心地的作用，并努力使城镇的市场最便利，交通布局最完善，行政效能最高。

运用中心地理论进行城镇化开发的具体要求是：在城镇布局上主要根据交

通原则和城镇等级序列的数量关系进行安排，城镇化发展进程中要加强中心城市建设和加快专业镇建设，促进重点城镇的成长，从而形成中心城市—县城—中心镇—重点镇—小集镇五个层次的城镇结构体系，并努力促进城镇间的相互专业化分工与协作，形成合理的区域城镇体系，提高城镇整体水平。

2.5.3.2 F.佩鲁的增长极理论

增长极理论是20世纪50年代出现的区域经济学范畴中的一种理论，是法国经济学家弗朗索瓦·佩鲁于20世纪50年代在《经济空间理论和应用》一文中首先提出的。佩鲁指出，增长并不是出现在所有地方，而是以不同的强度出现在一些增长点或增长极上，然后通过不同的渠道向外扩散，并最终对整个经济产生不同的影响。在20世纪50~60年代，许多国家运用增长极理论发展大城市。

所谓增长极，一是指具有创新能力、规模大、增长迅速、关联效应大的推进型主导产业部门，二是指在地理含义上区位条件优越的地区，通过极化效应和扩散效应带动区域经济的发展的地理空间。经济增长极作为一个区域经济发展的新的经济力量，它自身不仅形成强大的规模经济，而且也会对其他经济产生着支配效应、乘数效应和极化与扩散效应。该理论认为，区域经济总是在某些子区域呈现极快的经济增长。经济增长的契机只能出现在个别部门、个别地区，促成经济增长点实力膨胀，形成中心地，出现了带头产业与支柱产业，在其作用下使经济发展出现了增长极核，同周围地区形成一种势差，最终带动整个区域经济发展。经济极化过程既可以是功能性的，也可以是地域性的。根据增长极思想，佩鲁提出的政策建议是：如果一个国家或地区缺少发展极，那就应该创建增长极。创建增长极要区分两类增长极：一类是吸引中心，另一类是扩散中心。前者的作用是把边缘地区的居民吸引到发展极来，减少边缘地区的人口压力，使农户的耕作面积扩大并改进生产技术，以提高边缘地区的人均福利水平。增长极战略主要用于解决三个问题：一是落后地区经济开发和现代化问题；二是与自然资源开发相关的城市化问题；三是首位城市过度膨胀的控制问题。因此，增长极理论提出的解决策略是：把工业和投资集中于增长极，促使被视为增长极的城市迅速发展、增长和繁荣，然后再由增长极影响周边地区发展，以争取较高的经济效益，如长三角一带的城镇化使我国东部的极化效应得到发挥，吸引了包括海外资源和中、西部资源的大量涌入，东部沿海从南到北围绕"珠江三角洲""长江三角洲""环渤海"三大城市圈形成了产业聚集和规模经济，三大经济增长极逐步形成。这几大区域已处在向工业化中后期发展的工业化阶段，是我国区域经济发展的重要增长极，目前已经形成了较高的区域吸引力，城镇化建设也取得了较大成效，核心区城镇化水平超过60%，具备了跻身世界级城市群的基础，其影响范围、辐射面越来越广，带动了整个区域的城镇化发展和经济的繁荣。

增长极理论被广泛应用于中小城镇的发展理论中。对于城镇化发展进程的指导包括在城镇化开发过程中必须有区别、有重点、有选择地将有限资源投向优势区位，以期实现高效益的产出，并利用其扩散效应带动落后地区的发展，因此应该根据增长极的理论，培植核心特色城镇，充分调动区域有限资源，优先发展潜力大、辐射效应明显的城镇，带动区域经济发展。如改革开放以来，中国东南沿海地区得到迅速发展。小城镇大多分布在区位优越、交通便利、生产要素富集的地区。小城镇迅速发展带来的产业集聚、生产要素集聚效应及规模经济效应，使小城镇经济增长率迅速提高，其经济增长速度远远高于周围广大农村区域，成为农村区域经济的增长极。

2.5.4 "广义小城镇学"理论

广义小城镇学理论提出的背景：一是根据产业革命240多年来世界性工业化、城市化发展的经验教训；二是直接依据了20世纪80年代以来，中国积极推进乡村工业化、发展乡镇企业和小城镇的创新实践。该理论的主要创立者及代表作有：霍华德的《明日的田园城市》、刘易斯·芒福德的《城市发展史》、费孝通的《小城镇，大问题》和《论小城镇建设》。

①霍华德的"城乡磁铁"论。城乡分离曾经是社会发展的一大进步。资本主义的兴起，大大促进了城市的发展，但无节制地追求物质财富，劳动者的一切都从属于大机器生产，城市环境越来越失去对人的尊重，城市环境日益恶化，城乡对立日益严重，人的心理状态日益被扭曲。面对19世纪末由工业化带来的日益严重的城市和社会问题，霍华德有针对性地提出了城乡磁铁论。他认为这种繁荣和进步的城镇化是需要付出昂贵代价的，即乡村的停滞、落后和城市生活脱离自然，这种代价抑制了乡村的发展，也抑制了城市的发展。他认为，"城市磁铁和乡村磁铁都不能全面反映大自然的用心和意图。人类社会和自然美景本应兼而有之"……霍华德设想出三种磁力：城市、农村和城乡接合，并为此绘制了"三磁铁图"。他指出城市的有利因素是提供就业机会和享用各种市政设施的机会，但自然环境恶化；乡村有好的自然环境，是一切美好事物和财富的源泉，是智慧、艺术、诗歌、音乐灵感的沃土，阳光明媚，空气新鲜，但缺少城市的物质设施和就业机会，生活简朴。他在此基础上提出构建理想的城市，即兼具城乡优点的"城乡磁铁"——田园城市，它可以把一切生动活泼的城市生活优点和美丽愉快的乡村环境和谐地组合在一起。

他于1898年出版了《明日的田园城市》一书，目的就是要构建一个城市

——乡村磁铁。所谓田园城市，其主要特点是中心部分有花园，建成区用农田或绿地隔开，内有公路和铁路相连。它既要处理好城市与农村的关系，自身又有一定的模式，以确保田园城市真正做到城乡融合，进入一个各得其所的良性循环。在对田园城市的规划提出设想之后，他进一步提出"社会城市"的观念。社会城市在规划方面，倡导一种类似"城市群"的概念。主张田园城市的发展出路在于"靠在其他乡村地带以外不远的地方建设另一座城市来发展，随着时间的推移，形成'社会城市'"。主张建设一种高速铁路系统解决社会城市间的沟通问题，它使每个城镇到最远的邻镇只需走 10mile，大约 12 分钟即可到达。在城市生活方面，强调"自足"与"平衡"原则。"自足"要求田园城市具有自身的良性运转方式，即不依赖于外部的支持而正常运转。"平衡"主要是指城乡平衡，强调农业、农村对工业、城市的作用，防止城市过度膨胀而侵害农业。霍华德理论的提出解决了广大劳动人民关注的物质生活环境（包括居住和就业）的建设和管理问题，他提出的方案代表了普通人的利益和愿望。而他所倡导建设田园城镇的出发点，就是为了扭转农村人口大量流入大城市所带来的种种不幸的社会问题。尽管在现代社会中，霍华德的理想并不能真正实现，但它确实指明了城市健康发展的方向。它向世人展示了一种不同凡响的城市观：城市是一个有机整体，人类应该注重城市规划和城市建设，重视城市环境保护，走可持续发展的城市化道路。

霍华德追随者先后于 1903 年和 1919 年在伦敦的远郊区建设了两座田园城市莱奇华斯和韦林，分别规划为 3.5 万人和 5 万人。后来，巴黎郊区小城镇建设者在布局和地方经济体系的考虑方面，都受到田园城市思想的深刻影响。英国的田园城市理论对世界各国的小城镇建设产生了积极影响。建设田园城市可以改善每况愈下的城市生活环境，防止重蹈过去一些大城市因"激进进展"而出现的种种问题的覆辙，可以避免以前由工业化推动的高速城市化进程所带来的一系列问题和弊端，可以打破城市与乡村两者相互隔离、畸形发展的状态，达到城乡之间平衡发展的目的，是值得现代城镇化开发过程中学习和借鉴的。

②芒福德的地区城市理论。刘易斯·芒福德提出的地区城市理论设想是对霍华德"城乡磁铁论"的继承和发展，具有相同的历史背景，即二战后美国城市快速发展，出现了很多问题，城市不断向外扩张破坏自然环境的同时，城市内部越发像一部没有生命的机器，人们的生活变得机械乏味。造成这种现象的主要原因是：第一，城市发展过程中过分强调城市的中心地位，毫无节制地索取乡村的土地、水、空气、劳动力和农副产品；第二，城市发展过程中不计后果地向乡村排放各种污染物，对乡村无情地剥削不仅伤害了乡村，也伤害了城市。20 世纪 60 年代，美国的许多有识之士开始反思与总结，试图找出城市问

题的症结与发展的出路，这其中有代表性的属刘易斯·芒福德。他提倡和宣扬人本主义思想，指明人本思想对于城市规划和建设的重要性。

芒福德持一种动态的、社会学的城市观。他认为，乡村是大地的产物，它们反映了农民在支配大地时的技巧，乡村生活的每一个方面都影响着城市；城市始终是一个开放的大系统，一旦和外部环境脱离，就会逐步丧失活力。原始的农业区不论在生产上还是思想上发展都很缓慢，长期居住在矿区和林区的人知识难以更新，有些中小城市的产品质量长期上不去，都是由于缺乏和外部的交流、竞争。因而，城市无论大小，都应该力争把自己的经济、文化活动和全国的甚至是世界的经济、文化活动联系在一起。

芒福德把城市纳入更广泛的区域环境中，并将城市发展的机理与人类文化紧密联系，指出人类社会和自然界的有机体有许多相似之处，有机体为了维持自身的生命状态，就必须不断更新自己，与周围的环境建立积极的联系。有机体和环境之间存在着作用和反作用的关系，这种关系一旦失衡，生命就会暂时停止或永远死亡。与有机体生命活动相关的环境就是它的生态环境。人类社会也是一样，它必须与周围的自然环境在供求上取得相互平衡，才能持续地保持活力。而且，由于人类社会必须继承十分复杂的社会传统，这就有必要把社会传统作为赖以生存的第二种环境。

芒福德把城市社区赖以生存的环境称为区域。他指出，所谓区域，它作为一个独立的地理单元是既定的，而作为一个独立的文化单元则部分是人类深思熟虑的愿望和意图的体现。因而，芒福德指出，所谓区域，是地理因素、经济因素和文化因素的综合体。芒福德指出，要划分区域，不能仅着眼于寻求它周边范围，而是要研究它的中心。城市的引力范围已经成为一个重要的地理因素，这个范围内的能量、人口和商品具有向该城市集中的趋势，它们在那里聚集、分配、疏导、转运，这个范围就是区域。城市的活动有赖于区域的支持；区域的发展取决于城市的推动。

在城镇发展问题上，芒福德提出了地区城市理论设想，即在一个大城市地区范围内，设置许多小城市，再用各种交通工具把这些小城市连接起来。目的是在大城市周围通过设置这些小城市来构建一个区域，形成城市与区域的互动关系。芒福德认为，城市与区域和谐发展才能形成一个完整的生态系统。重构大城市必须改变其经济模式：控制人口增长，不再增加造成拥挤的机械设施，控制建成区的不断蔓延，城市最好的经济模式是关心人和陶冶人。这些设想对于现代城镇化发展仍然具有深刻的指导意义，启示人们在进行城镇化开发的过程中要坚持一些原则，如关注人性，以人的需求为出发点；尊重自然，致力于协调城市与自然的关系；系统地理解城市机体，引导城市发展，处理好城市内部诸多影响要素的关系；重视城市与区域的联系，保持区域活力，促进城市持续繁荣发展。同时，城镇化过程中应以缩小城乡差距、提升农民生活水平为目标进行建设，构建城乡和谐关系。总之，在统筹城乡发展、进行城镇化建设的过程中，应当尤其重视广大农民的需求，保护乡土文化和乡土景观，构建和谐的城乡关系。

③费孝通的小城镇理论。著名社会学家费孝通教授最早注意到中国实施改革开放政策后，中国农村乡镇企业的发展。他实地调查了乡镇企业发展与小城镇发展进程对中国工业化、城市化的影响，进行了社会学的研究，研究了农村、农民和农业发展与乡镇企业和小城镇发展的关系，研究了现代小城镇成长和变化的动力。费孝通把发展乡镇企业与小城镇在地方经济社会体系中的影响，作为他构思乡村工业化、城市化的基本构架。

他认为发展小城镇的主要原因是：第一，中国人口及其分布特点；第二，避免"大城市病"，大城市模式不利于广大居民安居乐业，况且这种模式与我国国情也很难适应。应以小城镇为主、大中城市为辅，是费孝通主张的中国城市化的道路；费孝通主张将"三大差别"和农民一起"消灭"在小城镇里；重视小城镇作为农村地区商品集散中心的地位，他认为发展小城镇其动力在于农村工业化和发展农村特色工业。

费孝通还提出，"离土不离乡"和"离乡不离井"是农村剩余劳动力转移第一阶段的主要形式；"离土又离乡"和"离乡又离井"是农村剩余劳动力转移第二阶段的主要形式。费孝通主张，要"做活人口这盘棋"，必须注意两个棋眼："一是发展内地的小城镇这种人口蓄水池，二是疏散人口到地广人稀的边区开发资源性产业"。

费孝通在1983年《小城镇再探索》一文中提出了"经济发展模式"的概念，即从整体出发，探索每个地区发展的背景、条件以及在此基础上形成的与其他地区相区别的发展特色：一种是"苏南模式"，由乡镇工业的兴起而进入工业化；另一种是"温州模式"，个体私营经济发展形成了家庭工业与专业市场，即"小商品，大市场"。一种是"珠江模式"，珠江三角洲借助香港的地缘优势普遍发展"三来一补"企业，与香港形成前店后厂格局。此外，费孝通还提出了一些区域经济发展模式，如"民权模式""侨乡模式"等。

03 环洞庭湖区域农村城镇化发展现状研究

3.1 环洞庭湖区域的界定及历史沿革

3.1.1 环洞庭湖区域的界定

环洞庭湖区域发展历史悠久，对于环洞庭湖区域的界定也有着广义和狭义的区别。广义上的环洞庭湖地区主要包括湖南省的岳阳、常德、益阳三市，长沙市望城区以及湖北省的松滋、公安、石首等县市，这一地区无论是地理气候、人文传统，还是资源分布、交通格局、产业基础，都具有同质性。广义上的环洞庭湖区域位于东经$111°40'\sim113°10'$、北纬$28°30'\sim30°20'$之间，包括长江中游荆江河段（枝城—城陵矶）以南，京广铁路城陵矶至长沙路段以西，长沙—常德—桃源公路以北和太阳山—凤凰山—嘉山以及枝柳铁路枝城至石门路段以东的广大平原湖泊水网地区。海拔高程大都在 50 m 以下，50 m 以上的丘陵主要分布在湖区边缘及北部的华容、南县、安乡一带。洞庭湖区总面积 18 780 km^2，其中湖南 15 200 km^2，湖北 3 580 km^2。湖南的 15 200 km^2 中，天然湖泊面积 2 691 km^2，洪道面积 1 013 km^2，堤垸面积 9 323 km^2，环湖丘陵面积 2 173 km^2。此外，湘、资、沅、澧四水尾闾区尚有堤垸面积 895 km^2。天然湖泊面积 2 691 km^2 中，东洞庭湖 1 328 km^2，南洞庭湖 920 km^2，目平湖 350 km^2，七里湖 93 km^2。湖南境内的洞庭湖区，按 1985 年的行政区划，分布在三个地区（常德、益阳、岳阳）、四个省辖市（长沙、岳阳、株洲、湘潭），共有 19 个县和 7 个县级市、区（常德县、常德市、汉寿、安乡、澧县、津市、桃源、临澧、益阳县、益阳市、沅江、南县、长沙县、长沙市郊区、望城、宁乡、株洲县、株洲市郊区、湘潭县、湘潭市郊区、岳阳县、岳阳市郊区、湘阴、临湘、汨罗、华容）。其中纯湖区占 12 个县、4 个市，四水尾闾占

7个县、3个市郊区。此外，还有原来15个国营农场（涔澹、西洞庭、西湖、贺家山、茶盘洲、千山红、大通湖、北洲子、金盆、南湾湖、钱粮湖、君山、建新、黄盖湖、屈原）。

狭义上的环洞庭湖区域是指湖南省北部，包括岳阳、益阳、常德3个地级市，辖7个市辖区、4个县级市、13个县、270个建制镇和177个乡，土地面积45 568.2 km²。2011年，环洞庭湖区三市完成地区生产总值4594.3亿元，是2006年的2.6倍；完成财政总收入374亿元，是2006年的4.1倍；三次产业比由2006年的22.4∶42.2∶35.4调整到2011年的15.8∶51∶33.2；区域经济较快发展，产业结构逐步优化，经济总量占全省的比重达到23.4%，在湖南省属于经济较为发达的地区。从狭义上的环洞庭湖区域来看，环洞庭湖区域总面积达4.5万km²，占全省总面积的21.25%；截至2009年年底的统计数据，洞庭湖区域总人口达1 635.58万，占当年全省人口的23.7%，其中乡村人口1 039.03万，占全省乡村总人口的26.5%。洞庭湖区域跨岳阳、益阳、常德三市，呈倒三角形分布，三市市中心彼此相距仅90 km，区域内自然生态环境相似，湖湘文化相通，经济市场发展水平相当，并且因地缘和历史关系联系紧密，是一个在自然环境和社会发展特征等方面都具有较强同一性且相对完整和独立的地理单元和天然的经济区域。在本区域内，拥有相当的农、林、渔业资源，对提高全省的农业、林业和渔业总产值均具有相当重大的意义。此外，本区域还拥有众多的湿地等自然资源和历史、人文等旅游资源。

环洞庭湖区域具有良好的农业生产条件，长期以来作为我国重要的商品农业基地。近些年来，工业化、城市化加速推进，初步奠定了扎实的发展基础。但总体来看，区域综合实力还比较弱，产业结构不够合理，企业和产品的市场竞争力也不够强。

环洞庭湖区域土地资源、水资源丰富，接纳湘、资、沅、澧四水，北靠长江，交通运输较为便利，能够布局临水型特大型产业集群，具备发展大进大出型加工制造业的优越条件。

环洞庭湖区域位于我国南方腹地，承东启西，连南接北，长江与京广线在此交会，地处武汉城市圈与长株潭城市群之间，又位于长江产业带与华南经济圈、长三角与成渝经济区的枢纽地带。随着国家中部崛起战略的全面实施，其区位优势日益凸显。该区域基础条件较好，发展潜力较大，在我国区域发展格局中占据重要地位，应作为"十二五"期间湖南重点发展的区域。

本书所指的环洞庭湖区域，不包括环洞庭湖地理区域的湖北部分，即石首、公安、监利、松滋等县市和行政区划上隶属长沙市的宁乡、望城等县市，仅指环洞庭湖地理区域上湘北地区三市：岳阳、益阳和常德。具体而言，包括岳阳、华容、湘阴、平江、安化、桃江、南县、汉寿、澧县、临澧、桃源、石门、安乡等13县，临湘、沅江、汨罗、津市4个县级市，以及岳阳楼区、君山区、云溪区、资阳区、赫山区、武陵区、鼎城区7区，共计24个县市区。在地图上的区位如图3-1所示。

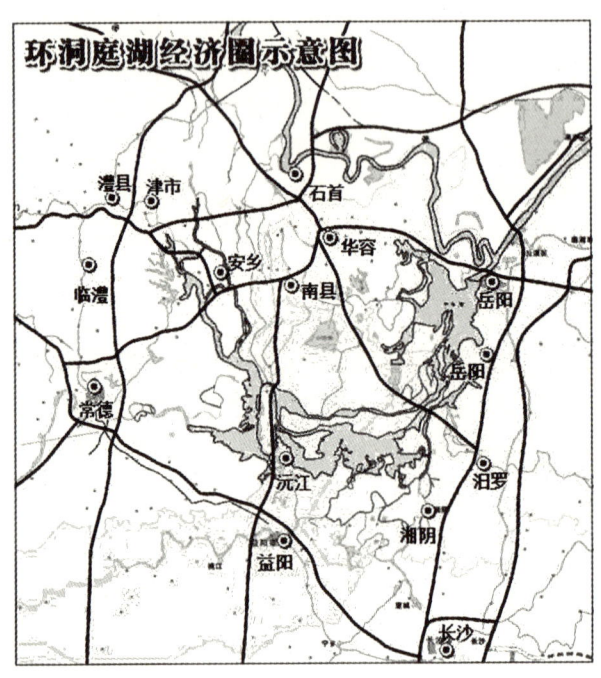

图3-1 环洞庭湖的区位范围

3.1.2 洞庭湖区域面临的问题

洞庭湖经历了长期的历史演变，唐、宋时期号称"周极八百里"，清中叶以后迅速淤塞萎缩成为目前的湖沼平原地貌，这是它独特的地质地貌条件、水文条件和人类活动条件相互作用和相互制约的结果，而荆江河段向南分流所导致的复杂江湖蓄泄关系则是其中极为重要的一个因素。荆江来水扩大了洞庭湖面积，荆江来沙又淤塞了洞庭湖，致使八百里洞庭淤出八百万亩（1亩＝667 m^2，全书同）良田。湖区堤垸的形成和兴废是江湖关系历史演变作用的必然发展结果，而历代推行的一些治水政策又在一定程度上加速了这一发展的进程。多年以来，湖区堤垸受长江洪水的威胁日益加大，堤垸内的涝渍灾害日趋严重。江湖治理是近百年来长期争论的问题，早在荆江九穴十三口逐渐淤塞的年代就出现了重开穴口与堵塞穴口之争，荆江四口南流局面形成前后又存在南北分流与舍南救北之争。20世纪以来，对以蓄为主或以泄为主以及向洞庭分流蓄洪为主或向荆北分流蓄洪为主的问题，也有许多不同看法。这些争论，尽管观点截然相反，但各有一些有益的见解，对研究江湖治理具有一定的参考价值。近百年来的湖区水利大都限于治标，其内容不外是垸的防洪保安和减少渍涝灾害。新中国成立以来，湖区水利以防洪建设、排涝建设为重点，蓄洪建设与洪道扫障又是近期的一个重要内容。但洞庭湖每年淤积在湖内的泥沙约1亿m^3，堤防加高的速度远远赶不上湖床的自然淤高；外湖、外河水位随湖床淤积而不断升高，垸老田低所造成的涝渍灾害逐年严重。江湖未做根本治理以前，洞庭湖区水利所面临的形势仍然十分严峻。

进入"后三峡"时代，当三峡大坝蓄水发电后，洞庭湖除了老问题，又出现了一些新问题。长江与洞庭湖关系出现了新变化：一是洞庭湖水量多年偏低，长江水进不来，自2003年后，洞庭湖连续九年出现了枯水期提前、延长的现象，使湖水自净能力下降，加剧水质与水环境恶化；二是洞庭湖调蓄功能衰退，目前调蓄能力仅相当于20世纪50年代的50%；三是洞庭湖湿地面积和物种明显减退；四是湖区抗旱涝灾害能力弱，粮食安全面临威胁。

3.2 努力建设环洞庭湖区域生态经济区

洞庭湖是长江最重要的调蓄性湖泊和我国最大的淡水基地。洞庭湖湿地是国家级重点野生动物保护区、亚洲最大的内陆湿地保护区、世界淡水鱼类优质种质资源基因库。环洞庭湖地区是我国重要的商品粮基地和全国最大的水稻种植区，也是我国重要的棉、油、茶、猪、鱼生产基地。加强洞庭湖生态环境保护，巩固洞庭湖区农业基础地位，加快环洞庭湖地区经济发展，对于加强我国生态文明建设、保障我国粮食安全、建设全面小康社会具有十分重要的现实意义和深远的历史意义。

2001年4月，朱镕基总理考察湖南时，写下《重访湘西有感并怀洞庭湖区》诗一首，其中有两句写道："浩浩汤汤何日现，葱茏不见梦难圆。"饱含着改善洞庭湖生态环境、恢复八百里洞庭壮阔的殷切期望。近年来，构建环洞庭湖生态经济圈的呼声日渐高涨，2009年洞庭湖区域经济社会发展研究会成立后，大家就一直在探讨和推动洞庭湖区域的新发展。2011年湖南省第十次党代会报告中正式确立了发展洞庭湖生态经济区的战略构想。2012年两会期间，以全国政协委员、湖南省政协主席胡彪为第一提案人的联名提案，建议从国家战略层面加大水资源的优化配置和政策项目的支持力度，强力推进环洞庭湖生态经济圈建设，更是突出反映了环洞庭湖生态经济圈作为一种特殊的经济功能区,对环洞庭湖生态经济圈进行经济核心功能定位的趋势。构建环洞庭湖区域生态经济圈,将建设环洞庭湖生态经济圈上升为国家区域发展战略,作为国家优质商品粮生产示范基地、生态经济示范区和跨区域合作发展示范区十分必要。

3.2.1 完善湖南省区域发展的重大战略

从湖南省的区域布局来看,现在湖南省已经有三个区域进入国家发展战略层面,即长株潭城市群两型社会国家级综合改革试验区、湘南地区国家承接产业转移示范区、湘西地区的武陵山集中连片扶贫开发区,唯独湘北的环洞庭湖区域发展还未能进入国家的战略构架。而事实上,环洞庭湖区域处于长株潭城市群、武汉城市圈与成渝城市带之间,是湖南省加强与长三角地区合作和联系的重要地带,也是中部城市群的战略腹地。该区域加起来的面积占了湖南总面积的1/5,人口占1/4,规模工业总量占1/3,农产品产量占1/3,水产品产量占1/2,而且这个区域的资源尤其是淡水资源非常丰富,所以该区域应该会成为湖南未来经济发展的重要增长区域。如果能够建设好环洞庭湖生态经济圈,那么可以将湖南实实在在打造成一个世界级的区域生态经济国际品牌,对于推进湖南"四化两型"建设、实现"两个率先"至关重要。

3.2.2 建设两型社会的客观要求

建设环洞庭湖生态经济区,可有效保护和开发洞庭湖资源,对接长株潭城市群和武汉城市圈"两型社会"综合配套改革试验区,加快实现可持续发展。多少年来,杰出的湖南人民创造了灿烂的湖湘文化,为三湘大地文明进步作出了重要贡献。但洞庭湖仍在萎缩和变质,环湖经济博弈日趋激烈,在生态保护和区域合作更为重要的今天,建设环洞庭湖生态经济区势在必行,它对于实行江湖同治、山水同治,在保护好一湖清水的同时,建设一个良好的洞庭湖水生态系统更具有紧迫性。洞庭湖曾经一碧万顷,沙鸥翔集。随着人类经济活动的增多,洞庭湖面积由6 000多 km² 减少到2 600多 km²,且生态恶化,湿地萎缩,水体被污染,生物多样性遭到破坏。据环保部门统计,环湖地区每年直接间接入湖的工业废水达5亿 m³,城镇生活污水达1.5亿 t。建设环洞庭湖生态经济区,是走可持续发展的道路,做到资源开发与资源培育相结合,生态建设与经济发展相协调,实现经济效益、生态效益、社会效益相统一的必然要求。

3.2.3 区域经济一体化的必然趋势

环洞庭湖区域各市县自然条件相似,社会文化同源,经济活动相关联,生产力发展到一定水平后，必然要求经济一体化，在一定区域形成特定经济功能区。近年来，环洞庭湖区综合实力显著增强，经济结构调整取得实质性进展，基础设施大为改善，区域联系协作日益紧密，由此迫切需要政府作为主体，从中长期发展规划层面加以决策和协调，在更大范围、更高层次、更宽领域寻求合作共赢。

3.2.4 造福湖区群众的最佳选择

现代经济发展有这样一个规律：生态资源越丰富的地区，经济发展越有比较优势和后发优势。中国科学院与地球物理研究所的有关资料表明，洞庭湖区蕴含极大的生态服务价值，而且随着生态环境的改善，生态服务价值还会大幅提高，这是环湖1600万人民的福音。如何变潜在优势为现实的经济优势，根本途径在于发展生态经济，从而更加有效地改善民生。

3.2.5 依靠大江大湖打造大城市、发展大工业是世界经验

美丽而富饶的洞庭湖，自古就是三湘儿女的"母亲湖"。以科学发展观为指导，利用、开发和保护好洞庭湖，借鉴国外江河湖泊开发的成功经验，推进环湖城市化建设与生态建设就具有重要的现实意义。世界上发达国家的工业化进程都与江河湖泊结下了不解之缘，在工业化演进的各个阶段，许多大湖、大江、大河流域都发展成产业密集带，成为各国现代化工业发展的轴心和重点地域。如英国的泰晤士河孕育出全球最早的工业革命，美国的密西西比河和北五湖、德国的莱茵河段、法国的罗纳河和塞纳河、加拿大的圣劳伦斯河以及前苏联的伏尔加河沿岸地区等，也都成为工业发展的摇篮。最近数十年来，各国又在开发湖泊、开放河流、开辟外向型流域市场、建立繁荣的流域经济等方面做出了许多努力，并取得了重大成就。其中北美洲的五大湖区、欧洲的莱茵河流域等尤为突出。北美洲五大湖区是世界上著名的群湖区，现为具备世界一流水平和巨大经济效益的先进制造业地带，分布在加拿大的多伦多、渥太华、蒙特利尔和美国的芝加哥、底特律、克利夫兰、布法罗、密尔沃基等一系列大城市，集聚了汽车、机械、冶金、电子、电气、化学、制药、轻纺等众多工业企业，其湖区经济在全球产生了广泛影响。目前，芝加哥是全美最大的铁路枢纽，底特律是驰誉全球的汽车城。鲁尔区位于德国西部，境内有莱茵河、鲁尔河、利珀河三条运河，便利的水陆运输条件为本区发展工业提供了优越条件。19世纪上半叶，鲁尔区开始大规模的煤炭开采和钢铁生产，并逐渐发展成为以采煤、钢铁、化学和机械制造等为核心的世界著名重工业区。区内的埃森、多特蒙德、杜伊斯堡等都是德国重要的工业城市。近20年来，鲁尔区进行了

大规模的产业升级，大力引进高新产业和服务业。这些国家江河湖泊及其流域的成功治理和开发，都给当地乃至相关国家带来了巨大的经济、社会和生态效益。因此，洞庭湖区的开发与治理、利用与保护应当同步进行。环湖区城镇建设要强调大中城市与小城镇有机结合，加强城镇体系的中心化趋势，发挥优势并突出特色，反对低水平的重复建设，促进城镇化建设与生态建设互动发展。

因此，应将建设环洞庭湖生态经济区上升为国家区域发展战略，与鄱阳湖生态经济区一起作为中国淡水湖流域发展生态经济的"双星座"，作为国家优质商品粮生产示范基地、生态经济示范区和跨区域合作发展示范区。建议由国家发改委牵头，协调湖南、湖北共同编制环洞庭湖生态经济圈经济社会发展总体规划和专项规划，推进圈内经济一体化、基础设施一体化、生态保护一体化和水资源管理一体化；加大环洞庭湖地区基础设施建设力度，启动湘、资、沅、澧四水整治工程，加快实现环洞庭湖地区交通同网，继续实施长江中游航道整治，重塑长江"黄金水道"形象；支持环洞庭湖地区大力发展生态产业，建立粮食主产区利益补偿机制，做好农产品精深加工文章，大力发展生态工业，建立环洞庭湖旅游战略联盟，发展有湖乡特色的生态旅游业；并加大对环洞庭湖地区生态环境保护和改善民生的转移支付力度，把洞庭湖综合治理纳入国家重点流域治理范围，加快建立洞庭湖生态补偿机制和共建共享机制，对改善湖区农（渔）民生产生活条件项目进行重点扶持。

3.3 环洞庭湖区域农村城镇化发展现状

3.3.1 湖区城镇体系正在形成

改革开放以来，特别是地改市后，环洞庭湖区域的农村城镇化建设取得长足发展，有湖区特征的城镇体系正在形成。环洞庭湖区域内现有地级市3个，县级市3个，区、县21个，建制镇272个，已初步形成了以岳阳、益阳、常德三个大中城市为中心，以县城或县级市为依托，以一大批建制镇为基础的城镇体系。目前，环洞庭湖区的县级城镇有14个，属于环洞庭湖区域内的一级中心城镇，近几年来通过扩容提质，县城面貌发生了较大变化，在县域内正发挥中心综合职能作用，即在各行政区域内发挥政治、经济、物流、交通、信息等中心功能，在湘北三市的经济、产业辐射作用与本区域的资源禀赋与经济基础上形成了各自的区域发展特色，同时对本区域内的人口与产业产生了中心集聚作用。如澧县县城、华容县城、南县县城、湘阴县县城、桃源县县城、桃江县县城、安乡县县城等通过扩容提质，城区面积扩大，基础设施得到了优化，聚集人口和产业的功能不断增强。环洞庭湖区内的一般建制镇有258个，属于环洞庭湖区域内的二级或三级中心集镇,这些城镇不仅是城乡联系的纽带,而且是推进工业化、城镇化的基础。"十一五"以来,通过交通等基础设施建设,通过发展本区域内的乡镇企业、农民合作组织及引进外来投资,该区域主要形成了商贸、农业产品加工和旅游服务等产业,不仅成为吸纳农村剩余劳动力的集聚点,而且结合环洞庭湖区域各地的发展基础与条件,逐渐形成了不同的小区域性物资集散地、乡镇工业集聚中心和文化旅游服务中心。总之,目前在环洞庭湖 4.5 万 km² 区域内,正逐步形成了城镇化网络体系,在人口集聚、空间布局上为推进新型城市化、工业化奠定了一定的良好基础。

3.3.2 城镇化率的速度明显提高

2000 年以来,环洞庭湖区域的城镇化步伐逐步加快,大量农村人口随着工业化、城镇化的发展进程转变为市民。根据我国第五次全国人口普查数据与湖南省 2010 年统计年鉴中关于人口统计的数据,环洞庭湖区的城镇人口从 2000 年的 426.86 万人增加到 2009 年的 687.56 万人,10 年间净增城镇人口 260.7 万,增长幅度达 61.07%。其中,岳阳市的城镇人口从 155.9 万增加到 256.08 万,净增城镇人口 100.18 万,增长幅度达 64.26%;益阳市的城镇人口从 118.33 万增加到 195.28 万,净增城镇人口 76.95 万,增长幅度达 65.03%;常德市的城镇人口从 152.64 万增加到 236.2 万,净增城镇人口 83.56 万,增长幅度达 54.74%。从总体来看,不论是净增人口还是增长幅度,岳阳市在本区域都是居于首位的;益阳市与常德市相比较而言,则是益阳市的增长幅度高于常德市,而常德市的城镇人口净增长总数高于益阳市。

表 3-1 全国、全省、洞庭湖区 2000—2009 年城镇化率对比表(%)

年份	2000	2001	2002	2003	2004	2005	2006	2007	2008	2009
全国	36.2	37.66	39.09	40.53	41.76	42.99	43.9	44.9	45.68	46.6
全省	29.75	30.8	32	33.5	35.5	37	38.71	40.45	42.15	43.2
湖区	28.36	29.75	31.1	32.14	33.28	35.17	37.67	39.54	40.76	42.17
岳阳	31.89	33	35.08	36.63	38.19	40.01	43	45.1	45.5	46.7
益阳	26.18	28.1	28.91	29.49	29.85	32.39	35	37.52	39.75	41.5
常德	27.02	28.14	29.32	30.31	31.8	33.10	35	36.01	37.02	38.3

数据来源:《中国统计年鉴》《湖南省统计年鉴》。

从上面的城镇化率对比表来看,环洞庭湖区域的城镇化率在 2000—2009 年这十年间虽然一直处于增长的趋势,但一直低于湖南省全省的平均水平,更低于全国的同期城镇化水平，这说明环洞庭湖区域的城镇化水平与全省、全国的城镇化水平对比，仍处于相对落后的地位；但从环洞庭湖区域近年来的发展趋势来看，这一落后的差距正在逐渐缩小，这是因为环洞庭湖区域城镇化率的增幅明显加快：环洞庭湖区域的城镇化率从2000年的28.36%增长到2009年的42.17%，平均每年增长1.38个百分点；湖南省的城镇化率从2000年的29.75%增长到2009年的43.2%，平均每年增长1.26个百分点；全国的城镇化率从2000年的36.2%增长到2009年的46.6%，平均每年增长1.04个百分点。因此，从上表数据可以发现，环洞庭湖区域的城镇化率从2000年与全省的相差1.39个百分点，缩小到2009相差1.03个百分点，减少了0.36个百分点；而与全国城镇化率的差距则缩小得更明显，从2000年相差7.84个百分点，缩小到2009年仅相差4.43个百分点，减少了3.41个百分点。这同时也说明，在2000—2009年这十年间，环洞庭湖区的城镇化率增长速度已经逐渐接近湖南省的平均水平，而湖南省的平均城镇化率增长速度明显高于全国的平均水平。

3.3.3 农村城镇化与工业化互动的趋势明显

从前面的现状分析可以看出，近年来环洞庭湖区域的农村城镇化明显具有加速趋势，在逐年缩小与全省、全国城镇化率的差距。根据普遍规律和以往经验，城市化率在30%～70%阶段属于加速发展期。在2002年，环洞庭湖区的农村城镇化率已经超过30%，达到31.1%，截止2005年，环洞庭湖区域的三个地级市的城镇化率均已超过30%。到2008年，环洞庭湖区域的平均城镇化率已经超过40%，达到40.76%。对照世界发展模型（图3-2）可以看出，目前环洞庭湖区域已经迈入城镇化第二阶段的后期（城镇化率超过40%）。

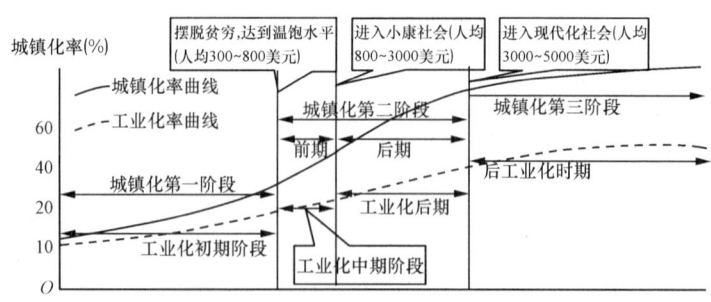

图3-2 世界发展模型——工业化与城镇化阶段性对应关系图

如图3-2所示，这一阶段是环洞庭湖区域农村城镇化的加速阶段，并且进入工业化的中期，因此，步入本发展阶段后，环洞庭湖区域的城镇化率每年提高的幅度较大（一般可超过 1.5 个百分点），经济社会结构处在转轨、大变革时期。在这一时期，环洞庭湖区经济社会发展经过资金、技术的积累后，开始加速，进入全面建设小康社会的新时期，特别是随着一批县级工业园区的建立，洞庭湖区各县市的工业化进入了一个新的发展阶段，城镇化与工业化互动的趋势十分明显，工业化成为城镇化的重要推动力，主要有以下方面的表现：

①环洞庭湖区域的农业劳动力急剧减少，环洞庭湖区域的工业产值占工农业产值的比重迅速上升，工业在国民经济中的主导地位十分稳固，资金、技术密集型产品逐渐在产业比例中呈持续上升的趋势。农村城镇化与工业化的互动表现在以产业集聚带动人口集聚，以产业发展支撑城镇发展，这对协调城乡发展、缩小城乡差距起到了促进作用。

②环洞庭湖区域的城镇化加速发展，传统城镇得到改造，城镇功能更加齐备。通过产业兴镇战略，环洞庭湖区域打造了一批各具特色的经济重镇，小城镇正在向小区开发、市场建设、城镇建设"三位一体"的方向发展。城镇职能特别是其经济职能和其集聚人口、技术创新的职能继续得到拓展。

③环洞庭湖区城镇人性化的居住环境进一步加强。洞庭湖区的城镇建设开始进入以完善功能、塑造品牌、提供人性化的居住环境方向演变，逐步与工业化的推进和人们对物质文化增长的需要相适应，其人性化的居住环境进一步加强。通过对环洞庭湖区中心城区的大力建设，加强了它们加速推进城市化的核心引擎作用与辐射作用，同时也对农村城镇的公共产品和公共服务进行了相应的规划与建设，使得中小城镇也迅速得到了发展。

④环洞庭湖区城农村城镇化对协调城乡发展起到了促进作用。环洞庭湖区域在科学发展观的指导下，坚持城乡统筹发展的原则，一方面坚持城镇化与工业化相结合的农村城镇化发展途径；另一方面将近期建设与长远发展相结合、小城镇建设和新农村建设相结合而进行协调规划，使之成为承接乡镇工业的有效载体、第三产业的富集区，从而使得农村城镇化对协调城乡发展、缩小城乡差距起到促进作用。

⑤城市经济实力不断壮大，城镇生活水平大幅提高。近年来，环洞庭湖区域的城镇经济对国民生产总值的贡献率明显增加而且后劲强势，城镇的固定资产投资占全社会固定资产投资的比率也持续增加，城镇居民人均可支配收入与人均消费支出均有大幅上涨的发展趋势，在城镇化的加速发展过程中，城市经济与市民生活水平均有同步大幅提升。

3.3.4 农村城镇化缺陷明显

环洞庭湖区域的城镇化虽然取得了一定的成绩，但同时由于各种历史、自然、行政等方面原因，也存在一些突出问题。

①农村小城镇基础建设严重滞后。除县城外，农村小城镇的垃圾处理、污水处理设施及商品市场基础设施非常落后。虽然经过三十余年的改革开放、社会主义新农村建设及近年来国家对"三农"问题政策的倾斜，但是由于二者历史基础的差距与市场经济的马太效应影响，农村小城镇的社会基础设施与城市仍有相当的差距，即城镇农村化现象突出，城镇化水平不高，具体表现为城镇基础设施薄弱，服务水平偏低，功能不强。

②产业基础薄弱、缺乏产业支撑。由于产业分布的空间集中度和就业、工资薪酬的吸引力比较悬殊，县域内农村剩余劳动力的地域转移出现重点朝向省内外大城市及区内三大中心城市岳阳、益阳和常德的倾向，这既带来中心城市的盲目扩张与公共财政的压力，也出现忽视县级城镇和乡镇中心集镇发展的倾斜，最后有可能使得县级小城镇与乡镇间的中心集镇得不到健康发展，从而不但影响到环洞庭湖区域农村城镇化的进程，也会影响到环洞庭湖区域的工业化布局。城镇工业化水平较低阻碍着农村城镇化水平的进一步提高。工业化与农村城镇化是经济现代化的两个车轮。缺少农村城镇化，工业化没有后续支撑和发展载体；缺少工业化，农村城镇化就没有造血功能和发展动力。工业化进程严重滞后影响了环洞庭湖区域的农村城镇化进程。

③生态环境恶化。进入后三峡时代，环洞庭湖地区城镇化过程普遍遇到水生态环境恶化的问题，城镇化缺水情况严重，水的污染情况更严重。"缺水、水死、水臭"是普遍存在的现象。由于长江外水很难进入湖区，致使湖区水流动性差，农药、化肥等水面源污染严重。如草尾镇等地的自来水取自地下 80 m 深的水源依然很不干净，还要用明矾澄清后才能饮用。此外一般小城镇垃圾采用就地掩埋方法进行处理，而随着人民生活水平的提高，垃圾增多，卫生状况恶化的情况也比较常见。

④农村城镇化进程仍然相对滞后。环湖三市作为农业大市，都缺乏工业的强力支撑，历史欠账又多。近年虽然农村城镇化加速了进程，但农村城镇化总体水平仍然不高，城镇经济总量仍然不大，城镇规模仍然偏小，城镇承载能力依然较弱。以益阳为例，2010 年，益阳市的城市化水平比全国的平均水平低 5.5 个百分点，比全省的平均水平低 2.4 个百分点，比积极对接的长株潭地区的平均水平则更低。益阳农村城镇化作为地区经济发展的引擎和增长极作用仍然不明显。

总之，农村城镇化发展是区域经济客观形态的综合体现，是社会基本形态由农业型社会向更高一级城市型社会的转型，在人口聚集、产业融合、城乡一体、扩大内需等方面起着主导作用。中共十七届五中全会制定的《国民经济和社会发展第十二个五年规划的建议》中明确提出，要促进区域协调发展，积极稳妥推进城镇化，坚持走中国特色城镇化道路，科学制订城镇化发展规划，促进城镇化健康发展。环洞庭湖区域横跨湘北和鄂中南，城镇较为密集，历史悠久，农业相对发达，城镇化基础较好。当前和今后较长时期，农村城镇化将是推动该区域经济协调快速和可持续发展的主要动力。并且，环洞庭湖区域农村城镇化，有利于推动环洞庭湖区域新农村建设，有利于促进区域内城市群的建设，有利于提高全省城市化水平。因此，加快环洞庭湖区域农村城镇化，将环洞庭湖区域建成为我省农村城镇化的示范地带，对于湖南的经济和社会发展有着重要意义。

3.4 环洞庭湖区域农村城镇发展的特点

环洞庭湖区域的农村城镇化在其发展过程中，由于受自身人口与地理资源、生产力发展水平、自然环境、文化习俗等因素的影响，形成了一些自身的发展特色，主要有以下方面。

3.4.1 农村城镇发展趋向规模化

环洞庭湖区域的农村城镇化在发展过程中正逐步趋向规模化，即呈现小城镇数量减少、中心城镇规模扩大的发展趋势。多年以来，结合历史上的行政区划调整，整个环洞庭湖区域内加大了撤乡并镇力度，一些规模小、特色不突出、发展潜力不大的乡镇相继被撤并。由此，城镇数量虽然有所减少，但是城镇规模却有所扩大，一些中心镇的集聚、辐射能力得到增强；以县城（含区）为枢纽，以中心建制镇为基础的城镇体系进一步得到完善，特别是所有县城扩容提质后，规模不断扩大。

按规模等级来划分，环洞庭湖区域的城镇规模等级大体与城镇发展的阶段性要求相适应，城镇体系的规模结构较为合理。一批规模扩大的小城镇正成为当地城镇化的中心和重要节点，如沅江市南大镇建镇之初的1995年，总人口约为4.7万，城镇人口约为7 000人，城镇化率约为15%，城区面积0.35 km^2；2009年，南大镇总人口上升到9.8万，城镇人口为2.2万，城镇化率约为22%，城区面积达到3.95 km^2。无论从城镇化率还是从城市建设面积、人口来看，其规模都得到了大大扩充。

3.4.2 农村小城镇职能趋向综合性

环洞庭湖区域在进行城镇化过程中，对于建制镇城镇的职能作了较为明确的科学规划，城镇间的职能分工与发展定位战略较为清晰，但大多数城镇的职能趋向综合性的多，单一职能型的小城镇很少。

其中，大多数建制镇均为县内一定区域行政、商贸、服务中心和乡镇企业基地，属综合型城镇，少数属典型的工矿型、商贸型、旅游型城镇。从整体来看，以行政和乡镇工业为主导的城镇占多数，各级中小城镇的经济中心职能普遍得到加强。一方面，承接大中心城市的产业链，通过发展产业和商业提高自身的经济吸纳能力，对周围地区经济带动作用比较明显；另一方面，通过产业商业兴镇，推动了农村城镇化的进程，转移了周围地区的大量农村剩余劳动力。同时，农村中小城镇的发展也结合社会主义新农村建设进行了相应的科学规划，为缩小城乡差距、促进城乡统筹起到了基层枢纽的作用。

3.4.3 农村城镇空间分布趋向网络性

区域城镇空间格局反映一系列规模不等、职能各异的城镇在空间上的组合形式，它是地区自然条件、资源分布、生产力布局，特别是工业、交通运输网布局等因素综合作用的结果。

从总体上看，洞庭湖区的农村小城镇是围绕湖区水体呈网络状分布在东、南、西各个空间，即东洞庭湖、南洞庭湖、西洞庭湖地带。按照城镇体系空间格局发展"四阶段模式"（低水平均衡阶段、极核发展阶段、集聚—扩散阶段、高水平—网络化阶段）的划分，环洞庭湖区域的农村城镇化目前处于极核发展阶段，县域和次县区域中心城镇加快发展，集聚效应仍然大于扩散效益，预计少数几个城镇在未来一段时间内将表现出较强的扩散效应。城镇空间分布较均衡，城镇间的联系主要是以上下等级间的行政、商业及其他服务性活动为主，同级城镇缺乏较密切的横向经济联系和专业化协作。

3.4.4 农村城镇趋向城乡一体化

在"自上而下"与"自下而上"的城镇化共同作用下，环洞庭湖区域城镇密集区的产品、资本和劳动力在城乡之间加快流动，生产力在城乡之间逐渐合理布局，城市建成区不断向外扩张，密集区中的小城镇和集镇不断壮大，以发展小城镇、集镇为重点的农村城镇化快速推进，而且城镇密集区中的乡村地区也逐步开始城镇化，城镇密集区正在形成大中小城镇相结合、多层次的城镇体系。

总体上看，环洞庭湖区域城镇密集区中城市和乡村在政治、经济、人口、文化、空间等方面的协调发展和差距日益缩小的一体化趋势初见成效。

04 环洞庭湖区域农村城镇化水平评价研究

4.1 环洞庭湖区域农村城镇化指标体系的建立

虽然目前在环洞庭湖区域农村城镇化发展的研究方面有一些文献与数据的统计分析，但是这些研究基本属于定性分析的研究范畴，缺乏一个对于环洞庭湖区域的农村城镇化发展的指标体系及相关的实证进行整体评价的研究方法。我们结合最新的环洞庭湖区域有关数据，基于前面的环洞庭湖区域城镇化现状的分析，进一步建立环洞庭湖区域的农村城镇化发展指标体系并进行评价的实证研究。

从经济学的科学性、客观性、有效性与经济数据的可获取性、可操作性出发，本课题综合了前面的研究成果，共选取了3个一级指标、6个二级指标作为衡量环洞庭湖区域农村城镇化发展的评价指标，如表4-1所示。3个一级指标分别是人口、经济和土地，其下共计6个具有一定代表性的二级指标：

表4-1 环洞庭湖区域农村城镇化评价指标体系

一级指标	二级指标	单位	指标主要含义
人口	X_1（城镇人口比率）	%	反映农村城镇化的一般水平
	X_2（非农从业人员比率）	%	反映农村城镇化的从业水平
经济	X_3（非农产业占GDP比重）	%	反映农村城镇化的工业水平
	X_4（城镇人均可支配收入）	元	反映农村城镇化的市民收入
	X_5（农民人均纯收入）	元	反映农村城镇化的农民收入
土地	X_6（房屋建筑面积竣工累计）	m²	反映土地城镇化的规模速度

注：X_6（房屋建筑面积竣工累计）指标是以2000年的数据为基准进行累计的叠加值。

①人口指标。主要是考察环洞庭湖区域农村城镇化的人口因素，主要通过城镇人口占城乡人口的比率这一基本农村城镇化指标和在总从业人口中非农人口的比率来反映环洞庭湖区域农村城镇化人口就业转移状况，具体包括城镇化率和非农村从业人员占总从业人员人数比率二级指标。

②经济水平指标。主要是考察环洞庭湖区域农村城镇化的经济建设发展方面的因素，通过非农产业占地区总GDP的比率来反映地区的工业化水平；通过城镇居民和农民的收入来反映地区的经济发展一般水平和经济消费的市场容量。具体包括非农产业占GDP总量的比率、城镇居民人均可支配收入和农民纯收入等二级指标。

③土地指标。主要是考察环洞庭湖区域农村城镇化过程中土地城镇化的规模与速度，本指标仅选取了一个二级指标：房屋建筑面积竣工累计。为了在近十年中体现环洞庭湖区域城镇化的进程，本指标选取的是以2000年为基准的累进叠加数据。

这些指标是在现有统计数据的基础上构建而成，大体涵盖了环洞庭湖区域农村城镇化的主要方面，但该体系在财政、科技、城乡基础设施建设等方面的分析较弱，主要是这些指标的数据在县区一级的统计年鉴中选取较困难，难以定量。虽然本系统不能非常全面地反映环洞庭湖区域农村城镇化的全貌，但是通过本体系的数据采集与实证研究，基本能较全面地反映环洞庭湖区域农村城市化的概貌与实际情况。

4.2 环洞庭湖区域农村城镇化发展的因子分析

本研究的样本数据采集于《湖南省统计年鉴（2010）》，但指标X_6采用了《湖南省统计年鉴（2001—2010）》间的数据，具体进行统计分析的软件是SPSS 13.0。根据上面建立的环洞庭湖区域农村城镇化发展评价指标体系，通过因子分析法分析环洞庭湖区域的农村城镇化的发展状况。为了方便进行统计与比较，岳阳、益阳、常德三大市的市区全部合并，另外益阳市的大通湖区由于近十年的数据不全，故不在统计分析之列，最后统计分析与评价的目标有20个市县。

4.2.1 KMO 与 Bartlett 球形检验

表 4-2　KMO and Bartlett's Test

Kaiser-Meyer-Olkin Measure of Sampling Adequacy.		0.779
Bartlett's Test of Sphericity	Approx. Chi-Square	61.189
	df	15
	Sig.	0.000

KMO 检验用于比较变量间简单相关系数和检查变量间的偏相关性，表 4-2 中显示 SPSS 运算结果为 0.779，远大于 Kaiser 给出的度量标准 0.5，说明该样本非常适合进行因子分析；Bartlett 球形检验的值为 61.189，自由度为 15，相应概率 P 接近于 0 且小于 0.001，达到显著，代表母群体的相关矩阵间有共同因素存在，各变量间的独立性假设不成立，说明样本数据适合进行因子分析。

4.2.2 提取公共因子

表 4-3　Total Variance Explained

Component	Extraction Sums of Squared Loadings			Rotation Sums of Squared Loadings		
	Total	% of Variance	Cumulative %	Total	% of Variance	Cumulative %
F_1	3.690	61.498	61.498	1.936	32.262	32.262
F_2	0.892	14.860	76.359	1.902	31.698	63.961
F_3	0.736	12.260	88.619	1.480	24.658	88.619

Extraction Method: Principal Component Analysis.

由相关系数矩阵 R 计算得到特征值、方差贡献率和累积贡献率，如表 4-3 所示，取特征值大于 1 的值，共提取出 3 个公共因子，累积贡献率达到 88.618%，即可代表原指标体系 88.618% 的信息，可以比较强地评价洞庭湖区域农村城镇化的发展水平。

4.2.3 公共因子分析

由于初始因子载荷矩阵系数不是很明显，各因子的典型代表量不是很突出，旋转后的因子载荷矩阵如表 4-4 所示，已经具有比较强的代表性。

表 4-4 Rotated Component Matrix (a)

	Component		
	F_1	F_2	F_3
X_1	0.372	0.622	0.560
X_2	0.225	0.910	0.012
X_3	0.193	0.738	0.468
X_4	0.891	0.307	0.199
X_5	0.932	0.169	0.208
X_6	0.215	0.134	0.929

公共因子 F_1 在指标 X_4（城镇居民可支配收入）和 X_5（农民纯收入）上有较高的载荷量，X_4 和 X_5 反映了洞庭湖区域农村城镇化过程中城镇与农村居民的收入水平与状况，因此，公共因子 F_1 可以称为"城乡收入因子"。

公共因子 F_2 在指标 X_1（城镇人口比率）、X_2（非农从业人员比率）和 X_3（非农产业占 GDP 比率）上有较高的载荷量，X_1、X_2、X_3 反映了洞庭湖区域农村城镇化的非农居民比率、非农从业人员比率、非农产业比率等方面的情况，这三个指标总体上反映了农村剩余人口在工业化与城镇化转移进程中的基本情况，因此，公共因子 F_2 可以称为"工业发展因子"。

公共因子 F_3 在指标 X_6（房屋建筑面积竣工累计）上有较高的载荷量，X_6 反映的是洞庭湖区域农村城镇化与工业化过程中，可视为农村土地向工业与商业用地转移的规模与速度及城市基础设施与公共产品的投资建设的规模与速度，因此，公共因子 F_3 可以称为"建设投资因子"。

4.2.4 洞庭湖区域农村城镇化发展分区县因子得分及排名

按各公共因子对应的方差贡献率为权数计算洞庭湖区域内 20 个市县的综合得分 F，以分析它们在农村城镇化发展过程中的具体特征，综合得分 F 的计算公式如下：

$$F = (32.262 \times F_1 + 31.698 \times F_2 + 24.658 \times F_3)/88.618$$

通过以上公式，经过 SPSS 计算出综合得分之后，再将各公共因子得分及综合得分汇总进行排名，得到环洞庭湖区域农村城镇化 20 市县的评价结果，如表 4-5 所示，其中岳阳市、益阳市和常德市仅代表当地市区水平。

表 4-5　环洞庭湖区域农村城镇化 20 市县因子得分与综合得分排名

	综合得分与排名		城乡收入因子		工业发展因子		建设投资因子	
	得分	排名	得分	排名	得分	排名	得分	排名
岳阳市	1.36	1	0.03	9	0.89	1	0.28	3
岳阳县	0.20	8	0.35	1	−0.04	6	−0.13	15
华容县	0.29	7	0.34	2	−0.17	15	0.08	5
湘阴县	−0.08	10	−0.05	15	0.15	4	−0.17	18
平江县	−0.80	18	−0.82	19	0.13	5	−0.03	7
汨罗市	0.61	4	0.32	4	0.48	2	−0.26	20
临湘市	0.35	5	0.26	5	0.17	3	−0.13	16
益阳市	0.69	3	0.10	7	−0.06	9	0.57	2
南县	−0.49	17	0.03	10	−0.37	20	−0.10	10
桃江县	−0.23	11	0.03	11	−0.11	12	−0.12	12
安化县	−1.01	20	−0.85	20	−0.1	10	0.05	6
沅江市	0.10	9	0.33	3	−0.2	16	−0.04	8
常德市	0.74	2	0.12	6	−0.14	13	0.68	1
安乡县	−0.37	16	−0.17	18	−0.05	7	−0.11	11
汉寿县	−0.31	14	0.08	8	−0.24	17	−0.12	13
澧县	−0.23	12	−0.01	14	−0.29	16	0.10	4
临澧县	−0.23	13	0.03	12	−0.1	11	−0.12	14
桃源县	−0.59	18	0.00	13	−0.33	19	−0.19	19
石门县	−0.35	15	−0.07	17	−0.15	14	−0.09	9
津市市	0.35	6	−0.05	16	−0.05	8	−0.16	17

由表 4-5 可见，从 F 综合因子排名的情况来看，岳阳市区、常德市区和益阳市区这环洞庭湖区域内三大城市中心毫无悬念地名列前三甲，说明这三个区处于环洞庭湖区域农村城镇化的前列，也是城市化与工业化发展最快与最集中的区域，在环洞庭湖区域发挥着龙头与集聚效应；而安化县、平江县和桃源县则名列倒数前三名，这三个地区又正好处于三大中心城市对本区域内辐射的边缘。

其中，从 F_1 城乡收入因子排名来看，岳阳县、华容县和沅江市名列前三甲，安化县、平江县和安乡县名列倒数前三位；就 F_2 工业发展因子排名来看，同属于岳阳市区域内的三个行政区域岳阳市、汨罗市和临湘市分列前三位，南县、桃源县、汉寿县分列倒数前三位；从 F_3 建设投资因子排名来看，常德市区、益阳市区和岳阳市区分列前三位，这与 F 综合值的排名大致相当，汨罗市、桃源县、湘阴县则分列倒数前三位。

由以上排名可知：三种分因子排名中仅有建设投资因子与总因子排名吻合，说明目前环洞庭湖区域的农村城镇化进程主要是通过投资建设拉动，而且从排名的区域来看，主要集中在环洞庭湖区域内的三大中心城市的市区，这不仅说明它们处于农村城镇化与工业化的前沿，也在发挥本区域内的龙头与集聚效应。但是在农村城镇化总体进程当中，推动的主要力量也有所区别，并且不同市区的推动能力各不相同，其中除了建设投资因素拉动外，还有通过发展地区内工业等非农产业以带动农村剩余人口转移及通过城乡区域统筹以达到促使城乡居民收入增长与城乡居民收入之间差距减小的目的等推动因素，正是这三种基本因素推进了环洞庭湖区域的农村城镇化进程。

4.3 环洞庭湖区域农村城镇化发展的聚类分析

以上因子分析过程中，共包括了环洞庭湖区域内的 20 个市区的农村城镇化发展的排名，为便于对 20 个市区的发展类别进行比较明确的区分与分析，本文在因子分析结果的 F 综合值基础上再进行聚类分析。本文运用 SPSS 对以上 F 综合值进行 K-Means 聚类分层分析，得到表 4-6、表 4-7 和表 4-8 三种不同结果：

表 4-6 Final Cluster Centers

	Cluster		
	1	2	3
F 综合值	0.850 0	−0.560 0	0.0578

由表 4-6 可见最终的类中心的状况：其中第一类各指数最优，第二类各指数最差，第三类各指数居中。根据各类别中心值从小到大排序，即 $0.85>0.0578>-0.56$，这三个类别对应的环洞庭湖区域农村城镇化发展水平等级依次为强→中→弱。

表 4-7　ANOVA

	Cluster		Error		F	Sig.
	Mean Square	df	Mean Square	df		
F 综合值	2.558	2	0.075	17	34.017	0.000

表 4-7 对聚类结果的类别间距进行方差分析。方差分析结果表明，类别间距离差异的概率值接近于 0 且小于 0.001，说明本次聚类的效果较好。

表 4-8　Number of Cases in Each Cluster

Cluster	1	4.000
	2	7.000
	3	9.000
Valid		20.000
Missing		0.000

从表 4-8 可以看出，环洞庭湖区农村城镇化水平处于"强"水平的市县仅有 4 个，占研究样本的 20%；处于"中"水平的市县为 9 个，占研究样本总数的 45%；处于"弱"水平的市县为 7 个，占研究样本的 35%。那么，从总体的聚类分层结果来看，环洞庭湖区域内城镇化水平发展居中的市县基本占到区域内城镇的一半，城镇化水平比较高的只占到 1/5，另外 1/3 强的市区仍然处于落后水平。这说明，环洞庭湖区域内的城镇化发展还很不均衡，在本区域内还没有形成整体的城镇化发展战略规划，而是处于一种自然发展的无序状态。这些 F 综合值聚类分层后的具体市区分类如表 4-9 所示：

表 4-9　环洞庭湖区 20 个市县农村城镇化发展水平聚类分析

分类	市州名称
第 1 类	岳阳市区　常德市区　益阳市区　汨罗市区
第 2 类	临湘市　津市市　华容县　岳阳县　沅江市　桃江县　澧县　临澧县
第 3 类	汉寿县　石门县　安乡县　南县　平江县　桃源县　安化县

由表 4-9 可知，环洞庭湖区域农村城镇化发展水平共划分为强、中、弱三个层次，其市区排名分别介绍如下：

①第 1 类有 4 个市县，分别是岳阳市区、常德市区、益阳市区和汨罗市区。其中岳阳市、常德市、益阳市分别是环洞庭湖区域三大中心城市的市区，具有本区域内农村城镇化的龙头与集聚效应。而汨罗市居于农村城镇化程度最

高的岳阳市行政区域内,在地理上临近长沙市,受到长株潭经济圈辐射的影响,同时,其境内有京广铁路、武广高铁、京珠高速和107国道通过,交通优势十分明显;汨罗市还是全国首批循环经济示范城市,建有国家级循环经济工业园。并且从上面的因子分析排名来看,汨罗市的工业发展因子仅次于岳阳市区,排在第二位,因此其农村城镇化的程度相对来说比较高,跻身环洞庭湖区域农村城镇化水平前列。

②第2类有9个市县,分别是临湘市、津市市、华容县、岳阳县、沅江市、桃江县、澧县和临澧县。这些农村城镇化水平居中的市县地理位置基本上是处于环洞庭湖区三大中心城市市区与边缘市县之间,具有相对的地理空间优势,同时也占有环洞庭湖区域内中心市区与边缘市县经济贸易联系的空间优势。从城乡收入因子排名来看,岳阳县、华容县和沅江市名列前三甲,而处于地理边缘地区的临湘市的工业因子排名处于第三位,同时临湘市在行政区域上隶属于环洞庭湖区域内农村城镇化最高的岳阳市,具有一定的农村城镇化战略规划优势。

③第3类有7个城市,分别是汉寿县、石门县、安乡县、南县、平江县、桃源县和安化县。这些农村城镇化最弱的市县基本上处于环洞庭湖地理区域的边缘地带,无论从与三大中心市区经济联系的强度还是从空间地理的区位来说,都是居于最不利的发展位置。从城乡收入因子的排名来看,安化县、平江县和安乡县名列倒数前三位;从工业发展因子的排名来看,南县、桃源县、汉寿县分列倒数前三位;从投资建设因子的排名来看,桃源县则名列倒数第二位。因此,从各个推动环洞庭湖区域农村城镇化的发展动力来看,第3类市县都基本属于城镇化相对较弱的层次。

05
环洞庭湖区域农村城镇化的实证研究

5.1 农村城镇化影响因素的理论分析

环洞庭湖区域是长株潭城市群的核心腹地,是支撑其做大做强的基础;加快环洞庭湖区域农村城镇化进程,既可为长株潭城市群的发展提供更大的产业转移空间,提供更广阔的市场需求容量,又可为长株潭城市群发展提供更多的劳动力、生态食品及其他要素与产品供给。从当前国内的政治经济大环境来看,环洞庭湖区域农村城镇化发展存在巨大的历史机遇:一是长株潭城市群获批国家"两型社会"综合配套改革试验区,作为试验区北端的环洞庭湖区域同样能够享受到国家政策的巨大优惠。二是武广高铁开通,环洞庭湖区域由国家现代高速交通网所覆盖,交通基础设施水平得到空前升级。从这个意义上讲,对环洞庭湖区域农村城镇化进行研究是适时的,对推动环洞庭湖区域新农村建设乃至对树立我国新农村建设典范具有重大的实践意义。三是国家重视长江中游城市群的建设,而洞庭湖区域作为长江中游城市群的战略腹地,具有与鄱阳湖同样重要的地位。基于以上认识,本部分将对环洞庭湖区域农村城镇进行实证研究,分析农村城镇化的影响因素、存在的问题并针对性地提出政策建议。

学术界对农村城镇化影响因素的研究由来已久,但似乎到今天为止也还没有一个令所有人都满意的结果。总的来说,较被学者们所接受的城镇化影响因素可概括为总体经济发展、产业结构升级、人力资本积累以及地方政府推动等几个方面。下面我们对这几个方面逐一进行深度理论分析。

在本书第一部分城镇化理论综述中可以发现,宏观经济发展、产业结构升级、人力资本积累和地方政府均会对农村城镇化产生非常大的直接或间接影响。本书认为,城镇化的过程是一个"投入—产出"式复杂系统,投入要素包括各种基础设施的建设、人力资本的投入、产业结构的升级以及总体经济水平的不断提高，并且它们之间具有不可或缺性以及不可替代性。这些投入要素对城镇化都有积极的促进作用，因此我们可以把城镇化水平的提升视为该复杂系统的一种产出。一方面，各种投入要素促进城镇化的作用机理是基本一致的，即通过增强城市对各种生产要素的吸引力，促进相关要素在城市空间的集聚来实现，具体表现为城市人口规模的增长以及城市空间规模的扩大；另一方面，它们对城镇化的边际贡献率却是有差别的，并且这种差别会因时、因地而产生波动。如此一来，对城镇化贡献率进行实证研究就有非常大的实践意义，实证的结论（即各要素的边际贡献率）可以成为特定区域优化要素投入结构的理论依据，因为边际贡献率低的要素对应于本地城镇化的瓶颈所在。本文以下部分对环洞庭湖区域29个（区）县级空间单位的城镇化水平进行了（空间）计量分析，考察上述各种要素在城镇化过程中的贡献情况，进而得出提升城镇化水平与质量的政策建议。

5.2 模型设定及数据来源

关于城镇化动力与影响因素的研究，学者们一直没有寻找到一个合适的数学模型来加以表达。我们认为实质上可以把农村城镇化的过程看做是一个生产过程，即投入一定的要素组合得到一定产出水平的过程。按前文所述，投入要素可以分为基础设施、人力资本、产业结构与经济总体水平等，而产出水平则主要表现为城镇化水平。于是，可以柯布道格拉斯生产函数的形式构造如下所示的城镇化影响因素分析模型：

$$U = A \cdot I^{\alpha} \cdot H^{\beta} \cdot S^{\gamma} \cdot E^{\lambda} \tag{5.1}$$

其中，U 表示城镇化总体水平，A 表示总体技术水平，I 表示基础设施建设情况，H 表示人力资本投入情况，S 表示产业结构升级情况，E 表示总体经济水平，α、β、γ 和 λ 分别表示以上四方面投入对城镇化水平的边际贡献率。若 $\alpha+\beta+\gamma+\lambda>1$，表示规模报酬递增；若 $\alpha+\beta+\gamma+\lambda=1$，表示规模报酬不变；若 $\alpha+\beta+\gamma+\lambda<1$，表示规模报酬递减。需要指出的是，一般的柯布道格拉斯生产函数假定各期的技术水平不变，即 A 为常数；在本研究中，我们可以假设 A 是一组向量，即假设各期的技术水平是不同的，这将更符合城镇化实践需要。

5.2.1 不考虑空间效应的模型

对式（5.1）两边取对数，得

$$LnU = c + \beta_1 LnI + \beta_2 LnH + \beta_3 LnE \tag{5.2}$$

在指标选取方面，经济发展总体水平 E 则用人均 GDP 来衡量，基础设施 I 拟用固定资产投资来衡量，人力资本 H 拟用在校学生数量来衡量。于是我们根据（5.2）建立城镇化影响因素的计量模型如下：

$$LnU = c + \beta_1 LnI + \beta_2 LnH + \beta_3 LnE + \mu \tag{5.3}$$

根据课题组的调查实践与研究兴趣，我们将进一步考察流通产业对城镇化的特殊影响，具体用"批发零售"产值衡量流通产业的发展情况。即将批发零售 D（Distribution）纳入回归方程，得到：

$$LnU = c + \beta_1 LnI + \beta_2 LnH + \beta_3 LnE + \beta_4 LnD + \mu \tag{5.4}$$

一般来说，计量经济模型分析可以采用时间序列方法、面板数据分析方法。本文将首先用时间序列方法估计（5.4）环洞庭湖地区城镇化的总体情况，再用面板数据分析方法估计（5.4）洞庭湖地区城镇化水平，其中用变固定效应度量了将技术水平视为变量时城镇化情况，变系数则度量不了不同地区的城镇化情况差异。

5.2.2 考虑空间效应的模型

以上经典计量方法完全忽略了样本之间的空间关联效应，若样本之间存在明显的空间互动，则这种忽略空间关联效应的估计结果显然是有失偏颇的。由于区域间存在学习、效仿与辐射等诸多空间互动行为，区域城镇化水平存在空间关联的可能性。下面我们将考虑环洞庭湖地区 29 个（区）县城镇化水平的空间关联效应及其所形成的空间关联模式，然后根据该结果进行模型设定，将空间关联效应以适当的形式包括到模式设定中去，使模式的设定更加符合客观实际情况。

在空间计量经济学中，描述空间关联性的统计量主要有 Moran's I、Geary's C、G 等等，其中 Moran's I 统计量的应用最为广泛。Moran's I 统计量还可细分为全局 Moran's I 与局部 Moran's I（简称 LISA），可分别用来描述总体空间关联状况与识别局部空间关联模式。全局 Moran's I 期望为 $-1/(n-1)$，值域为 $[-1, 1]$；I 越接近期望值，就表示样本在总体上的空间关联性越小；I 越接近 1，就表示样本在总体上越存在正的空间关联，即同类的值倾向聚集在一起；I 越接近 -1，就表示样本在总体上越存在负的空间关联，即异类的值倾向聚集在一起。局部空间关联指标 LISA 值 I_i 则表示地区 i 的空间效应大小；若 I_i 值为零，我们说它与邻区之间不存在空间关联；若 I_i 值为正，表示区域 i 与邻区间存在类型为高高集聚（或低低集聚）的空间关联关系；若 I_i 值为负，我们说区域 i 与邻区之间存在类型为高低集聚（或低高集聚）的空间关联关系。

进一步分析可知，空间计量模型的设定可以根据空间关联效应的来源不同而分为空间滞后模型（SLM）与空间误差模型（SEM）两种；其中，SLM 描述了区域间通过学习与效仿、扩散与辐射等机制产生关联的情况，而 SEM 则描述了由于数据测量或模式考虑的因素不周导致的空间关联情况。因此，本文以传统城镇化贡献因素为调节变量、以公路基础设施为重点考察变量，建立如下 SLM 与 SEM 模型：

$$LnU = c + \beta_1 LnI + \beta_2 LnH + \beta_3 LnE + \rho W LnU^L + \varepsilon \tag{5.5}$$

$$\begin{cases} LnU = c + \beta_1 LnI + \beta_2 LnH + \beta_3 LnE + \mu \\ \mu = \lambda W LnU^L + \varepsilon \end{cases} \tag{5.6}$$

其中，W 是空间权重矩阵，lnU^L 是权重矩阵 W 所定义"邻区"的城镇化水平的对数，ρ 是空间滞后项的弹性系数，ε 与 μ 都是服从正态分布的随机干扰项。

同样地，根据项目组的调查实践与研究兴趣，我们将进一步考察第三产业中"批发零售""住宿餐饮"等流通产业对城镇化的特殊影响。即将批发零售纳入回归方程，得到：

$$LnU = c + \beta_1 LnI + \beta_2 LnH + \beta_3 LnE + \beta_4 LnD + \rho W LnU^L + \varepsilon \tag{5.7}$$

$$\begin{cases} LnU = c + \beta_1 LnI + \beta_2 LnH + \beta_3 LnE + \beta_4 LnD + \mu \\ \mu = \lambda W LnU^L + \varepsilon \end{cases} \tag{5.8}$$

空间计量经济模型分析同样有截面数据（Cross-Section）分析方法和面板数据分析方法之分，但空间面板数据分析方法在各方面仍不甚成熟，因此本报告仅对代表性年份的截面数据进行分析。

5.2.3 数据来源

本部分回归方程中作为因变量的"城镇化水平"数据主要来源于前面部分的城镇化水平评价结果；其他自变量数据主要来源于历年《湖南统计年鉴》中"各县、市（区）主要经济和社会统计指标"数据。其中，各项数据的具体计算方法详细如下：①人均 GDP 直接选取"人均 GDP（单位：万元）"数据；②固定资产投资 I 直接选取"城镇固定资产投资"（单位：万元）数据；③在校学生数量 H 直接选取"中等学校（在校学生）"（单位：人）数据；④批发零售业发展情况直接选取"社会消费品零售总额"项目中的"批发零售贸易业总额"（单位：万元）。

5.2.4 数据描述

如表 5-1 所示，2000—2009 的十年间，环洞庭湖 20 个区县中城镇化水平均值最大的是岳阳市区，达到 0.657，最小的是安化县，仅为 0.158；标准差最大的是临湘市，为 0.092，最小的是澧县，为 0.028。

表 5-1 2000—2009 年环洞庭湖各区县城镇化水平统计描述（1）

区县名称	平均值	中间值	最大值	最小值	标准差
岳阳市	0.657	0.657	0.744	0.561	0.066
岳阳县	0.303	0.303	0.385	0.201	0.060
华容县	0.306	0.306	0.385	0.219	0.057
湘阴县	0.309	0.277	0.543	0.240	0.089
平江县	0.246	0.246	0.307	0.181	0.041
汨罗市	0.320	0.325	0.408	0.190	0.076
临湘市	0.293	0.309	0.405	0.150	0.092
常德市	0.565	0.565	0.626	0.483	0.043
安乡县	0.320	0.320	0.396	0.254	0.042
汉寿县	0.236	0.236	0.278	0.182	0.034
澧县	0.260	0.260	0.290	0.211	0.028
临澧县	0.256	0.252	0.350	0.201	0.045
桃源县	0.240	0.240	0.271	0.191	0.029
石门县	0.212	0.212	0.271	0.161	0.036
津市市	0.604	0.602	0.689	0.532	0.063
益阳市	0.509	0.491	0.580	0.465	0.039
南县	0.257	0.245	0.350	0.189	0.049
桃江县	0.203	0.166	0.324	0.133	0.071
安化县	0.158	0.144	0.219	0.130	0.033
沅江市	0.359	0.359	0.437	0.283	0.047

数据来源：历年《湖南统计年鉴》。

表 5-2 描述了 2000—2009 的十年间环洞庭湖区域 20 个区县中城镇化水平的时间序列变化情况。在 2000 年，平均值为 0.259，到 2009 年均值达到 0.4，

年增长率为 5.4%；标准差最大的年份是 2006 年，为 0.158，最小的是 2000 年，为 0.135。

表 5-2　2000—2009 年环洞庭湖各区县城镇化水平统计描述（2）

年份	平均值	中间值	最大值	最小值	标准差
2000	0.259	0.201	0.561	0.130	0.135
2001	0.280	0.226	0.581	0.132	0.137
2002	0.295	0.260	0.600	0.134	0.136
2003	0.310	0.270	0.621	0.137	0.137
2004	0.319	0.278	0.650	0.140	0.140
2005	0.331	0.292	0.668	0.144	0.143
2006	0.349	0.303	0.687	0.150	0.158
2007	0.374	0.334	0.720	0.187	0.147
2008	0.389	0.343	0.740	0.206	0.149
2009	0.400	0.353	0.744	0.219	0.146

数据来源：历年《湖南统计年鉴》。

5.3 实证的结果及解释

5.3.1 实证的结果

我们首先利用 2000—2009 年环洞庭湖区域 20 个区县的面板数据对（5.4）进行经典计量回归。其中，一般设定下的面板回归结果［模型（1）］显示，截距项与固定资产投资项均不能通过计量来检验，因此考虑将其剔除，由此得到表 5-3 较优结果。表 5-3 显示，人均 GDP、流通产业发展情况以及人力资本情况对城镇化水平有显著的影响，其中人均 GDP 每增长 1 000 元可使城镇化水平增长 0.67 个百分点；流通产业人均每增长 1 000 元可使城镇化水平增长 2.1 个百分点；人力资本方面，万人大学生数每增长 1 个百分点可以使城镇化水平增长 0.028 个百分点。不过，模型的总体拟合优度并不是非常高，仅达到 58% 左右，这表明 GDP、流通产业发展以及人力资本提升三个方面在解释环洞庭湖区域城镇水平方面并不完全，仍然有 40% 左右的残存未被以上指标合理解释，这说明我们用一般面板数据模型设定经典计量回归所得模型性能并不是非常好。因此，我们接下来尝试使用固定效应以及随机效应设定来作进一步的模型回归探索。

表 5-3　面板数据经典计量回归结果

	模型①	模型②	模型③
C	—	—	24.064***
LnGDP	0.671***	0.982***	0.991***
LnINV	—	—	—
LnCON	2.093***	—	—
LnSTU	0.028***	—	—
R^2	0.579	0.965	0.959

注：***、**与*分别表示在1%、5%和10%的水平下显著。

固定效应设定的回归结果如模型②所示，其中固定资产投资、流通产业发展以及人力资本与城镇化水平的提升都没有显著关联性，仅经济发展水平一项与城镇化有显著关联性；结果显示，人均千元GDP每增长1%可以使城镇化水平提升0.982个百分点，且仅此一项指标就可以解释96.5%的城镇化水平提升。随机效应设定的回归结果如模型③所示，其情况与模型②非常相似，仅经济发展总体水平一项与城镇化水平有显著相关性，相关系数逼近1，且此一项就能解释城镇化水平变化的绝大部分原因。

我们下面继续考虑假设环洞庭湖区域内部区县之间的城镇化进程存在空间依赖等空间互动行为情形下的回归结果。首先，我们考察2000—2009年间环洞庭湖区域内部20个区县的城镇化水平空间分布情况。

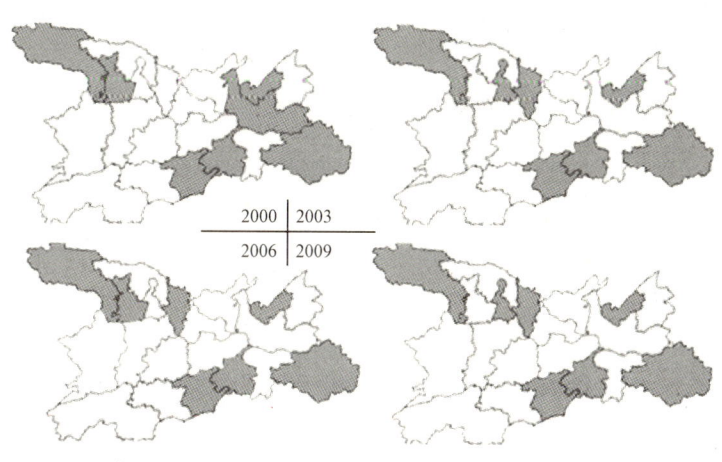

图 5-1　2000—2009年洞庭湖区域主要年份城镇化水平三分位图

如图 5-1 所示，在 2000—2009 年的十年间，环洞庭湖区域城镇化水平较高的区域主要集中在西北部与东南部，中部地处环洞庭湖的核心地区，城镇化水平长期以来都处于较低水平的状态，且这一状况正在逐步强化。

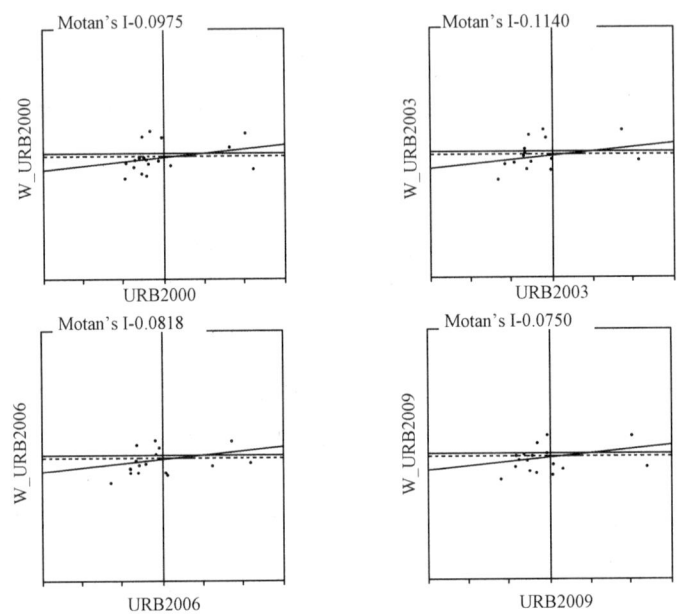

图 5-2　2000—2009 年洞庭湖区域主要年份城镇化水平 LISA 散点图

如图 5-2 所示，2000—2009 年的十年间，环洞庭湖区域城镇化水平的空间关联一直都存在，且在 2003 年前后达到最大状态。因此，在回归模型中考虑空间关联效应是必需的，这有助于我们得到更好的回归模型，更好地描述环洞庭湖区域城镇化水平的变化来源。

表 5-4　2000—2009 年间主要年份空间截面数据计量回归结果

	SEM（2000）	SLM（2003）	OLS（2006）	SEM（2009）
C	—	−43.088***	—	—
LnGDP	3.680***	2.177***	2.757***	1.073***
LnINV	—	—	3.897***	1.256**
LnCON	4.751***	2.698***	—	1.008***
LnSTU	—	0.041***	—	—
W	—	0.680***	—	—
Lambda	0.563***	—	—	0.815***
AIC	143.596	140.132	153.023	147.731

注：***、**与*分别表示在 1%、5% 和 10% 的水平下显著。

如表 5-4 所示，2000 年环洞庭湖城镇化水平存在较为明显的空间关联，考虑空间效应后的模型估计结果如 SEM（2000）所示。其中仅经济发展总体水平与流通产业和城镇化水平有显著的正相关关系，而固定资产投资和人力资本和城镇化水平之间均无显著的相关关系。在 2003 年，城镇化水平的空间关联效应增强，人力资本对城镇化水平的影响也开始有所显现。在 2006 年，环洞庭湖区域内部的空间关联效应变得非常小，从而使用经典 OLS 模型回归的结果相对更加好，结果显示固定资本投资对城镇化水平产生了较大的正向影响，人力资本与流通产业的影响作用反而不甚显著。到了 2009 年，流通产业的影响作用逐步恢复，且与 GDP、固定资产投资等因素的影响力逐步拉近。

5.3.2 结果的解释

从经典时间序列分析与空间截面数据分析的总体结果来看，环洞庭湖区域城镇化水平受到各方面因素影响的主要情况可以归纳为如下几点：

①经济发展总体水平（人均 GDP）对城镇化的正向影响最为稳定，且影响力由 3% 逐渐下降到 1% 左右，即在 2000 年左右的初始阶段，人均 GDP 每上升 1 000 元，可以带动城镇化水平上升 3 个百分点，这种影响力逐年下降，到今天为止大概稳定在 1 个百分点左右。

②人均固定资产投资对城镇化的影响总体上看不稳定，主要表现在考察期初期投资的作用不显著，直到 2006 年以后，人均固定资产投资对城镇化的影响才开始显现，且在 3%～1% 的水平之间上下波动。

③流通产业发展对城镇化水平的影响总体显著，但不是很稳定。如在 2000 年，流通产业发展对城镇化水平的影响力达到 4.75% 之高；到 2003 年下降为 2.67%，特别是在 2006 年变为不显著；而到了 2009 年重新恢复到 1.01% 的水平。

④人力资本对环洞庭湖区域城镇化水平的总体影响力不显著。结果表明，仅在 2003 年达到 0.041% 的影响，该影响力是非常微弱的；而其他年份则更无影响。

06 推进环洞庭湖区域农村城镇化的战略思考

6.1 推进环洞庭湖区域农村城镇化的战略意义

加快环洞庭湖区域农村新型城镇化建设是建设洞庭湖生态经济区、推进环湖地区经济一体化的题中之意,也是一个落实科学发展观的全局性问题,具有重要战略意义。

(1) 推动环洞庭湖区域农村城镇化是建设洞庭湖生态经济区、顺应转变经济发展方式和实现湖区科学发展的战略要求

洞庭湖是湖南的母亲湖,是长株潭城市群最重要的战略腹地,也是湖南环境承载能力较大、综合实力较强的地区。洞庭湖承担着调洪蓄水、调节气候、降解污染等多种生态功能,推进洞庭湖农村城镇化建设,遵循城镇发展与产业互动化、产业经济生态化、生态经济产业化的理念,有利于探索生态与经济协调发展的新路子,加快产业结构的调整与优化,改变传统的生产方式和消费方式,创新体制机制、合理利用资源、发展生态经济,有助于推动工业文明向生态文明迈进,为转变发展方式、实现科学发展提供示范。同时,城镇化是扩大内需和激活国内需求的战略要点。

(2) 推进环洞庭湖区域农村城镇化有利于探索国内淡水湖区域综合开发的新路径

洞庭湖是长江的重要调节器,洞庭湖南纳湘、资、沅、澧四水汇入,北与长江相连,通过松滋、太平、藕池、调弦(1958年已封堵)"四口"吞纳长江洪水,湖水由东面的城陵矶附近注入长江,为长江最重要的调蓄湖泊,其水量、水质的持续稳定,直接关系到湖区周边乃至长江中下游地区的经济发展水平。同时大湖流域的开发和保护,是当今国内外面临的重大课题。将推进湖区

农村城镇化与推进洞庭湖生态经济区建设结合起来，保护和修复湖泊生态系统，有效控制滨湖和江河源头地区的人为破坏，合理开发环湖平原地区，探索大湖流域保护、治理、开发的新经验，有助于保护"一湖清水"，维护湿地复合生态系统的完整性和生物多样性，保障长江中下游水生态安全。

（3）推进环洞庭湖区域农村城镇化是应对区域竞争和加快中部地区崛起的需要

推进湖区新型农村城镇化建设是构建洞庭湖生态经济区的重要内容，可在更大范围、更高层次、更宽领域整合湖区资源，推动环湖地区形成整体优势，在区域竞争中实现合作共赢，加快洞庭湖区域整体崛起。推进洞庭湖生态经济区建设，加大生态性城镇建设，提升环湖城镇的生态品位，着力发展现代高效生态农业，突出发展"两型"工业，大力发展高技术产业，积极发展商贸、物流、旅游等服务业，有助于培育长江中游地区新的城市群，形成中部地区崛起的重要战略支点，加快实现中部地区"三个基地、一个枢纽"的战略目标。

（4）推进环洞庭湖区域农村城镇化是新形势下探索解决三农问题的需要

在传统农业主产区如何优化城乡二元结构，实现新型工业化、城镇化、农业现代化协调发展，是一个突出问题。环洞庭湖区曾是国家商品粮、棉、油、鱼等重要农产品生产基地，原湖南省12个国营农场全集中在洞庭湖区，也是"三农"问题最集中、最突出的地区。目前环湖农村基础设施薄弱、交通信息不畅、水利排灌设施陈旧、血吸虫防治不彻底、饮用水不达标等问题比较普遍，湖区农民收入增长缓慢，不稳定因素增多。推进环洞庭湖区域农村城镇化，就是要在保护生态的基础上，切实解决湖区三农问题，有序推进环湖城乡经济一体化的健康发展。

（5）推进环洞庭湖区域农村城镇化具有重要国际意义

洞庭湖湿地品牌是一个国际知名品牌。1992年7月，东洞庭湖自然保护区被列为国际重要湿地，成为首批代表中国加入国际湿地公约的六大自然保护区之一，被誉为"长江中游一颗生态明珠"，并被联合国开发计划署、全球环境基金会确定为"中国湿地生物多样性保护与可持续利用"示范区。目前，洞庭湖湿地已与许多国际组织和国家开展项目交流与合作，国际社会高度关注。推进环洞庭湖区域农村城镇化有利于树立我国坚持走可持续发展道路的新形象，为世界生态环境保护作出应有贡献，向国际社会展示我国负责任的大国形象。

（6）推进环洞庭湖区域农村城镇化更具有特殊性

洞庭湖与鄱阳湖同属长江经济带两个最大的淡水湖，两湖具有许多相似性，都面临建设生态经济区的紧迫要求。而从某种程度而言，洞庭湖更为紧迫。洞庭湖区域与鄱阳湖区域比较有几大区别：其一，距离三峡水库的空间距离不同，受三峡水库影响不同，在后三峡时代，洞庭湖正面临"水少、水死、水臭"的新问题。其二，洞庭湖正处于特大城市武汉的上游，鄱阳湖则处于武汉市下游，两湖对武汉城市的安全影响不同。其三，对长江的调蓄机理不同。洞庭湖南纳湘、资、沅、澧四水汇入，北与长江相连，通过松滋、太平、藕池、调弦"四口"吞纳长江洪水；而鄱阳湖只有一个彭蠡口吞纳长江洪水。因此推进环洞庭湖区域农村城镇化对于促进区域协调发展、实现人与自然和谐和可持续发展具有重大意义。

（7）后三峡时代推进环洞庭湖区域农村城镇化更具紧迫性

后三峡时代以来洞庭湖水位持续偏低，水量偏少，多次刷新了历史最低水位纪录。水量少，首先导致水体自净能力降低，加剧了局部地区水质污染和水环境恶化，致使秋冬季农作物灌溉和其他生产性用水均十分困难。其次，因缺水，沿河、环湖的大量洲滩裸露，扩大了钉螺孳生范围，增加了人畜感染血吸虫的机会。再次，低水位导致航道变窄，水下尾堆、暗礁突出，是船舶搁浅、碰撞等水上交通事故易发多发时段，也导致航道变浅，1 000 t以上的大船航行受阻，岸线利用率下降。此外，枯水期提前和水位过低导致环湖和江河尾闾大片洲滩裸露，水生植被提前生长，影响候鸟越冬；航道内船只密集，切断了鱼类大洄游区和洄游通道，影响了鱼类种群的生长繁衍。

加快推进环洞庭湖区域农村城镇化存在巨大的历史机遇：其一，后金融危机阶段中国作为经济大国加快经济发展方式转变、建设两型社会的机遇。洞庭湖全世界知名，战略地位重要，而目前湖区水生态危机频现，在这种情况下如何推进湖区农村城镇化意义重大。其二，环洞庭湖区域是长株潭城市群、武汉城市圈的战略腹地，国家关于长江中游城市群发展战略的确立，为环洞庭湖区域农村城镇化带来新的机遇。其三，两型社会建设加速，水资源的开发、保护、安全、利用已成为新阶段中国资源安全战略的焦点之一，研究环洞庭湖区域城镇化发展如何与水资源生态安全结合，这是一个重要战略机遇。其四，武广高铁开通后，沿长江水、陆、空立体交通体系形成中，环洞庭湖区域与"珠三角""长三角"融合更紧，对外开放带动环洞庭湖区域农村城镇化发展的机遇。其五，国家推进农业现代化战略机遇。环洞庭湖区域作为传统的农产品商品基地，如何将城镇化与农业现代化有机结合而实现城乡一体化、工农一体化，是一个极好机遇，对推动新农村建设乃至对树立我国新农村建设典范具有重大的实践意义。

6.2 推进环洞庭湖区域农村城镇化的战略要求

从省委、省政府推进"四化两型"和"四个湖南"建设的战略部署看,洞庭湖区域农村城镇化发展的重要性和紧迫性日益突出。从国家层面看,洞庭湖区域发展已进入前所未有的历史机遇期。我们完全有理由相信,洞庭湖区域的发展潜力会不断释放,发展前景会越来越美好。环洞庭湖区域农村城镇化要加强统筹,进一步明确服务于环洞庭湖生态经济区发展的总体战略。湖南目前已有三大经济板块纳入了国家级区域发展战略,相比之下,洞庭湖区域发展的特征尚未充分显现,作为湖南主要经济板块的地位尚未在国家层面得到正式确立。因此,洞庭湖区域发展的当务之急,就是要借鉴国际国内板块经济发展的成功经验,尽快明确区域整体发展战略的定位。①要加强规划对接,最大限度地向上争取政策支持。②加强整体统筹,省发改委等有关部门和环湖三市要尽快建立统筹协调机制,并加强与湖北省的沟通衔接,形成推进合力。③加强理论研究,在新型工业化、新型城镇化、农业现代化、信息化等方面开展深层次研究论证,为发展战略的定位和确立提供智力支撑。④加强基础工作建设,进一步优化洞庭湖区域发展的环境。要稳步推进洞庭湖治理,加快湖区经济发展,提升洞庭湖形象。⑤加大宣传力度,为洞庭湖区域发展营造良好氛围;促进研究交流和成果转化,服务科学决策和项目建设。

坚持用规划引导项目、以规划指导建设,充分体现规划对城镇建设和产业发展指导的科学性、前瞻性、适用性和效益性。尽快制订洞庭湖区域城市控制性规划,抓紧完成城市扩区总体发展规划和土地利用规划。要突破行政区划的限制,协调处理好局部与全局、近期与远期、保护与建设、区域竞争与共享共建的关系,以区域为组、团,统筹编制好地区总体发展规划和土地利用规划,提升中心城区的综合承载能力和服务功能。进一步完善城镇规划体系,加快编制镇乡规划和村庄规划。坚持以总体规划为龙头,各市应按照"统一规划、整体打造、分步实施"的原则,坚持一支笔审批、一张图纸施工、一把尺子度量,重点抓好规划的实施与执法工作,切实控制城中村的发展,坚决杜绝盲目开发、违规开发和低水平重复建设。同时,推进环洞庭湖区域城镇化要注意以下战略要求。

(1) 在水生态安全保障和湖区生态文明建设上创新

水资源的开发、保护、安全、利用已成为新阶段中国资源安全战略的焦点之一,作为离三峡水库最近的湖泊,作为成渝城市圈与武汉城市圈、长株潭城市群三大城市群(圈)过渡地带的洞庭湖区域,对长江中游水生态安全具有重要作用,作为有别于其他淡水湖区域的洞庭湖的生态安全与武陵山区山态环境可以融为一体,可以构建全国最大的集中连片的山水相融、协调发展的淡水湖生态示范区。大力加强生态建设和环境保护,切实维护生态功能和生物多样性,着力提高洞庭湖储水、蓄水、安全供水功能以及调洪蓄水能力,可努力创造一流水质、一流水生态安全,构筑区域生态安全体系。要正确处理经济建设、人口增长与资源利用、环境保护的关系,应继续有步骤实施退田还湖移民建镇工程规划,加大治理水污染,加强湿地保护,努力重现洞庭湖"浩浩汤汤"的景象,建成退耕还湖、退居还湖、平垸行洪、修复湖区生态环境的全国示范区,为全国其他湖区综合开发和治理发挥示范作用。

(2) 在加快经济发展方式转变与产业结构调整优化上创新

调整结构是加快转变经济发展方式的主攻方向。洞庭湖区加快经济发展方式转变与调整产业结构的重点,也是推进城镇化要考虑的重点问题。一是加快转变农业发展方式,发展高产、优质、高效、生态、安全农业,努力建成经营专业化、组织规模化、耕作机械化、产品市场化、服务社会化、产业链条化的现代农业示范区,建成全国粮食安全战略核心区、绿色食品原料及加工品供应基地。二是突出战略性新型产业的发展,发展区域性两型工业,建设一批先进制造业生产基地、绿色消费品工业生产基地。三是发展以水运物流商贸业、环湖旅游业、文化服务业为特色的服务业体系,建设国内湖河江海一体的水运物流基地和国际知名的湖区湿地生态旅游区和休闲度假区。

(3) 在推进新型城镇化,加快城乡一体化、农民市民化上有所突破

探讨构建有湖区特色的新型城镇化模式,建设以环湖若干特大城市为增长极、大中小城市协调发展的湖区城镇体系,继续实施移民建镇,发展重点农村城镇,提高城镇人口聚集规模,加快农民市民化,要以制度创新为突破口,探索建立工农城乡利益协调机制、土地节约集约利用机制和农村人口有序转移机制,加快形成城乡经济社会发展一体化新格局,促进公共资源在城乡之间均衡配置、生产要素在城乡之间自由流动,推动城乡经济社会发展融合,为全国同类地区发展起到典型示范作用。

(4) 在发展城市群腹地经济上率先示范

发展腹地经济是区域经济发展中面临的一个新问题。作为成渝城市圈与武汉城市圈、长株潭城市群三大城市群(圈)过渡地带的洞庭湖区域,是一个典型的腹地经济区,同时它又是一个与正在开发建设中的武陵山片区联系紧密、山水相连的地区。洞庭湖区域的治水与发展生态经济,既离不开其他城市群的辐射作用,也离不开武陵山区的支持。如何在建设洞庭湖区生态经济区中加强地区之间的对话与合作,打破行政区划之间的分割,推进生产要素在地区之间

无障碍流动，与其他地区和城市群之间建设互补互促的产业生态链，实现环湖各地自然资源保护、利用生态环境与经济总量增长协调共进，建设一个全新的城市群（圈）腹地经济区，其示范意义深远重大。

（5）在推进内陆区域发展开放型经济方面有所跨越

要利用洞庭湖汇集湘资沅澧四水、通江达海的区位优势以及武广高铁开通后，沿长江水、陆、空立体交通体系形成洞庭湖区域与"珠三角""长三角"融合更紧的机遇，发展湖区开放型经济。一是提升湖区产业发展的国际化水平。实施引进来和走出去相结合，利用水运优势，承接产业转移，扩大湖区现代农业、新型制造业、服务业领域的对外合作，发展加工贸易与服务外包，扩大与其他国际港口的物流合作。二是建设国际生态经济合作重要平台。东洞庭湖自然保护区被列为国际重要湿地，在治理洞庭湖保持"一湖清水"及国际湿地建设全过程中，应全方位、立体式开展国际经济和技术交流，积极借鉴国际生态经济发展的经验和模式，充分发挥洞庭湖生态经济区的自身特色，探索建立国际生态经济合作新机制。三是在城镇产业转移、基础设施建设、环境改善方面引进国际生产要素，吸引国际资金、技术和人才。

围绕上述战略要求，要着力构建科学发展的水生态保障体系、可持续发展的两型产业体系、城乡一体的城镇化体系、天人合一的人居环境体系、丰富多彩的生态文化体系。着力将洞庭湖区建成水生态安全保障区、现代农业示范区、新型工业聚集区、湖区特色旅游休闲区、新型城镇化及城乡统筹实验区、生态文明宜居区、著名腹地经济区。

6.3 推进环洞庭湖区域农村城镇化的战略原则

环洞庭湖区域农村城镇化的总体指导思想是以中国特色社会主义理论为指导，深入贯彻落实科学发展观，以促进城镇经济与生态经济协调发展为主线，以市场化、工业化、农业现代化和制度创新为动力，对接长株潭城市群发展，努力建设洞庭湖区域科学合理的城镇体系，实现城乡一体化发展。其主要原则是：

（1）科学发展、合理布局，促进城乡协调发展的原则

要打破行政地域限制，从总体和全局上对环洞庭湖区域的城镇发展有一个长远规划。规划中的城镇体系是所有城镇围绕湖区水体周围呈网状分布，其中岳阳、常德、益阳三市市区是整个城镇体系中的最大增长极，下连各个县城及县级市，并通过县城以下各农村重点小城镇与广大农村村庄连为一体，形成"以市带镇，以镇带乡"的城乡一体化的城镇网络体系，使人口和产业向城区、

镇集中。

（2）生态优先、绿色发展，促进人和自然和谐发展的原则

环洞庭湖区域农村城镇化发展必须服从于整个洞庭湖生态经济区建设，着力在建设两型城镇、绿色城镇上下功夫。要特别注意在城镇化过程中，突出水污染治理，加大城镇各种生产、生活垃圾的无公害化处理，坚决纠正和杜绝城镇的垃圾污染向农村、向湖边、向水中扩散的倾向；要把城镇的绿化、净化作为提升城镇化质量的重点，并制定地方法律法规，防止其他地区污染环境、污染水资源、污染空气的产业项目转移到环洞庭湖区域的城镇中来；要认真治理农村的农药、化肥过度使用造成的水源污染以及养殖业污染，实现城乡环境同治；要在城镇化过程中，加强环洞庭湖区域湿地保护和各种动植物珍稀品种的保护。

（3）产业驱动、集约发展，促进产业结构协调发展的原则

环洞庭湖区域农村城镇化发展要突出转变经济发展方式这一主线，注重产业结构调整这个重点。首先要考虑洞庭湖特有的湖区平原优势，促进现代农业发展，大力发展规模化、专业化的农产品生产基地，提高农业生产的机械化、信息化、社会化、商品化水平，使之成为全省农业现代化的示范区域。其次，要加快新型工业化发展，特别是符合两型社会要求的产业项目，包括绿色消费品制造、农产品加工项目。在城镇化过程中，各县要集中力量建设县级工业园区，努力实现县城范围内制造业向园区集中和集聚，提高其集约生产水平。再次，要大力发展第三产业，包括商贸、物流、餐饮、文化娱乐、信息服务、教育培训服务、管理咨询、修理服务等服务行业，努力提高服务业的专业化水平，拓展城乡服务业服务领域，创造更多的就业岗位，加快农村剩余劳动力就地转化，加快农民市民化步伐。

（4）以人为本、民生为大，促进城乡社会和谐发展的原则

农村城镇化的终极目标是让更多的农民过上城里人的生活，并提高城乡居民的幸福指数。因此，环洞庭湖区域农村城镇化一定要坚持以人为本，要以保障和改善湖区城乡民生为重点，大力发展城镇的文化、教育、卫生等各项社会事业；加快建设城乡一体化的社会保障体系，包括失业保障、医疗保障、养老保障、住房保障，尤其要重视农村的幼儿教育和中小学教育，保障农民工子女及留守儿童的受教育权利；加强农村的治安综合管理，要注意留守儿童、妇女、老人的生活方便以及生命安全问题，同时，要不断改善和优化城乡居民的工作环境、生活环境，让广大城乡居民的衣、食、住、行安全、方便、实惠，努力将每一个城镇都建成宜居、平安、绿色、和谐的城镇。

（5）改革开放、制度创新，促进城镇化跨越式发展的原则

环洞庭湖区域的城镇化率还落后于全省平均水平,这是由多方面因素造成的,作为后发地区的城镇化要做到跨越式发展,必须坚持改革开放和加大制度创新,要围绕制约城镇化的制度变量,加大重点领域和关键环节的改革。如农村土地流转制度改革,居民户籍制度改革,生态补偿机制和开展水权交易改革,城镇建设融资机制及形式改革,创新资源节约和环境保护机制,城镇基础设施建设引入民营经济的改革等等。总之,加快环洞庭湖区域农村城镇化建设必须在制度上创新。

当前,进行环洞庭湖区农村城镇化建设,搞好环洞庭湖经济区建设,积极调整产业结构,走区域经济协调发展之路,已成了加快洞庭湖区的城镇化开发和生态保护面临的重大课题。围绕加快推进城镇化,应注意处理好以下四个方面的关系:

①处理好推进环洞庭湖区域城镇化与经济发展的关系。环洞庭湖区域应把城镇化作为区域经济发展的助推器,在推进城镇化工作当中全面考虑环洞庭湖区域经济社会发展水平、市场条件和社会承受程度,在经济社会发展的基础上推进城镇化,做到不脱离经济发展实际。适应经济发展的需要,努力改善城市空间结构,发展众多的卫星城镇,提高城市的聚集能力和环境承载能力,为经济发展提供良好的载体。

②处理好推进环洞庭湖区域城镇化与加强民生工作的关系。环洞庭湖区域推进城镇化应坚持以人为本,注重维护公共利益,注重提升居民生活品质,着力解决安全、居住、就业、保障等民生问题,让人民群众更多地享受城镇化带来的舒适和便利,不断增强幸福感和满意度。近几年来一批环湖县城注重城市道路系统、自来水供水系统、天然气管道系统、信息网络系统以及污水治理、垃圾处理系统建设,注重建设县城商贸购物中心,并兴建一批公园、广场、绿化带或临水风光带,深受老百姓拥护赞赏。今后这样的民生工程要逐步向农村重点城镇延伸和扩散,让更多的农民兄弟和城镇居民分享改革发展的物质文明成果和精神文明成果。

③处理好推进环洞庭湖区域城镇化与生态环境的关系。环洞庭湖区域城镇化应把保护自然生态环境、营造优美的生态城镇环境放在首位,走资源节约型、环境友好型的城镇化发展道路,按照生态文明的要求,把城乡发展与提高资源利用效率、改善生态环境有机结合起来,推动节能减排,发展循环经济,注重节地、节水、节能、节材,减轻资源环境压力,促进城镇化发展与人口、资源、环境相协调。

④处理好环洞庭湖区域政府调控与市场机制的关系。推进环洞庭湖区域城镇化进程,政府调控是主导,市场推动是根本。环洞庭湖区域应充分发挥制度

创新、政策引导、优化环境等方面的作用，注重发挥市场配置资源的基础性作用，全面放开投资和产业市场，创新城建融资手段和城市管理运行模式，在城镇的基础建设、产业发展中加大引入民间资本、私营资本、外地资本，不断加快环洞庭湖区域的城镇化进程。

6.4 推进环洞庭湖区域农村城镇化的战略重点

十七届五中全会关于《国民经济和社会发展第十二个五年规划的建议》中提出，我国农村城镇化应坚持走中国特色城镇化道路，按照统筹规划、合理布局、完善功能、以大带小的原则，遵循城市发展客观规律，以大城市为依托，以中小城市为重点，逐步形成辐射作用大的城市群，促进大中小城市和小城镇协调发展。环洞庭湖区域农村城镇化必须紧紧依托长株潭城市群的发展，依靠长株潭城市群的经济辐射与带动作用，吸收长株潭城市群的产业扩散、技术外溢与智力支持，立足于现有的资源、环境、经济发展水平需要，科学制订发展规划，形成以岳阳、常德、益阳三大中心城市为依托，以若干中小城市为骨干，联结县城和重点城镇，覆盖广大环湖村庄的城乡一体化体系，加速环洞庭湖区域农村城镇化健康发展。

(1) 主动对接长株潭，打造三大中心城市

我国实践经验证明，城镇化建设应以大城市为依托。全国的"百强镇"，90％以上集中在长三角和珠三角地区，基本位于大城市圈或其辐射范围以内。湖南人口多，但人口上百万的大城市太少，只有省会长沙一个。因此，亟须发展一批人口在100万左右的大城市。而环洞庭湖区域的岳阳、常德、益阳分别居于环洞庭湖的东、西、南边，城市腹地广阔，周边农村人口密度大，且铁路、水路、公路交通方便，又有一定产业基础，如岳阳的石化、火电、造纸、纺织、农副产品加工、旅游业，常德的烟酒、食品、纺织、机械制造业等，益阳市的食品、麻纺、机械制造等产业。因此，应尽快将居于东洞庭湖边的岳阳市、西洞庭湖边的常德市、南洞庭湖边的益阳市打造成为人口达100万的大城市，加快三市城市提质，扩大城市基础设施的承载能力，扩大对周边居民的吸引力便是当务之急，以便能及时消化当地农村人口，实现其非农化与市民化，使之成为环洞庭湖区域城镇化的三大中心增长极，成为百万人口的大城市。

要加大洞庭湖城镇体系与长株潭城市群的融合，特别是加快与省会长沙市的对接与融合。随着芙蓉大道和湘江风光带向北延伸，要创造条件进一步加快长沙市沿"湘江北去"的拓展，最终实现长沙市与岳阳市融为一体，打造一个沿江靠湖的千万人口规模的长江中游特大型城市，打造一个新长沙市。

(2) 培育中等骨干城市

由于大城市存在一系列"城市病",中小城市应在我国城镇化加速发展中担当重要角色。与大城市相比,中小城市人口压力相对较小,可以为居民提供相对较为丰富的物质供给和较为完善的基础设施,中小城市的居民也可以感受便捷舒适、丰富多彩的物质和文化生活。同时,由于城市规模相对较小,中小城市发展过程中的社会问题和环境问题往往相对简单,现代城市规划和城市管理的技术、方法可以较为从容地应对相关问题。因此中小城市在户籍制度改革、公共服务提供等方面可以做到游刃有余。同时中小城市的作用也举足轻重。中小城市往往作为配套基地和服务基地发挥作用,一个大城市,需要数个甚至数十个中小城市为之服务。近年来,众多中小城市抓住超大城市产业转移的机遇,因地制宜加快发展,许多中小城市的发展速度已经超过了全国平均水平,还涌现出了昆山市、邹平县、长沙县、双流县、海城市等一批明星城市。此外,在风云变幻的全球经济体系中,中小城市经济发展的属地特征更为明显,还可以发挥"船小好掉头"的优势,受危机冲击更小,可以在一定程度上发挥国民经济稳定器的作用。① 因此,作为连大接小的中等城市的建设与发展,无疑将加速农村城镇化。环洞庭湖地带除了将岳阳、常德、益阳打造成百万人口的大城市外,还需有一批人口 30 万~50 万的中等城市。从目前现状和未来发展趋势看,可考虑通过合并、撤县改市和现有市做大的办法,努力建设一批中等城市。具体方案为:一是将澧县与津市合并,改为澧州市。二是将桃源、华容、湘阴等县撤县改为市,县城可发展为常住人口达 30 万左右的城区。三是将已有的建制县级市沅江、汨罗、临湘扩容提质建成为人口在 30 万左右的中等城市。

(3) 建设重点明星小城镇

在打造大型城市、培育中等城市的同时,建设一批重点明星小城镇,对带动区域经济特别是农村经济发展,稳定当地经济社会、促进就业具有十分重要的意义,更能最大化发挥城市群的辐射作用,促进农村城镇化加速。并且,相关研究结果表明,小城镇的镇区人口至少要达到 2 万人以上,才能正常发挥集聚功能。而由于资金有限、产业持续发展需要集聚效应等现实情况,环洞庭湖区域的小城镇建设现阶段不能遍地开花,因此,应选择若干经济、地理和人文资源方面有优势的一批县城和重点小城镇,将其建设成为环洞庭湖区域的明星镇。主要可以通过以下两个方面来实现:一是通过对现有的县城扩容提质,将岳阳县城关镇、汉寿县城关镇、临澧县城关镇以及安乡县城关镇建设成人口在

---

① 杨中川.中小城市绿皮书 [M].北京,社会科学文献出版社,2010.

15万左右的水乡小镇,并创造条件使其演变成为环湖地区的小城市;二是再选择一批重点小城镇,如华容县的注滋口镇、南县的茅草街镇、益阳的沧水铺镇、汉寿的太子庙镇、临澧的合口镇、常德的嵩子港镇、桃源的陬市镇等,作为推进农村城镇化和城乡一体化建设的重点示范镇。

(4) 突出重大战略性项目支撑

推进环洞庭湖区域农村城镇化建设应有一些重大战略性项目支撑,并以项目为突破口,为此应考虑以下一批重大项目的建设。

①环洞庭湖流域通江达海水运网络体系建设工程项目。要以洞庭湖为中心,疏浚河道,建成以长沙、岳阳等国家内河主要港口和其他沿湖重要港口为节点,以标准化、专业化、大型化船舶为载体,以现代化安全监管和救助体系为支撑,畅通、高效、平安、绿色且与其他运输方式无缝对接的环洞庭湖内河水运体系。一方面应加快城陵矶码头及新港建设,形成以岳阳港为中心,与长沙港、湘潭港、常德港等环湖重要港口为纽带的物流体系。另一方面应疏浚沿湖航道,建立干支直达的环湖高等级航道体系。此外建立结构合理、满足需要的船舶动力体系,实现四水连湖、江河湖海直达运输。

②建设洞庭湖区域环湖公路工程。将环湖交通公路伸向洞庭湖水域核心地区,将长株潭国际大都市与环湖的岳阳、益阳、常德等城市和港口连接起来,构成中国中部最大的优良生态区和中国中部最大的海陆交通枢纽。该公路设计尽可能沿现有环湖防洪大堤,修路结合加固大堤和建设安全台,增强防洪功能;尽可能沿东、南、西洞庭湖水边走,沿途能观看到洞庭湖水景;尽可能联通现有的名胜古迹,促进洞庭湖水域生态旅游和文化事业繁荣;尽可能沿湿地周边和鱼湖荷池,促进湿地保护,发展水上旅游观赏业;尽可能通过航运港口码头,促进港口建设和通海物流运输业发展;尽可能伸向水土资源丰厚的"退田还湖"垸,促进水上和湿地生态经济发展;尽可能将环湖一批重点小城镇连接起来,使区域内各小城镇交通网络化。

③湖区重大产业项目。包括现代农业产业化重点工程,包括湖区优质农产品生产基地,即新增优质稻谷生产能力工程、优质油菜基地建设工程、特色水产品生产能力建设工程、有机生态茶园建设工程、食用菌生产加工基地、优质蔬菜基地建设工程。

新型工业产业基地建设工程,包括新能源产业基地、湖区绿色消费品工业生产基地、炼油及化工产业基地、循环经济产品精深加工产业基地等。

服务业重点项目,包括现代综合物流业园区、水乡生态旅游基地、屈子文化产业园、红色旅游文化产业基地、传统人文历史旅游基地等。

④水生态环境修复与保障工程。包括东、西、南洞庭湖湿地保护与恢复工

程：重点建设湿地示范保护区、湿地保护区，建设湿地公园，恢复湿地植被。建设湖区珍稀候鸟保护工程、湖区水生生物资源保护工程、水源涵养林建设与保护工程、水环境治理和保护工程，建设流域内水源保护地、农业面源污染控制工程、湖区城镇污水和垃圾处理工程。

⑤城乡协调发展建设项目。包括湖区农村重点小城镇建设工程，农村学校调整及改造工程，特殊教育学校建设工程，农村卫生服务能力建设工程，社区卫生服务能力建设，城乡公共卫生体系建设，城乡养老服务设施建设工程，扶贫搬迁工程及农村危房改造工程。

07 推进环洞庭湖区域农村城镇化的制度创新

7.1 推进户籍制度改革

在所有的制度障碍中,城乡二元户籍制度无疑是制约洞庭湖区域农村城镇化发展的关键性制度安排。二元户籍制度是计划经济的产物,它是一种同重工业优先发展战略相适应的户口管理制度,导致了城市与农村相互隔离的"二元经济结构",现阶段迫切需要洞庭湖区域对现行的户籍制度进行改革创新。

7.1.1 尽快制定适应社会主义市场经济体制的户籍法

我国的经济是统一开放的社会主义市场经济,人力资源应该在市场机制的作用下充分自由地流动。要打破阻碍城乡间人力资源流动的体制壁垒,就应制定符合市场经济要求的户籍法。新的户籍法要适应新形势,在人口流动政策方面,赋予公民迁徙和居住自由的权利,允许在城镇有固定住所、稳定职业和生活来源的民工获得城镇户口;在人口管理制度上,以公民身份证制度取代户口制度,身份证在全国范围内通行,身份证上的号码也是公民个人社会保障号码,一出生就确定,并且终生不变。在全国的户籍法还未诞生之前,可在洞庭湖区域进行试点,进行公民身份证管理试点,凡进入洞庭湖区域城镇务工的居民,只要凭身份证就可享受城市居民应有的待遇。

7.1.2 积极稳妥地推进户籍制度创新

适应市场经济发展和经济全球化的要求,改革我国严格的户籍管理制度势在必行。户籍制度改革不是要取消户口,而是要取消户口限制。从户籍制度改革的最终目的来说,就是要取消农业户口与非农业户口的划分,彻底切断户籍与福利待遇的联系，消除户籍制度背后的种种机会不公、权利不公，实行城乡户口的统一。为了实现这个最终目标，就要通过改革，使我国的户籍管理更加科学合理，形成户籍管理由以行政调控为主转为以经济调控为主，国家立法规范、社会经济调控、个人自主选择相结合的户籍管理新机制。洞庭湖区域在加快农村城镇化过程中可先行先试，选择重点城市或重点县城进行户籍制度创新试点，取得经验后逐步推开。

7.1.3 推进户籍管理制度改革

在小城镇逐步取消本镇农民进镇门槛，按照实际居住地登记户口的原则，实行城乡户口登记管理一体化；凡在小城镇有固定住所和相对稳定生活来源的本镇农民及随其居住的直系亲属，均可准予落户，且不得对其收取城镇增容费或其他类似费用；在农村有承包地的，在原定的承包期限内允许继续保留承包地经营权或依法进行转让；鼓励进入小城镇落户的农民归还其自留地和承包地的使用权，由集体经济组织调整给他人使用，并对归还者进行适当的经济补偿；在农民原宅基地退还集体经济组织并实施复垦的前提下，可对农民进入小城镇购房建房给予适当的经济补偿，降低农民进小城镇购房建房的成本；农民转为城镇居民户口后，应执行城市计划生育政策。同时，要推动外来人员进镇落户。小城镇的企事业单位引进大专以上学历人才和本地紧缺、急需的中高级技工的，应无条件为这些人员及其直系亲属办理落户手续；对国内大企业的管理总部、研发机构或生产基地迁至小城镇的，其专业技术人员、管理骨干及其未成年子女，以及村办企业迁移到湖区小城镇工业区的管理人员及其未成年子女，均可准予落户；对上述落户人员，均不得收取城镇增容费或其他类似费用，相关部门要为在小城镇就业的大专以上学历的毕业生提供档案、户口管理等便利服务。

7.2 就业与社会保障制度创新

7.2.1 城镇就业制度创新

在长期城乡隔离的二元经济结构下，我国农村已积淀了庞大的农业剩余人口，经济相对落后的农村更是如此。就业是民生之首，要加快推进环洞庭湖区域城镇化进程，关键在于各级政府采取切实有效措施，促进就业增长，维护农民工在城市就业的各种合法权益。

①确立"就业优先"的工业化政策基本取向。"就业优先"并不意味着政府对发展用人少的高科技产业不予考虑，相反，关系国民经济命脉、带动能力强的关键行业和代表未来发展方向的新兴战略产业以及核心技术产业，国家要

大力支持其发展,但对多数普通行业和一般产业领域,应当实行"就业优先"的原则。在不降低效率和技术要求的前提下,大力发展采用先进技术的劳动密集型产业。基本完成工业化的国家和地区的经验证明,劳动密集型为主导的工业化阶段持续时间最长,占整个工业化发展期的60%以上,劳动密集型主导向资本密集型主导转换是一个缓慢的演变过程。目前我国大多数地区远不具备劳动密集型主导向资本密集型主导转换的条件,因此,当前我国工业化和城镇化发展特定阶段的主体产业选择应该是采用先进技术的劳动密集型产业。从环洞庭湖区域各城镇实际来看,发展劳动密集型的加工业、制造业、服务业的领域很多,因此,必须广开就业门路。

②运用就业政策工具,鼓励创业带就业。发达国家政府在解决本国失业问题方面采取了许多经济刺激措施。例如,比利时规定,在就业区内若创造较多新的就业机会,可获准全部或部分免征其公司所得税,就业区的设置数量限于结构性失业特别高的地区。今后应考虑把政策支持的重点放在鼓励中小型民营企业创造就业上,各级政府可以考虑从财政拿出一部分专项资金,根据在一定时期内创造就业岗位的数量多少,对企业主给予奖励;或根据其支付的劳动成本,给予一定比例的补贴。另外,也可以对创造就业超过一定规模的企业主,在可减免的权限内给予其税收优惠。

③建立农民工培训制度,提高进城农民工的就业能力。随着经济发展水平的提高和新兴产业的兴起,社会对劳动力的素质要求越来越高,缺乏转岗就业技能的农村劳动力的转移就业领域将越来越窄,转移就业难度将越来越大。因此,加强农村劳动力转移培训的任务非常艰巨而紧迫。环洞庭湖区域各市、县、区政府应当建立农民工培训制度,并通过立法进行一部分强制性培训,为农村劳动力接受职业教育培训提供政策和法律支持。同时还要加大对职业培训的投入,以不断提升进城农民工的技能和素质。

7.2.2 社会保障制度创新

只有将进城的农民工纳入社会保障体系,加强农民工的社会资本建设,有效地化解农村人口在城镇化过程中所面临的各种市场风险,才能够为农村剩余劳动力转移提供真正的社会保障。

①建立针对农民工的工伤保险制度。对农民工来说,这一制度不仅能保证其一旦出现职业伤害事故可以得到相应的赔偿,而且由于建立起了针对城市农民工的工伤赔偿机制,用工单位将会更加注意用工过程中的安全保护措施,其结果将有可能大大减少农民工的伤害事故。而政府要做的则主要在于制定特定制度,并将之强制推行。

②建立针对进城农民工的医疗和大病保障制度。患病是农民工最为惧怕的问题，为在更大范围内分散农民工的风险，应该建立针对农民工的大病医疗费用部分社会统筹的保障机制。其筹资机制由个人缴费和地方财政的一定支持构成。个人缴费和财政支持的比例应该根据各地的具体情况而定，所形成的基金由有关社会保障机构专项管理。缴费额可以根据大病发生率和治疗费用及其变化来确定。为使该制度能够顺利推行，初期可确定相对较低的缴费水平和保险水平，将来视具体情况逐渐提高，最终实现与城镇医疗保障制度的并轨。

③根据进城农民工的不同情况将其纳入有差别的社会养老保险制度体系。为进城农民工建立社会养老保险制度显然比建立工伤保险和大病医疗保险具有更大的难度。拥有比较稳定职业且已在城镇就业较长时间的农民工，他们实际上已经成为"城镇人口"，应该将他们纳入城镇社会养老保险体系，其养老保险费的缴纳办法可以视同于城镇职工。对于无稳定职业且流动性较大的农民工，则可以设计一种过渡方案，比如制定一定范围内不同档次的缴费率供农民工自由选择，同时规定凡雇用农民工的企业都必须根据农民工所选择的缴费率而缴纳相应档次的基本养老保险费。同时，为所有参加社会养老保险的进城农民工建立个人账户。

④实行城乡社会保障制度一体化改革。加快住房、就业、社会保障、教育、最低生活保障线、征兵和退伍转业、优抚安置等与户籍制度配套的一系列制度改革，以解决进城农民工和外来人口的实际问题；对已在小城镇落户的，政府及有关部门应对其一视同仁，不得收取任何额外费用；对已实现就业的，在住房货币分配、社会福利和社会保障等方面也应同等对待；在上述方面如受到不平等对待，居民可向县（市、区）有关部门投诉；做好农村养老保险和城镇企业养老保险的衔接，原参加农村养老保险的人员，转为城镇居民后，其原有养老保险关系仍保留；在城镇就业或从事私营、个体经济活动的，参加城镇企业养老保险；达到退休年龄时，按规定享受相应的养老保险待遇。

7.3 完善土地流转制度

对现代化进程而言，农村城镇化、农业现代化、农民市民化是不可逆转的大趋势，随之而来的土地经营形态和方式的转变也是必然的。世界各国土地产权性质差异很大，土地产权流转也各有特色。中国农村是土地集体所有，城镇化过程中土地用地性质改变，因征用农民土地而造成的干群纠纷、群体性事件时有发生，严重影响了基层社会的稳定。近年来流行的土地流转，是解决农民与土地矛盾问题的有益探索。

7.3.1 完善土地使用权流转制度

首先，建立健全相关法律法规，使农民对集体土地使用权享有法律保障。使农民承包地流转纳入法制化的轨道，必须尽快制定相关的法律法规，在坚持依法、自愿、有偿原则的基础上，按照明确所有权、稳定承包权、搞活经营权、保障收益权的要求，对土地流转方式、补偿费、耕地保护等具体问题制定规范化标准，保证土地流转平稳发展。其次，坚持自愿原则。农民承包地的使用权属于农户，土地流转与否是流转当事人理性权衡的结果。因此要制止那种政府部门或相关组织强迫农民出让承包地的非法行为，是否转让土地是农民的自愿选择，不应强求。最后，逐步建立土地流转中介组织，规范交易行为。必须尽快建立农村土地市场的中介服务机构，为农民承包地使用权流转提供完善的服务，可以建立农民土地经营公司，农民可在此通过租赁、转包等形式实现农户之间的土地使用权的自愿有偿转让并得到租金、转包费以取得土地资产收益。

7.3.2 完善征地补偿制度

首先，改征地补偿为征地赔偿。作为征地主体的政府和作为土地所有者的集体及作为土地使用者的承包农户在法律上处于平等地位。征地赔偿更接近于土地的赎买，要求政府征用土地须按市场机制进行，征地赔偿应体现具有土地所有权和使用权的物化价值。土地征用赔偿费要以市场价格为依据，以拍卖方式确定。其次，逐步提高征地赔偿标准。使征地赔偿标准逐步接近市场价格是完全可能的，因为经过近几年农业结构调整，单位土地的年产值有了较大提高。此外，拆迁安置费应与被拆迁住房投入的建筑装修成本或重置成本大体相当。最后要保证土地补偿费全额支付。土地补偿费应全额支付给农村集体经济组织和农民，并且将不少于80%的土地补偿费支付给被征地农民。鉴于目前失地农民基本上都是自谋职业的实际情况，安置补偿费原则上也应全部发放给被安置人。

7.3.3 加快环洞庭湖区域农村土地流转制度创新

要加快湖区农村土地流转制度改革，包括林地经营权、养殖水面（湖面）经营权的流转应进一步加大改革力度，采取多种方式发展规模经营，让更多的农民离土进镇，加快农业人口的非农化。具体可通过以下途径来发展：

①将分散的建设用地指标向小城镇集中。允许小城镇在全县、市、区实行耕地占补平衡，小城镇的耕地保护指标可适当低于一般乡镇，或通过置换等手段将分散的建设用地指标向小城镇集中。但是小城镇用地年度计划指标应由国土资源管理部门单列专项下达，不得挪作小城镇以外的非农建设。

②通过农村土地综合整治以增加小城镇用地。主要通过挖潜力,改造旧城,积极开展迁村并点,土地整理,开发利用荒地和废弃地,做到集中用地和集约用地。农民在小城镇规划区内,按镇区规划统一建设公寓式农民新村,将原宅基地整理成耕地。

③加大小城镇土地有偿使用力度。小城镇建设用地实行由市(县、区)政府统一征用、统一出让、统一管理,由镇政府统一规划、统一开发、统一建设。加大小城镇经营性用地公开招标、拍卖供地力度,房地产开发等经营性用地应采用招标、拍卖方式供地;依法完善改制企业用地手续,按规定征收土地年租金。对出租、改变用途、临时使用划拨土地用于生产经营的,收取土地年租金。对农村居民过去违法超占宅基地的,可因地制宜,分类处理。

④鼓励、引导农村居民点向小城镇集中。鼓励、引导农村居民点向小城镇集中,按土地利用总体规划确定撤并的自然村庄不再新、改、扩建永久性建筑,现有农户需新、改、扩建住宅的,须到小城镇或中心村规划区内按规划要求进行建设。不在规划区范围内的零星自然村庄,应逐步实行搬迁,小城镇规划区内应建造多层公寓式住宅安排搬迁农户居住。

7.4 财税金融政策创新

7.4.1 财税制度创新

7.4.1.1 构建公共财政框架,支持城镇化发展

从城镇化建设的角度来看,构建公共财政的框架可以明确财政的职能,界定财政支出的范围。按公共财政的要求,财政要从前线的直接参与者转变为后方的间接调控者,要退出竞争性和经营性领域,从参与经济转为服务企业,搞好基础设施建设,为企业改善投资经营环境;建立社会保障制度,为劳动者解除后顾之忧;搞好环境保护和卫生保健,改善生活环境,增强人民体质等等。最重要的是,财政要处理好"越位"和"缺位"的问题,同时从城镇化发展的角度考虑,加大转移性公共支出的份额,包括社会保障、支援经济不发达地区的支出等等。

7.4.1.2 健全地方税收体系,支持城镇化发展

完善地方税收体系要求赋予地方一定税收立法权。目前,不仅地方税不成体系,税源零星,税额少,难以满足地方政府事权的需要,而且地方只有税种,没有税权,不利于调动地方政府的积极性。因此,为了理顺事权关系,扩大地方税收规模,逐步完善地方税收体系,应赋予地方一定的税收立法权、开征权、停征权和调整权。

7.4.2 加快农村小城镇投融资体制改革

大发展必须有大投入，大投入推动大发展。由政府包揽城镇建设的传统方式既不能满足当前形势发展的需要，也不符合市场经济规律。洞庭湖区域各市上下要牢固树立"经营城市"的理念，举洞庭湖区域各市之力，聚各方之财，全力支持城镇建设。

在城市经营的实践中，目前国内主要有以下几种模式：一是以上海为代表的市场导向实践。全面采用公司化运作模式，确立了城市建设投资公司的投资主体地位，建立了城市建设基金会。城市建设投资公司与基金会实行合署办公，由市政府授权对城市建设和维护的资金进行筹措、使用和管理。二是以大连为代表的环境导向实践。大连以城市环境建设作为城市经营的着力点，把城市的保值增值作为城市经营的目标，把城市土地置换作为城市经营的关键，大力推行"治理环境，改变城市面貌"的经营模式，并成立了由市长直接指挥的城市开发办公室，统一管理城市土地和建设资金。三是以青岛为代表的产品导向实践。实施名牌产品战略，以工业名牌为依托，依据品牌产业及相关产业的网络效应和集聚效应功能的发挥，提高城市的吸引力，带动城市经济的发展。四是以杭州为代表的功能导向实践。不断优化城市功能，提高城市对生产、生活的综合服务能力，从而提高城市的综合竞争能力。

从洞庭湖区域各市的实际来看，在城市经营方面，洞庭湖区域各市要重点抓好以下三个方面的工作：一是在土地经营收益上下功夫。要最大限度地垄断土地一级市场，规范土地二级市场，坚持走政府拆迁、净地拍卖的路子，促进土地市场由需求决定供给向供给引导需求转变，努力实现以地生财、以城建城、以镇养镇的目标。要杜绝"市政、绿化跟着开发商走"的现象，把城镇基础设施建设与土地经营紧密结合起来，按照"基础设施先行、控制周边地块、促进土地升值、市场运作得益"的思路，积极开展"以路养地"，大幅度提升净地出让份额，走出一条既不需要政府掏钱，又能改变城市面貌，还能提高市民生活质量的市场运作新路子。要依法收回闲置土地，加大土地经营力度，使闲置和存量土地升值增值。二是在投资主体融资上下功夫。要以土地注资、资源整合、优化重组等形式，进一步充实城市建设投资等现有融资主体的资本实力，拓展新的融资平台，积极引进战略合作伙伴，完善公司法人结构，增强融资能力。同时，要通过项目打捆等方式推向市场进行融资，争取银行在推进城镇建设方面的贷款支持。三是在社会资本筹集上下功夫。要充分运用合资合作、BT（建设—转让）、BOT（建设—经营—转让）等市场化手段，通过政府、集体、个人一起上，内资外资共同参与投资的方式，逐步构筑多元化城建投入机制。要用好用活财政资金和财政政策，充分发挥财政资金投入的导向、示范和催化作用，运用政策引导、资金奖励等手段，按照"谁投资、谁经营、谁收益"的原则，引导吸收社会资金投资城镇基础设施建设。要放宽民间资本准入领域，凡是国家没有明令禁止的，可以考虑积极引进有雄厚资本、有精英团队、有先进理念的民营投资者参与城镇建设。在这方面，"大汉模式""泛华建设模式"已进行了很好的探索，值得学习借鉴。一方面是在环洞庭湖地带可推行"大汉模式"，鼓励民营企业、民间资本直接向小城镇投资基础建设及经营兴办公用事业。另一方面可推行"地滚地、地换钱"等方式，利用小城镇土地批租收入筹集基础建设资金，探索发展项目融资、工程融资等通行的融资方式。此外，可建立小城镇发展基金，基金可从城镇建设维护税、市县政府安排的城镇建设资金、土地出让金的留成部分、房地产开发上缴的利润、城镇基础建设配套费及管理费中提取部分。

同时，政府应大力推行投资主体多元化、项目经营企业化、设施享用市场化的方式，坚持"谁投资，谁受益"的原则，吸收民间资本投入基础设施、公共设施的建设，通过公共设施和基础设施命名权、广告设置权的有偿转让，实现滚动开发。经县以上人民政府批准，小城镇可将规划区范围内的中近期建设用地一次或分批次转用或征用后作为政府的土地储备，作为国有资本金投入，组建城镇建设投资公司，或将国有资本金入股，吸引社会资金、外资参与组建投资主体多元化的城镇建设投资公司。城镇建设投资公司在以后的土地拍卖或招标中取得土地收益，应主要用于城镇基础设施和公共设施的建设。有条件的小城镇可探索以集体土地作价入股的方式，组建股份制企业，但应取得拥有集体土地的大多数村民同意。具备条件的城镇建设投资公司及房地产开发企业，可利用增资扩股、股权转让等方式，吸引各种基金，增强自身滚动开发的能力，参与小城镇的开发建设。出台有关支持小城镇建设投融资政策，鼓励建设银行等金融机构提供贷款支持，有条件的重点小城镇基础建设可实行项目债券的办法筹措资金。

7.5 环洞庭湖区域城镇管理体制创新

7.5.1 打破行政区划限制，推进乡镇合村并点

随着湖区交通网络的完善，应考虑改变目前环洞庭湖区域小城镇数量多、重点小城镇不突出的问题，在城镇化过程中推进乡镇合村并点，减少小城镇数量，提高单个城镇的人口规模，提升其发展质量势在必行，这既有利于扩大小城镇的市场规模与产业集聚的能力，也可进一步推进人口向重点农村城镇集

中,也有利于大大提高小城镇基础设施的利用效率及吸纳当地农村人口转化的能力,也可促进城乡一体化发展,便于农村土地的规模经营和生态治理。日本在城市化过程中的50年内(1920—1970年)将12161个村镇合并为2631个,村镇数量减少4/5,但村镇规模平均扩大了6.5倍,5万人口以上的村镇增加了8倍,从而大大加快了城乡一体化进程。浙江省20世纪90年代初将全省3170个镇合并为1975个,平均每个乡镇规模由1.2万人增至2万人以上,由此促进了农村工业化及块状经济、集群经济及乡镇专业市场的发展。因此,为了改变目前"湖区单个小城镇功能薄弱──→产业集群度低──→人口吸纳力弱"的现状,应实行"小市大镇"战略,即发展岳阳、常德、益阳三市的郊区重点镇和各个县城关镇以及次于县城关镇的重点镇,环洞庭湖小城镇发展可打破原有行政区划布局的限制,将人口在1万人以下又缺乏产业基础及人口吸纳能力的小城镇,合并到周边的大镇去,或与邻近的小城镇合二为一。

7.5.2 建立与小城镇发展相适应的管理体制

建立与小城镇发展相适应的管理体制,一是要扩大小城镇行政管理权限。按照"重心下移、权责一致、能放则放"的城市管理体制改革原则和"审批权、执法权下放,监督权上收"的改革思路,加快向小城镇下放行政管理权限。二是健全小城镇财政管理体制。按照分税制的要求健全小城镇财政管理体制,建立和完善统一的预决算制度。原属县(市、区)级政府部门的管理事权下放小城镇后,县(市、区)政府要按财权与事权相统一的原则相应调整本级财政的部门预算,及时将相应的工作经费调整安排给小城镇;上级部门在将有关管理事项委托给小城镇代为行使时,应将原行政经费及专项工作经费转移支付给小城镇政府。三是明确划分管理责任归属。重新划分事权后,要分类明确管理职责,并建立完善合作与制约机制和相应的责任追究制度。凡属地管理事项由小城镇政府负责,双重管理事项由县(市、区)级职能部门与小城镇政府共同负责,并按法律、法规、规范性文件的规定或双方约定各自承担相应的管理责任。对双重管理事项,要构建完善上级职能部门与小城镇政府的信息告知、工作协作和监督机制。未经市或县(市、区)级政府批准,有关职能部门不得向小城镇政府布置工作任务或要求其设立协管机构,也不得要求小城镇政府与本部门签订责任状。

7.5.3 突出综合治理,创新城镇管理机制

城镇建设规划是前提,建设是基础,管理是关键。要按照"抓创建、强管理、树形象"的思路,不断改进城镇人居环境,全面提升城镇品位。一是创新

城市管理体制。要积极推进"城管进社区",大力实施"数字城管"和网络化管理模式,着力打造一批市级市容市貌示范街。二是完善城管综合执法机制。要进一步集中行政处罚权,加大综合执法力度,定期或不定期地开展专项整治工作,加大对重点地段和重点区域市容市貌和客运交通秩序等的综合整治力度,形成良好的城市秩序。三是探索全民共管机制。要以创建国家卫生城市和文明城市为契机,加大宣传力度,营造浓厚氛围,大力倡导"人民城市人民建,建好城市为人民"的理念,引导市民出行文明,秩序文明,言语文明。广泛开展文明创建活动,引导市民参与城市管理,逐步形成一种市民认识到位、部门监督有力、社会自觉共管的城镇管理新局面。

7.5.4 健全工作机制,强化区域城镇化推进力度

在推进城镇化工作中,环洞庭湖区域须进一步建立健全各项推进机制。一是加强领导,健全机制。推进环洞庭湖区域城镇化工作事关环洞庭湖区域发展大局。环洞庭湖区域各相关政府应要求各级各部门一定要把推进城镇化作为"一把手"工程,保证各项工作落到实处。抓好城镇化推进政策的制定落实,在严格执行上级有关指示精神的同时,结合区域实际情况,围绕城镇建设融资、产业支撑、城中村改造、农民集中居住区建设、农村劳动力转移等重点问题,制定相应政策措施,保证城镇化工作稳步推进;大力完善推进城镇化的工作机制,科学制订城镇化发展长远规划和近期目标,确定实施步骤和阶段性目标任务,建立科学合理的目标管理体系;建立联席会议制度,相关单位定期召开会议,共同研究解决城镇化推进过程中的问题与困难;健全工作落实机制,将城镇化推进任务逐级分解到具体单位,明确标准时限,保证各项工作落实到位。二是协调联动,形成合力。环洞庭湖区域各市要努力强化大局意识、责任意识和服务意识,有关部门各司其职,各负其责,扎实工作,密切配合,通力协作,形成推进城镇化工作的强大合力。加大宣传引导力度,调动一切积极因素,凝聚方方面面的力量,在环洞庭湖区域形成关注城镇化、参与城镇化建设的浓厚氛围,加快城镇化建设步伐。三是强化督查,严格奖惩制度。环洞庭湖区域各市对城镇化工作应进一步加大调度督查力度,实行"每月调度、半年观摩、年终考核",及时掌握城镇建设进展情况,保证各项工作顺利开展。健全考核机制,完善考核体系,细化考核标准。与全省"新型城镇化建设"相结合,把推进城镇化工作作为各级领导班子和领导干部考核的重要内容,列入各级各部门年度目标考核,对在城镇化工作中表现出色的进行表彰奖励,对作风拖拉、工作不力的严格问责。

加快推进
环洞庭湖区域农村城镇化的措施

8.1 加快人力资本培育

有效培育农村人力资本，提高相关人员的综合素质，将对农村城镇化建设产生深远影响。应积极深化教育体制改革，全面实施素质教育，不断优化教育结构，大力促进各级各类教育协调发展，加快建立完善的国民教育体系和终身教育体系。

8.1.1 巩固基础教育和幼儿特殊教育

普及和巩固九年制义务教育，强化政府责任，健全投入保障机制，促进基础教育资源向农村倾斜，促进公共教育资源向农村、贫困地区以及薄弱学校、困难学生倾斜，缩小城乡之间办学条件差距。推进义务教育均衡发展，确保主要指标达到"双高普九"要求，环洞庭湖区域的小学、初中辍学率要分别控制在0.3%和1%以内。继续发展普通高中教育，初中毕业生升入高中阶段学校的比例达到90%。积极抓好流动人口子女义务教育。随着近年出生高峰期的到来，环洞庭湖区域相关部门应高度重视幼儿教育，积极发展学前教育，特别是留守幼儿的教育。同时，还应关心和支持特殊教育。加强对特殊教育的投入，使适龄"三残"儿童、少年及时入学。

尤其需强调的是应遵循教育规律和学生身心发展规律，坚持德育为先、能力为重，改革教学内容、方法和评价制度，促进学生德智体美全面发展。切实减轻中小学生课业负担。全面实施高中学业水平考试和综合素质评价，克服应试教育倾向。严格教师资质制度，加强师德师风建设，提高校长和教师专业化水平，鼓励优秀人才终身从教。

8.1.2 发展职业教育和继续教育

环洞庭湖区域应加快发展继续教育，建设全民学习、终身学习的学习型社会。建立以就业为导向，以培养技能实用型人才为重点，优化教育结构，创新办学模式，增加职业教育投入，加强职业学校专业调整，支持中等职业教育实训基地建设，加强面向农家子弟的职业技术教育；并重视成人教育、老龄人教育和其他继续教育，建构大众化、社会化终身教育体系。"十二五"期间，组织城镇、农村居民在职、转岗、待业培训，确保脱盲巩固率、职业教育办学水平及质量明显提高。特别是要从当地城镇产业发展的实际需要出发，以订单方式培训专业岗位的技能性人才，加强当地农民工的技能与业务知识培训，提高其进城择岗就业的能力。

8.1.3 推进教育体制改革

改进小学升初中、初中升高中考试招生办法，逐步形成分类考试、综合评价、多元录取的制度。加快建设现代学校制度，推进政校分开、管办分离。落实和扩大学校办学自主权，规范办学秩序，坚持政府主导、多元投入，提高教育质量，实现教育事业持续发展。依法鼓励、支持和规范民办教育发展，逐步形成民办教育与公办教育协调发展、公平竞争、相互补充、共同发展的办学格局。扩大教育开放力度，加强环洞庭湖区域教育机构之间交流合作和引进优质教育资源。坚持义务教育由政府负责，高中阶段教育以政府投入为主。促进学校教育与社会教育、家庭教育有机结合。增强学生实践能力，培养学生创新精神。大力倡导企业、学校联合培养技能型人才的办学模式，发展教育培训服务。

8.1.4 加强校企合作，加大在职管理人才、技能岗位人才培训

要发挥环洞庭湖区域临近武汉城市圈、长株潭城市群的区位优势，通过政府引导、支持，加强环洞庭湖企业、事业单位与武汉、长沙等地一批重点大学、特色大学的人才培训合作，有计划地将湖区一批从事城镇规划管理的人员以及企业从事技术研发、市场经营、职能管理的人员委托城市高校对口进行专题岗位培训，以提高其素质和能力。同时，要充分发挥地处岳阳、常德、益阳三市的三所本科学院，即湖南理工学院、湖南文理学院、湖南城市学院服务地方经济发展的功能，加大产、学、研和校企合作，就近培训城镇产业发展、社会管理、文化服务等方面的专业人才。发挥三市各个高职院校的作用，加大专业技能工人及职能精英的培训，从而使洞庭湖区域的人力资本建设有一个根本

的改观，为推动当地城镇化上水平、上质量提供智力保障。

8.2 完善基础设施建设

把基础设施建设作为环湖地区城镇化发展的基本保障，抓住国家实施中部崛起战略和新农村建设机遇，更多地争取对洞庭湖区的政策性投资，进一步完善交通、通信、电力等公共基础设施，打造适度超前、功能完善、配套协调、高效可靠的基础设施支撑体系，提高湖区城镇综合承载能力。

加强洞庭湖区域城镇基础设施建设，提升城镇承载功能。基础设施是城镇赖以发展的基础和平台。应按照"适度超前、功能完善、配套协调"的总体要求，尽快制定"十二五"城乡基础设施建设规划和分年度建设计划，在加大投入的同时，进一步加强立项申报工作，争取进入国家计划笼子，不断完善城乡基础设施。一是坚持拉开框架与城市提质并重，加强城区路网建设。形成纵横交错、主次分明、统一完整的城市道路网络，拉开城市骨架。二是坚持提升品位与完善功能并举，注重公共设施配套。进一步加强各市中心城区教育、卫生、文化、体育及绿化等公共服务和配套设施建设，优化人居环境。全面完成小街小巷的改造。切实加强城区给排水、供气、垃圾处理等基础设施建设，完成垃圾中转站建设和旱厕改造，建好自来水厂。全面加强城乡电网的建设和改造。切实加大廉租房建设力度。三是坚持旧城改造与城中村改造统筹推进，提升城市形象。完成商业样板街提质扩容、特色餐饮街建设。强力启动公寓式村民安置小区建设。加快城中村改造，出台城中村村民建房管理办法，全面取消"一户一基"的安置模式，推进小区安置、产业安置，实现土地资源利用效益最大化。依法开展并有效遏制违法违章建设行为。四是坚持城市建设与村镇建设互动，统筹城乡发展。加大对小城镇建设的指导与投入力度，以中心城区为核心，重点镇为节点，重点培育2~3个产业特色明显、配套功能完善的特色小城镇，形成布局合理、结构优化、功能互补、特色鲜明的新型城镇化体系。

要加快城镇路网和管网建设。按照对内大循环、对外大开放的总体要求，突出网络化，突出各类交通设施的无缝对接，打造城镇便捷通畅的人流、物流通道。包括湖区各种港口、码头以及各等级公路的硬化。同时应完善城镇公共交通体系。重视地下管网建设。坚持先地下、后地上，先管线、后路线的建设思路，对城市管线集约配置，科学排列，加大整合力度，水、电、燃气、通信等尽可能同沟埋设，一次施工，一次到位。

要抓好城镇垃圾处理场、污水处理厂、水质监测、环境保护和管道燃气等设施建设，完善商业、教育、医疗等服务网点和社区建设，拓宽公共服务领域，形成多层次、多功能的城市公共服务设施体系。并且应高度重视城镇绿化建设。按照宽林带、大空间、多绿量、多品种的要求，做好"绿线"控制规划，提高城市绿化水平。根据地理位置、气候特点，种植适应环洞庭湖区域自然条件的树种，保证绿化树种的多样性，努力形成绿色宜居宜业的城镇环境。

要加强水利建设。包括疏通河道、退田还湖，以及饮水工程、洁水工程、生态水利和对水库、山塘的治理。值得一提的是，应该加大对血吸虫的治理力度。此外，农业水利、交通水利也是应该重点建设的项目。

8.3 加大城镇化发展的产业基础建设力度

8.3.1 加快现代农业的发展

环洞庭湖区域作为农业大区域，加快推进现代农业建设，在加快洞庭湖生态经济区发展中具有十分重要的作用。洞庭湖区域农业耕地集中连片的多，最适宜农业机械化经营和农产品的规模化经营，要充分利用这一优势，将整个湖区农业建设成为全省现代农业的示范区。根据湖南省第十次党代会提出的"加快洞庭湖生态经济区建设"主要决策，结合环洞庭湖农业发展的现实基础和发展要求，在推进农村城镇化过程中，应该加快现代农业的发展。

现代农业是通过专业化、规模化、标准化、集约化、精细化的生产方式，借助信息化的推广手段，来谋划农业产业发展。包括初级农业产品的生产，如种养殖业，也包括农产品精深加工业，还包括服务型农业。环洞庭湖区域应围绕自身农业发展的优势，打造专业化的农业基地，建立标准化的农业品牌，通过农业初级产品的集约化和精细化生产，提高农产品的附加值，并适当利用环洞庭湖区域湿地优势，发展生态化旅游农业。在"十二五"期间，环洞庭湖区域农村城镇化更加需要突出打造肉制品、米制品、油制品、果蔬茶制品的现代农业产业集群，提高洞庭湖区农产品的品牌知名度，提高农产品在国内外市场的竞争力，将更多的农产品推向国内外市场。

环洞庭湖区域应充分挖掘现代农业生态保护、观光休闲、文化传承等多种功能。大力发展特色农业、生态农业、都市农业、森林生态旅游农业等新型业态。以各市城郊生态休闲农业为龙头，以精品休闲农庄为骨干，以特色生态民俗家园为基础，建立完善环洞庭湖区域乡村休闲观光旅游农业网络。集中力量加强洞庭湖生态经济区建设，抓紧制订总体发展规划和专项发展规划，力争经过3~5年努力，使洞庭湖生态经济区现代农业建设初具规模、初显成效。

8.3.2 积极推进新型工业化

环洞庭湖的岳阳、常德、益阳三市要立足实际，抓住机遇，发挥优势，以新型工业化带动现代农业，全面推进环洞庭湖区域农村城镇化。岳阳、常德、益阳三市正面临中部崛起、国际和沿海产业转移、长江黄金水道开发、推进3＋5城市群建设等发展机遇，要抢抓机遇，加快推进新型工业化。产业是立城之本，强城之基。城镇的发展、功能的提升，都离不开产业的支撑和带动。一方面应大力培育发展主导产业。应以工业园为依托，做大做强骨干企业，积极推动产业转型，改造提升轻工纺织、机械电子和农产品加工等传统产业，大力发展高新技术、船舶制造、板材加工、生物医药等产业，加快发展现代物流和科技、信息等生产性的现代服务业，做到以园拓业、以业兴城。另一方面应积极推进产业集聚。坚持以新型工业化为动力，切实加大园区建设力度，坚持一手抓招商引资，一手抓项目建设，突出产业发展和基础设施建设，尽快使园区成为新的经济增长点和城市建设的新亮点。

①突出抓技术创新。坚持把提高技术创新能力作为推进新型工业化的中心环节，进一步强化企业在技术创新中的主体地位，加快建设以企业为主体的技术创新体系，重点加强骨干企业的技术改造，加快科技成果转化步伐，发展高新产业。

②大力发展循环经济。坚持发展与保护并重、开发与节约并举，突出抓好降低能耗、节约资源，发展一批技术成熟、见效快的循环经济项目，抓好汨罗市循环经济园等第一批国家循环经济试点单位的示范，推进资源节约型和环境友好型社会建设。

③加大扶持骨干企业的力度。突出抓好重点项目、重点企业，集中力量支持一批骨干企业改扩工程，发挥骨干企业的龙头带动作用；进一步抓好工业园区建设，整合各种资源，加大招商引资力度，建设一批成长性好、发展潜力大的好企业、好项目；更好地发挥政府的主导作用，扶持更多的企业，培养企业家群体，吸引更多的企业来投资兴业。

8.3.3 大力发展第三产业

8.3.3.1 加速流通产业发展

按照环洞庭湖区域商贸业发展的现状，根据湖南国民经济和社会发展的总体要求，遵循"重点突破、有序推进"的流通业发展方针，通过"打造特色专业市场，积极发展现代物流，完善村镇流通网络"，加速环洞庭湖区域流通产业发展。要加快各类市场、商业步行街和特色专业街区建设，优化市场结构，整合市场资源，完善市场设施，推进商贸服务业集聚发展。加速提质改造，强力打造以城市商业综合体、商业样板街、步行街为轴心的核心商圈；加速建设环洞庭湖农产品物流园。另外，应重点改造提升农副产品批发市场，尽快促成水果批发市场整体搬迁，切实加快餐饮、娱乐、旅游等服务业的发展。

①打造特色专业市场群。专业市场是指在一定区域形成的，以一种或多种连带性的商品为主要交易对象，以批发作为主要经营方式，按照市场规律运行的商品交易场所。而专业市场群则是指在一定区域内，多个专业市场所组成的集群。专业市场不仅能够大大促进农村工业化、商品化、城镇化进程，增加地方财政收入，富裕当地群众，而且由于其巨大的辐射作用，对商品市场和要素市场的培育和发展都将起到巨大的示范和推动作用。环洞庭湖区域面积广大、资源丰富，距长株潭城市群和武汉城市圈都很近，交通便利，因此，环洞庭湖区域具有发展专业市场群的资源优势、区位优势等独特条件。可发展岳阳的巴陵大桥市场、洞庭渔都、梅溪桥副食市场、八字门蔬菜批发交易大市场、汨罗市再生资源集散市场，常德的桥南综合大市场、茶叶市场，益阳的槟榔市场、沅江杨木加工市场等。众多的市场组成环洞庭湖区域的市场群，各市场既有关联，也有区别，针对不同的目标市场，以商流、物流带动人流，促进区域内农村城镇化的发展。

②积极发展现代物流业。环湖地区应充分发挥水陆运输枢纽的综合优势，以水陆交通网络为基础，以现代物流基地建设为核心，构建以城陵矶港口为中心的环洞庭湖物流体系。一是应加快现代航运物流建设。瞄准国家将内河航运发展提升为国家战略目标，立足洞庭湖得天独厚的水运条件，吸引国内外优势物流企业建立总部基地和营运中心，加快四水下游及洞庭湖航道和重点港口建设，提高吞吐能力，使航运成为该区域的物流大动脉；完善与港口配套的集疏运网络，进一步加大重点交通工程建设力度，实现区域内公路互联互通，加快推进杭瑞等高速公路以及连接线的建设，构筑"快捷、畅通、经济、安全"及水陆相连的现代物流走廊。二是积极发展专业物流和综合物流，配套环洞庭湖区域专业市场建设，建立高品质的物流中心和仓储基地。三是积极推进农村物流配送业的发展。创新物流协作模式，用协作物流、共同配送、共享物流网络等形式解决农户分散、物流分散问题。整顿和规范农业物流秩序，遏制物流环节乱收费，降低物流成本，开辟农产品"绿色通道"。四是应努力提升物流产业的现代化水平。坚持以市场为导向，以企业为主体，以现代信息技术为支撑，建设和完善现代物流服务体系，逐步形成集信息、仓储、加工配送等功能于一体且为多层次、专业化、标准化的现代物流网络。

③完善城乡流通网络。从环洞庭湖区域农村商品市场的现实出发，加快改

革，加大创新，完善城镇商业网点布局，完善县城商业业态，发展城镇社区商业，提高城镇商贸业现代化、信息化水平，同时以城带乡，完善区域内城乡流通网络。一是进一步推动"万村千乡"市场工程建设，特别是积极发展乡镇连锁店、村社便民店。鼓励流通企业通过特许加盟等方式整合分散经营的杂货店、小店铺，形成以城区店为龙头、乡镇店为骨干、村级店为基础的农村消费品流通网络。二是积极搭建农商对接平台，支持大型连锁超市、农产品流通企业开展"农超对接"，建设覆盖农产品生产、加工、运输、销售全过程的冷链系统和物流配送系统。支持一批农民专业合作社建设农产品生产基地，促进农超对接和品牌化经营。同时，积极引导生产企业设计、开发适合农村特点的商品。三是增强农家店综合服务功能。大力推进"一网多用"，积极拓展农家店经营服务范围，为农民提供方便、快捷的邮政报刊、科技信息、电信及代收代缴等新业务。

8.3.3.2 推动旅游产业发展

环洞庭湖区域旅游资源丰富，除了久负盛名、饮誉海内外的岳阳楼、君山、屈子祠、桃花源外，还有许多旅游资源尚处于待认识、待开发中。应推动区域内旅游产业发展，以带动和促进环洞庭湖区域的城镇化。

①科学制订环洞庭湖区域旅游产业发展规划。环洞庭湖区域各县、市、区旅游资源丰富，既有远古时代人类活动遗址，如澧县距今 6000 年的城头山古城址，系国内发现年代最早的古城址。区域内还有大量遗存的奴隶社会、封建社会文化遗址，更有近现代以来大量的人文历史旅游资源，以及各种山、水、岗、楼、亭、台、碑等资源，也有新时期形成的旅游资源。因此，应对环洞庭湖的所有历史、人文、自然风光等旅游资源进行全面勘查，在此基础上由省旅游局牵头，湖区各市政府协同，聘请专家制订环洞庭湖旅游产业发展规划，确定环洞庭湖旅游产业发展的战略思路、战略目标、战略重点、战略步骤及战略对策。

②建设环洞庭湖旅游线路。根据环洞庭湖区域各县市的旅游特色，建设一批旅游线路。首先可建设"长沙—杨开慧故居—汨罗任弼时故居—屈子祠—岳阳楼—君山岛"红色人文风景旅游线路，"望城靖港镇—雷锋镇—益阳周立波故居—沅江胭脂湖—南县茅草街大桥—南县厂窖镇"环洞庭湖风情游，"长沙—益阳梓山湖—汉寿清水湖—常德诗墙及柳叶湖—鼎城花岩溪"湖区风情游。今后可逐步开发环湖综合游旅游线路，如环湖两日游、环湖三日游，"长沙—汨罗屈子祠—岳阳楼—洞庭湖大桥—君山团湖—东洞庭湖湿地—华容县城—安乡县黄山头镇—津市孟姜女祠—澧县城头山遗址—临澧林伯渠、丁玲故居—桃花源—柳叶湖—益阳"旅游线路。在各个季节还可开发一些专题景观旅游线

路,如冬季湿地观鸟、春季桃花源赏花、夏季湖区观荷、中秋赏桂等,还可开辟特色产业旅游线路。

③打造市、县、镇区域旅游品牌。在开发建设旅游线路的同时,应努力加大环洞庭湖区域旅游名市、名县、名镇的建设,打造一批区域旅游品牌,如岳阳市、常德市以及汨罗、沅江、桃源县、澧县、湘阴、汉寿等市县以及一批旅游名镇。如岳阳君山镇,既有君山岛公园,又有团湖 5 000 亩野生荷花景点,还有东洞庭湖国家湿地生态公园,今后可发展为一个旅游名镇。此外,望城县的靖港镇与铜官镇、澧县的澧阳镇、南县的厂窖镇、临湘市的羊楼司镇、岳阳县的张谷英镇等一批名镇,通过发展旅游产业,也可促进这些重点城镇做大做强,提高其吸纳农村居民的能力,促进农村城镇化。

④完善旅游产业发展环境。在推动旅游产业发展的同时,应完善旅游产业的发展环境,以夯实其发展基础。首先应加大湖区旅游基础设施建设与其他配套建设,完善湖区高速公路网络及其与主要旅游景点的连接通道,完善重点景区的路、水、电、气、信息网络化建设,扩大接待游客的能力。其次应加大有湖区特色的旅游商品开发。除了有特色且便于携带、易于保管、方便食用的旅游食品外,尤其应开发各种有文化品位、产品附加值高的产品,如竹、木、石、藤、根雕等特种工艺品及民间工艺美术品,应多制作赞美洞庭湖风光的 DVD 等音像制品,让已故著名歌唱家何继光的《洞庭鱼米乡》等作品能广泛流传。最后应重视旅游景区的生态环境保护与改善。应加大血吸虫病的防治力度,消灭湖洲、沼泽地钉螺,努力根治血吸虫病;防止垃圾污染水面与景区,保护好山、水、湖、洲旅游资源的原生态性,保持人和自然的协调发展。同时加强旅游景区的管理,提高涉旅单位及个人的综合素质与服务质量,减少旅客投诉,营造一个安全、方使、经济、快乐的环洞庭湖旅游环境。

除此以外,洞庭湖区域在推进城镇化过程中还应大力发展为生产和居民生活服务的各类传统服务业和新型服务业,如为工农业生产产前、产中、产后提供各种服务的生产性服务业,为城乡居民提供各种生活性服务的服务业,还有为社会公共管理服务的服务业。总之,发展城乡服务业,范围广泛,需求旺盛,前景广阔。推进城镇化必须同大力发展服务业相结合,这样才能更好地解决进入城镇农民的就业问题。

09
岳阳市
农村城镇化实践

9.1 岳阳市的区位及经济社会发展概况

9.1.1 区位及资源

岳阳古称巴陵，又名岳州，是一座有2500多年历史的文化名城，位于湖南省东北部，是湘北的政治、经济、文化、交通中心和旅游胜地。现辖2个县级市、4个县、3个城区和岳阳经济技术开发区、南湖风景区、屈原管理区，总面积15 019.2 km²，总人口550万，其中市区面积824.4 km²，城市人口95万，经济总量仅次于省会长沙，居湖南省第二位，中部六省地级市第九位。1992年国务院同时批准岳阳与重庆、武汉为首批沿江对外开放城市，现为国家历史文化名城、中国优秀旅游城市、中华诗词之市、国家卫生城市、综合配套改革试点城市、全国首个国家园林城市、最值得驻华大使馆向世界推荐的中国生态城市、中国经济百强城市，也是环洞庭湖经济圈最发达的城市。岳阳是湖南唯一的临长江城市，地处"一湖"（洞庭湖）、"两原"（江汉平原、洞庭湖平原）、"三省"（湘、鄂、赣）、"四水"（湘江、资江、沅水、澧水）、"五线"（京广铁路、武广高速铁路、京珠高速公路、107国道、长江）的多元交会点上，是长江中游仅次于武汉的又一个"金十字架"。

岳阳素称"湘北门户"，历史上是兵家必争之地。岳阳有着悠久的历史，夏商时期为荆州之域、三苗之地。春秋战国时代属楚。三国鼎立之时，东吴派横江将军鲁肃率万人屯驻于此，修巴丘邸阁城，今有鲁肃墓在岳阳市内。晋惠帝元康元年（公元291年）置巴陵郡。郡治设在巴陵城，从此岳阳城区一直作为郡治所。隋朝改为岳州，1369年，改岳州路为岳州府。1899年，清政府开辟岳州为通商口岸。民国二年（公元1913年），改巴陵县为岳阳县。1964年

10月，设立岳阳专署。1975年12月恢复岳阳市建制，属岳阳地区管辖。1983年岳阳市升为省辖市，1986年2月实行市管县。岳阳市现辖六个县（市）：汨罗市、临湘市、岳阳县、平江县、湘阴县、华容县；四个区：岳阳楼区、君山区、云溪区、屈原行政区。中共岳阳市委设南湖大道，岳阳市人民政府设金鄂东路。

岳阳是洞庭湖明珠，是长江流域一座重要的历史文化名城。它东倚幕阜山，西临洞庭湖，北接万里长江，南连湘、资、沅、澧四水，风景秀丽，气候宜人，土地肥沃，物产丰富，素有"鱼米之乡"的美誉。现已列为对外开放的甲级旅游城市，是世界龙舟文化的故乡，是长江沿岸第二大经济贸易中心，是湖南唯一通江达海的口岸。随着改革开放的深入，尤其是随着以浦东为龙头的长江流域的开发开放，岳阳的地位越来越重要；岳阳的发展变化也越来越快，越来越大。

岳阳具有独特的地理优势，位于湖南省的东北部，东经112°～114°，北纬28°～29°之间。岳阳处于长江"黄金水道"与京广铁路两大动脉的交叉点；长江、湘江、资江、沅江、澧江和洞庭湖的汇合点；湘、鄂、赣三省交界的联络点；处于国家实施"弓箭"型发展战略的受力点。

岳阳市属亚热带季风湿润气候区，气候湿润，年平均气温17°，年平均降雨量1 302 mm，年平均相对湿度为79%，全年无霜期为277天，处日照时数为1 722.1～1 816.5小时，年太阳辐射总量为109.5～110.4 kcal/cm^2，是湖南日照时数最多的地区之一。气候特点是：温暖期长，严寒期短，四季分明，雨量充沛。良好的气候条件有利于发展高效农业。

岳阳市境内总面积为15 019.2 km^2，其中耕地449.34万亩，水面积451.68万亩，山地953.52万亩。广阔的水域面积为发展水产业提供了优厚条件。众多的山林是发展造纸业不可缺少的资源。岳阳矿产资源丰富。全市有矿藏矿点200多处，其中金属矿有金、银、铜、铁、铅、锌等，有的居全省之首，有的居全国之冠。

9.1.2 经济发展状况

岳阳经济基础良好，是鱼米之乡和新兴工业城市。全市已初步形成了石化、造纸、电力能源、纺织、生物医药、机械制造、饲料、食品加工、再生资源等优势产业集群。目前有上市公司7家，是中南地区最大的石化基地和全国重要的新闻纸、饲料、优质农产品基地。岳阳代表湖南占据长江163 km岸线，拥有洞庭湖60%以上的水域面积；城陵矶港是国家对外开放的一类口岸，松阳湖新港区全部建成后可形成年吞吐量1 000万t、88万标箱的运输能力。岳阳市区纵向有京广铁路、107国道、京珠高速公路和武广高速铁路四大动脉平行穿越；横向有长江黄金水道、洞庭湖大桥等相互贯通；沿长江30 km地段分布着长炼、巴陵石化、岳阳纸业、华能电厂等一批大型企业。岳阳凭借区位优势具备接纳大运量、大耗水工业项目的基础条件，依托这些优势，岳阳可打造为湖南临江的重化工业区。

2011年全市实现地区生产总值1 899.49亿元，比上年增长23.4%。其中，第一产业增加值230.18亿元，增长3.5%；第二产业增加值1 078.57亿元，增长18.6%；第三产业增加值590.74亿元，增长14.6%。按常住人口计算的人均生产总值为34 658元，增长11.2%。岳阳近年来的经济增长情况如图9-1所示。

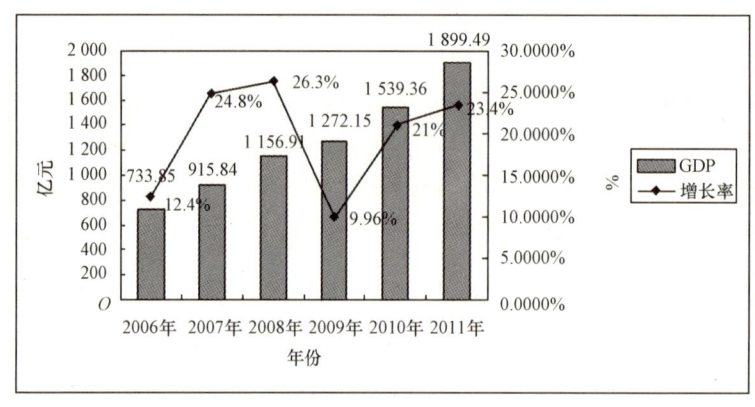

图9-1　岳阳市近五年GDP及其增长率

目前全市三大产业结构比为12.1∶56.8∶31.1（图9-2）。工业增加值占地区生产总值的比重为51.7%，比往年提高2.8个百分点；高新技术产业增加值占地区生产总值的比重为15.3%，比往年提高2.8个百分点。第一、第二、第三产业对经济增长的贡献率分别为3.6%、71.0%和25.4%。其中工业对经济增长的贡献率达到67.8%；生产性服务业增加值对经济增长的贡献率为8.1%。非公有制经济实现增加值1 117.17亿元，增长18.6%，增速比GDP快4.4个百分点，占地区生产总值的比重为58.8%，比往年提高1.3个百分点，非公经济成为结构调整的生力军。

"十一五"以来，岳阳市新型工业化取得重大进展。全市规模工业增加值完成576亿元，增长18.9%；完成工业税收67.9亿元，增长66.9%；新增规模企业123家，总数达到1 195家。全市工业技改投入230亿元，增长40%。滨湖示范区规划建设全面启动，城陵矶临港产业新区基础设施建设、融资工作全面铺开。岳阳经济开发区已批准为国家高新技术创业服务中心，田谷电子信

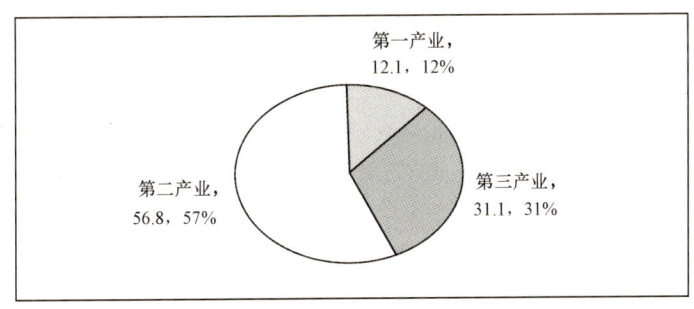

图 9-2　岳阳市产业结构分布

息产业园成为省级产业基地，中国湖南轻工产业园落户湘阴，岳阳印刷工业科技园落户君山。在新型工业化主导下县域经济发展迅速，县域经济占 GDP 的比重达到 56.3%，非公有制经济比重达到 55.2%，分别提高 1 个百分点和 1.9 个百分点。2011 年全年规模工业统计如表 9-1 所示，从表中可以看出 15 种主要工业产品中，保持增长的有 12 种，占产品总数的比重为 80.0%。铜材 39.58 万 t，增长 55.4%；发电量 139.95 亿 kW·h，增长 43.3%；水泥 462.09 万 t，增长 38.9%；原油加工量 759.06 万 t，增长 28.6%。

表 9-1　岳阳市 2011 年规模工业主要产品产量及其增长速度

指　标	单　位	产　量	增长（%）
发电量	亿 kW·h	139.95	43.3
精制食用植物油	万 t	177.99	21.9
饲料	万 t	420.90	23.4
精制茶	万 t	15.89	45.5
纱	万 t	32.25	17.0
原油加工量	万 t	759.06	28.6
汽油	万 t	184.91	52.4
柴油	万 t	291.63	35.6
合成氨	万 t	49.98	−1.3
农用氮、磷、钾化学肥料总计（折纯）	万 t	47.05	−13.4
水泥	万 t	462.09	38.9
瓷质砖	万 m²	887.01	15.2
铜材	万 t	39.58	55.4
电子元件	亿只	6.81	6.5
交流电动机	万 kW	610.18	−12.0

岳阳市规模以上工业企业主营业务收入3 552.93亿元，比上年增长34.6%。34个主要行业中，32个行业实现盈利，2个行业亏损。规模工业企业实现利税271.74亿元，增长31.2%。盈亏相抵后实现利润74.20亿元，增长23.1%。其中，国有企业实现利润4.82亿元，增长23.0%；集体企业2.01亿元，增长76.3%；股份合作制企业0.81亿元，增长54.4%；私营企业45.08亿元，增长45.4%；外商及港澳台投资企业5.35亿元，增长40.4%；其他企业6.31亿元，增长99.7%。

近年来，岳阳市加快现代农业发展，农产品加工企业已达1 986家。农业的快速发展大幅增加了农民收入，部分农村富裕人群开始到岳阳市区投资置业。加上2010年3月25日岳阳经济开发区成功晋升为国家级经济技术开发区，该区充分利用政策优势，大胆改革创新，开发建设成绩巨大。特别是近几年来，开发区贯彻"优势优先、率先崛起"的指导思想，大力招商引资，积极开发新城，成为岳阳经济发展新的增长极。已建成的三大工业园区共引进中外企业600余家，其中规模以上企业116家，高新企业53家，形成了先进制造、光伏电子、生物医药、健康食品、现代物流五大主导产业，2010年完成规模工业产值194.5亿元，并荣获国家级"高新技术创业服务中心"和"新材料成果转化基地"称号。

9.1.3 基础设施及交通状况

岳阳是湖南唯一的通江达海口岸城市，岳阳市近几年大力投资基础建设，推动城市的发展，创造良好的经济发展环境，也为房地产业的发展创造了条件和机遇。京广铁路、107国道、京珠高速公路和武广铁路客运专线、随岳和岳常高速公路以及即将启动建设的荆岳铁路、京珠岳长复线等构建了岳阳承东连西、南北交流的水陆枢纽地位。城陵矶（松阳湖）新港区全部建成后可形成年吞吐量1 000万t、88万标箱的运输能力，滨湖示范区和临港产业新区正在规划建设。目前，岳阳市已形成了水路、铁路、公路相衔接的交通网络。2009年全市完成城镇建设项目136个，投入资金29亿元。中心城区建成巴陵广场、武广客运专线岳阳站及配套工程；拉通青年中路、建湘路和枫桥湖路，城区路网结构大为改善；全面开展洞庭风光带三期、洞庭大道和五里牌路、花板桥路提质改造；武广客运专线岳阳段建成运营；总投资188.7亿元的随岳、岳长、岳常、通平、石华五条高速公路相继开工，完成投资30亿元；G106平江段、S202一期工程、S201岳汨公路、岳荣新二期、进港道路、临鸭公路完成主体工程。完成电力投资12.6亿元。全年固定资产投资（不含农户）861.80亿元，增长35.6%，具体数据见表9-2。

表 9-2　岳阳市 2011 年份行业固定资产投资及其增长速度

指　　标	投资额（亿元）	比上年增长（％）
固定资产投资（不含农户）	861.80	35.6
第一产业	20.92	22.1
第二产业	564.99	41.1
其中：采矿业	13.78	7.3
制造业	517.71	48.2
电力、燃气及水的生产和供应业	33.50	33.2
第三产业	275.89	33.3
其中：交通运输、仓储和邮政业	13.39	22.0
信息传输、计算机服务和软件业	1.18	−28.1
金融业	0.33	36.3
房地产业	108.34	43.2
科学研究、技术服务和地质勘探业	2.40	42.2
水利、环境和公共设施管理业	56.73	30.7
教育	7.48	35.1
卫生、社会保障和社会福利业	6.32	36.1
文化、体育和娱乐业	6.31	−3.2
公共管理和社会组织	44.40	65.5

2011 年，岳阳市完成亿元以上固定资产投资项目 147 个，比上年同期净增 114 个，全年完成投资额 229.47 亿元，增长 100.5％。2011 年末高速公路里程 158.3 km，比上年增长 17.9％。

2011 年，岳阳市房地产开发投资 100.4 亿元，比上年增长 42.7％。其中住宅投资 83.92 亿元，增长 43.2％；商业营业用房投资 11.87 亿元，增长 91.1％。商品房屋销售面积 327 万 m^2，增长 35.3％。其中，现房销售面积 158 万 m^2，增长 6.1％；商品房销售额 95.29 亿元，增长 51.5％。其中，现房销售额 45.11 亿元，增长 11.1％。

值得一提的是，2009 年，城陵矶新港开港运营，岳阳港口货物吞吐量突破 6 000 万 t，居全省第一、全国内河主要港口第七。物流业成为新的经济增长点，占 GDP 的比重达到 6.7％。旅游业持续旺盛，全市接待境内外游客 1 380 万人次，旅游总收入增长 20％；君山区被评为"中国野生荷花之乡"。随着工业、物流业、旅游业带来的经济增长，社会消费热点也转移到汽车、手机、家电等家庭消费品上，对城市的经济和当地房地产的发展有显著的推动作用。

9.1.4 人口结构及消费水平

岳阳现辖 2 个县级市、4 个县、3 个城市区和岳阳经济技术开发区、南湖风景区、屈原管理区，总面积 15 019.2 km², 总人口 550 万，其中市区面积 824.4 km², 城市人口 95 万。2011 年，全市社会消费品零售总额达 598.06 亿元，增长 19.5%；城镇居民人均可支配收入增至 19 558 元，比上年增长 13.1%（图 9-3）；农民人均纯收入增至 7 070 元，比上年增长 18.1%（图 9-4）。城镇居民及农村人口人均可支配收入增长较快，这也说明当地城市居民可支配消费力正在逐步提升，因此，城市居民对当地房地产市场消费的潜力巨大，农村人口随着收入的增加，从而具备了进城置业的能力。

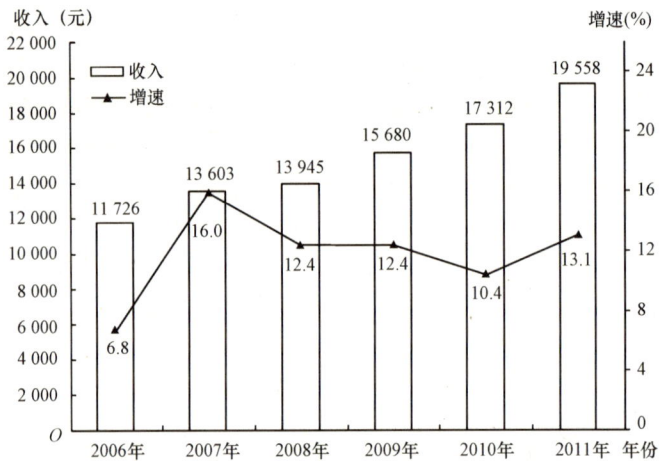

图 9-3　2006—2011 年岳阳市城镇居民人均可支配收入分析

图 9-4　2006—2011 年岳阳市农村居民人均可支配收入分析

9.2 岳阳市农村城镇化空间布局与规划

9.2.1 岳阳市农村城镇化的空间布局

根据岳阳市（2008—2010）城市总体规划，岳阳市城镇化将坚持"城乡结合、区域一体、重点突破、全面带动"的方针，按照圈层发展模式，合理布局城镇，构筑"一带两圈"且对接南北、联动东西的城镇空间布局形态。其中，"一带"指中部城镇发展带，包括湘江和长江以东、京港澳高速公路以西地区。发展轴线包括京广铁路、长江、湘江、107国道、京港澳高速及其复线、长临城际铁路，通过发展轴线向北融入武汉城市圈、向南对接长株潭城市群。规划将引导人口、产业、土地、基础设施等城镇建设要素重点向该地区集聚。"两圈"指"岳—临—荣"都市区和"汨—湘—营"城镇群。"岳—临—荣"都市区是指以中心城区为中心，以临湘市区和岳阳县城为外围城镇的都市区，以306省道、杭瑞高速、荆岳铁路、岳常铁路为发展轴线，以一小时通勤距离为服务半径，辐射华容县城、市域西部和鄂南地区城镇，形成市域北部"3＋1"的城镇空间布局形态。"汨—湘—营"城镇群是指以汨罗市区、湘阴县城和营田镇为核心的城镇群，以308省道、平益高速、平益城际铁路为发展轴线，以一小时通勤距离为服务半径，并连接平江县城，辐射市域东部城镇，形成市域南部"3＋1"的城镇空间布局形态。

9.2.2 岳阳市城镇等级结构划分

根据岳阳市（2008—2010）城市总体规划，将城镇等级分为五个层次。第一层次：大于50万（大城市）；第二层次：20万～50万（中等城市）；第三层次：5万～20万（小城市）；第四层次：3万～5万（中心镇）；第五层次：1万～3万（一般镇）。城镇规模结构详见表9-3。

表9-3 岳阳市城镇规模等级结构一览表

规模等级	数量（个）	城镇名称	人口（万人）	比例（％）
大城市（50万人以上）	1	岳阳市	160	36.78
中等城市（20万～50万人）	6	汨罗、临湘、华容、湘阴、岳阳、平江	170	39.08
小城市（<20万人）	1	营田	8	1.84

续表

规模等级	数量（个）	城镇名称	人口（万人）	比例（%）
中心镇（3万～5万人）	14	桃林、东山、公田、伍市、李家塅、钱粮湖、长乐、羊楼司、注市、界头铺、新泉、南江、长寿、筻口	50	11.50
一般建制镇（1万～3万人）	31	黄盖、定湖、聂市、詹桥、忠防、双塘、广兴州、许市、万庾、鲇鱼须、操军、新开、黄沙、柏祥、张谷英、月田、桃林寺、大荆、川山坪、白水、樟树、南湖洲、湘滨、东塘、瓮江、梅仙、童市、安定、加义、龙门、虹桥	47	10.80
合计	53		435	100.00

9.2.3 岳阳市城镇经济区划

9.2.3.1 各区域产业发展方向

将市域划分为"岳—临—荣"、"汨—湘—营"、西部和东部四个城镇经济区。

"岳—临—荣"城镇经济区：指以岳阳市区为中心，临湘市区和岳阳县城荣家湾为副中心的经济区。该区重点发展以农业商品化为中心，建立多品种的现代近郊农业商品基地；建立沿长江走向、连接岳阳纸业—华能电厂—巴陵石化、松阳湖临港产业及云溪精细化工工业园—长岭炼化—临湘生化工业园的沿江工业带，发展石油化工、电力、造纸、机械制造、生物医药、电子信息、新能源新材料研发、生物化工工业；建立洞庭湖和长江航运物流带，重点建设名楼名水、神秘临湘和民俗古村等三大旅游景区。

"汨—湘—营"城镇经济区：指以汨罗市区、湘阴县城、营田镇为中心，李家塅、界头铺镇为副中心的经济区。该区重点发展规模化、标准化农业，建设农业产业基地和沿107国道瓜菜生产线；建设汨罗再生资源工业园区、湘阴绿色食品和现代装备制造工业集聚区以及屈原饲料工业集聚区等；重点建设龙舟风情和休闲度假等旅游景区。

西部城镇经济区：指以华容县城为中心，东山、注滋口镇为副中心的经济区。该区农业重点发展粮、棉、茶、油和特种养殖等农产品生产基地，建设能源基地和棉纺工业集聚区；建设桃花山旅游景区。

东部城镇经济区：指以平江县城为中心，伍市镇为副中心的经济区。该区要充分发挥山林资源优势，优化农业结构，发展具有比较优势、有地方特色和市场竞争力的农业产品，大力推进农业产业化经营；重点发展绿色食品、机电轻工、矿产建材等三大支柱产业；建立红色生态旅游景区。

9.2.3.2 各产业发展方向及重点措施

第一产业发展方向：巩固农业的基础地位，以市场为导向、资源为依托、科技为支撑、项目为载体，全面提升岳阳市农业产业化水平；调整优化农业结构，提高农业专业化生产水平，建立现代农业生产体系；壮大优势产业，培育特色产业，构建农业产业链；大力发展农业服务体系，健全农业技术推广、农民技能培训、农产品质量安全、动植物病虫害防控等农业社会化服务体系。第一产业实施措施：建立以粮、棉、油、菜、畜、渔为主体的产业结构框架，重点建设"三带十大产业链"。"三带"即沿长江的粮、棉、油、菜产业带和沿107国道、306省道两条瓜菜产业带；"十大产业链"包括粮食、饲料生猪、水产、油脂、林纸竹木、草食动物、棉麻、蔬菜、种子种苗、休闲农业。

第二产业发展方向：以新型工业化为导向、优化结构为主线，以提升水平为重点，突出工业的主导地位，始终坚持以项目为载体，壮大骨干企业；以企业为龙头，培育支柱产业；以产业为支撑，发展产业集群；以集群为依托，促进园区建设。第二产业实施措施：做强做大石化、造纸、食品、饲料、纺织、建材、机械、电力、再生资源等优势产业；积极发展生物医药、电子信息、新能源新材料等新型产业；重点发展中心城区石油化工、机械制造、电力造纸及汨罗再生资源、临湘生物化工、湘阴有机食品、平江机电轻工、华容纺织制造、岳阳县陶瓷建材、营田饲料等产业基地。

第三产业发展方向：按照"大市场、大物流、大边贸"的发展思路，统筹城乡第三产业发展，科学规划第三产业网点，重点发展以现代物流、旅游、信息和传统服务业等为主体的产业结构体系。第三产业实施措施：积极发展铁路、公路和水运（包括洞庭湖、长江和湘江航运）物流业；加快发展现代旅游业，重点实施"11730"工程；培育壮大金融保险、科技服务、中介咨询、教育培训业务；稳步提升房地产、商贸流通、社区服务业。

9.3 岳阳市农村城镇化的功能定位与规模

9.3.1 市域中心城市——岳阳市的城镇化功能定位

岳阳市为国家历史文化名城和风景旅游城市，中部地区石化工业基地和现代物流中心，湖南省唯一通江达海口岸。

9.3.2 市域次中心城市——汨罗市的城镇化功能定位

汨罗市为国家"两型建设"示范城市,长株潭城市群循环经济产业基地和屈子龙舟文化旅游休闲胜地,长沙与岳阳之间的物资集散地。

9.3.3 县域中心城市功能定位

根据中心地理理论,县域中心城市功能需要与其特殊的地理区位、历史人文、特定资源相关联,走具有县域特色的个性化发展道路。根据岳阳市现有县域中心城市的基本情况,其各县域中心城市功能定位如表 9-4 所示。

表 9-4 岳阳市各县域中心城市功能定位一览表

城镇名称	职能定位	功能定位
临湘	综合型	县域中心城市。湘北边贸门户,湖南省生化工业基地,岳阳市卫星城市
湘阴	综合型	县域中心城市。长株潭城市群连接洞庭湖、通江达海的重要节点,现代装备制造配套生产基地、港口物流中心和滨湖休闲旅游城市
华容	综合型	县域中心城市。环洞庭湖区域重要的工贸城市,岳阳市重要的能源基地,市域西部的纺织工业基地和物资集散中心
岳阳县	综合型	县域中心城市。岳阳市卫星城,以陶瓷、制药、电磁铁等为主的地方加工工业基地
平江	综合型	县域中心城市。市域东部的机电轻工基地、红色旅游城市和物资集散中心
营田	综合型	区域中心城镇。环洞庭湖区域重要的饲料工业和生物质能源工业基地

9.3.4 农村小城镇功能定位

9.3.4.1 中心镇功能定位

中心镇是指在岳阳市整个城镇体系中介于中小城市和一般小城镇之间的重点建制镇。由于中心镇对周边农村和乡镇具有较大的辐射作用,周围小城镇建设以及农村地区经济、社会、文化和环境等条件是否得到改善直接与中心镇的发展密切相关。因此,大力建设和促进岳阳市主要中心镇的发展,可以积极稳妥地促进城镇化的发展。根据岳阳市主要中心镇的实际情况,岳阳市主要中心镇功能定位如表 9-5 所示。

表 9-5　岳阳市主要中心镇功能定位

城镇名称	职能定位	功能定位
桃林	工贸型	临湘市南部中心镇。发展以鞭炮、建材、农副产品加工为主的工贸型小城镇
羊楼司	工贸型	临湘市北部中心镇。发展以林产品加工、采矿业为主的工贸型小城镇
东山	工贸型	华容县北部中心镇。发展以能源、建材、农副产品加工、旅游服务为主的工贸型小城镇
注滋口	农贸型	华容县南部中心镇，发展以农副产品加工、商贸等为主的农贸型小城镇
公田	工贸型	岳阳县东部中心镇。发展以农副产品加工、建材、旅游服务为主的工贸型小城镇
筻口	农贸型	岳阳县东部中心镇。发展以农副产品加工、商贸等为主的农贸型小城镇
伍市	工贸型	平江县西部中心镇。发展以机电轻工、农副产品加工为主的工贸型小城镇
南江	工贸型	平江县北部中心镇。发展以林产品加工、采矿业、风景旅游为主的工贸型小城镇
长寿	工贸型	平江县东部中心镇。发展以农副产品加工、采矿业为主的工贸型小城镇
李家塅	工贸型	汨罗市南部中心镇。发展以家具制造、农副产品加工为主的工贸型小城镇
长乐	工贸型	汨罗市北部中心镇。发展以机械制造、食品加工为主的工贸型小城镇
界头铺	工贸型	湘阴县东部中心镇。发展以工程机械、汽车制造、农副产品加工为主的工贸型小城镇
新泉	农贸型	湘阴县西部中心镇。发展以农副产品加工、商贸物流为主的农贸型小城镇
钱粮湖	农贸型	君山区西部中心镇。发展以农副产品加工、建材为主的农贸型小城镇

9.3.4.2 一般镇功能定位

一般镇在该区域内具有政治、经济、文化中心的功能，同时在功能定位方面主要根据资源情况进行定位。根据岳阳市一些一般镇的情况所进行的功能定位如表 9-6 所示。

表 9-6 岳阳市一般镇功能定位一览表

职能类型		数量	城镇名称
服务职能	经济职能		
镇域中心	工贸型	8	聂市、万庾、操军、东山、樟树、东塘、安定、广兴州
	工矿型	3	忠防、川山坪、新开
	农贸型	18	黄盖、定湖、詹桥、长塘、许市、鲇鱼须、黄沙、柏祥、月田、桃林寺、大荆、南湖洲、湘滨、瓮江、梅仙、童市、龙门、虹桥
	旅游型	2	张谷英、加义

9.3.5 重点发展区域的空间布局

积极培育"岳—临—荣"都市区和"汨—湘—屈"城镇群；引导城镇产业、人口、土地、基础设施等要素重点向中部地区集聚，为中部城镇经济带的形成与发展创造条件。中心村应当制订村庄规划，其他村庄则根据发展需要制订村庄规划。重点发展的城镇规模详见表 9-7。

表 9-7 岳阳市重点发展城镇规模表

城镇名称	城镇规模		城镇名称	城镇规模	
	人口规模（万人）	用地规模（km²）		人口规模（万人）	用地规模（km²）
岳阳市	115	115	汨罗市	20	20
临湘市	18	18	湘阴县	20	20
华容县	15	15	岳阳县	15	15
平江县	18	18	营田镇	5	5

9.4 岳阳市农村城镇化的经验及方向

9.4.1 岳阳市农村城镇化的主要经验

岳阳市委、市政府把城镇化建设作为振兴市域经济的突破口，积极实施项目带动战略，加快城镇基础设施建设，城区建设步伐明显加快。近年来，岳阳市投入大量资本先后改造了一批城区街道，使城市发展空间再次得到拓展，城区面积逐步扩大。目前，各市县路网骨架初步形成，城市结构趋于合理，配套设施逐步完善，各种功能基本健全，集聚能力进一步增强，城镇化水平逐年提高。这些成绩的取得得益于以下几个方面。

①突出规划指导地位,全力抓好城镇化规划修编。一是抓好城市总体规划修编。依托区位优势,结合区域内一些可预见和不可预见的发展因素,侧重适应岳阳市人民加快城市建设的愿望目标,重新修编城市总体规划,使岳阳市总体规划更加科学,更加切合发展实际。二是抓好城区详细规划。按照"先规划、后建设"的要求,遵循"先道路、后两侧"的思路,对城市项目基本上都进行了科学、详细规划,避免了建设的盲目性和无序性。三是抓好小城镇建设规划。从"十五"开始,岳阳市就按照"宁可富规划、穷建设,也不能穷规划、富建设"的要求,对全市各个乡镇的小城镇规划进行了全面部署。截至目前,全市的城镇总体规划已经全面完成,初步形成了以市区为中心,以各县城镇化发展为重点,以多个普通乡镇为支撑且结构合理、重点突出、特色鲜明的城镇规划体系。

②突出建设重点,全力抓好基础设施建设。近年来,岳阳市加快了城市建设力度,重点安排了基础设施建设项目资金,使城市面貌显著改善。一是抓好道路工程建设,打造城市经济发展平台,使城市内外路网骨架得到了极大改善,为方便城市交通、繁荣城市经济奠定了基础。二是抓好配套设施建设,打造最佳人居环境。坚持道路工程与配套工程同步建设的原则,狠抓了供水、排水、邮电、通信、电力、广电传输、居民区及各类市场等配套设施建设,进一步完善了城市服务功能,为居民创造了良好的生活条件。三是抓好绿化亮化美化建设,努力提升城市品位。把"绿化作为城市唯一有生命的基础设施"来建设,无论建设用地多么紧张,都必须首先保证绿化建设用地,任何侵占绿地的建筑物都应坚决拆除。截至目前,岳阳市公共绿地覆盖率在全省都处于领先地位。近年来,又全面实施了城区亮化工程,进一步丰富了城市内涵,提升了城市品位。四是抓好小城镇建设,带动乡村经济发展。坚持"量力而行,突出重点、分类推进"的原则,把小城镇建设与培育农村主导产业、发展乡镇企业和个体私营经济结合起来,重点抓好小城镇建设产业布局和产业发展方向工作,有力地带动了乡村经济的持续发展。

按照建管并重的要求,遵循"建管分离,加强管理"的思路,加快城市管理机制创新,增强城管活力,使城市管理逐步走上规范化道路。一是抓好管理体制改革。制定出台了《岳阳市城市管理暂行办法》等一系列规范性文件,做到了机构、人员、职责三到位,使全县城市管理主要是市容卫生管理走向了制度化、规范化道路。二是抓好工作思路创新。取缔了城乡马路市场,设立了城市商业街,既分流了摊点,又做到了定点经营,划行归市。夯实了垃圾清理责任,做到了权利、责任、义务三落实。改革了居民垃圾倾倒方式,积极推行垃圾袋装化管理,定量定点倾倒,使居民养成了良好的生活习惯,推动了"改陋习、树新风"工作的深入开展。

③出台重点优惠政策，促进城镇化健康发展。全力抓好两项政策制定。一是制定投融资优惠政策，广泛吸引社会资金参与城镇建设。在招商引资优惠政策中明确规定，凡投资市政工程等基础设施项目的，在享受国家优惠政策基础上，还给予一定的奖励。凡投资建设基础设施和社会公益事业项目的，也给予一定的支持。凡在小城镇投资建设项目的，若财力不足征地的，可变征为租，租赁费予以适当降低。通过制定及落实优惠政策，极大地调动了社会力量投资城市建设的积极性。二是制定土地开发优惠政策，注意解决城市征地与失地农民之间的矛盾。在小城镇建设上，坚持"量力而行，尽力而为"的原则，从小城镇建设实际和农民自身要求出发，原则上不征用农民土地，由农民根据小城镇规划，自行组织建设，有效解决了政府大量征地引起失地农民生计困难的问题。在县城建设方面，以民为本，坚持国家、集体、个人一起上的原则，一方面激发了城镇建设活力，另一方面又解决了失地农民的生计问题。

④突出统筹城乡发展，全力推进城乡一体化进程。在城镇化建设实践中，岳阳市始终把城镇作为经济发展的综合载体，把城镇化作为经济发展的综合反映，与经济社会发展统筹考虑，全面规划，相互推进。一是加快农村交通基础设施建设，以流通带动农村城镇化的发展。近年来，先后实施了公路升级改造和整治工程，拓宽县乡村公路，增加了通车里程达到范围，基本实现了县乡道路油路化、乡村道路沙石化，促进了农产品流通，带动了相关产业，加快了农村经济发展。二是加快发展乡镇企业，以龙头企业带动农村工业化的发展。围绕农村主导产业，积极招商引资，建成了一批乡镇企业，有效地转移了农村富余劳动力，从而加快了实现农村工业化富民的步伐。三是加快重点产业开发，以优势资源开发带动城市发展。岳阳以石化工业技改为重点，带动城市的煤、电、路综合开发，促进商贸、餐饮、物流等配套产业的发展，不断完善城市载体功能，吸引农村人口向城市集中，加快岳阳的城市化步伐，有力带动了区域经济的快速发展。

9.4.2 岳阳市农村城镇化发展方向

岳阳市今后在实施城镇化战略方面，应以发展为主题，以环洞庭湖生态经济区大开发为契机，以经济结构调整为主线，以基础设施建设和各类产业发展为依托，以改革开放和科技进步为动力，以提高人民生活水平为根本出发点，坚持政府导向和市场推进并举，按照因地制宜、分类指导和循序渐进的原则，抓好工业园区建设和商业街的改造开发工作，加固治理环湖河堤，加快重点小城镇建设步伐，配合抓好区域内铁路、高速公路建设工程，将岳阳建设成为湘北地区中心城市、重要能源基地,以发展石化及配套工业为主的现代化城市,应力争在以下五个方面实现新突破。

①调整布局结构,在构筑城市骨架上实现新突破。城市布局是城市的"骨骼"。中心城市不仅要"血肉丰满",还必须"骨骼明朗健壮"。因此,需要以科学的城市布局,来促使城市功能不断完善,促进城市经济快速发展。从岳阳的地形地貌和发展现状出发,抢抓机遇,加快建设环湖公路,创造条件,争取多方筹资,初步形成更加完善的城市路网骨架,为城市功能区划奠定基础。进一步发展商贸物流服务业,壮大地方工业支柱,优化城市经济结构;积极实施城区防洪工程,加快城镇化开发,不断扩大城市规模。

②加快产业布局开发,在经济强市建设上实现新突破。城市的发展必须依赖于产业的有力支撑。岳阳工业资源丰富,加快工业开发,是将岳阳建成为湘北中心城市的必由之路,可大大加速区域的城镇化进程。因此,岳阳应紧紧抓住区域开发的历史机遇,加强基础设施建设,完善城市功能,改革户籍管理制度,促进农村人口向城镇快速、合理、有序集中,实现以工业化促进城镇化的目标。

③优化产业结构,在小城镇建设上实现新突破。实践证明,推进城镇化,必须坚持以经济建设为中心,没有坚实的经济基础,没有合理的产业结构,就没有吸纳农村人口的能力,城镇化就"化"不起来。因此,应改变区域内小城镇经济实力普遍较弱、发展缓慢的现状,必须坚持以经济建设为中心,走好三条兴镇之路:一是走好产业兴镇之路。产业是支撑小城镇发展的生命线。应积极培育农村主导产业,大力发展乡镇企业,优化农村产业结构,开发创造更多的就业岗位,吸纳就业,转移农民,富裕农民。二是走好流通兴镇之路。无商不活,先有市场后有城镇,没有市场就没有城镇,因此,必须充分发挥小城镇区域中心地位优势,建设大型商贸市场,完善农村市场体系,搞活城乡商贸流通,以大流通带动经济大繁荣,以大繁荣促进经济大发展。应把小城镇建设与发展非公有制经济结合起来,大力发展个体私营经济,以商活镇,繁荣经济,推动发展。三是走好开放兴镇之路。只有开放,才能带来资金流、项目流、技术流、信息流,才能为加快发展提供强大动力。应加大招商引资力度,努力扩大对外开放,以优惠的政策、优质的服务、优良的环境,吸引生产要素和龙头企业向城镇流动,尽快形成"洼地"效应,创建乡镇工业小区,加快乡镇经济发展步伐。

④坚持以人为本,在城市综合管理上实现新突破。现代化的城市管理是以城市基础设施为重点对象,以发挥城市综合效益为目的的综合管理体系,因而必须坚持把以人为本的观念贯穿始终,统筹兼顾,突出重点,切实抓好以下四

项管理：一是抓好规划管理。城市建设，规划是龙头。应维护城市规划的严肃性、权威性，切实发挥规划对城市的蓝图指导作用，做到科学修编规划，严格实施规划，全力落实规划，努力使未来的城市更富吸引力，更具人性化，更有品位。二是抓好市容管理。坚持管教结合的原则，完善城管"110"机制，解决热难点问题，杜绝脏、乱、差现象，根治城市"牛皮癣"。坚持疏堵结合的原则，引入市场机制，完善市政公用设施，从源头上消除"五马横行"的不良现象。三是抓好环境管理。继续加强各类绿地建设，走城镇建设与生态建设相统一、生产力发展与生态容量相协调的城镇化道路。当前应特别重视增强环保意识，突出抓好城区空气、河流水体、施工噪音三大污染治理，不断提高城镇环境质量，力争到2015年，实现城区绿化、亮化、美化目标，将岳阳建成空气清新、环境优美、人居和谐的生态型现代化城市。四是抓好物业管理。尽快完善物业管理中心建设，明确管理主体，落实管理责任，建立举报投诉机制，规范物业管理行为，努力创造湘北最佳的人居环境。

⑤运用市场机制，在城市科学经营上实现新突破。运用经营城市理念，借助市场经济手段，对构成城市空间和功能载体的生成资本及延伸资本进行集聚、重组和营运，通过"打好四张牌"，谋求城市基础设施的自我积累和发展。一是打好"土地牌"。强化政府对土地的调控权，建立土地储备制度，完善城镇建设用地，实行由政府统一征用、统一规划、统一开发、统一出让（出租）、统一管理制度，公开拍卖土地使用权，实现土地价值最大化。二是打好"股份牌"。鼓励外商、社会各界和个人参股、控股，联合建设或独资建设城镇基础设施，促进投资主体多元化、社会化。三是打好"经营牌"。采取投资拍卖等方式，有偿转让基础设施经营权和城镇黄金地段开发权，加快城市建设步伐。四是打好"无形资产牌"。通过向社会法人和自然人出让公益设施冠名权、经营权等方式，建立多渠道筹资机制，积极筹措建设资金，充分发挥无形资产效益。应按照"谁投资，谁受益""谁使用，谁付费"的原则，努力实现城市公用事业建设多元化、资源配置市场化、投融资主体多元化、经营管理企业化目标。在政府统一规划和规范管理的前提下，逐步形成城镇基础设施建设投资、经营、回报的良性循环，切实加快城镇化战略实施步伐，努力开创城镇建设工作新局面。

10 常德市农村城镇化实践

10.1 常德市的区位及经济发展概况

10.1.1 区位情况

常德市是1988年经国务院批准成立的省辖市,实行市领导县体制。常德城始建于战国时代,距今已有2300多年。常德在古代称为武州、朗州、鼎州,历来人文鼎盛,是湘楚文化的重要发祥地。位于北纬28°~31°,东经110°~113°之间,属于国际时区东8区。地处中国的中南部,长江中游、沅江下游和澧水中下游,武陵山脉、雪峰山脉东北端,湖南省的西北部。东临洞庭,西接黔渝,南通长沙,北连荆襄,史称"黔川咽喉,云贵门户"。从经济区位划分,常德属于中国中部经济崛起重心地带,位于泛珠江三角洲和泛长江三角洲经济发展区域接合部,是东部沿海发达地区产业向中、西部转移的黄金地段。常德现辖武陵、鼎城2区,汉寿、桃源、临澧、石门、澧县、安乡6县和一个县级市津市。全市面积18 189.8 km^2,户籍人口6 225 905人。其中城区面积297.4 km^2,人口408 359人。常德是湘西北重要的交通枢纽、能源基地和政治文化中心,也是三峡—洞庭湖、南岳衡山—张家界黄金旅游走廊的过渡部与中枢。总之,常德是一个历史悠久、地灵人杰的鱼米之乡!更是一座崇尚道德、重视教育的文化名城!

常德地貌以平原为主。境内山水相连,地势西北高东南低。西部有"湖南屋脊"之称的壶瓶山。东南部是地肥水美的西洞庭湖平原,平均海拔在50 m以下。中部过渡地段为丘陵。湖南四大水系中的沅江和澧水流经常德,境内有大小河流432条。平湖区江河纵横,水网密布,有广阔的天然湿地。

10.1.2 经济发展状况

常德是中国重要的农产品轻工产品生产基地,素有粮仓、纺城、烟都、酒市、茶乡之称。常德也是中国有名的"非金属矿产之乡"。常德市作为湘西北的工业基地,形成了以食品、纺织、机电、化工、建材为支柱的工业体系。其中纱、布、酒、水泥、卷烟产量居全省前列。常德发达的农业、丰富的矿藏资源,为工业提供了大量原料,目前形成了以加工业为主的工业格局。

常德市现有各类开发区和工业园30多个。在德山建立了德山经济开发区,目前已成功晋级国家级开发区,更名为"常德经济技术开发区"。此外还建立了常德市高新技术工业园,澧县澧阳工业园属国家级乡镇工业园和中西部合作示范区,临澧太平开发区和鼎城灌溪工业园属省级工业园。以上各类工业园区共有入园企业300多家,园区特色经济如雨后春笋,蒸蒸日上。近年来,常德市紧紧把握泛珠三角区域经济合作和沿海发达地区特别是上海产业梯度转移的机遇,规划了"上海工业城""浙江工业城"等特色园区,并派出专业招商队伍,积极主动地寻求合资合作伙伴,亦取得了较好效果。

2011年常德市完成地区生产总值1 811.2亿元,比上年增长14.1%。其中,第一产业完成增加值294.7亿元,增长3.3%,对经济增长的贡献率为4.4%;第二产业完成增加值889.3亿元,增长18.4%,对经济增长的贡献率为60.3%;第三产业完成增加值627.2亿元,增长14.1%,对经济增长的贡献率为35.3%。三大产业结构比由上年的18.8∶45.9∶35.3调整为16.3∶49.1∶34.6。这说明,总体上常德市产业结构趋于优化(图10-1)。

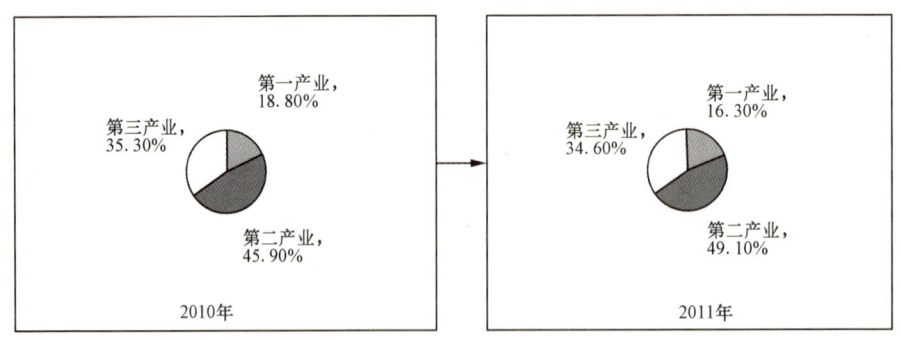

图10-1 2010年与2011年常德市产业结构变化图

2011年常德市财政总收入130.3亿元,比2010年增长29.1%。地方财政一般预算收入93.9亿元,增长34.1%;其中税收收入52.6亿元,增长20.1%。财政总支出219.2亿元,增长27.2%,其中重点支出项目为社会保障和就业支出 42.0 亿元，增长 25.3%；教育支出 32.9 亿元，增长 17.7%。增速较快的支出项目是住房保障，8.3 亿元，增长 78.7%，医疗卫生 20.9 亿元，增长 56.4%，农林水事务 24.3 亿元，增长 30.2%。

10.1.3 基础设施条件

通过"十一五"以来的大规模城镇化建设，常德市的城镇承载能力大为提高。常德市城建融资累计超过 200 亿元，市城区规模空前的扩容提质工程全面铺开，基本形成了 100 km² 城市路网骨架，建成区面积由 58 km² 扩大到 70 km²，人口由 58 万增加到 70 万。各个县城的规划建设管理水平进一步提高，石门县城获全国文明县城称号，安乡县城、桃源县城获国家卫生县城称号，武陵区成为全国和谐社区建设示范城区。新型城镇化进一步加速，城镇化率由 33.2% 提高到 39.5%。农村生产生活条件大为改善。重点加强农村水、电、路、气等基础设施建设。整治病险水库 221 座，培修加固一线防洪大堤 55 km，配套改造大中型灌区 8 处，疏浚渠道 2 万多 km，改造中低产田 85 万亩，新建沼气池 12 万个，完成了第一、第二轮电网改造，农业机械装备水平全省领先。交通、能源、通信等基础设施建设能力大为增强。新建改造国省干线公路 244 km，常张、常吉高速建成通车，汉寿沅水大桥、安乡夹夹大桥等桥梁工程竣工；建成了皂市水利枢纽主体工程和石门电厂二期、长常天然气管线等工程，完成数字电视建设，配套提升了通信网络。

推进城镇化建设需要基础设施的紧密跟进，常德市按照突出重点、适度超前、完善配套的原则，统筹推进交通、水利、能源、通信等综合基础设施建设，提高对经济社会发展的承载能力，为跨越式发展奠定了坚实基础。以交通基础设施为例，常德利用地处湘鄂渝川黔边境的区位优势，构筑公路、铁路、水路、航空四大对外通道，统筹城乡交通，发展多式联运，努力将常德建设成为武汉城市群、长株潭城市群、成渝经济区等三大区域实现东西对接、南北交会的重要节点。近几年，常德市的交通基础设施建设取得了以下明显成效：

①完善了公路运输网络。坚持各类公路协调发展，形成通道能力充分、网络结构合理、管理运营高效的公路交通运输体系。一是加快高速公路建设。完成常荆、常邵、常岳高速公路建设，建设汉寿军山铺经西湖、安乡、津市、澧县、石门至慈利高速公路环线，形成"一环六线"高速公路网络，实现常德到周边相邻地州市至少有 1 条高速公路直达，各区县（市）县城通高速；启动湘宜（宜昌至合口）高速公路建设，加快实现常德经高速公路东达沪杭、西连成渝、北接京津、南出粤港目标。二是推进干线公路改造升级。按照"量力而行、稳步推进"的原则，重点改造建设国道、省道、重要旅游景区公路和具有

重要经济地位的县道，实现干线公路技术等级达三级以上标准，境内省道渡口全部改渡为桥，进一步提升干线公路安全通行能力。三是加快客货运站场建设，为人们出行及货物运输提供更为优良的硬件条件。

②加快了铁路枢纽建设。围绕建设区域性铁路枢纽，积极筹划争取和加快推进铁路建设，市域境内形成纵横贯通的铁路网，市城区形成"十"字形线路布局结构。重点加强北煤南运通道建设，以焦柳铁路复线、石长铁路复线、宜石铁路建设为依托，提升北煤南运运力；加强东西货运通道建设，以黔张常、常岳九铁路建设为依托，融入蓉杭（成都至杭州）铁路大通道，以长益常、常张城际铁路建设为依托，打通成渝经常德到长株潭的快速客货运输通道，以渝长高速客运专线建设为依托，拉近西南地区与中南地区的时空距离；加强南北向旅游通道建设，依托常德至桂林旅游客运专线建设，串联知名旅游景区，带动旅游发展。

③推进了水运提质升级。为提高内河航运的运输效益，逐步建成以常德港、津市港为龙头，沅水、澧水干流、淞虎航线为骨架的"两横一纵"水运网络，形成"干支直达、连海联运"的现代化内河航道体系。加快推进航道整治，使沅水航道桃源陬市至鲇鱼口航道达到 2 000 t 级，实现与湘江航道的对接，桃源陬市至凌津滩航道达到 1 000 t 级；澧水航道临澧青山至澧县澹洲达到 1 000 t 级，澧县澹洲至石门三江口航道达到 500 t 级；淞虎航道安乡至茅草街达到 1 000 t 级。加快以沅水德山港、澧水津市港为中心码头的港口建设步伐，建成集装箱、散货、杂货、危险品、石油等专用化运输系统，拓展港口码头的服务功能，将运输腹地延伸至贵州、湘西等地。

④增强航空通达能力。以形成区域型枢纽机场和航空货运集散中心为目标，加快桃花源机场改扩建工程，优化航线布局，形成以常德为中心，国内 3 小时、亚太地区 6 小时的航空经济圈。适应快速增长的客货运需求，开通了常德至北京、上海、广州、深圳、昆明五大枢纽机场航班，新开通一批国内航线，依托北京、上海、广州、深圳发展中转连程航线，覆盖华北、华东、西南等地区的重要城市，初步建成常德至国内 20 个大中城市、年旅客吞吐量达 220 万人次的航空网络（表 10-1）。

表 10-1 常德市交通枢纽重大建设项目

投资去向	项目名称
高速公路	杭瑞高速常德—岳阳，二广高速澧县—常德，二广高速常德—安化等三条高速公路续建；军慈高速公路张花高速等在建

续表

投资去向	项目名称
干线公路	国道增建项目——G326东延伸线、张家界至新宁，省道增建项目——S226北延至临澧县城、S205北延至卷桥、S227东延至沙河口、S302西延至罗坪、军山铺至黄山头、窑坡渡至洛家峪、鳄子湾至甘溪、谢家铺至杨家桥、荆江南堤至八百弓，国道局部优化项目，省道局部优化项目，城头山遗址专用公路等9条旅游公路项目，重要干线新建和改建工程；常德沅水四桥等8座独立特大桥建设工程等
铁路	石长铁路复线；黔张常铁路；长益常城际铁路；常张城际铁路；安张衡铁路；焦柳铁路石门至怀化扩能；常德至桂林铁路；常岳九铁路；宜石铁路；渝长高速客运专线；常荆铁路；山西侯马至石门铁路；常德铁路交通枢纽改造等
航道整治	沅水航道整治；澧水航道整治；长江淞虎航道整治工程；洞庭湖湖区航道整治等
港口码头	德山新港区千吨级码头工程；沅澧水千吨级码头建设
航空	桃花源机场4D级扩建，长沙空军机场搬迁等

10.1.4 居民生活与生态环境

常德市城乡居民收入连续五年实现两位数增长，城镇居民人均可支配收入达到 15 250 元，农民人均纯收入达到 5 600 元，分别是2005年的1.6倍和1.8倍。城乡居民储蓄存款余额641.3亿元，是2005年的1.9倍。城镇居民人均住房面积由 23.9 m^2 提高到 35.6 m^2。累计投入资金110亿元，连续五年为群众办实事，解决了一批就业、就学、就医、出行、住房等人民群众最关心、最直接、最现实的利益问题。五年新增城镇就业30万人，帮助下岗失业人员再就业19.1万人次。社会保险参保人数由128.8万人次增加到333万人次，累计支付社会保险金132亿元。企业退休人员月人均养老金1045元，比2005年翻了一番。城镇低保实现应保尽保，农村低保逐年扩面提标，累计发放城乡低保资金12.1亿元。解决了120万农村人口的饮水安全问题。新建改建乡镇敬老院155所，集中供养人员达到4.9万人。竣工廉租房28万 m^2，发放廉租住房补贴5 400万元，新建农村安居房1.65万户。投入资金4 000多万元，全面完成了洞庭湖区专业捕捞渔民上岸定居和危房改造任务。

从2006年开始，常德市全面启动生态市创建工作。推进城市水系生态保护和修复工程，建设城镇污水处理厂，城市生活垃圾全部实现无害化处理，市城区空气质量优良率保持稳定。开展农村面源污染治理和饮用水源保护，小I

型以上水库全部禁止投肥养鱼，压减珍珠养殖面积12.7万亩，禁控水域水质明显好转。高度重视节能减排工作，先后组织实施了造纸、砖瓦、苎麻、水泥等行业的专项整治，"十一五"节能减排任务顺利完成。抓好植树造林和封山育林，森林覆盖率由43%提高到46%，全市生态环境持续改善。

10.2 常德市农村城镇化的思路及内容

10.2.1 常德市推进农村城镇化的整体思路

常德市坚持以优化空间开发组织结构和推动形成主体功能区为核心，构建资源配置优化、区域分工合理、公共服务均等、人与自然和谐相处的区域协调发展新格局，加快推进新型城镇化和城乡一体化进程，建设全省城乡统筹先行区。增强中心城市的带动功能，以扩容提质为核心，推动江北城区向北、东、西发展，江南城区向西、向南发展，常德经济技术开发区向南、向东发展，实现城市功能立体互补，促进一城三片协调发展，建设泛湘西北区域中心城市。力争到2015年，常德中心城区面积发展到105 km^2、100万人口规模。常德市内城镇等级规模结构规划见表10-2。

表10-2 常德市内城镇等级规模结构规划

等级	人口规模（万人）	城镇名称及城镇人口		
		2015年	2020年	2030年
特大城市	>100	常德中心城区（100）	常德中心城区（115）	常德中心城区（155）
大城市	50～100	—	—	北部副中心（60）（澧县县城+津市市区）
中等城市	20～50	北部副中心（40）（澧县县城+津市市区）、桃源县城（20）、石门县城（20）	北部副中心（45）（澧县县城+津市市区）、桃源县城（22）、石门县城（22）	桃源县城（30）、石门县城（30）、汉寿县城（25）
小城市	10～20	汉寿县城（15）、临澧县城（10）、安乡县城（10）	汉寿县城（18）、临澧县城（12）、安乡县城（12）	临澧县城（15）、安乡县城（15）

续表

等级	人口规模（万人）	城镇名称及城镇人口		
		2015年	2020年	2030年
小城镇	5~10	—	—	陬市（6万）、漆河（5万）
	2~5	陬市、漆河、祝丰、马鬃岭、大堰垱、西湖、灌溪、蒋家嘴、蒿子岗	陬市、漆河、祝丰、马鬃岭、大堰垱、灌溪、蒋家嘴、蒿子岗	祝丰、马鬃岭、大堰垱、灌溪、蒋家嘴、蒿子岗、西湖、石门桥、太子庙、桃花源、斗姆湖、黄山头、新安、合口
	1~2	石门桥、太子庙、桃花源、三阳港、斗姆湖、黄山头、新安、合口、皂市、壶瓶山、新洲、新关	西湖、桃花源、太子庙、石门桥、新安、黄山头、合口、斗姆湖、三阳港、皂市、壶瓶山、新洲、新关、黄土店、梦溪、码头铺、保河堤	三阳港、皂市、壶瓶山、新洲、新关、黄土店、梦溪、码头铺、河洑、保河堤、甘溪滩、周家店镇、草坪、谢家铺、焦圻、张公庙、小渡口、蒙泉、金罗、四新港、大鲸港
	1万以下	其他城镇共77个	其他城镇共73个	其他城镇共61个

10.2.2 规划主体功能区建设

坚持集约开发的原则，合理划分国土空间的工业、农业、居住和生态功能，引导产业相对集聚发展，人口相对集中居住，逐步构建合理的空间开发结构。

①依托城镇培育区域增长极。将常德市中心城区和各个县城、经济开发区作为重点开发区域，加快工业化和城镇化，承接发达地区的产业转移，承接限制开发区域和禁止开发区域的人口转移，成为支撑未来市域经济持续增长的重要增长极。重点加强常德工业走廊和澧水工业带开发，统筹路网、电网、水网、气网、通信、污水、垃圾处理等综合基础设施同步建设，着力提升各工业园区的工业、交通、商贸、人居、休闲等功能的全方位配套水平，把园区建成工业新城、投资沃土、产业高地、人才特区。积极推动石门、桃源等地纳入国家武陵山经济协作区规划建设，培育新的经济增长点。

②合理开发农业区域。对农业生产区域坚持保护优先、适度开发、点状发展，巩固重要的粮、棉、油、渔、畜、禽等农产品主产区功能，因地制宜发展资源环境可承载的特色产业，引导超载人口逐步有序转移。严格保护耕地和基本农田，在自然条件优越、农业基础设施较为完善、基本农田占比高、农业生产力水平高的区域，划定一定数量的基本农田集中区，建设一定数量和不同等

级的基本农田保护示范区。加大农村土地综合整治力度，扩大地力培育等各项投入，增加耕地数量，提高耕地质量。加大重点集镇和中心村建设力度，引导农民住房适度集中，加快农村基础设施和公用设施建设步伐，逐步提高农村人居环境质量和土地节约集约利用水平。

③严格保护禁止开发区域。常德市将省级及省级以上风景名胜区、自然保护区、森林公园、文化自然遗产、地质公园等划为禁止开发区，依据法律法规和相关规划实行强制性保护，控制人为因素对自然生态的干扰。积极引导人口逐步有序转移，优化保护区结构体系，提升现有各类保护区等级。着力保护生物多样性、重要生态系统与珍稀动植物资源，建设重要的动植物物种基因库和生态屏障、市域生态产品主产区，适度发展生态旅游，促进人与自然和谐发展。

④实施分类管理的区域政策。常德市从实际出发建立差异化的区域政策体系。依据不同区域的主体功能定位，分别实施激励型、支持—补偿型或保障—补偿型的公共财政政策。实行差别化的土地、环境和人口政策，制定不同的用地和环境标准，探索实行城镇建设用地规模增加与农村建设用地减少相挂钩，与吸纳农村人口进城定居相挂钩。完善绩效考核评估机制。对重点开发区域，优先考核工业化和城镇化发展水平；对限制开发区域，优先考核农业发展水平；对各类自然文化保护区，强化对自然文化资源原真性和完整性保护情况的评价。

结合以上原则，常德市将主体功能区划分为重点开发区域、限制开发区域、禁止开发区域（表10-3）。

表10-3 常德市主体功能区划分

功能区	划分标准	覆盖区域
重点开发区域	资源环境承载能力较强、经济和人口集聚条件较好的区域	常德市城区、澧县县城区、津市市城区、安乡县城区、石门县城区、临澧县城区、桃源县城区、创元工业园、汉寿县城区、汉寿经济开发区、西湖管理区城区和西洞庭管理区城区等12个区域
限制开发区域	限制进行大规模、高强度工业化、城镇化开发的区域	市域内除重点开发区域和禁止开发区域以外的区域
禁止开发区域	依法设立的各类自然保护区、重点风景区、历史文化遗产、森林公园等	壶瓶山自然保护区、乌云界自然保护区、花岩溪自然保护区、西洞庭湖湿地自然保护区、黄山头森林公园、河洑森林公园、夹山森林公园、桃花源风景名胜区和桃花源森林公园、城头山古遗址、彭头山古遗址、八十垱古遗址、余家牌坊、北民湖湿地自然保护区、七里湖湿地自然保护区、天供山森林公园、毛里湖湿地保护区、嘉山自然风景保护区、古大同森林公园、鹿溪森林公园、汤家岗遗址、划城岗遗址、南禅湾晋墓群、太浮山森林公园、九里楚墓群、青山崖墓群、邹家山遗址、林伯渠故居等

10.2.3 加快农村城镇化与新农村建设

10.2.3.1 加快城镇化建设

①完善城镇体系建设。在加快中心城市建设的同时,着力建设"一副、四轴":"一副"即加快津澧融城步伐,着手开展一体化顶层设计,建设市域北部副中心城市。"四轴"即沿常张高速公路和常长高速公路的西北—东南向一级发展轴:形成"太子庙—谢家铺—石门桥—灌溪—常德市区—河洑—漆河"的城镇密集带;沿常岳高速公路和常吉高速公路的东北—西南向一级发展轴:通过常岳高速、常吉高速、常岳九铁路连接怀化、岳阳、武汉,形成"剪市—桃源—斗姆湖—蒿子港—大鲸港—安乡"的城镇密集带;沿澧水流域的北部城镇二级发展轴:横贯石门、澧县、津市、安乡。津醴城市一体化发展形成北部城镇发展轴上的副中心城市和核心节点,构建"皂市—新关—石门—新安—合口—张公庙—澧县—津市—新洲—保河堤—安乡"的城镇密集发展带;沿二广高速和市域南北向高等级公路的中部二级发展轴:通过交通干线沟通沅江流域城镇和澧水流域城镇,串联起市域主、副中心及临澧县城等,最终形成"一主、一副、四轴"的市域城镇体系的空间结构。到2015年,全市城镇化率达48%,城镇人口达302万人,到2020年全市城镇化水平达50%以上,城镇人口达320万人。其中,常德市中心城区100万人以上,澧县、石门、桃源县城人口达到20万人以上,津市、安乡、汉寿县城人口力争达到20万人,临澧县城人口达到10万人以上。同步推进小城镇建设,重点推动省际口子镇、交通枢纽镇等特色城镇发展,形成一批各具特色的小城镇,发展1万~5万人的小城镇21个,并确保中心城市年均吸纳人口5万以上,重点小城镇吸纳人口2万以上。

②推进城镇建设。着力增强县城和小城镇的公共服务和居住功能,坚持"政府主导、市场运作、群众受益、注重特色"的要求,突出抓好农贸市场、垃圾站、停车场和自来水等公益性基础设施建设,进一步提高亮化、绿化、硬化水平,真正使广大群众受益。完善县城供电、供水、供气、给排水等基础设施,实施五县一市天然气输配管道、县城燃气管道敷设,县城自来水厂改扩建,县城垃圾和污水处理设施等工程,推进乡镇路网、乡镇自来水厂、乡镇垃圾处理和污水处理设施建设,进一步提高城镇居民生活质量。

③加强城镇管理。按照"建管并举、以管为主"的思想,全面提高城镇居住质量和城镇品位。突出治理出店占道经营,清理非法小广告,清除人行道乱堆放杂物,拆除影响市容市貌的破旧横幅条幅和旧广告招牌,查处无规划审批

违章乱搭乱建和破坏城市公共设施综合城区秩序专项整治活动,实现城市整洁靓丽、秩序井然。深化户籍制度改革,放宽户籍限制特别是中小城市和城镇的落户政策,促进有稳定劳动关系并在城镇居住一定年限的农民工转化为城镇居民。加强农民工权益保护,注重从制度上解决农民工社会保障、子女就学、公共卫生、住房租购等现实问题。探索新型社区建设,理顺管理体制,逐步完善街道、社区居委会的服务管理功能,推行街、居工作社区化,社区工作社会化。

10.2.3.2 积极推进新农村建设

常德市在城镇化进程中应注意以建设现代乡村为总体战略,以产业集中、人口集中为基本方向,以体制共融、资源共享、发展共赢为基本目标,以推动设施覆盖、服务覆盖、文明覆盖为基本任务,全面加快新农村建设步伐,推进城乡一体化。

①完善农村基础设施。按照"高标准规划、高水平建设"的要求,加快农村水、电、路、气、房等基础设施建设。推进农村新民居建设,有序引导农户集中居住,完善集中居住区各种配套设施。加快推进农村公路建设,完成2 000 km通村水泥路建设,解决农村"断头路"5 000 km,建设通村民组及农林牧场、旅游景点等公路4 000 km。按照"政策引导、多元投入、分步实施、整体推进"的原则,大力推进以集中供水为主的农村安全饮水工程,完成260万农村人口的饮水安全建设任务。实施新一轮农村电网改造,积极解决农村小网问题,努力保障农村居民生产生活有充裕电力供应,实现城乡同网同价。大力发展户用沼气池、秸秆气化炉等清洁能源,用五年左右时间实现40%以上的适宜户和90%以上的规模养殖场建有沼气池,有条件的村镇率先推广太阳能等新型能源。

②改善农村公共服务,抓好农民教育培训。以实施"阳光工程"和科技入户工程为重点,整合农广校、农技校、农村现代远程教育等现有资源,发展农村职业教育和成人教育,每年培训务农劳动力10万人次、非农技工5万人次以上。繁荣农村文化。加快县乡村"两馆一站一室"建设,加大县级图书馆、文化馆、影剧院和群众文化活动场所建设力度,实现县县有达到国家三级标准的文化馆、图书馆,到2015年,全面完成乡镇、街道综合文化站(中心)建设。加强农村医疗。进一步完善乡镇卫生院基础设施和配套功能,全面推行新型农村合作医疗制度,实现村级卫生组织覆盖率达100%,标准化卫生室达到85%以上,全市新型农村合作医疗实现全覆盖。完善农民相关保障。采取土地保障与社会保障相结合的办法,构建新型农村基本养老保障制度,扩大低保覆盖面,逐步提高补助标准,五年内对符合农村低保条件的实现应保尽保。加强

农村五保供养和敬老院建设，2015年集中供养率达到30%。抓好扶贫开发。按照整村推进、分批扶持的原则，促进少数民族地区全面发展，2015年基本完成市级贫困村扶贫工作任务。

③加强农村环境治理。大力开展以垃圾治理为重点的"三清三改"活动，积极实施清洁水源、清洁村庄、清洁田园工程，全面建立户集（分类）、村收、乡运、分区域处理的农村生活垃圾治理机制。强化农业投入品管理，农药、化肥等包装物、残留物逐步实行集中清理处置。规模畜禽养殖场逐步从水源保护地、集中居住区撤出，向丘岗山地发展，大力推广零排放技术。全面巩固和扩大水库禁投成果，将禁投范围向大江大湖延伸，"十二五"期末退出珍珠养殖。按照统一规划、连片整治、城乡联动、区域一体的要求，以环境净化、房屋美化、道路硬化、村庄绿化、路街亮化为重点，强力推进市到县主干道沿线环境综合整治，力争用三年左右时间完成所有市到县城主干道沿线集镇、村庄和农户人居环境综合整治，建设一批美丽乡村。

④改革农村发展机制。推进农村产权改革。加快推进农村生产生活资料和基础设施产权制度改革，逐步明晰农村宅基地、耕地、林地等生产资料产权，发放统一产权证，明确产权关系，加快组建县级林权管理服务中心、森林资产评估中心、农村土地流转服务中心。推动农村金融改革。深化农村合作金融机构改革，进一步提高资本充足率，引进战略投资者，组建农村商业银行。鼓励社会各类资本到农村设立村镇银行、贷款公司、农村资金互助社等新型农村金融机构。大力推广林权、土地经营权、大型农用设备抵押贷款，积极探索用水域滩涂养殖经营权、农业订单等资产进行抵押担保的有效办法。积极争取将农业政策性保险增加林业、大型农机具、柑橘等品种，扩大农业保险覆盖面。加大财政转移支付力度，切实落实村级组织运转经费保障政策，探索建立村级公益设施建设和管护机制，积极推进"一事一议"财政奖补试点，着手化解农村公益性建设债务。积极探索城乡统筹发展机制，建设西湖、西洞庭等一批城乡统筹示范区（乡镇），沿常桃线等重要通道形成一批城乡统筹示范带。

通过农村城镇化和新农村建设，实现了一批重大基础设施项目建设的圆满完成（表10-4）。

表 10-4　近几年常德市县城和小城镇重大基础设施项目建设成果

县城和小城镇重大建设项目		新农村重大建设项目	
县城	小城镇	基础设施	公共服务
各县城扩容工程；各县城路网、供水、供气、垃圾污水处理等基础设施建设工程；县城供水及管网建设等	重点小城镇建设工程；经济综合开发示范镇建设；重点镇污水处理工程；重点镇供水等基础设施建设等	新一轮农村电网升级改造；沼气建设、省柴节煤炉灶、太阳能热水器推广工程；农村清洁工程示范村建设；农村饮水安全工程；县乡公路危桥改造工程；农村环境综合整治示范工程；农村新民居建设工程；无房和危房特困移民安居房建设等	农民教育培训与转移就业工程；放心农资下乡进村工程；农村卫生服务体系建设；农村初中校舍改造二期工程；大中型水库农村移民后期扶持工程；移民基础保障工程；农村无线数字电视网络建设；农村广播电视村村通工程等

10.3 常德市农村城镇化建设取得的成效

10.3.1 城镇化总体成效明显

近几年来，常德市认真贯彻党的十七大关于走中国特色城镇化道路的精神，按照省委、省政府关于加快推进新型城市化的决策部署，大力推进城镇建设发展，城镇化工作取得了明显成效。近年来，常德市通过开展城市路网项目工程，推进城市向多中心发展的目标；开展水系治理项目工程，实现了内环水系污染得到基本解决的目标；开展产业配套项目工程，实现以产业化促进城市化，以城市化推进二、三产业加速发展的目标；开展重大公益项目工程，不断完善城市功能；开展创建夺牌工程，如巩固卫生城市成果、创建文明城市工作等；开展保障住房项目工程，建立健全符合常德市发展的住房保障体系，并开展县城扩容提质工程，努力为把各县（市）建设成能容纳 20 万～50 万人口的中小城市而努力奋斗，并开展了重点小城镇建设工程，进一步优化城镇体系。取得了一些成效。到目前，常德市共 207 个乡镇，其中建制镇 106 个；城镇人口 236.2 万，城镇化率 38.87%；常德市城区建成区面积 73.6 km^2，人口 68 万。常德市城镇人均道路面积 15.69 m^2，城市用水普及率 100%，万人拥有公交车辆 10.6 标台，城市污水处理率 64.41%，燃气普及率 98.08%，人均公共绿地面积 14.1 m^2，建成区绿化率 43.32%。

①加强了规划指导。着力编制和完善三个层面的规划：一是总体规划和概念规划。常德市完成了《常德市城市总体规划（2009—2030）》，明确了 2030 年发展到 160 km^2 和 155 万人口、建设现代大城市的发展方向，突破了城市拓

展不跨越铁路的局限,确立了"高速外环""快速内环"扩容框架;明确了建设生态宜居城市、交通枢纽城市、区域中心城市的核心定位。澧县、石门完成了县城总体规划修编;桃源、津市、汉寿、安乡、临澧的县城规划修编工作均已启动。全市21个国家、省、市级重点镇全部完成城镇规划编制工作。二是专项规划与新区控规。围绕"3+5"城市群和新型工业化发展议题,先后完成了《常德市城镇体系规划》《常德市工业走廊规划》《澧水工业带规划》《食品工业园规划》等一批专项规划的编制工作。北部新城、西城片区、戴家岗片区、东江片区和东城区控制性详规已初步完成,路网结构基本确定。澧县等县城也开始启动片区控制性详规编制工作。三是乡镇规划体系。截至2011年年底,常德市共组织编制了1 300多个村庄整建规划和10多个结合"镇村同治"的集镇、乡规划,组织各区、县(市)编制完成了《县域村庄布局规划》,确定了各区县城区—中心镇—一般镇—中心村的规划体系,为促进城乡的协调发展打下了良好基础。

②完善了城镇体系架构。常德市城镇化体系发展的基本思路是:优化城镇空间布局,构建中心城市—次中心城市—卫星镇和小城镇协调发展的市域城镇体系。鼓励澧县—津市城市一体化,形成50万以上人口的大城市,建成澧水流域的中心城市,成为常德行政区域的次中心城市;鼓励石门、桃源县城形成20万以上人口的中等城市,建成流域的次中心城市;鼓励汉寿、安乡、临澧县城发展成为富有特色的县域经济文化中心。加快发展灌溪、斗姆湖、石门桥、白鹤山等中心城市周边卫星镇,拓展中心城市发展空间;择优培育太子庙、盘塘、蒿子港、皂市、大堰垱、合口、保河堤、黄山头、祝丰、西湖等一批国家、省、市重点建制镇,发展工业、商贸、旅游等各类特色小城镇,构筑组合有序、优势互补、规模等级完善的小城镇体系。

③加快了城镇扩容。一是抓中心城区扩容。2008—2012年,常德市区投入250多个亿,开展195个项目建设。二是抓县域中心城市拓展。近年来,各县市大力推进城镇扩容战略,7个"城关镇"扩规模、提品质,形成了新型县(市)域中心城市的发展格局。2008年至今,澧县县城面积从16 km²扩大到22 km²,县城人口由15万增加到17万;津市市区面积从16.6 km²扩大到21.3 km²,城区人口由10.3万增加到12万;桃源县城面积从8 km²扩大到13 km²,县城人口由8.1万增加到13万;石门县城面积从12 km²扩大到13.6 km²,县城人口由12万增加到13.5万;汉寿县城面积从10.1 km²扩大到12.5 km²,县城人口由10万增加到11.5万;安乡县城面积从10 km²扩大到12.8 km²,县城人口由8.7万增加到12.8万;临澧县城面积扩大2 km²,县城人口增加1万人。三是抓小城镇建设发展。加大小城镇建设投入,加快发

展步伐，促进了各小城镇竞相发展、快速发展。西洞庭祝丰镇去年房产市场完成总投资6 200万元，总建筑面积6万多 m^2，食品工业园区完成基础设施总投资1.3亿元，总建筑面积15万多 m^2；西湖镇全面完成了镇区小街小巷改造、镇区供水管网改造，启动东湖北岸风光带建设。蒋家嘴镇、罐头嘴镇、灌溪镇、石板滩镇修编城镇规划，配套市政基础设施，绿化美化城镇环境，城镇功能和面貌有了很大提升。新安、合口、甘溪滩等城镇确立经营理念，吸纳社会投资，向市场开发要效益，镇区基础设施建设加快。随着一批小城镇健康发展壮大，目前益阳市沿沅江、澧水两大流域和207、319、306、205四条国、省道轴线，初步形成了功能互补、各具特色的城镇发展格局。

④推进了公共服务。一是加强街巷整治。连续五年把小街小巷整治作为"十件实事"列入政府工作报告，每年投入资金近亿元，每年改造小街小巷100~200条。市里2007年专门制订了《小街小巷整治三年行动计划》。目前从市城区到县（市）城，已基本完成中心区域的改造任务，基本上解决了老城区水不通、路不平、灯不明等问题，街巷整治重点开始向老旧小区、小城镇延伸。二是加强污水治理。全市7座污水处理厂共完成建设投资6.3亿元，建成污水处理规模15.5万t/d，完成污水主次干管铺设328 km，如期实现了省政府"污水处理三年行动计划"建设目标。常德市与德国汉诺威水协合作，对城区水环境进行全面、高品质、高品位的治理和改善。三是积极推进城乡垃圾处理一体化。率先争取到试点城市项目资金支持，德山垃圾焚烧发电厂正式开工，城区压缩式垃圾清运项目逐步推进，西湖、西洞庭及近郊乡在内的垃圾集中收集、处理工作已经启动。同时，还实施了油改气工程，供水、供气、公交事业健康发展，相关指标均居全省前列。

10.3.2 中心城市规模扩大且功能不断完善

10.3.2.1 中心城市规模扩大

常德市区按照"一带、两轴、三城、多片区点"的发展新格局，加快路网建设，拉开160 km^2 城市骨架。一带，即沅江风光带；两轴，即南北向主轴和东西向次轴搭建的"十"字轴；三城，即江北城区、江南城区和德山城区；多片区，即江北中心区、城东片区、河洑片区、沾天湖片区、东江片区、沅江南岸的鼎城中心区、德山中心区、德山南区、德山东区。发展轴上的道路设施坚持适度超前，加强三城区之间的通畅、快速联系，形成城市拓展的骨架，拓展城市发展空间。外围片区的道路设施优先建设，带动片区土地利用与开发。中心城区道路以改造为主，建设为辅，重点打通瓶颈和建设中心城区道路的微循环系统。重点构筑"七纵七横"骨架主干路。七纵，包括丹溪路、皂果路—阳明路、紫缘路—沅江大桥—善卷路、太阳大道、朗州路北段、德山大道、知青路—经十九路。七横，包括柳叶路、洞庭大道—东驮路、鼎城路—建设东路、金霞大道—港区路、江南大道路—莲池路、桃林路和纬十五路。

10.3.2.2 中心城市功能不断完善

常德市城镇化建设过程中推进功能分区，规划和建设工业园区、文化和教育园区、行政和商务区、休闲度假区、物流和要素市场园区五大功能区，为城市的各项活动顺利开展营造良好的环境和条件。完善公共设施，建立安全、可靠的城市供水系统，增强供水能力，启动"引黄入常"市城区备用饮用水源建设，使市城区供水水厂的总规模达到 40 万 m^3/d，用水普及率达 100%。加强排水工程建设，实施城东至三岔路、护城河两岸居住小区、单位团体及散居户的排水管网接顺工程，基本实现雨污分流。建设以天然气为主、以液化石油气为辅的燃气供应体系，完善市城区天然气供气管网铺设，优先保障城市居民生活用气、公共设施用气和汽车用气，鼓励车用加气站建设。加强污水处理设施建设，在市城区新建 2 座污水处理厂，新建灌溪污水处理厂，实施江南城区污水处理厂续建及管网配套，力争实现 2015 年污水处理率达 80%。配套完善德山垃圾焚烧发电厂垃圾储运网络，改造江南城区垃圾中转站，建设澧水流域垃圾焚烧发电厂，2015 年生活垃圾无害化处理率达 100%。落实人防建设与城市建设相结合规划，逐步完善战时城市防空体系建设。

10.3.2.3 中心城市交通改善

常德市构建快速通道。采取准快速路的形式，避免建设大量的立交和高架桥梁，加快构建连接三城区的"环型"和对外"放射型"城市快速路系统。重点将沅江以北的常德大道、沅江二桥、沅江以南的常德大道、金丹路、沅江三桥、机场路和兴德路、紫缘路、柳叶路以及洞庭大道部分路段建设成为快速路。

发展公共交通。巩固和提升公共交通在客运交通中的主体地位，建立常规公交为主体，快速公交为骨干，出租等多方式协调利用，功能层次明确、网络布局合理、换乘衔接方便的优质公交服务体系。加快城市快速公交线的建设，调整常规公共交通线网，加强公共交通枢纽换乘站的建设。在江北城区形成"5横7纵"公交专用道网络。在江南城区形成"3横2纵"公交专用道网络。在德山形成"3横2纵"公交专用道网络。加强停车设施建设，在停车缺口较大的江北中心区规划建设路外公共停车场 8 处，江南城区规划建设路外公共停车场 5 处，德山城区规划建设路外公共停车场 3 处。

加强城市人口密度调控。合理布局生产生活设施，推动城市向多中心发展，平衡各区人口居住密度，减轻对局部路网交通的压力。

10.3.2.4 中心城市环境得到美化

常德市营造"梦里水乡、都市桃源"意境，将中心城市建设成为生态宜居地。整体推进市区"三山三水"景观建设，将原有景观轴线、生态走廊和城市绿化系统融合，形成"三山三面围城、两水穿城而过、一湖傍城而铺"的城市景观，2015年绿地率达到39.8%，绿化覆盖率达到45%。实施一批改善城市生态环境和人居环境的公共项目，对护城河、新河等水系实行综合治理，打造白马湖文化公园、沾天湖湿地公园、德山柱水风光带、江南外滩公园等标志性景观。弘扬城市文化。大力弘扬德文化，挖掘和开发城区历史文化资源，深入开展善德文化探源和申遗。以常德诗墙为载体，重点抓好铁经幢、荣定王墓、常德会战阵亡将士公墓及抗战碉堡、宋代碑刻、笔架城、常德府古城墙、太和观、清真古寺、德山孤峰岭古墓群、孤峰塔等市级以上文物保护单位的保护与利用。规划建设江南博物馆、善德文化中心、善卷文化公园和善卷文化墙等标志性文化工程，形成"北诗墙、南善卷"的城市文化景观。建设文明城市，广泛开展文明单位、文明社区、文明市民等评选活动，加强市民教育，提升市民素质；健全城市环境管理的长效机制，加强交通管理和社区管理，努力创建全国文明城市。

10.3.2.5 建成了一批中心城市重大建设项目

城市道路："三路一桥"建设——常德大道、金丹路、桃花源路、沅江西大桥；江北老城区路网提质改造；江北新城区路网工程；环城高速路城区快速连接线；江南城区城市道路及配套工程；常德经济技术开发区路网建设；常德市城区快速公交专用道；西城新区路网工程等。

城市设施："温暖常德"城区供热工程；常德市城区水厂建设；供水水质检测能力建设；常德市应急水源工程（引黄入常）；常德市供气设施建设；污水处理厂建设；常德市生活垃圾一体化建设；大型地下公共停车场；江北城区场馆公园建设；江南城区商业步行街；江南城区滨江路暨防洪墙建设；诗墙"四阁"改造等。

城市环境：江北城区水系综合整治工程；江南城区水环境综合整治工程；江北城区公园建设；江南城市公园建设；德山沅江及柱水风光带建设；城市内部水系治理工程；江北城区环境综合整治工程；江北城区雨污水处理设施建设；新河水系治理工程；德山沿江风光带建设；德山柱水风光带建设；德山排水机埠及管网建设；公共建筑节能及新能源利用工程；市行政中心建设等。

10.3.3 城镇化配套支撑体系逐步完善

近年来，常德市坚持从生产力水平和农村实际需要出发，在全省率先提出了"连片示范、镇村同治、整体推进、普惠扩面"的农村城镇化思路,改分散办点为连片示范,改村庄整治为镇村同治,走出了一条较低生产力水平下农村城镇化发展的新路子。常德市 20 个不同类型的镇村同治示范片已经成为常德城镇化建设的靓丽风景线,城镇化配套支撑体系逐步完善。

①农村城镇化发展的产业支撑体系逐步健全。把产业发展、农民增收作为农村城镇化核心工程,积极推进现代农业建设。大力开展高产创建、高效示范、品牌打造和质量监管,常德市农业综合生产能力显著提高,转型升级不断加快。粮、棉、油、猪、鱼、禽在全国全省地位举足轻重。2006—2010 年,常德市粮食产量实现了自 1985 年以来的首次连续 5 年增产,累计增产 62 万 t。养殖业比重占到农业总产值的一半以上,规模健康养殖发展迅猛,生猪规模养殖比重达到 61%。2011 年以现代农业示范区建设为抓手,大力推行农业标准化生产建设模式。"三品"基地由 2005 年的 350 万亩发展到 500 万亩,"三品"认证数量发展到 507 个,其中种植业 340 万亩、养殖业 80 万亩、蔬菜 80 万亩、无公害农产品 204 个、绿色食品 196 个、有机食品 107 个。加工转化能力明显增强,主要指标稳步攀升,常德市现有各类农产品加工企业 4655 家,比 2006 年增加 282 家,规模以上农产品加工企业 346 家,增加 145 家,2010 年加工产值达到 290 亿元,农产品加工率达到 50%。

②农村城镇化建设的制度逐步完善。坚持新农村建设从生产力水平和政府财力实际考虑,向连片示范、镇村同治深化拓展,建成了一大批"镇亮、村美、民富"的示范片。一是三级示范。实现从市县到乡村的全面布点,常德市相继建成 27 个示范片、700 个示范村、400 个乡镇示范点,直接惠及 140 万农民群众。二是连片推进。以垃圾治理、饮水安全、公路建管、丘岗开发、宜居住宅、文明新风等为示范内容,实行连片推进,每个片 3~5 个村,受益人口 4 000~8 000 人。三是镇村同治。从区域性中心镇入手,实行镇村同步规划,环境同步治理,产业同步发展,文明同步创建。目前常德市已建成鼎城灌溪、桃源茶庵铺、武陵河洑、汉寿南湖、临澧合口、津市灵泉、安乡丰裕、澧县张公庙等 22 个镇村同治示范片。

③形成了一批促进农村城镇化上档次上水平的民生工程。常德市明确五年内"千村规划到村、万里村道硬化、十万沼气入户、百万人饮安全"的建设目标,大力加强农村公共产品建设。2006 年以来,常德市共硬化通村公路和村内各类道路 10 250 km,实现 100%的乡镇、88%的村通水泥路;新解决 120 万农村人口的饮水安全问题;新建农村沼气池 12 万口,比 2006 年提高 10 个百分点。大力推进清洁水源、清洁田园、清洁家园"三大清洁工程"行动,256 座水库全面禁止投肥养殖,压减珍珠 17.7 万亩,800 多个村建立保洁机

制，建成了 43 个省市乡村清洁工程示范村。森林覆盖率由 43%提高到 46%。培训农民 93.3 万人次。救助渔民 1 万多人，751 户无房户全部上岸定居，转产就业 4800 多人。

④构建了农村城镇化建设的长效机制。一是领导推动。市、县形成了"书记牵头、党委总揽、政府主导、农民主体、部门配合、全社会参与"的工作机制。二是财政投入。市、区、县（市）财政建立农村城镇化的专项资金，如新农村建设，纳入财政预算。常德市财政投入从"千万起步"到"亿元预算"，开了新农村建设预算投入的历史先河，2006 年投入 5 830 万元，2007 年投入 8 350 万元，2008—2010 年达到 1.185 亿元。在政府投入拉动下，政府与农户投入比达到 4∶6。三是政策配套。根据本地实际，系统制定了以市委《关于构建新农村建设长效机制　加快推进城乡一体化进程的意见》为总揽的配套政策体系，产业建设、镇村同治、丘岗开发、饮水安全、通村公路、农民教育等重点工作都形成了规范性的政策意见。比如为了解决饮水工程运行难问题，出台了《常德市农村安全饮水集中供水工程管理办法》。四是考核奖惩相结合。建立农村城镇化综合考评体系，将农村城镇化纳入区县（市）和市直单位目标管理考核及干部任免考核内容。

10.4 常德市农村城镇化的经验及启示

10.4.1 常德市农村城镇化主要经验

常德市农村城镇化建设取得可喜成就，化解了经济运行中的不确定、不稳定、不健康因素，经受了国际金融危机的巨大冲击，抵御了各种自然灾害的严峻挑战，走出了一条符合常德实际的发展路子。这些成绩来之不易。总结常德市农村城镇化的经验主要有：

①实行镇村同治，同步推进城镇化。镇村同治是常德首创的概念，起因于治理城乡接合部的垃圾顽疾，深化为统筹城乡发展的重要抓手。镇村同治按照城乡一体化发展的要求，以乡镇政府所在地集镇和周边行政村为主要对象，以公共产品建设和环境卫生治理为主要内容，是涵盖生产发展、生活富裕、生态良好等方面的整体性建设。镇村同治集中表现为"五同建设"：一是镇村区域同步规划。镇村同治坚持与小城镇发展方向、趋势、规模及扩张进度相适应，改"村为中心"规划为"镇村一体"规划，以乡镇政府所在地集镇为中枢，构建城乡对接、布局合理、功能完备的总体规划，实行小城镇与行政村一并规划、一并整治、一并建设。二是镇村环境同步整治。镇村同治改村庄分散整治为镇村联动整治，通过治理垃圾、绿化美化、整治违章建筑、规范市场秩序、

开展文明创建，逐步达到以下目标：即镇村有布局合理的环卫设施，有绿化美化的街（村）道及农户房前屋后绿化，有相对稳定的环卫保洁队伍，有行之有效的环卫管理长效制度。三是镇村产业同步发展。按照面向城市、对接城市、服务城市的思路，调整产业发展方向和布局，加强产业发展要素配置和资源整合，实现镇村产业协调发展、城乡产业有机对接。重点是发挥城镇交通便利、信息畅通、技术成熟、基础较好的优势，以小城镇为平台，发展农产品物流业、加工业和劳务输出；根据城市农产品市场多层次、多样化的需求特点，引导农民发展绿色蔬菜、健康养殖、休闲农业等特色产业。四是镇村设施同步建设。镇村同治可直接推动城市基础设施向农村延伸，基础设施产品向农村倾斜，基础设施资源向农村汇集，形成政府主导与农民主体联动，城市与农村互动参与的建设局面。重点是加快通电、通路、通水、通电视电话和互联网络建设，配套完善卫生设施、农民书屋、乡村敬老院等社会公益设施，引导农民向城镇和中心村集中。五是镇村文明同步创建。镇村同治的过程，是农民思想观念、生活方式和自身素质转化升级的过程，是农村由传统文明向现代文明转化升级的过程。通过镇村共同开展评选"星级户、清洁户、文明户""好媳妇、好公婆、好邻居"及"五进农家"等文明创建活动，形成文明诚信、家庭和睦、邻里团结、尊老爱幼的良好风气。

镇村同治其本质是积极的城镇化政策，通过镇村同治的推进，镇村同治示范区成为人流、物流、资金流、信息流适度集中的经济社会发展平台。镇村同治的小城镇向上推动中心城和次中心城的形成，向下带动中心村庄、中心社区的发展。把更多的资源集中于镇村同治示范片可以吸引更多的农民转移到城镇中来，更快地形成以镇带村的一体化格局。据常德市农办初步测算，常德市镇村同治示范片的建设如果坚持十几年，市县两级可直接办成60个左右高标准的镇村同治示范区。设想农民大部分走向城市，集中到小城镇，居住到同治区，那么现有130万农户可望减至70万户左右，全市城乡一体化水平会显著提高，职业农民拥有的耕地资源可以翻番，城乡居民享有的公共服务将更加完备。另外镇村同治示范区实际也是新型农村社区。讲资源节约，在于镇村同治的经济性。镇村同治按照资源节约、环境友好的要求建设，集中解决农村公共产品建设问题，能够极大地节约农村公共基础设施的建设与管养成本，迅速扩大公共产品覆盖，让农民群众走上便捷路，喝上安全水，用上洁净能源，住上舒适房，享有与城市居民同等的公共服务。同时，经济发展实现了城乡要素交融和优化组合，特色产业在镇村同治中叫响，农民与市场的联系在镇村同治中延伸，农民组织化程度和农业生产集约化水平更高。讲环境友好，最直接的体现是环境整治，改变农村脏、乱、差的面貌，倡导农村生态文明，农村生活与生产环境得到切实改善,农村成为城市的后花园,不再是城市的垃圾场,农民生活环境中融入优美田园风光。

②加大对城镇化资金投入。常德市坚持抢抓机遇,落实城镇化资金投入。近几年,面对国际金融危机的巨大冲击,面对宏观经济形势的复杂多变,常德市坚持在科学应对中化危为机、在抢抓机遇中赢得先机;注重在发展实践中推进创新,在各项工作中勇于争先,把握了经济社会发展的主动权。紧紧抓住国家财政政策、货币政策调整变化的机遇,积极推进争资争项和融资工作,办成了一些多年想办而没有力量办的大事。紧紧抓住产业转移和央企、省企扩张的机遇,大力实施开放引进战略,引进了一批基础性战略性重大项目。紧紧抓住国家实施中部崛起战略、省里实施"四化两型"建设和环长株潭城市群建设的机遇,不断创新发展思路,启动了常德工业走廊、澧水工业带建设,这些项目的建设和投入带动了当地城镇化建设。

③做好城镇化建设的产业支撑。坚持城镇化科学统筹,合理布局产业支撑。近几年,常德市对于城乡统筹非常重视,紧紧扭住不放,坚持一鼓作气、节节推进,一年接着一年抓,不达目的不罢休。始终坚持把开展"项目建设年"活动、园区建设作为推进新型工业化和城镇化的主要载体来抓,促进了工业经济较快发展,同时也拉动了城镇化的建设。始终坚持把新农村建设作为"三农"工作的主要抓手来抓,实现了农村面貌加速变化。始终坚持把文明创建作为提升城市品位、提高市民素质的主要内容来抓,打响了城市品牌。目前,常德市城镇化职能规划如表10-5所示。

表10-5 常德市域城镇职能结构

职能等级	城镇个数	城镇名称	城镇职能	职能类型
市域中心	1	常德市区	面向全市的综合服务、管理和文化中心功能作为主导职能,以工业职能作为城市主导职能的支撑功能	综合型
市域副中心	2	澧阳镇	北部澧水流域的增长中心,机械、食品、纺织、化工、医药、造纸、交通枢纽、商贸物流、旅游	综合型
		津市市区		综合型
县域中心	5	石门楚江镇	澧水流域次中心城市,石门县的政治、经济、文化中心,电力能源、建材、生态旅游产业基地和交通枢纽	综合型
		桃源漳江镇	沅水流域的次中心城市,桃源县的政治、经济、文化中心,食品、纺织、旅游产业基地和交通枢纽	综合型
		临澧城关镇	县域政治、经济、文化中心,食品、建材、纺织产业基地和商业中心	综合型
		安乡柳深镇	县域政治、经济、文化中心,新型产业和机械产业基地及贸易中心	综合型
		汉寿龙阳镇	县域政治、经济、文化中心,特色农业、新型农业基地和休闲旅游中心	综合型

续表

职能等级	城镇个数	城镇名称	城镇职能	职能类型
中心镇	20	灌溪镇	机械、建材、食品	工贸型
		蒿子港镇	食品、造纸、建材	工贸型
		斗姆湖镇	交通、物流	商贸型
		石门桥镇	纺织	工贸型
		大堰垱镇	建材、食品、商贸流通	综合型
		甘溪滩镇	边境贸易、化工、建材	工矿型、工贸型
		保河堤镇	农副产品加工、建材、水运交通、旅游、商贸	综合型
		新洲镇	农副产品加工、物流、旅游	旅游型
		新关镇	建材、化工、商贸物流	工矿型
		壶瓶山镇	旅游、商贸	旅游型
		陬市镇	食品、纺织、建材	工贸型
		漆河镇	农副产品加工、商贸	商贸型
		桃花源镇	旅游、商贸	旅游型
		大鲸港镇	农副产品加工、化工、制药	工贸型
		黄山头镇	边境贸易、旅游、特色农业	旅游型
		新安镇	建材、交通运输	工矿型
		合口镇	食品、建材、商贸	工贸型
		四新港	农业服务、货流商贸	集贸型
		太子庙镇	医药、机械、商贸、物流	综合型
		蒋家嘴镇	棉麻纺织、医药化工	工贸型

④坚持民生为重，推动农村城镇化。近几年，常德市牢固树立发展为了人民、发展依靠人民、发展成果由人民共享的理念，坚持民生优先、民生为重，围绕群众意愿作决策，围绕群众期待办实事，着力解决了人民群众最关心、最直接、最现实的一些利益问题。过去几年，是常德市民生投入力度最大、人民得到实惠最多的时期之一。通过回应群众呼声，解决群众困难，满足群众需求，充分调动了广大人民群众热爱常德、建设常德的积极性，也有力地推进了常德市的城镇化建设进程，一些矛盾的协调和处理也很容易得到解决。

10.4.2 常德市农村城镇化启示

常德市农村城镇化建设取得可喜成就，对于其他区域推进农村城镇化的启示是：

①必须牢牢把握城镇化发展的良好机遇。当前，宏观环境的复杂性、多变性特征比较明显，不稳定、不确定因素仍然较多。准确地分析形势，科学地谋

划未来，必须在复杂中把握规律性，在多变中看到大趋势。因此，在推进城镇化进程中要看到当前经济社会发展呈现出的阶段性新变化新特征。经济发展方式进入转型期，我国在经历长期快速发展之后，现在总体上已经进入转型发展时期。转变经济发展方式成为当前推进发展的重要方针和战略取向。加快城镇化发展，必须紧扣主题主线，走好转型发展之路，切实使经济社会发展转入科学发展的良性轨道。当前正处于城乡协调发展的关键时期。近年来，中央出台了一系列政策措施，进一步加大以工补农、以城带乡的力度，更加注重统筹城乡发展，呈现出城乡融合、协调发展的良好局面。加快城镇化发展，必须抓住国家支持统筹城乡发展的重大机遇，争取更多的资源要素向农村倾斜，加速推进城乡一体化。另外，随着体制机制创新进入攻坚期和各项改革的深入推进，触及到的深层次矛盾和问题不断增多，协调利益关系的难度不断增大，特别是随着改革同时从经济领域向社会领域、政治领域、文化领域等方面推进，改革任务更加艰巨。加快城镇化发展，必须坚定不移推进改革创新，不失时机地抓好重要领域和关键环节改革，为城镇化发展注入活力。在城镇化发展的过程中，还要妥善结合承接产业转移的黄金期。随着沿海发达地区资源供给条件的不断变化，产业转移的趋势越来越明显。现在，城镇化推进已经具备良好的交通条件、产业基础和创业环境，承接产业转移已经到了可以大有作为的重要时期。加快城镇化发展，必须发挥自身优势，抓住有利时机，以承接产业转移之先，抢得后发赶超之先，大力推进城镇化进程的同时，准确定位好区域内产业结构转型升级。除此之外，社会结构变动进入活跃期。当代中国正经历着空前广泛的社会变革，社会发展正在进入一个大变化、大调整时期。这种变革给城镇化水平进步带来巨大活力的同时，也必然带来这样那样的矛盾和问题。加快城镇化水平发展，必须遵循发展规律，坚持趋利避害，推动城镇化建设始终朝着正确的方向健康发展。

②必须明确城镇化发展的方向，推进城镇化与工业化的同步进行，大力推进现代工业建设。当前和今后一段时期，对中西部地区城镇化发展来说，工业化仍然是城镇化发展的第一推动力，工业化进程仍然处在加速发展的区间。应继续把发展现代工业作为城镇化建设的中心任务，集中精力，加大投入，加速推进新型工业化。其次，着力抓项目带动城镇化。坚持年年都是项目建设年，牢牢抓住项目不放松，特别是对已经纳入"十二五"规划的项目，应建立责任制，明确专门班子，抓好跟踪落实，加快推进城镇化建设相匹配的重大项目建设。抓住沿海发达地区产业转移的契机，瞄准重点地区、重点行业、重点企业，加大招商引资力度，争取在承接产业转移、引进重大工业项目上取得突破性进展。坚持项目前期和项目开工一起抓，高水平建好项目库，形成项目开

发、储备、引进和建设的有序持续发展，从而通过工业化拉动城镇化，吸引更多的农民进城务工，进城安居。再次，着力抓园区建设。顺应项目集聚、产业集群的发展趋势，抓住园区开发的契机，进一步加大扶持力度，促进园区拓展和城市空间延伸。坚持工业园区化、园区专业化的发展方向，根据资源条件、产业基础和区位优势，进一步优化工业园区的产业布局，大力推进标准化厂房建设，实行集约节约用地，引导各类园区向专业化、特色化、集约化方向发展。按照"工业新城、城市新区"的发展定位，进一步加大建设投入，创新管理机制，完善服务功能。最后，着力抓产业集聚，通过产业来提供就业，促进农民进城。以培育产业龙头为突破，抓好旗舰企业建设，培育壮大优势企业，争取更多的企业成为"百亿"航母，进入"十亿"行列。以培育产业集群为方向，鼓励优势企业发展上下游产业，引导中小企业靠大靠强，推动大中小企业互补配套，形成专业化、配套化、集群化的工业发展格局，并着力抓转型升级。坚持把科技进步和创新作为加快转变经济发展方式的重要支撑，积极推进技术创新、产品创新、品牌创新和企业创新，加快创新成果的转化与产业化，推动城镇化与工业化融合发展。注重改造提升传统产业，推广运用先进技术和先进工艺，逐步淘汰落后技术、工艺和产品，大力抓好节能减排。加强生态环保宣传，绝不能以承接污染企业为代价而承接产业转移，绝不能以降低环保为条件而降低项目要求，绝不能以影响发展为借口而影响污染治理，从而为城市居民提供舒适的居住环境。除此以外，做大做强传统产业，有序转移农村居民。巩固提升传统产业，稳定大宗农产品生产，建设一批优质农业生产基地和特色产业带。大力发展现代农业产业，推进农业标准化生产、机械化作业、组织化经营、规模化发展，抓好现代农业示范区、示范园建设。加大农业科技推广力度，加强农产品质量安全监管，打造农业品牌，加快农业产业化步伐，促进和扶持龙头企业发展，提升农产品精深加工和综合加工能力。大力培育职业化新型农民与产业工人，推进农村劳动力有序转移，妥善解决务工农民的权益保障、社会保障等问题，探索建立农民增收长效机制，多渠道增加农民收入，维护农民利益。

③必须改善基础条件，落实好城乡统筹，实现城乡一体化。对此，首先应抓住国家大力推进城乡统筹建设投入的契机，围绕社会主义新农村建设的目标，按照基础设施城镇化、公共服务均等化、社会保障一体化、农村管理社区化的方向，提高统筹城乡发展水平。认真落实各项强农惠农政策，扩大公共财政对农村的覆盖面和倾斜。发展农村公益事业，努力实现通村公路硬化、农村安全饮水、广播电视、卫生服务体系、新型农村养老保险"五个全覆盖"，统筹推进各县域中心城市和小城镇建设，重点抓好城镇街道、水电气管网等公益

性基础设施建设，提高硬化、亮化、绿化、美化水平，增强城镇承载能力。坚持建管并重，积极开展各类创建活动，不断提升城镇品位。其次应深化农村改革。稳定并完善农村基本经营制度，积极稳妥地推进土地承包经营权流转，深化农村综合改革、产权改革、金融改革和公共服务改革，增强农业和农村发展的内在活力。大力发展农民专业合作社，推动农业生产由分散经营向合作经营转变，提高农民组织化程度和农业抗风险能力。积极化解乡村债务，加强对农民负担的监管。深入推进农村基层治理，充分激活农民自我建设、自我发展、自我管理的主体作用。再次，大力推进农村重点城镇建设。重点城镇是农村城镇化的重要标志，应重点抓好城镇建设，把重点城镇建设成更具影响力、带动力、辐射力的农村区域中心，以推进新型城镇化加快发展，并突出基础建设，加快市镇扩容。未来几年是城镇化建设发展的重要时期。应按照城市发展总体规划，进一步完善城市功能，推动城乡协调发展、城乡共同繁荣。加快推进已经纳入规划的道路、桥梁、管网等重大项目建设，充分发挥城市建设投资、经济建设投资等投融资企业作用，吸纳社会资本参与城市建设，形成政府引导、市场为主的多元化投融资新格局。另外，应突出宜居宜业，提升城市品质。保护城市周边森林，建设城区外围绿色屏障。抓好沿江、河、湖、路、走廊栽树植绿，改造提升现有公园，建设一批公共绿地，提升城市绿化水平。加强城区大气环境保护圈建设管理，不断改善城市空气质量。加强城市水系建设管理，实施河道疏浚、水系连通和污水集中处理，保持水体自然生态。坚持公交优先，建设快速公交。加强公共服务设施配套，提升社区建设管理水平，推进小街小巷和老旧小区综合治理，加快垃圾无害化处理，进一步改善城市人居环境。持续推进城市创建，不断提升市民素质。各职能部门应全方位关心、支持、帮助、服务城镇化发展，重点支持区县（市）加强交通体系、水利体系、市场体系、产业体系建设，努力实现城镇化发展一年上一个台阶。

11 益阳市农村城镇化实践

11.1 益阳市的区位及经济社会发展概况

11.1.1 区位情况

益阳位于北纬 27°58′38″~29°31′42″、东经 110°43′02″~112°55′48″,东西最长距离 217 km,南北最宽距离 173 km,从地图上看,像一头翘首东望、伏地待跃的雄狮,威踞于湖南省中北部。它北近长江,同湖北省石首县抵界,西和西南与本省常德市、怀化市接壤,南与娄底市毗邻,东和东北紧靠省会长沙市及岳阳市。

益阳市辖桃江、安化、南县三个县,沅江一个县级市和大通湖区,市区设赫山、资阳、朝阳三个区。全市总面积 12 144 km²,为全省总面积的 5.83%,全市 15 个乡、70 个镇、11 个街道、1 781 个村、215 个社区。其中赫山区辖 10 个镇、2 个乡、4 个街道。资阳区辖 5 个镇、1 个乡、2 个街道。南县辖 10 个镇、2 个乡。桃江县辖 11 个镇、4 个乡。安化县辖 18 个镇、5 个乡。沅江市辖 11 个镇、1 个乡、2 个街道。大通湖区辖 4 个镇、2 个街道。益阳高新区辖 1 个镇、1 个街道。其中山地占 39.71%,丘陵占 10.05%,岗地占 6.7%,平原占 32.44%,水面占 11.10%。总人口 470.5 万,其中市区面积 53 km²,人口 53 万。境内由南至北呈梯级倾斜,南半部是丘陵山区,属雪峰山余脉;北半部为洞庭湖淤积平原,一派水乡景色。"背靠雪峰观湖浩,半成山色半成湖。"南部山区最高处为海拔 1 621 m,北部湖区最低处为海拔 26 m,南北自然坡降为 9.5%。

11.1.2 经济发展情况

"十一五"期间,在市委、市政府的正确领导下,益阳市上下坚持以科学发展观为统领,全力实施"工业强市"战略,突出抓好招商引资和项目建设,努力推进"三化"进程,协调发展社会事业,有效应对金融危机和自然灾害,经济社会发展取得了较大成就,为"十二五"经济社会发展打下了良好基础。到 2011 年年末,全市地区生产总值(GDP)达到 883.63 亿元,比上年增长 13.2%,增速比全国和全省平均水平分别高 4.0 和 0.4 个百分点。经济质量和效益明显提升,财政总收入达到 60.03 亿元,比上年增长 32.8%,增速列全省第四位;社会消费品零售总额 306.9 亿元,比上年增长 17.8%;"十一五"以来,全社会固定资产投资五年累计完成 1 876 亿元,年均增长超过 35%;三大产业结构比由 2005 年的 25∶31.2∶43.7 变为 22.6∶42.6∶34.8,其中第二产业增加值占生产总值的比重提高 12.3 个百分点。工业化、农业产业化和城镇化取得新进展。工业保持较快增长,全部工业增加值增长 19.9%,对经济增长的贡献率为 55%,推动经济增长 7.3 个百分点。这得益于市委、市政府坚持实施工业强市战略,始终把发展工业作为振兴益阳经济的重中之重,工业保持了快速发展,年均增长 21%,高出规划目标 1 个百分点。在新型工业化的带动下,农业基础地位更加巩固,农业大市的优势更加明显,水产品、粮食、茶叶等农产品逐渐形成品牌,金融、物流、信息等现代服务业快速发展。

11.1.3 基础设施建设

益阳市抓住国家扩大内需的机遇,实施了一批破解制约发展瓶颈的基础建设大项目。益阳电厂二期竣工投产,资水梯级开发有 3 个新建电站并网发电,茅草街大桥建成通车,益宁城际干道、常德—安化高速、安化—邵阳高速、岳常高速及大通湖连接线等项目正在抓紧建设;有 9 条铁路进入国家、省规划,近期将有 4 条开工建设;桃花江核电站、益马高速等项目正在抓紧开展前期工作。同时,全面加强农村公路建设、饮水安全工程、病险水库加固、土地整理、环境整治等项目建设,农村基础设施明显改善。

11.1.4 农村配套改革情况

益阳市顺利实施了农村综合配套改革、土地承包经营权流转、集体林权制度改革、医药卫生体制改革等重大改革,体制机制进一步理顺,经济社会发展活力明显增强,思想观念进一步解放,对接长沙迈出新步伐。创建了益阳高新区东部新区,并纳入长株潭"两型社会"综合配套改革试验区大河西先导区。一些重要领域和关键环节改革取得新突破。对外开放水平稳步提高,引进战略投资者、承接产业转移成效显著,预计五年累计直接利用外资 3.7 亿美元。

11.1.5 社会事业和居民消费

益阳市在教育、卫生、人口计生、文化、体育等方面都取得不俗成绩,资源环境保护工作得到加强,出台了《建设绿色益阳行动纲要》,关闭、淘汰了一批不符合国家产业政策和节能减排要求的企业,超额完成了五年累计单位生产总值能耗下降10%、主要污染物排放总量下降20%的规划目标。

益阳市人民生活水平不断提高,2011年益阳市城镇居民人均消费性支出和农民人均生活消费支出分别达到12 326元和5 643元,分别增长11%和21.7%。实施了大中型水库后期扶持、保障性住房建设、对口扶贫帮困等一系列惠民政策,解决了64.7万农村人口饮水安全问题。

11.2 益阳市农村城镇化的成就及特点

11.2.1 益阳市农村城镇化取得的成就

改革开放以来特别是地改市后,益阳市城镇化取得长足发展,"十一五"以来,益阳市尊重经济规律和社会发展规律,大力推进城乡统筹,自觉主动把城市和农村作为一个整体来谋划,把推进城镇化和新农村建设放在全面建设小康社会的整体战略布局中统筹考虑,加快推进新型城镇化,坚定不移地走注重产业支撑、注重集约精细、注重生态宜居且具有益阳特色的新型城镇化路子。突出城乡协同发展、一体发展,坚持以新型城镇化带动新农村建设,积极引导工业向园区集中、土地向规模经营集中、农民向城镇集中,努力形成资源优化配置、产业协同发展、基础设施一体、公共服务共享的城乡经济社会发展新格局。取得的成就主要为以下几方面:

①城镇布局日趋合理,城市体系逐步完善。目前,益阳市有中心城市1个,县级城市1个,建制镇69个,其中有国家级重点镇7个,省级重点镇8个。初步形成了以益阳为核心,以各县县城为支柱,以建制镇为基础的城镇体系总框架,在1.2万km^2区域内,形成了城镇化网络体系。在人口集聚、空间布局上为推进新型城市化奠定了良好基础。

②城镇人口大量增加,城市化率显著提高。1993年以来,益阳市大力推行"减少农民,增加市民"的政策,大量农民"洗脚上岸"变成市民。城镇人口从1993年的72.4万人增加到2011年的200多万,增长幅度达3倍。从2004年开始,益阳市城市化进入了一个加速发展时期。从表11-1中可看出,纵向比,从2004—2007年益阳市城市化率增幅达7.67个百分点,而1996—2004年九年时间益阳市城市化增幅只有7.98个百分点,三年时间的增幅和九

年差不多；横向比，三年内全国的增幅只有3.11个百分点，全省增幅只有4.95个百分点，这表明近年来益阳市城镇化水平增幅大大高于全国、全省水平。城镇化水平在全省排位从2005年的第9位上升到2011年的第6位。当前，益阳已经进入城市化加速发展的阶段，这是益阳实现后发赶超、又好又快发展的一个历史性机遇期。益阳市委市政府规划在"十二五"期间城镇化率超过50%，进一步推进城镇化建设。

表11-1　全国、全省、益阳市自1996年以来的城镇化率对比表（单位：%）

年份	1996	2000	2001	2002	2003	2004	2005	2006	2007	2010	2011
全国	29.37	36.22	37.66	39.09	40.53	41.76	42.99	43.9	44.9	47.5	51.72
全省	25	29.75	30.8	32	33.5	35.5	37	38.71	40.45	44.4	45.1
益阳	21.87	26.18	28.1	28.91	29.49	29.85	32.39	35	37.52	39.9%	41.1

数据来源：《中国统计年鉴》《益阳市统计年鉴》。

③经济实力不断壮大，城镇居民生活水平大幅提高。城市经济实力大大增强，后劲明显提升。以2011年为例，益阳市全市社会固定资产投资460.23亿，而其中城镇固定资产投资328.40亿元，占社会固定资产投资额的71.36%，比上年增长38.9%，增幅位列全省前茅。从三大产业来看，第一、第二、第三产业分别完成投资9.25亿元、272.82亿元和178.16亿元，三大产业投资比重由上年的8.1：56.7：35.2调整为2：59.3：38.7，第二、第三产业比重明显提高。另外，第一产业增加值199.56亿元，比上年增长4%；第二产业增加值376.86亿元，比上年增长19.3%；第三产业增加值307.21亿元，比上年增长12.2%。按年均常住人口测算，人均GDP为20 496元，比上年增长11.9%，按年均汇率折合为3173美元，突破3 000美元大关。

④中心城区得到扩张，小城镇发展质量提升。近几年，益阳市中心城区发生了巨大变化，城区交通基础设施建设、房地产开发、产业布局、环境美化等都明显改观，建成区面积达60 km^2，比2001年扩大了22.4 km^2。中心城区人口达60万，越来越好地体现了中心城区在益阳加速推进城市化的核心引擎作用。同时，小城镇在承接城乡产业中发挥着突出作用，益阳市对小城镇建设和新农村建设进行协调规划，突出特色，使之成为乡镇工业的有效载体、第三产业的富集区，赫山区的沧水铺镇、桃江的灰山港镇、安化梅城镇等，这几年都取得了较好的发展。

在加快农村城镇化进程中，农村劳动力的大量转移，有利于转变当地经济发展方式，对协调城乡发展、缩小城乡差距起到促进作用。近年来，益阳坚持以产业集聚带动人口集聚，以产业发展支撑城镇发展，精心规划、科学指导城镇建设，大力实施产业兴镇战略，打造了一批各具特色的经济重镇，小城镇质量明显提升，小城镇正在向小区开发、市场建设、城镇建设"三位一体"的方向发展，建设规模不断扩大，吸纳能力不断增强。2009年，小城镇镇区占地面积达28.7万亩，镇区人口68.98万人，分别比2006年增长20.1%和41%，农村城镇化水平达19.4%，比2006年提高5.6个百分点。

⑤农村城镇化特色得到了加强，城镇内涵得到了扩展。益阳市自地改市来，按照"经济繁荣、环境优美、功能齐全、特色鲜明和建现代城镇、留山水风光"的战略定位统帅全市农村城镇化建设全过程，始终坚持突出规划引导、共建共赢，始终坚持合理开发、保护环境，始终坚持城乡统筹、又好又快，始终坚持城镇化与工业化相结合，近期建设与长远发展相结合，使益阳的山水特色得到了突显，生态居家旅游城镇粗具规模。

11.2.2 益阳市农村城镇化建设的特点分析

11.2.2.1 农村城镇化的阶段性特点

从前面的现状分析可以看出，2010年，益阳市城镇化率达到42%，对照世界发展模型（图11-1）可以看出，目前益阳市已迈入城镇化第二阶段的后期（城镇化率超过40%）。

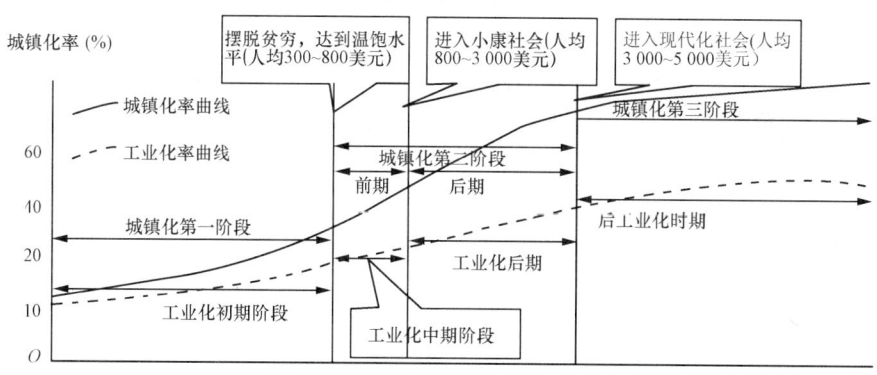

图11-1 世界发展模型——工业化与城镇化阶段性对应关系图

这一阶段是益阳市城镇化的加速阶段，益阳市城镇化率每年提高的幅度较大（一般可超过1.5个百分点），经济社会结构处在转轨、大变革时期。这时期，益阳市经济社会发展经过资金、技术的积累后，开始加速，全面进入建设小康社会的新时期。益阳市农业劳动力急剧减少，益阳市工业产值占工农业产值的比重迅速上升，工业在国民经济中的主导地位十分稳固，而资金、技术密集型产品大行其道。这时期益阳市的城镇化加速发展，传统城镇得到改造，城镇功能更加齐备。城镇职能特别是其经济职能和其集聚人口、技术创新的职能继续得到拓展，同时，其人性化的居住职能进一步体现。益阳市城镇建设开始进入以完善功能、塑造品牌、提供人性化的居住环境方向演变，逐步与工业化的推进和人们对物质文化增长的需要相适应。

11.2.2.2 农村城镇化的规模等级特点

益阳市农村城镇化大致形成了合理的等级序列。全市结合新一轮行政区划调整，加大了撤乡并镇力度，一些规模小、特色不突出、发展潜力不大的乡镇相继被撤并。由此，城镇数量有所减少，2010年的乡镇数为69个。城镇规模有所扩大，一些中心镇的集聚、辐射能力得到增强；以县城（含区）为纽带，中心建制镇为基础的城镇体系进一步得到完善。

按规模等级来划分，城镇规模等级序列呈现出网络状的分布特征，大体与城镇发展的阶段性要求相适应，城镇体系的规模结构较为合理。如沅江市南大镇建镇之初的1995年，全镇总人口约为4.7万，城镇人口约为7 000人，城镇化率约为15%，城建面积0.35 km^2；2009年，南大镇总人口上升到9.8万，城镇人口为2.2万，城镇化率约为22%，城建面积达到3.95 km^2。无论从城镇化率还是从城市建设面积及人口来看，其规模都得到了大大拓展。

11.2.2.3 农村城镇化职能分工特点

益阳在进行城镇化过程中，对于城镇的职能较为明确，分工较为清晰，形成了多种类型的小城镇。大多数建制镇均为县内一定区域行政、商贸、服务中心和乡镇企业基地，属综合型城镇，少数属典型的工矿型、商贸型、旅游型城镇。整体看来，以行政和乡镇工业为主导的城镇占多数，经济中心的职能普遍得到加强，对周围地区经济带动作用比较明显。如沅江县草尾镇作为一个历史上的商业名镇，正以商业网点聚集和集中特点发挥着农村区域性商业综合服务中心的功能，每年吸纳近2 000人进镇安居。

11.2.2.4 农村城镇化空间分布特点

区域城镇空间格局反映一系列规模不等、职能各异的城镇在空间上的组合形式，它是地区自然条件、资源分布、生产力布局，特别是工业、交通运输网布局等因素综合作用的结果。

按照城镇体系空间格局发展四阶段模式（低水平均衡阶段、极核发展阶段、集聚—扩散阶段、高水平—网络化阶段）的划分，目前益阳市农村城镇化则处于极核发展阶段，县域和次县区域中心城镇加快发展，集聚效应仍然大于扩散效应，预计少数几个城镇如南大镇等在未来一段时间内将表现出较强的扩散效应。城镇空间分布较均衡，城镇间的联系主要是以上下等级间的行政、商业及其他服务性活动为主，同级城镇缺乏较密切的横向经济联系。

11.2.2.5 农村城镇化动力模式的特点

益阳市城镇化的动力模式是基于"自下而上"的发展模式。自下而上的农村城镇化则是一种由农村社区、乡镇企业、农民家庭或个人等民间力量发动且由市场力量诱导的自发型的诱致性制度变迁模式，它首先实现农村人口职业转化，进而通过发展小城市（集）镇，实现人口居住地的空间转化。20世纪90年代以来，随着益阳市经济体制改革的逐步深入，民间发动型的自下而上的发展模式在城镇化的发展中显示出重要作用，并日益成为益阳市城镇化加速发展的基本动力。由于自下而上模式缺乏政府的宏观指导，遍地开花式的农村城镇化浪费了大量资源，过于分散的小城镇对农村人口吸引力也不强，使益阳市城镇化推进的速度在本世纪初还是比较缓慢。近年来，在对"自下而上"发展模式反思的基础上，益阳市城镇化模式转变为"自上而下"与"自下而上"共同发展的城镇化格局，表现为由政府积极主导与农村自发增长相结合的特征。一条多元化动力型的城镇化道路正在形成。

11.2.2.6 农村城镇化进程中的城乡一体化初见端倪

在"自上而下"与"自下而上"的城镇化共同作用下，城镇密集区的产品、资本和劳动力在城乡之间加快流动，生产力在城乡之间逐渐合理布局，城市建成区不断向外扩张，密集区中的小城镇和集镇不断壮大，以发展小城镇、集镇为重点的农村城镇化快速推进，而且城镇密集区中的乡村地区也逐步开始城镇化。城镇密集区形成了大中小城镇相结合、多层次的城镇体系。总体上看，城镇密集区中城市和乡村在政治、经济、人口、文化、空间等方面的协调发展和差距日益缩小的一体化趋势初见端倪。

11.2.3 益阳市农村城镇化推进的重点方向

益阳市农村城镇化将着力于破解城乡二元结构矛盾，在遵循城乡发展建设差别性和互补性的基础上，促进城乡要素的优化配置，提高城乡发展的协同度、融合度。在城乡建设中，统筹考虑城乡规划、产业、基础设施、社会保障、社会事业和生态环境建设，逐步形成"中心城区—县城—重点乡镇—中心村"的城乡一体化体系。力争实现"十二五"期间城乡经济实力明显增强，公共服务实现基本均等，城乡差距明显缩小，培育提升一批县城，建设若干个中心重镇，五年累计实现50万～80万农村人口市民化，两个市级试验区建设取得明显成效。

①做大做强中心城区。按照"环省会中心城市、现代新型工业城市、宜居山水生态旅游城市"的城市定位，加强城市规划管理，加快扩容提质建设，增强产业带动能力，提升综合承载能力和城市软实力，努力做大做强中心城区。

根据全市城市总体规划，合理划分城市功能区，拓展城市发展空间。按照"东接东进"战略思路，加快推进东部新区和鱼形山两型实验区建设，完善基础设施建设，提高产业和人口承载能力，创新体制机制，培育竞争优势，把东部新区打造成工业新区、生态新城。完善大码头区域规划建设，有计划、成规模地进行旧城改造、古城保护和基础设施建设，并适时启动迎风桥地区开发。以创建促提质，积极创建国家卫生城市、国家森林城市、中国优秀旅游目的地城市和省级双拥模范城市，完善配套设施，强化城市管理，提升城市形象和品位，增强城市整体竞争力和影响力。

②构建科学合理的城乡一体化城镇体系。加速推进具有益阳特色的新型城镇化，构建以中心城区为核心，县城和重点镇为支撑，以大带小、布局合理、功能互补、特色鲜明的现代城镇体系。

全面推进县城建设。根据县城的区位、资源、人文、产业等实际情况，科学合理地确定发展方向和发展定位；坚持高起点、高标准、高规格地推进县城规划建设，精心塑造具有地域特色、现代内涵和人文品位的城镇空间；进一步搞好县城扩容提质，认真抓好县城道路、市场建设、污水处理和垃圾无害化处理，改善人居环境，提升县城整体形象。

加快小城镇建设步伐。围绕打造特色城镇、提升城镇品位议题，突出抓好乡镇、村规划编制工作，五年内完成所有建制镇总体规划和重点村庄规划编制，以规划引领小城镇发展；进一步加快小城镇基础设施建设，开辟城镇新区，拓宽发展空间，提升小城镇建设管理水平。大力扶持区域性中心重点镇和沿边乡镇发展。未来几年，二广高速、岳常高速、益马高速、益娄高速、益南高速、益怀高速将全面建成，将顺应交通格局的新变化，大力扶持马迹塘、梅城、仙溪、茅草街等交通枢纽重点镇的发展，使之成为区域性的中心重镇。注重发展市际边界城镇，着力支持平口、奎溪、高明、灰山港、南洲等沿边城镇发展，增强其集散与辐射功能。

统筹城乡和区域发展。加快转变城乡"二元"结构，以新型城镇化带动城乡协调发展，形成以工补农、以城带乡、城乡一体化发展新格局。大力推进城乡规划、产业布局、基础设施建设、公共服务一体化。统筹城乡规划，加快实现城乡规划全覆盖，形成比较完善的城乡规划编制和城乡一体的空间规划管制体系；统筹城乡产业发展，引导城镇资金、技术、人才、管理等生产要素向农村合理流动；统筹城乡基础设施建设，推进城镇道路、供水、污水垃圾处理、绿化等基础设施向农村延伸；统筹城乡公共服务体系建设，逐步使城乡居民均等享有医疗、教育、文化、卫生等基本公共服务。

③推进区域一体化、功能化。加快推进市县经济一体化。协调区域经济发

展，着力推进"一体"（即中心城区经济体，包括赫山、资阳、高新区）和"两翼"（即桃江、安化组成的山区经济翼，沅江、南县、大通湖组成的湖区经济翼）经济协同发展，不断壮大县域经济，增强县城统筹城乡发展的能力。

加快建设长益常工业走廊。建设长益常工业走廊既是推进"3+5"城市群建设的战略任务，也是加快推进益阳新型工业化的重要战略举措。应主动抓好长益常工业走廊益阳段的规划，加强长、益、常地区基础设施项目规划的衔接和协调，推进三市互融互通的交通、电力、水利、信息等基础设施网络建设，打造湖南区域经济发展的新亮点。

推动形成主体功能区。综合考虑各地资源环境承载能力、现有开发密度和发展潜力等因素，严格按照湖南省主体功能区规划的要求，确定重点开发区域、限制开发区域和禁止开发区域的主要任务、基本目标，逐步形成合理有序、持续高效的主体功能区。

④大力发展现代农业，扎实推进新农村建设。以规模经营和提质增效作为基本要求，以加快土地流转作为现代农业建设的"牛鼻子"来抓，加快转变农业发展方式，调整结构，优化布局，强化基础，大力提高农业产业化水平，进一步巩固农业基础地位。进一步优化产业结构，不断增强农业产业化经营水平，使农业整体效益明显提升，粮食作物如稻米、油料作物、蔬菜、水产品等主要农产品供给明显增强，农牧渔业增加值年均增长5%以上，农民收入持续增长，农民人均纯收入年均增长12%。为此要抓好以下几点工作：

首先重视加快推进农村土地流转。在保障农村土地基本经营制度不变的基础上，益阳市在城镇化过程中注意加快土地流转步伐，促进农村土地规模化经营。一是加强土地流转服务平台建设，区县（市）应建立和完善县级耕地、林地承包经营权流转服务信息中心，有条件的乡镇应建立土地流转交易中心和土地信托投资公司，进一步完善土地流转中介服务体制、价格形成机制和纠纷调处机制。二是根据各地实际，积极探索土地流转有效途径和方法，大力推广沅江市草尾镇农村土地信托流转模式，按照"政府引导、市场主导、企业运作、互利合作、严格监管"的原则，积极探索农村土地信托流转。

其次，建设优质农产品基地。重点抓好粮、棉、油、茶、蔬、果、花、中药材、苎麻、生猪、家禽、牛羊、水产等十三大优势产业区域布局，建成一批生产规模大、市场相对稳定、标准化程度高的优质农产品基地，打造具有益阳特色的产业品牌，如依托水产业打造"淡水鱼都"。大力推进农业标准化种植和标准化养殖，规模化集约化经营，到2015年全市建立种植业标准化生产示范区100个，示范面积250万亩；建立年出栏生猪1 000头以上的标准化养殖场1 000个，出栏生猪250万头以上。以粮食、生猪、黑茶、竹木、水产、棉麻、蔬菜等为重点，抓好优良品种、先进实用技术的推广。加快推进现代农业园区建设。同时，在优质农产品生产基地建设一批绿色农业、有机农业和生态农业、创汇农业基地。推行"公司＋基地＋农户""期货＋订单"的经营模式，积极推进供销合作社经营创新、组织创新和服务创新，使供销合作社成为农业社会化服务骨干力量、农村现代化流通的主导力量、农民专业合作的带动力量。

再次，大力发展农产品加工业。坚持用新型工业化带动农业现代化，围绕产业链建设，大力发展农产品加工业，提升农业产业化经营水平。按照"扶优、扶强、扶大"的原则，全面落实税收优惠、金融、人才、用地、信息等扶持政策，引导龙头企业通过加快技术改造、资源重组、资本聚集、品牌整合等途径做大做强。加大招商引资力度，引进战略投资者发展农产品精深加工业，打造一批生产规模大、工业化程度高、带动能力强、产业链条长的农产品加工企业"航母"。以农业产业化龙头企业为依托，着重在粮油、肉食、禽蛋、水产、果蔬、茶叶等食品加工产业组建企业集团。到"十二五"末，全市规模以上农产品加工企业发展到 500 家，其中国家级龙头企业 5 家，省级龙头企业 40 家，年产值过 10 亿元企业 10 家，实现农产品加工销售产值 1 000 亿元，争取 3～5 家企业上市。

最后，大力发展农村服务体系。重点加快农产品专业市场体系、农产品物流体系、市场信息平台和农业科技推广体系建设。重点建设茶叶市场、兰溪米市、南县棉花、大通湖水产、湘北蔬菜、沅江苎麻等专业市场。加强农产品物流体系建设，鼓励规模较大的农产品龙头企业剥离物流功能，培育一批服务水平高、竞争能力强的第三方农产品物流企业。鼓励农产品经纪人、批发市场、农民专业合作组织等参与农产品营销促销，加快推进连锁经营、农超对接、直销配送、电子商务等现代流通方式，到 2015 年，农民专业合作组织发展到 800 个，覆盖 60％以上的农户。加快农情信息平台建设，扩大"农信通"服务范围和领域。完善农业科技推广体系，提高农业科技含量。实施农业机械化推进工程，发展农机服务组织，推广先进适用农机化技术装备，提高农机化整体水平。加强农产品质量安全监管，抓好县级质检站、市场监测点建设，不断提高检测能力。着力培育农业新兴业态。以发展农业新型业态来加速全市现代农业发展进程。制订全市新型农业业态发展规划，出台相关扶持政策，鼓励多种形式的农业业态创新。大力推动农业专业合作组织、特色农业园区壮大发展，促进农民与企业、科研院所的有效合作，加快建设"农产学研"联合的新型农业业态。大力发展生态农业，扩大绿色、有机、无公害等生态农产品规模，全市"三品"认证总数达 500 个以上；推广生态施肥、病虫害生态控制等农业清洁生产技术，创建一批农业面源污染防治示范区，选择不同规模的养殖场开展畜禽养殖污染综合治理示范。大力发展特色农业，重点打造蔬菜、油料作物、生猪、黑茶、苎麻、花卉苗木、水产、甘蔗、中药材等特色农业生产区。加快建设景观农业、休闲观光农业、农家乐园、乡村旅游等农业新型产业园区，在全市打造规模以上休闲农庄600家，实现休闲农业产值10亿元，形成各具特色的农业产业"块状经济"发展格局。

⑤进一步完善农村基础设施建设。按照以新型城镇化带动新农村建设的要求，进一步完善农村基础设施建设，全面推进新农村建设。切实加强乡村布局规划，按照"适度集聚、节约土地、有利生产、方便生活"的原则，科学合理确定乡村居民点的布局和数量，全面加强全市乡村布局规划编制工作。切实加大投入，加强农村道路、农田水利、电网、信息、沼气等基础设施建设，改善农村生产生活条件。抓好村容村貌治理和乡镇集市的环境整治，建设一批农村生活污水、垃圾处理设施。引导乡村工业合理布局，规模发展，集中排污，推进乡村清洁工程建设。加强乡风文明建设和农村民主管理。认真开展新农村示范片、示范村建设，坚持以点带面，探索新农村建设的长效机制。到2015年，建设农村公路通畅工程6 500 km，通达工程2420 km；新增沼气用户5万户以上；提高农村集中供水普及率，基本解决全市农村人口饮水安全问题。

11.3 益阳市农村城镇化的路径及模式

11.3.1 产业带动农村城镇化

坚实的产业基础是农村城镇化快速推进的发动机。以南县南大镇为例，南大镇的发展在很大程度上有赖于其产业基础，这包括了农业、工业和商品流通业的快速发展以及在三者之间形成的良性互动关系，共同推进了南大镇的城镇化进程。自2000年以来，南大镇承接了长株潭以及东部沿海地区的部分产业转移，形成了最初的工业基础；当前，南大镇已经形成了建材加工、面条加工、棉麻纺织、饲料加工、油料作物加工和芦苇造纸等主导工业产业；2009年南大镇工业总产值为8亿元，规划到2025年将达到23亿元。在工业化的带动下，农业产业化程度不断提升，形成了具有较强竞争力的水产养殖产业和农副食品加工产业。其中水产养殖最具特色，目前已形成以南大冷冻食品加工有限公司为龙头，连带2万亩黄鳝、甲鱼、小龙虾等名特水产品养殖基地，共有1万多养殖户，年产各种水产品约合4万t；速冻小龙虾畅销欧盟、中国香港地区，年创汇100万美元以上。

11.3.2 流通业发展增添农村城镇化活力

农村流通产业的蓬勃发展给城镇化增添了活力。以茅草街镇为例，在农村工业化和农业产业化快速发展的同时，茅草街镇也加快了农村流通产业的发展步伐。在消费品流通方面，茅草街镇积极响应国家"万村千乡"市场工程，建设一批农村连锁加盟店，极大地疏通了消费品从城市到农村的流通渠道，满足了人们对优质消费品、更高生活品质的追求；在农产品流通方面，茅草街镇针对本地经济的特色，设立了以水产品和其他农副产品为主的茅草街镇农贸（批发）市场。该批发市场成为当地水产品和农副产品的集散地，通过此市场，茅草街镇的稻谷、棉花、苎麻、油菜子和鲜鱼等优质水产品和农产品销往各地。农村工业化及其带动的农业产业化为茅草街镇的城镇化奠定了坚实的产业基础，农村流通产业的发展则为茅草街镇经济增添了活力，农村工业化、农业产业化和农村流通产业的迅速发展为当地经济注入了强大的活力，从而更进一步地推动了茅草街镇的城镇化进程。

11.3.3 社会保障服务支撑农村城镇化质量提升

社会保障服务是提升农村城镇化质量的重要保证。以益阳市沧水铺镇为例，该镇位于益阳城郊东南部，是湖南百强镇、小城镇建设重点镇、益阳市的工业重镇，也是益阳市委、市政府东接东进战略的"桥头堡"，以及长株潭城市群近中期重点建设地区五大示范区之一的大河西示范区的重要组成部分。随着基础设施的不断夯实，经济发展质量不断提高，该镇在城镇化建设的过程中，把和谐建设摆到公共建设、经济产业的同一地位上，强调精神文明建设的重要性，尤其是花大力气投入到镇里面的社会保障上。2011年，沧水铺镇共发放救灾救济款90余万元，发放农村低保金85.03万元，发放城镇低保金139.99万元，医疗救助金16.85万元，救助132人次。投入资金50余万元对镇敬老院进行了全面修缮，全镇五保人员共计386名，集中供养率达30%，进入全省先进行列。全年举行就业培训班3期，培训剩余劳动力150人。完成新增农村劳动力转移就业700人，完成城镇居民医疗保险1 100人，完成新农保缴费人数21372人，完成城镇居民养老保险缴费576人。农村医保参保率达100%。除此之外，沧水铺镇在2011年还广泛开展了"法律进企业、进校园、进万家"等活动，加强了普法教育与宣传，认真开展了未成年人保护专项行动，巩固了校园周边治安环境的整治成果，开展了以打击幼儿园黑校车、学校食品安全以及校舍危房安全为主的专项整治行动，构建了政府、学校、社会共同参与的未成年人关爱体系。加强了流动人口管理，2011年无一例暂住人员违法犯罪案件。规范完善了社会治安综合治理"一中心五网络"工作体系,重点加强了"三调联动"工作,实现了维稳对象"四包一",建立了纠纷排查旬报制度。这些具有特色的社会保障服务在沧水铺镇收到了很好的效果,随着和谐建设各项活动的深入开展,沧水铺镇群众道德素质得到提高,群众文化生活不断丰富。如今,当地尊老爱幼、邻里和睦、帮弱助残的现象已蔚然成风,大大提高了城镇化的质量。

11.3.4 注重政府引导与市场调节相结合,促进城镇化进程

农村城镇化要统筹城乡发展。在将一部分农民转为市民的过程中,益阳市注重同时推进农业的规模化、产业化经营,增强城乡之间的产业关联、资金融通、信息互通等等,争取缩小城乡发展和居民收入方面的差距。益阳市统筹地区发展,以市场为导向,发挥市场在农村城镇建设资源配置中的基础性作用。与计划经济体制下的均衡配置不同,市场配置资源所遵循的是非均衡规律,就是说,市场经济下农村城镇化必然会有先有后、有快有慢,不可能齐头并进同步走。面对这种情况,益阳市发挥政府的协调作用。政府在遵循规律的前提下,采取财政转移支付等方式,对益阳市农村城镇化进展较慢的地区给予合理资助,引导益阳市农村城镇化进展较快地区的城镇多吸纳相对落后地区的农民,或者尽可能增强地区之间的产业关联度,以缩小地区发展差距。在农村城镇化进程中统筹经济增长与社会进步,兼顾人的自身发展与生态环境的改善。农村城镇化的直接目标是促使经济增长,最终目标是为了人的全面发展,坚持"以人为本"。因此经济增长与各项社会事业的发展不可偏废。离开社会的进步,经济增长再快,同样不可能实现人的全面发展。同样,没有良好的自然生态环境,也不可能实现人的全面发展。而且在农村城镇化过程中,无论城镇还是乡村,都应同时兼顾经济与社会、人与自然的协调发展。益阳市农村城镇化注重统筹城镇发展与相互开放的关系。开放是市场经济的特性之一。市场经济下的农村城镇化都是开放的,城镇化过程也是深化开放的过程。益阳的各城镇都向本地的广大乡村及居民开放,而且益阳的各城镇也向相邻区域的乡村及居民开放,使深化内、外开放成为农村城镇化健康发展的强大推动力。

11.4 益阳市农村城镇化的经验及启示

农村城镇化是一种产业支撑有力、主体功能明晰、资源集约利用、综合承载能力强以及人居环境优化的城市化,是一条既注重外延更注重内涵、规模设计科学、职能定位准确、空间布局合理的城市化道路。现阶段,益阳与全国一

样,正处于重要战略机遇期和新型工业化快速发展期,联动推进农村城镇化不仅势在必行,而且恰逢其时。

11.4.1 以强势产业为支撑,增强推进农村城镇化发展动力

加快推进农村城镇化需要强劲的产业支撑,强劲的产业支撑来源于新型工业化。市委、市政府已明确提出大力实施新型工业化发展战略,走"两新"互动的城市化新路子。抓住三个重点:一是在城市产业布局上,实施"一点三线"发展,加快工业园区建设发展战略。一点即中心城区,三线即益沅(沅江)线、益桃(桃江)线、益衡(衡阳)线。工业园区作为城市建设和产业集聚互动的连接点,是承载城市工业布局调整、推动产业结构升级、实现产业集聚的重要载体。益阳市正有规划有步骤地实施城区企业向工业园区搬迁改造,形成城区以第三产业为主,开发区和工业园区以第二产业为主,重点做好高新区东部新区、龙岭、长春及各县工业园的产业集聚和产业升级。二是在产业选择上,大力发展电力、造纸、机械、纺织、食品、建材等优势产业,制定扶持政策,支持企业做大做强,使其成为推动全市经济发展的重要力量。三是在发展方式上,应以推进信息化为依托,用信息技术改造传统产业,并把握信息化发展趋势,推进信息化城市建设。

11.4.2 以基础设施建设为重点,提高城镇综合承载能力

城镇综合承载能力既包括水土资源、环境容量等物质层面的自然环境资源承载能力,也包括城市吸纳就业能力、辐射力、带动力等非物质层面的城市功能承载能力,它是资源承载力、环境承载力、经济承载力和社会承载力的有机结合体。提高城镇综合承载能力,除了要强化产业支撑外,还应根据经济发展和居民生活需要,加强基础设施建设。对此,益阳重视抓好以下几个方面工作:一是应着力解决交通拥挤、住房紧张、社会事业发展不足等民生问题;二是深化城市建设投融资体制改革,逐步建立政府引导、市场化运作的多元化、多渠道投融资体制,保持合理的城市基础设施投资规模,实现基础设施建设的良性循环和滚动发展。

11.4.3 以对接长株潭为切入点,推进益阳农村城镇化

长株潭地区是湖南综合实力最强的区域,在全省具有重要的战略地位和增长极带动作用。长株潭城市群的辐射带动效应正日益显现。益阳为更好更快对接融入长株潭经济圈,做了很多卓有成效的工作,对城市整体规划进行了修编调整,主动对沧水铺镇的发展积极扶持,力争把它建成为中心城区和融入长株

潭的桥头堡。益阳更甘当长株潭产业发展的"配角",主动承接长株潭技术扩散和产业转移,成为长株潭城市群扩大的空间。主动协调区域合作机制,健全区域合作、互助和扶持机制,以市场为导向,打破行政区划的局限,加强区域经济协作,努力融入长株潭一体化,把益阳建设成环省会的卫星城市,长沙的"后花园"。

11.4.4 以制度创新为动力,消除推进农村城镇化的障碍

农村城镇化进程虽是经济社会发展客观规律作用的结果,但也与政策和制度安排密切相关。益阳市加强改革创新,营造劳动力资源合理流动的政策环境和各类资本向城市聚集的投融资环境,为推进农村城镇化提供制度保障。一是加大现行土地制度改革和创新力度,建立市场化的农村土地流转制度,培育农村土地使用权流转市场,使转让土地的农民获得资本到城市投资发展,让得到土地的人获得更大的发展空间,扩大规模效益。二是应适度放宽城市落户条件,便于人口流动;逐步实行以"土地换社保"的方式,从根本上解决征地农民的后顾之忧;建立全市统一、规范、完善的社会保障体系。三是统筹城乡发展,优化村庄空间布局。加强农村建房管理,在尊重农民意愿的前提下,引导农民集中居住,逐步将散乱无序的自然村落集中建成具有地域特色、基础设施基本完善的农村新社区,以达到基础设施配套的规模效益,不仅使农村居民能够充分享受现代化基础设施带来的各种好处,而且能节约大量建设资金。

11.4.5 以人为本,走和谐发展的农村城镇化道路

人是城市的灵魂,科学发展观的本质与核心是坚持"以人为本"。益阳市推进农村城镇化,注重把人放在首位,真正做到为人民群众提供安身之所、生活之便、创业之需,全力打造和谐、宜居的城镇。益阳有优美的山水、良好的生态,是全省的宜居城市。在农村城镇化进程中,益阳市注意最大限度地保护生态,最大限度地控制污染,最大可能地美化环境,切实加强城镇生态园林和环境建设,切实保护人文资源和自然资源,营造城镇绿色文明,突出城镇文化特色,提升城镇品位,突出城镇个性和灵魂。益阳的实践说明,没有个性的城镇,就没有差异化竞争的优势;没有灵魂的城镇,就没有内涵。

12

典型案例：
沅江市草尾镇商业兴镇的实践与探索

12.1 商业兴镇与建设农村区域性综合商业服务中心

　　农村城镇化是经济社会发展的必然结果，其实质是经济结构、社会结构和空间结构的变迁。从经济结构变迁看，农村城镇化过程也就是农业活动逐步向非农业活动转化和产业结构升级的过程；从社会结构变迁看，农村城镇化是农村人口逐步转变为城镇人口以及城镇文化、生活方式和价值观念向农村扩散的过程；从空间结构变迁看，农村城镇化是各种生产要素和产业活动向城镇地区聚集以及聚集后的再分散过程。因此，推进农村城镇化是统筹城乡发展、缩小城乡差别、促进城乡经济一体化、实现全面建设小康社会目标的重要途径。环洞庭湖区域作为湖南省重要的发展区域，其农村城镇化建设正处于新的发展阶段，探寻环洞庭湖区域农村城镇化发展的典型经验，对于湖南省乃至全国农村城镇化建设具有重要的示范价值。草尾镇注重发挥商业兴镇的作用，努力完善农村市场体系，通过商贸流通带动城镇化建设。草尾镇的实践说明，在一些商贸流通比较发达的小城镇可以首先将其建设成区域性综合商业服务业中心，并以它为节点，带动整个农村流通体系的发展，同时也可以活跃当地的小城镇建设。

　　近几年来，随着城市化的推进以及城市之间、地区之间高速公路、高等级公路的延伸，城乡生产力发展格局和经济流向发生了新的变化，应顺应这种变化，注重发挥城市市场对周边农村市场的带动和辐射作用。一方面应根据城市化的发展规律及近年来新的中心城市的形成，调整现有不合理的行政区划，发挥中心城市对周边农村小城镇及腹地乡村的市场辐射与带动功能；另一方面要注重适应农村消费需求的变化，组织适销对路的商品下乡；此外要引导和鼓励城市的商贸流通企业将一些新型业态网点和服务业网点逐步延伸到城市周边的重点小城镇，如超市、连锁店、仓储商店等，以弥补农村市场新兴流通业态缺乏或比重过低的局面，让农民也得到平价、安全、优质的服务实惠。同时应引导和发展城乡之间的经贸联合与协作，引导城市工商企业在农产品的商品生产、贸易、物流等环节与农村专业户、经营大户或各种经济组织之间开展紧密型或松散型的联合，共谋市场，优势互补，以实现城乡双赢。

更为重要的是建设农村重点小城镇区域性、综合性商业服务业中心对于同步推进工业化、城镇化、农业现代化具有重大意义。党的十七届五中全会通过的《中共中央关于制订国民经济和社会发展第十二个五年规划的建议》明确提出了"在工业化、城镇化深入发展中同步推进农业现代化"的重大任务。但我国在推进城镇化工业化的过程中，却出现了农业农村经济发展明显滞后的问题。在工业化、城镇化深入发展过程中，许多地方对农业保护不力，对农村支持不够，耕地、资金、人才等资源要素加速从农村向城市流动，从粮食、农业向非农产业转移，导致城乡失衡加剧，城乡差距扩大。有的地方甚至出现了以损害农业农村经济发展和损害农民合法权益来推进城镇化工业化的错误偏向，致使城乡二元结构的问题越来越明显，城乡收入分配差距仍然在扩大，农业产业发展基础薄弱的问题越来越严重，这些都是我国经济社会发展中不平衡、不协调、不可持续问题的突出表现。建设农村重点小城镇区域性、综合性商业服务业中心，可以加快建立适应市场变化的农产品流通体系，建立和完善适应农民消费需要的农村消费品流通体系，建立和完善适应农业生产需要的农业生产资料流通体系，进而构建适应现代农业生产的完整的产前产中产后服务体系，从根本上优化农业农村经济的发展环境，改变农村优质生产要素过分流入城市的现状，促进农业生产的专业化、标准化、规模化、集约化。

因此笔者在中国 G30 论坛 2010 年会的发言中就向商务部领导建议，"十二五"期间应在完善"万村千乡"工程基础上实施农村重点小城镇区域性、综合性商业服务业中心建设工程。应适当调整"万村千乡"工程分散建农家店的做法，加强农村重点小城镇商业网点建设，重点支持在农村重点小城镇建设区域性综合商业、服务业中心，引导和吸引农村各种商业网点、餐饮业网点、服务业网点等在具有吸纳和辐射能力的重点小城镇集聚与集中，努力提高农村商贸流通业经营的连锁化、商品物流的集中配送化及管理的信息化程度。在 2011 年 6 月举办的中国 G30 论坛北京国际商品流通论坛的主题发言中，本人再次重申了这一主张。为此，本文特结合对洞庭湖区沅江市草尾镇的调查情况系统地阐述这一思路与对策。

12.2 洞庭湖区域沅江市草尾镇的商业发展情况调查

沅江草尾镇是湖南省沅江市北部农村的一个重点城镇,是历史悠久的洞庭湖水乡名镇,经济活跃,商贸繁荣,素有"小南京"和"洞庭明珠"之美称。草尾镇在区位上有一定优势,北距南县县城 60 km,距南县茅草街镇 4 km,南距益阳市区约 50 km,距沅江市区 35 km,东距茶盘洲镇 30 km、大通湖农场约 60 km,西距汉寿县城 100 km,是一个农村区域性的经济中心。草尾镇始建于清咸丰二年(1852),距今已有 158 年历史。草尾镇的形成是农村商业活动聚集的结果。公元 1852 年,八百里洞庭中有一方圆 200 余亩的"青草湖",在湖的尾端有一冲积地,一些人在此开店经商。随着商业活动的集中,集聚在此的商户、手工业者、城镇居民日益增多,商业活动逐渐繁荣,形成了一个小集镇。1996 年,著名社会学家、原民盟中央主席、全国人大常委会副委员长费孝通曾来此镇调研小城镇发展情况。

现在的草尾镇是 2005 年乡镇合并时由原来的草尾镇和大同乡、熙和乡合建而成。全镇辖 52 个农业村,一个社区居委会(5 个小区),两个专业渔场,总面积 143.5 km^2。其中镇区面积 2.5 km^2,拥有耕地 11.67 万亩;其中水田 8.5 万亩,旱土 3.2 万亩;另有林地 1.5 万亩,芦苇 5.6 万亩,水面 1.2 万亩。常居人口有 9.8 万,其中城镇人口 2.4 万,农业人口 7.5 万。全镇拥有塑料、五金、机械、化工、饲料、造纸等骨干企业 31 家。

作为沅江市西北部农村的一个区域性商业中心,草尾镇基础设施建设及社会事业发展较好。早在 1994 年就投资 500 万元开通程控电话,是益阳全市第一个开通程控电话的城镇。该镇共建有自来水厂 2 家、11 万 V 变电站 1 家,水电供应充沛,日供水量达 5 000 t。该镇共拥有图书馆、录像厅、舞厅、卡拉 OK 厅等文化娱乐场所 110 多家,同时早在 20 世纪 90 年代初,投资 100 多万元创建了有线电视台,有线电视入户达 4 000 多户;全镇共兴办高级中学 1 所、初级中学 5 所、小学(包括中心完小)17 所、幼儿学校 15 所,拥有教师职工 744 人;开设有市 A 级医院 1 所、镇级医院 2 所;开设农业银行、建设银行、农村信用社等金融单位 4 家。该镇有 5 条老街、3 条新街。2008 年 1 月 6 日,草尾镇与沅江市协力公交公司联手,开通了益阳市第一条农村客运公交线。目前,镇区开往周边农村公共汽车有 5 条线路,有中巴车 38 台,发车密度为平均 25 分钟发一趟车,覆盖草尾镇大部分自然村,最远的行政村距草尾镇 24 km,同时公交车通往南嘴镇、黄茅洲镇和部分村,日均客流量达 5 000~10 000 人次。除本镇农村居民到此购物外,还辐射到周边 25 km 左右范围的农村居民,农村公交带动了区域间的人流物流量,给该镇增加了约35%的流动人口,推动了当地商业的繁荣和经济的发展。

草尾镇作为辐射周围乡镇20多万人口的小商业中心,镇区商业服务业发达,有1 400多个商贸、餐饮服务业网点,除尚未建汽车4S店以外,其他所有零售网点业态健全,包括各种超市、连锁店、便利店、专业店、精品店、美容美发店、餐饮店、修理店、药店以及农业生资店等。全镇拥有大型综合性超市10家,最大的综合超市营业面积在3 000 m² 以上,并设自动电梯,方便顾客上下楼,有一批服装品牌店,所销售服装多来自株洲芦淞服装市场,还有建材市场、家具市场、农产品市场等专业市场,镇内各类商业服务业网点吸纳就业人员6 000多人。

在草尾镇,镇区常住居民购物方便,根本不必去市区与周边县城;由于开通了农村公共汽车,加之农民家摩托车、自行车普及,镇区范围内农民也可随时在镇上买到所需商品。由于该镇商业网点相对集中,农村区域性商业中心的地位已显现,近三年来每年吸纳2 000余人进镇,其中70%是本区范围内的农民,吸纳农村劳动力就地转移的作用已十分明显。该镇完全可以做大,镇区现有面积2.5 km²,计划扩展至5 km²,常住人口达5万人,镇政府两次向有关部门报了建设用地指标,但省市有关部门却难以解决这类问题,其他一些国家级、省级重点农村小城镇建设中也都遇到过这一问题。

12.3 建设农村重点城镇综合性商业服务中心的意义

从草尾镇的调查中我深深感受到,完善农村流通体系,必须首先把一批农村重点小城镇建设成区域性综合商业服务中心,并以它为节点带动整个农村流通体系的发展。

(1) 在远离城市的农村,商业与人口集中度高的农村重点小城镇具有大中城市无法替代的农村小区域商业服务中心功能

中国空间地域辽阔,城乡居民的居住与生活在空间上呈现着集聚性与分散性相结合的特征,一方面是城市居民集聚集中度越来越高,如国内已涌现一批聚居人口超过1 000万的特大型超级城市,如北京、上海、天津、广州等超大城市。另一方面仍有数量众多的农村居民散居于全国各地农村,截至2009年底全国乡镇总数为34 180个,其中农村建制镇19 332个。[①] 相当多的居民还居住在这些乡镇和广阔的农村。因此在发展以大城市为增长极的城市体系中,仍然不能忽视上接大中城市下连广大农村腹地的农村重点小城镇的作用,在一

---

① 国家统计局编.2010中国统计摘要[M].北京:中国统计出版社,2010.

定农村空间区域，重点小城镇作为一个农村综合性商业服务中心的作用是大城市无法替代的。以洞庭湖区为例，由于湖区交通设施改善，环湖的一批重点小城镇正在健全其综合性商业服务功能。沅江市草尾镇作为一个典型的湖区水乡重点小城镇，其密集的商业服务业网点已使商业服务功能方便了周边25 km以内20多万农村居民。至于湘西、湘南的广大山区农村，由于居民居住的分散性更加突出，一批农村重点小城镇作为一定农村空间区域综合性商业服务中心的功能是大中城市无法替代的。

(2) 农村重点小城镇综合性商业服务中心在推进农村劳动力和农村人口就地转化方面具有决定性作用

在同步推进城镇化、工业化和农业现代化的过程中，及时消化和吸纳大量农村相对剩余劳动力，是一个十分突出的问题。如果大量农村劳动力跨区域拥入大中城市而未解决就业问题而形成"贫民窟"，就会出现拉美国家城市化过程中的"城市病"，这正是横在我国人均GDP过4 000美元以后的"中等收入陷阱"之一。为了跨越这个陷阱，农村相对剩余劳动力向城镇转化应当是多种形式多条渠道并存，其中发展农村重点小城镇综合性商业服务中心，促进农村商贸流通及各种服务业在重点小城镇适度集中，可以广开就业门路，增加就业岗位，有利于方便当地农村劳动力就地转化。洞庭湖区的沅江草尾镇从2005年以来平均每年有2 000～3 000农民进入该镇经商、务工，其中70%是本镇区划内各村的农民，30%是周边其他县、乡、镇的农民，镇常住人口由2006年的1.6万人增至2010年的2.4万人。

(3) 农村重点小城镇综合性商业服务业中心能促进农村土地流转制度改革

草尾镇作为农村区域性综合商业服务中心，由于具有吸纳农村人口的能力，能为人口向小城镇集中、土地向规模经营集中创造条件，有效推进农村土地制度流转改革。草尾镇是益阳市率先实施农村土地信托流转的试点乡镇。2008年草尾镇成立农村土地信托流转投资有限公司，通过公司化运作，使农村土地流转规模扩大了，行为更加规范了，风险更低了，农民也得到了更多实惠，除得到不低于500元/亩的承租金外，还可以在自己的土地上帮老板打工，一个劳动力年收入一般在2万元左右。目前草尾镇共储备土地5 500多亩，接受农户信托合同14个，受托的村民组有101个共4 000多农户。益阳市委2010年7月2日在此召开了现场会，益阳市委书记马勇率领各县市区书记以及有关分管农业工作的领导，前往草尾镇土地信托流转现场参观，充分肯定了沅江市草尾镇土地信托流转试点工作所取得的成功经验。

(4) 农村重点小城镇综合性商业服务业中心能促进农产品生产特色化专业化

由于交通方便，商业发达，草尾镇上可连大中城市，下连农村千家万户，市场信息的传递中有大量市场商机，加之农村土地流转改革又为专业化规模化经营提供了基础，因此抓住了市场机会就能促进特色专业化生产。草尾镇青年农民艾青了解到城镇居民蔬菜消费比重上升，2005年在立新村租赁60亩土地种大蒜，并请出租了土地的老人、妇女务工，村民十分乐意。后来他租地800亩，种植大蒜、香葱、莴笋和苋菜，并通过自己创立的公司和协会，组织8个村55个组的农户种植了5 000亩订单蔬菜。湖南省农业产业化龙头企业辣妹子公司也看好草尾镇的市场与区位资源优势，通过租赁方式在该镇建立了辣椒、芹菜、芦笋基地200亩，组织农民种植订单蔬菜1 000余亩。该镇在流转土地上建立的蔬菜基地面积达到10 000多亩，2008年以来已为市场提供蔬菜2万多t，蔬菜基地已为农民增收6 000余万元。随着蔬菜生产的迅速发展，蔬菜加工企业应运而生，该镇创办蔬菜加工企业5家。从这里出产的"草尾大蒜、香葱、莴笋、苋菜"，在这里加工的"草尾辣椒、芥菜、豆角"在长沙马王堆蔬菜市场有一定知名度。

（5）建设农村重点小城镇区域性综合商业服务中心，可有效推进城乡经济社会协调发展

全国19 000多个农村小城镇中，有一批区位重要、交通发达、经济繁荣、特色鲜明、人口集中的重点小城镇，如著名的江苏吴江县盛泽镇、江苏省吴江市同里镇、浙江省桐乡市乌镇、浙江省湖州市南浔区南浔镇、河南省禹州市神垕镇、湖北省监利县周老嘴镇、湖南省龙山县里耶镇、江西的樟树镇、重庆市潼南县双江镇、贵州省习水县土城镇等，这些重点小城镇，上连大中小城市，下接广大农村腹地，是城乡经济联系的重要基础与载体，是工农业互动的平台与枢纽。在一个县域范围内选择若干重点农村小城镇作为农村区域性商业服务业中心来建设，使之成为上连城市，下接各个村庄、农户的现代商业流通服务中心、农村消费品物流配送中心、农产品采购及交易中心、农业生资供应中心、农村再生资源回收中心、农村各类服务业网点聚集中心，这样既便于提高城镇化质量，也有利于推进城乡经济协调发展。

（6）建设农村重点小城镇区域性综合商业服务中心，也为持续性扩大农村消费需求和开拓农村市场建立一个平台

因为综合性区域商业服务中心各类商业业态聚集，商品种类齐全，各种服务项目多样化，便于广大农村消费者选择、比较，"货买三家不吃亏"，方便农民，特别是在节假日能为农民提供一站式购物服务，能消除农民购物的后顾之忧，并能通过各种集中形式的商业促销活动引导与刺激农民消费。

12.4 加快建设农村综合性区域商业服务中心对策

(1) 列入政府建设规划，以点带面逐步推开

建议国务院责成中央财政部、商务部、农业部、供销总社等部委联合推出农村重点小城镇区域性综合商业、服务业中心建设工程项目，中央财政列出专项支持资金纳入预算，并加强农村重点小城镇的商业、服务业网点规划。可将商务部系统推行的"万村千乡"农家店建设工程与供销社推行的农村"新网工程"整合起来，集中资源、集中力量加快农村重点小城镇区域性综合商业服务业中心建设。从 2011 年开始，可在全国范围内分别从东、中、西部各选三个省区进行试点（含直辖市），每个试点省区选择 5~10 个非城市郊区且有代表性的镇区，常住人口在 1 万人以上的农村重点小城镇进行这一项目试点。试点取得经验后于 2013 年在全国各地普遍推行。

(2) 实施土地支持重点小城镇建设政策

目前，农村重点小城镇要发展的一个突出障碍是建设用地指标难，土地规划中预留指标大多被县城建设占用，如沅江市草尾镇镇区吸纳人口可扩展至 5 万人左右，镇区面积须由现在的 2.5 km^2 扩展至 5 km^2，但用地指标一直无法解决。应本着既有利于保护耕地、节约土地，又有利于促进城市化的原则，在同等条件下，优先保证农村重点城镇建设用地。建议国土部门对农村重点小城镇综合性商业服务中心建设中一些骨干性项目及镇区扩容提质项目的用地指标采取一定的政策性倾斜。建议国土部门尽可能在城市用地储备指标中为农村重点小城镇建设拨留部分或调剂解决，或根据占补平衡原则，在农村土地整理指标中予以调剂，也可在农村土地流转制度改革中变通解决。对纳入农村城镇建设规划用地的，应简化用地审批程序，降低征地费用，减少土地征用成本。通过完善政策支持体系，增强对金融资源的吸引力。

(3) 加大农村重点小城镇基础建设力度

近十年以来，城乡基础设施建设的差距在明显扩大，特别是县城以下农村小城镇基础设施建设落后的问题严重。2010 年 5~10 月份我曾连续三次去湖南洞庭湖区域的岳阳、常德、益阳三市所辖的部分县农村乡镇调查，农村重点小城镇基本没有污水处理设施、垃圾处理设施、新一代农贸市场设施、公共文化体育设施、清洁饮水工程设施等，更没有广场、公园等，街道路面质量都比较差，此外农田水利设施建设普遍老化。如沅江市草尾镇已是常住人口达 2 万人以上的大镇，一天生活垃圾有 20 多 t，镇里只好采用水坑填埋垃圾的办法，填满一个水坑后再征用农民的水坑或水池填埋。镇长向我们反映，现在全镇最

麻烦最困难的事之一就是垃圾处理。华容县、南县一些重点乡镇的领导也都反映过这一问题。因此必须加大农村重点小城镇基础建设力度，为打造农村区域性综合商业服务中心创造条件。应统筹实施一批重点镇和特色产业镇的基础设施建设，推进市政公共设施建设，结合镇区农民集中居住区建设，全面配套供水、供电、供气、道路、电视、电话、网络等基础设施。要抓好大气、水环境综合整治和水源保护，努力建成镇级污水处理厂（站）及其排污管网，以实现重点镇区污水收集处理全覆盖。要加强重点镇垃圾处理设施建设并带动农村生活垃圾集中清运处理，要加大重点镇居民清洁供水工程建设，解决镇区居民及周边农民的安全饮水问题。同时应逐步推进重点镇公共服务配套建设，将公共资源更多地倾斜安排到农村城镇，促进城乡公共服务事业均衡发展。加强农村重点镇公共服务设施硬件建设，努力实现城乡公共服务硬件设施的均衡配置。要加强重点镇宽带通信网、数字电视网等信息基础设施建设，建立涉农部门和镇级信息服务中心和村信息服务站，形成覆盖城乡一体的城乡信息服务网络体系。

（4）抓好农村重点小城镇市场体系建设，完善其流通服务功能

完善的市场体系是重点镇成为区域性综合性商业服务中心的载体，因此应按照区域性商业服务中心发展规律的要求，注意加大重点镇农产品专业市场建设力度，不断完善市场基础功能配置。在农产品主产区、传统集散地、交通要道所在地的重点城镇可从实际出发，或建设农产品综合交易市场，或建设某一种某一类大宗农产品专业市场，如洞庭湖区的蔬菜市场、水产品市场等。通过重点镇农贸市场、大宗农产品产地批发市场、农产品专业市场和城市综合农贸市场的建设，形成较为完善的市县乡农产品市场流通体系。要以县城和重点城镇为中心，继续完善"万村千乡"市场工程和"新网工程"建设，以连锁超市、便利店为主要流通业态，促进农村地区流通设施升级；要以重点镇为依托，加快农村服务业发展，发展农村现代金融、保险等经营网点，加快建立覆盖镇乡村、服务规范的新型流通服务网络，形成集科技服务、信息交流、法律咨询、民事调解、教育培训、消费服务、文体娱乐、医疗服务、宣传教育等功能于一体的镇区与农村社区服务中心，形成面向现代农业的产前、产中、产后服务健全的服务链条，以进一步提高农村服务业发展水平。重点镇要发展包括交通运输、仓储配送、流通加工、信息网络等功能在内的现代物流体系，努力建立农村消费品物流配送中心、农业生产资料物流配送中心、农产品采购中心、农村再生资源回收中心。

（5）加大农村重点小城镇流通体系创新，提高流通主体在重点小城镇的聚集度与集中度

从历史与现实来看，任何一座商业中心城市或商业名镇，无一不是商人的集合体，以号称近代中国"衣被天下"的丝绸重镇——江苏省吴江县盛泽镇为例，就曾是国内外丝绸商人及丝绸店密集度最高的城镇。要把农村重点小城镇建设发展成区域性综合性商业服务中心，就必须提高各种流通主体在重点镇的聚集度与集中度。为此应加大农村重点小城镇流通体系创新。一是要提高农民组织化程度，大力发展各类农村专业合作组织，切实解决分户经营与统一市场对接问题，让农民进入到农副产品的加工和销售领域，使合作社的产品直接进入超市等销售网络，从而让农民分享到第二、第三产业的利润。要积极鼓励和引导农村种养大户、农村贩销大户、经纪人和生产大户、农业技术人员等牵头创办各种形式的农村专业合作经济组织，发展以农产品生产和营销专业户为主体的农业专业合作组织，提高农业产业化经营水平。二是要积极发展各种小城镇专业店，优化重点小城镇的商贸服务网点结构。作为一个区域性综合性商业服务中心不只是商业网点数量的叠加，更要求各类专业性商业网点具备有机组合、门类齐全、功能互补、结构优化的整体特点，而且各种专业店，特别是一批品牌代理或专营店的密集布置可有效提升重点小城镇商业品位，增强其市场辐射及吸引能力，缩小城乡商业发展差距。三是努力吸引城市龙头商贸企业，将产业链条或经营网点延伸到重点小城镇，扩大重点城镇商贸服务业在农村市场的辐射范围和渗透力，同时注意培育和支持本地大中型商贸企业的发展，使其在文明经商、服务农民中发挥示范与带头作用。

(6) 实施支持重点小城镇建设的财政金融政策

应加快财政体制改革，提高中央财政、省级财政在公用设施建设中的投入比例，扩大重点中心镇财政留成的范围和比例，增强农村城镇支付能力。实施财政促进重点镇产业发展政策，依托各地自然禀赋，加快农村重点城镇产业和产品结构调整的步伐，扶持特色产业发展，大力发展培育支柱产业，形成规模和品牌，促进城镇产业集聚，引导第二、第三产业向城镇集中，提高生产规模和效益。

同时政府应引导银行和金融组织支持农村重点小城镇基础建设与综合性商业服务中心骨干项目建设，并在资金融通上予以倾斜。要发挥政策性金融的先导作用。对于具有社会性、公益性的基础设施建设项目，政策性金融要先期介入，发挥导向作用。同时，要拓宽政策性金融对农村城镇建设的支持领域，向公共绿地、环境卫生等非经营性基础设施建设项目提供低息贷款。对农村重点城镇建设中的农贸市场、重点专业市场、物流配送中心（含农产品冷链物流）、农产品加工建设，应出台商业信贷补偿政策，如专项贷款贴息政策、专项贷款税收减让政策等，对信贷风险损失给予补偿，鼓励和引导金融机构加大对城镇化建设的信贷投入。商业银行加大对农村重点城镇建设的信贷投入。商业银行要以经营性项目为依托,加大商业银行对于农村重点城镇供水、供电网络建设等经营性基础设施建设项目的信贷支持力度。

(7) 鼓励和引导大学毕业生去农村重点城镇从事商业服务业

一方面选派优秀的经济管理专业大学毕业生去农村重点镇政府从事商业经济与市场工商管理,提高农村商业管理水平。另一方面对去农村小城镇创业、就业的大学毕业生实施某些优惠政策,广开创业、就业渠道,进一步繁荣农村重点小城镇的商贸服务业。

(本文发表于《商业经济与管理》杂志 2011 年第 6 期,中国人民大学报刊资料复印中心《贸易经济》卷 2012 年第 3 期全文复印)

13 专题研究

13.1 浅谈集镇商业在农村市场中的横向联系功能

关于农村集镇在城乡商品流通中的地位和作用,笔者曾在1983年撰文作过初步探讨(见《经济学周报》,1983年9月5日)。集镇在城乡商品流通中的地位与作用是怎样实现的呢?我认为主要是通过集镇商业在农村市场上的横向联系功能来实现的。本文特就这一问题谈点看法。

13.1.1 农村市场的崛起与集镇商业的发展

集镇商业,是农村集镇上所有商品交换活动的统称,既包括生活资料的流通,也包括生产资料的流通。从所有制的成分去分析,既有国营的,又有集体的、个体的和各种联营性质的商业活动;从流通环节去考察,既有专门的批发商业活动和零售商业活动,又有各种形式的生产自销及农民之间和城乡居民之间的产销直接见面,还有各种贩运活动;从计划性程度去看,既有计划购销活动、半计划购销活动,又有自由购销活动;从经营项目上看,既有商业活动,又有饮食、服务业、修理、加工等。有的是常年性固定网点交易,有的是定期的集市交换。总之,集镇商业呈现出一种多成分、多形式、多渠道、多层次的局势。

新中国成立后,我国农村集镇商业经历了繁荣——萧条——恢复——再萧条——再恢复、大发展的过程。目前正开始进入大发展大繁荣的阶段。近年来我国农村集镇商业的恢复和繁荣是与农村市场的崛起分不开的。我国农村市场的崛起有以下几个最显著的特点:

第一,农村市场的崛起是以农村经济的改革作为前提的,是以农村商品经济发展为基础的。十一届三中全会后,我国农村经济出现了具有历史意义的变革。农业联产承包责任制的推行,有两个最显著的特点:一是把必要的生产经营管理自主权及产品的分配权还给了农民,使广大农民当家做主;二是打破了长期盛行的平均主义大锅饭,使多劳多得变成了现实,这样,农民的生产积极性、主动性、创造性空前高涨,农业生产力又一次得到解放。加上计划体制、流通体制、价格体制等的调整和不断完善,农业生产迅速从单一化向多样化发展,从自给型向商品型发展。1983年全国农村各业商品率达59.4%。广大农民勤劳致富,开拓经营空间,收入迅速提高,产品转化为商品,市场供应量日趋丰富;商品转化为货币,农民的市场商品购买能力也随之提高。农民开始摆脱自给半自给经济封闭的束缚而进入市场。他们既要通过市场买卖,又要通过市场实现彼此之间的联系,这样,农村市场的崛起就有了较好的物质基础。

第二,农村市场的崛起是以农村中"两户"的迅速发展和乡镇企业迅速发展作为两大支柱的。马克思主义认为,社会分工是商品生产和商品交换的基本条件。20世纪80年代,中国农村各种专业户、重点户的出现正是农业生产中分工发展的必然结果,也是广大农民自主自立发展商品经济的一种创造,反过来又进一步促进了社会分工的发展。专业户、重点户成为新形势下农村先进生产力的代表。其最显著的经济特征,是生产商品化程度高,提供商品量大,经济收入高,"千元户""万元户"一般都是农村中的"两户"。1983年全国农村中两户已占总户数的13.6%。以湖南省为例,到1984年3月底止全省农村专业户已发展到1 907 575户,占全省总农户数的17.55%。专业户、重点户是商品生产的先锋,既是农村市场商品来源的主要提供者,又是向市场投放购买力的大宗买主,因此,他们是农村市场崛起的一个重要支柱。

近几年来,我国农村经济显著变革的另一个方面,是乡镇企业的迅速发展,乡镇企业作为农村经济实体,是我国今后农业工业化、农村城市化、农民市民化的必经环节,也是农业生产从自给和半自给状态走上商品经济之路的必不可少的组织形式。1983年年底,全国乡镇企业达1 346 00多个,就地吸收农村剩余劳动力3 200多万人,总产值达1 200多亿元,占全国社会总产值的12%,占农村各业总产值的31.2%。乡镇企业既提供大量商品满足了市场的需要,又极大地开拓了农村市场容量,扩大了农村商品性消费的比重。从1979年至1983年,全国农村乡镇企业为农业提供资金94亿元,为农村各项事业提供资金61亿元,使农民增加收入740多亿元,因此,乡镇企业(主要是乡镇工业)是农村市场崛起的另一大支柱。

第三,农村市场的崛起是以农村集镇的恢复发展为依托的。农村商品生产与商品交换的发展必然引起人口的流动和相对集中,这是商品经济发展的客观趋势。随着商品经济的发展,一方面农业劳动率迅速提高,能使更多的农业劳动力从土地上解脱出来,为从事商业、工业及其他产业提供了可能;另一方面农村工商业及其他服务业发展，要求人口在空间上相对集中，因此，农村商品经济发展本身产生了城市化的要求。但从中国国情来看，中国农村人口的流动和集中不可能走人口集中于大中城市的老路，而是进入各种类型的星罗棋布的农村集镇。近几年，中国农村集镇，特别是各种非建制的集镇发展较快，到1983年止，我国农村集镇达到5万多个，绝大部分是区、乡政府所在地，这些集镇形成大大小小的农副产品加工和贸易中心，由点到线，由线到面，形成了纵向与横向交错联系的农村商品交换网络，成为农村市场的枢纽。农村市场中的各种交换关系主要通过集镇表现出来，各种交换活动也集中在集镇。因此，集镇是农村市场的空间依托，集镇既是农产品集散购销、贩运的中心，又是工业品下农村的供应中心，也是传递反映农村商品流通信息最集中的场所。

随着农村市场的崛起，农村中的各种商业活动迅速发展起来，原有的国营商业体制面临着新的挑战，并且在许多方面不能适应新形势的变化。已经升级到国营商业的农村供销社商业也到了非改不可的时候，由于农村市场农产品的卖难以及工业品的买难，越来越多的集镇居民、农民进入了流通领域。1983年全国农村个体工商户从业人员达547万多人。有的务农兼商，产销合一；有的离土经商，转手买卖；有的长途贩运，运销结合；有的进镇办店，坐店经营；有的流动叫卖，串乡走寨。各种定期和不定期的农村集市贸易也明显增多，1983年年底全国农村集市达43 500多个。各种商业活动都在一定区域范围内向集镇汇集。这样，就形成了多种成分、多条渠道、多种经营形式并存的集镇商业，农村集镇商业的发展明显带有市场机制的特色。

13.1.2 集镇商业横向联系功能的主要表现

马克思指出："生产劳动的分工，使它们各自的产品互相变成商品，互相成为等价物，使它互相成为市场。"（《资本论》第三卷第716页）商品经济的存在客观上要求各种商业活动必须从市场横向联系上与生产者之间、企业之间、地区之间、国家之间进行产品及劳务交流的沟通。商业活动之所以称为"中介性"的劳动，很重要的一点就在于它通过在市场上的横向沟通、横向交流、横向转移，实现商品从生产领域到消费领域的流通。

集镇商业的发展使农村集镇的经济实力得到增强，集镇商业以其多方向、多渠道、多形式的横向联系功能，使农村集镇迅速成为联结城乡商品流通的枢纽，成为农村一定范围内的区域性经济中心。集镇商业的横向联系功能主要表现在以下几方面：

第一，集镇商业从横向联系上沟通了农村中各行业及分散经营的各农户在流通环节上的经济联系，并反过来促进农村商品生产向专业化、工业化、社会化方向发展。近几年来，随着社队统一核算制的改变，千家万户成了商品生产者，家庭经营成了农村商品生产的主要形式，最大限度地调动了广大农民的生产积极性。但也有其自身的弱点，分散经营的商品生产，迫切需要从流通环节上加强联系。集镇商业活动就较好地适应了分散经营农户的要求：一方面使分散的产品及时到集镇集中；二是及时地为生产者从生产资料和生产资金方面提供了生产要素。同时，集镇商业通过市场购销活动，促进农村中各种项目的工、副业生产日益专业化、社会化。例如，河北省新城县一些农村有自产自销人造革提包的特长，随着商品销售渠道的扩大，形成了宋辛庄人造革制品市场，又发展了钱包、书包、自行车座套、沙发面等项生产，购销逐步专业化，有的专门采购原材，有的专门加工，有的专门推销，使当地加工人造革制品的专业户发展到10 000多户，年产量达4 000多万件，纯收入为2 800多万元。（1984年4月17日《经济日报》《人民日报》）

第二，集镇商业从横向联系上沟通和扩大城乡市场之间的交流，城乡之间的互相交流是我国社会主义现代化建设的一大重要特色。我国农村人口多，更应扩大城乡之间的交流，彼此互相促进。过去我国的城乡市场交流主要是通过统派购和计划调拨、分配方式使农产品进城，工业品通过自上而下的层层指令性分配、调拨而下乡。而近几年来，工业品下乡和农产品进城，既有主要品种的计划渠道组织，又有日益扩大的市场调节机制的自我运作，而且，通过集镇，既有城市工业品下乡，又有少部分农村工业品进城；既有大量农产品进城，又有一部分农产品通过集镇交换转化为农民的商品性消费。在新的形势下，集镇商业正是通过组织工业品与农产品的双向流通，使城乡经济联系有了更深厚的基础，而且随着商品物资交流的扩大，城乡之间的劳务、技术、信息、资金交流也不断加强。

第三，集镇商业从横向联系上打破了行政区划的限制，加强和扩大了各个地区之间的经济联系，有利于发挥各地区经济优势。农业生产包括各种工副业的地域分工，是农业生产力空间分布不均衡所决定的。国家不可能用指令性的计划手段把各地产品的余缺调剂包下来，通过集镇商业的横向联系，相当一部分产品冲破了行政区划的限制，在更广的范围内自由流通，既较好地调剂了余缺，又能使各地农村的经济优势得到充分发挥。如湖南省浏阳县是全省有名的烟花鞭炮生产县，近几年，全县市场上烟花鞭炮的交易十分兴旺。商业和市场的活跃促进了生产，全县乡镇集体办的烟花鞭炮厂发展到238家，厂内安排劳力4.8万人，占全县农村劳力的10%，厂外分散加工的还有6万多人，合计11万人。1983年生产烟花鞭炮91万箱，产值9 000多万元，占全县乡镇企业总收入的56%，发放工资3 700多万元，按全县农业人均收入计算，其个人收入达 34 元，使传统的经济优势得到充分发挥。目前，农村集镇中的各种专业性商业活动的发展，专业市场的形成，都从更广阔范围内扩大了各地区农村的经济联系和交流，也促进了各种专业性生产区域如专业村、专业乡的形成。

第四，集镇商业还从横向联系上打破了所有制界限，加强和扩大了各种经济成分之间多种形式的经济交流。集镇商业职能很显著的一点是通过多种灵活形式，使不同所有制之间取得联系，尤其是国有经济与合作经济之间、个体经济与国营、合作经济之间的联系，有利于发挥国有经济和集体经济在农村市场的主导作用，也有利于其他经济成分协调发展。

总之，集镇商业的横向联系功能，有利于集镇在经济活动上的横向开拓，形成以集镇为中心的小经济网络，经济是政治、文化的基础，随着集镇小经济中心（一定区域范围内）地位的形成，集镇也会向小政治中心、小文化中心发展。

13.1.3 创造条件进一步强化集镇商业的横向联系功能

在农村商品经济进一步发展的形势下，农村集镇商业的发展还有很多与此不相适应的地方，商业落后于生产、农产品及工业品卖难与买难的问题仍很突出。进一步疏通商品流通渠道，开拓农村市场，促进农村商品经济发展仍是一个大问题，为此，应当进一步强化和发挥农村集镇商业的横向联系功能。

第一，集镇商业的发展在所有制结构上应坚持以集体合作经济和个体经济为主，经营上以市场调节为主。

农村集镇商业的发展要继续坚持开放的方针，进一步放开。现阶段集镇商业以发展集体合作经济与个体经济为主，这是与农业生产力的水平及农业经营的特点相适应的。在农村市场上，除了一、二类生产和生活物资由国营商业单位经营外，应当以供销合作商业作为农村市场的主渠道，并要进一步放手积极扶持农村个体商业的发展，尤其在行业结构上要引导个体商业按照市场需要去发展。在农村集镇，除了国有商业要继续下延至某些批发网点和增加必要的经营网点外，还应当鼓励集体、个体人员从事计划外商品批发交易业务和新办批发机构，而且可以跨地区、跨城乡经营，批零从便，坐行自由。

在经营方式上，除了国家计划管理的那部分主要工业品和农产品的购销实行指令性计划和指导性计划管理外，其他商品经营都要采取市场调节的办法，而且市场调节的范围将逐步扩大，在国家总的计划原则指导下，今后集镇商业的经营将逐步实行市场调节为主。一是条件具备，大部分农产品及工业品货源丰富，买方市场正在形成中；二是有利于更好地活跃农村市场，进一步发挥各种商业成分的主动性和积极性；三是与现阶段农村商品经济发展水平及特点相适应；四是国家也不可能都用计划管理手段把农村集镇商业活动统起来。

第二，改善集镇商业经营的物质条件，这是扩大集镇商业横向联系功能的基础。

目前，集镇商业的迅速发展与集镇现有的物质条件落后是一个很大的矛盾。集镇各种商业成分的经营存在不少缺点，场地狭窄，仓储、运输能力较差，集市贸易更是露天马路市场为多，拥挤不堪，特别是非建制的农村集镇建设更差。因此，要高度重视农村集镇商品流通物质条件的建设，这是实现自给半自给经济向商品经济转化、传统农业向现代农业转化的大问题。从长远看，农村城市化和农业工业化都必须通过集镇市场的交换转化来实现。

集镇商业经营的物质条件，一是经营的直接物质基础，如各种综合市场和专业市场、经营网点，还有加工、仓储、运输设备，这是扩大集镇商业横向辐射能力必不可少的。二是为商业活动服务的，如旅店、饮食店、银行、邮政通信等方面的物质设施也必须齐全。总之，集镇商品流通物质条件的建设应作为集镇建设的首要任务抓好，由有关部门统筹规划，发动多方集资，有步骤地进行。

第三，建立适合集镇商业特点的商业管理体制，改善对集镇商业的统一管理。

目前，集镇商业普遍为多头管理，基本上是"四分天下"：一是国有商业系统的下伸单位，如肉食站、粮店和下伸的工业品经营网点，归粮食局、商业局系统管理；二是供销合作商业网点，归口供销社管理；三是建制镇办的集体商业归镇一级政府管；四是个体商业和集市贸易由工商所管理，多家分割，互相扯皮、互相推诿的现象经常发生。

集镇商业市场调节的范围扩大，也不可避免地会出现一些消极因素，更应注意加强管理，因此，要加强集镇商业管理体制的研究。我认为，集镇商业管理的组织形式，可在县或镇政府下设一个头的集镇商业管理委员会为好，统一管理国营、合作、个体商业活动，当然这种管理主要是通过监督、指导、服务、调节，通过运用好各种经济杠杆，为集镇商业的发展创造条件。

第四，积极发展各种联营的和专业性的商业经营。

集镇商业的联营，可以增强其经济实力，因此，要注意引导发展各种联营形式的商业项目，如国、合联营，合作经济之间的联营，个体之间的联营以及个体与国有、集体的联营。这些不同经济成分之间的联营，可以是跨地区的、跨城乡的，既可以综合经营，也可以专业经营。

我国目前农村集镇商业大都是"小而全"的商业经营模式，在这个基础上应多发展专业性商业经营。经营专业化，可以推动各地区在更大的范围内实现经济上的横向联系。如浙江省永嘉县桥头镇的纽扣专业市场，集散本地和全国各地400多家工厂的纽扣产品达110多种，各种摊位607个，镇上既有一支庞大的采购队伍，又有推销商贩。1983年1～10月平均每日成交额为65 000多元。还有湖南邵东县的毛家栗山铁货专业市场，面向全国农村，生产和经营的菜刀有广东、广西、江西、河南、湖北、陕西等省适用的式样。此外，各地还有服装市场、米市、牛市、皮毛市场、中药材市场等农村集镇专业性商业活动，在扩大横向联系、开拓农村市场方面都起到了积极作用。

（本文入选1984年全国集镇商业讨论会论文，江苏《商业经济探索》1994年第3期发表，1985年获中国商业经济学会首届科研成果评奖优秀论文二等奖。）

13.2 关于中国农村集镇特点研究

大力发展农村集镇，是建设具有中国特色社会主义现代化的一个重要内容，是完善国内市场体系、开拓农村市场的一个战略重点，要搞好集镇建设，就应当充分认识中国农村集镇及其经济发展特点，以便从各地实际出发，建设好各种具有地方特色、民族特色的农村集镇，更好地发挥集镇市场的经济功能。为此，本文特对中国农村集镇的特点浅探如下：

13.2.1 中国农村集镇分布及发展的地域差异性

中国地域辽阔，各地在自然地理、人口分布、科学文化教育水平、资源等方面存在很大差异，因此，生产力水平及商品生产、商品交换的状况都不一，集镇的发展和分布是离不开当地一定的社会经济条件的，因此中国农村集镇的发展与分布就存在着较大的地域差异性。

主要表现在：

（1）集镇分布密度及规模上的地域差异性

我认为集镇在空间的分布密度的高低与疆域大小无直接关系，而主要受人口密度的直接影响。这是因为人口聚居既是集镇形成的重要前提，又是集镇的一个重要作用。从社会学的角度看，集镇首先是一个有一定人口聚居的社区。聚居点的间隔及聚居人数的多少，取决于人口在空间分布上的状况。因此从全国各地来看，凡农村人口密度大的地方，集镇的分布就较为密集；凡人口密度小的地区，集镇数量就少，而且分布稀疏，从每万平方千米拥有的建制镇来看，江、浙、鄂、湘等省一带平均为10～15个，山东、江西、安徽、河南等省为 7~8 个，云南、贵州等地为 4~6 个，甘肃、宁夏、青海等地则低于 1个，西藏、新疆、内蒙古就寥若晨星。而且即使在同一个省，由于省内各地区人口密度大小不同，集镇分布密度也有明显的地域性。例如江苏省是我国农村集镇密度最大的地区，1981 年全省平均每 100 km² 有 1.5 个小集镇，其中苏中地区人口密度最大，每平方千米 720 人，集镇也最多，平均 35.76 km² 有一个集镇；苏南地区人口密度为每平方千米 588.75 人，平均每 42.98 km² 有一个集镇；苏北每平方千米 459 人，平均 69.78 km² 一个。其中最高的苏州市辖农村平均每 29 km² 一个集镇，大大高于全国及全省水平。湖南、湖北两省的平原地区，有的县 100 km² 里有几个集镇。如湖北省荆州地区 12 个县有 197个建制集镇，平均每 100 km² 有 2.4 个集镇，而地处山区的西部恩施地区平均每 100 km² 还不到一个建制集镇，可见人口密度大小是集镇分布状况的一个直接因素，这是不以人的主观意愿为转移的。

同时，人口密度不一，各地集镇的规模也有明显差别。江浙一带的县以下乡一级农村集镇一般都在 5 000 人以上，大的多达数万人，如浙江省路桥镇。而云南、贵州及内地山区的一些集镇一般只有两三千常住人口，超过 1 万人的就很少了，因此，不可能强求各地集镇要有统一的人口标准。国务院 1984 年11 月批准的关于少数民族地区等调整建制镇标准的报告中，就放宽了建镇标准，指出："少数民族地区、人口稀少的边远地区、山区和小型工矿区、小港口、风景旅游区、边境口岸等地，非农业人口虽不足 2 000，如确有必要，也可设置镇的建制。"这就是从集镇特点出发而作出的合理规定。

(2) 集镇经济发展水平的地域差异性

从总体上来看，凡集镇密度大的地区，集镇经济发展的水平就高一些；反之则低一些。从经济发展的要素去考虑，其主要原因是受生产力总体发展水平的制约：

其一，集镇所在地周围农村的商品生产、商品交换水平，直接影响集镇经济发展水平。凡是农业生产力水平高、农产品剩余产品多、农产品商业率高的地区，就有可能容纳更多的劳动者去从事集镇上的工业和商业、服务业等第三产业的发展，这样，集镇的经济发展水平就高。如江苏省是我国农村商品经济发展较快的地区，1983 年全省乡镇企业产值达 170 多亿元，占全国乡镇工业总产值的 14%；1984 年又达到 210 多亿元。苏中、苏南的大部分集镇都转变成工业型或工商结合、城乡结合的新型集镇。相反，在西北、西南和内地边远少数民族地区的一些农村集镇，其经济活动还停留在"交易而退"的初级型商业交换上。

其二，是集镇距离大中型城市的远近以及城市经济发展水平也决定集镇经济的发展水平有高有低，显现出明显的地域性。集镇介于城乡之间，与城市联系密切。大中城市密集地区的农村集镇"近水楼台先得月"，最易得到城市经济的辐射、技术的扩散和人才资金的支援，因此，集镇经济发展的速度就快，水平就高。例如从上海到南京之间共 280 km，其中有大中城市 6 座，平均 46 km 一座城市，这些城市其产值占全国工业产值的 20% 左右，技术水平也是最高的。处于沪、宁线之间及铁路沿线周围的农村集镇经济就相当发达。以江苏沙洲县为例，1984 年全县工农业总产值突破 20 多亿元，该县 25 个农村集镇中不少集镇都有产值上千万元的骨干工厂，有 1 200 余家轻工、纺织、毛纺、针织、冶金、化工、电子、建材乡镇企业分布在农村集镇，务工的农民达 10 万人，有 5 个亿元乡，有的集镇工厂产品在全国名列前茅。该县塘桥镇有个计算机存储器厂，1983 年 8 月我国发射实验卫星的航天控制中心的计算机系统中，就采用了这个厂的半导体存储器，得到国防科工委的嘉奖。而远离工商业中心城市的农村集镇其经济发展水平就很低了。例如湖南湘西土家族苗族自治州的农村集镇，在四周 400 多 km 的范围内都没有一个大中型工商业中心城市，大部分农村集镇其现代工业还是一片空白，只有一些手工操作为主的初级加工及修理业，工业产值低得可怜。如古丈县一个县的乡镇集体、个体工业产值 1983 年一共只有 186 万元，抵不上江苏沙洲县塘桥镇一个工厂的年产值，一般县城以下农村集镇的工业产值只有 10 万元左右。

（3）因地域差异形成了中国农村集镇发展类型的多样性

由于各地的经济、文化、人口、交通等情况不同，中国农村集镇在发展类型方面就呈现多色彩的特点。按所在地区特点分，有大中城市郊区的集镇，有平原地区集镇，有工矿区集镇，有边疆区集镇，有丘陵区集镇，有山区集镇，有水乡集镇。由于集镇在地域上的上述差别，从古至今，集镇经济发展的内容也有所侧重而显出差异。既有传统的商业型、手工业型集镇，又有现代化工业型的集镇及工商结合、城乡结合的新型集镇和旅游、文化集镇。如苏南、珠江三角洲及两湖平原区的一些集镇，由于乡镇工业的发展，目前不少集镇都变成了农村工业的中心和城市工业扩散的阵地，工业产值比重很大，成为工业型集镇。如江苏省吴江县七个属镇因地处无锡、上海以及浙江嘉兴之间，工业发达，1982 年七个集镇工业产值达 50 567 万元，占全县工业总产值的 75.5%。在工业型集镇中，一般都有较多的工人，相反，商业型集镇则以商品集散、贩运贸易和定期的圩场买卖等活动比重较大。如云南边疆地区中缅边境的集镇和西北边疆地区以及各省、各地区、各县毗邻地区的集镇，商业活动较为发达，不但有大规模的定期圩场集市，而且有经常性的商品交易活动。

在各种工商业型集镇中，还有一种专业性集镇，更加显示其历史性和地域特殊性。这些专业集镇的形成，既有历史传统，又有现实因素。如在工业型专业集镇中，往往以生产一种或几种或一类工业品而素负盛名。如江苏省吴江县的盛泽镇丝绸生产发达，真丝绸出口占全国丝绸出口量的1/10，是名副其实的丝绸镇；湖南省望城县的铜官镇，从事陶器生产及服务的劳动力达1万多人，1982年除在本省销售陶器外，还向17个省、市、自治区农村销售陶器1 769万件，金额达650万元，成了有名的陶都。商业型专业集镇中，又有各具特色且以一两种或某种类商品的交易量大或交易辐射范围广而闻名的。如处于浙赣线和赣江口的江西樟树镇，自东汉以来至今的1 780多年中一直是全国药都，明、清之际从事药材买卖的店、行、栈、铺达200多家，80%的居民以经营药材为生，称为"南北川广药材之总汇"。1984年该镇建成了可容纳5 000人的药材交易大楼，全国29个省、市、自治区的1 400多家药厂、药店、药材公司派人参加在那里举行的交流大会。在南方还有牛市、米集、猪市、铁器镇、木器镇等各种专业集镇。北方也有较大的专业集镇。尤为可喜的是十一届三中全会后，随着商品经济发展，各种地域性专业集镇迅速兴起。如辽宁的服装集镇，河北的人造革集镇、沙发集镇，广东的塑料日用品集镇，江浙的化纤、尼龙制品集镇等等，这些专业型集镇的出现更呈现出鲜明的地方特色。

综上所述，中国集镇的分布和发展正具有鲜明的地域差异性。

13.2.2 中国农村集镇经济联系上的横向性

农村集镇的发展是社会生产力发展的产物，是社会分工和商品交换的结果。随着人类社会第二次、第三次大分工的出现，早在原始社会末期与奴隶社会初期，就出现了专门独立的手工业生产和独立于生产之外的商品交换活动。独立的手工业，需要有相对集中和固定的地点；而商品交换也需要较为方便和较为固定的场所。这样，随着分工和交换的发展，劳动者之间的横向经济联系日益密切，市场也就形成了。正如马克思指出的："生产劳动的分工，使它们各自的产品互相变成商品，互相成为等价物，使它们互相成为市场。"早期固定的手工业生产场所和商品交换场所就成为市场中生产和交换的据点，这就是早期集镇市场产生的物质基础。几千年来，集镇通过各种商品交换活动在各种生产者之间、各地区之间自动地起着沟通经济联系的作用，尽管在奴隶社会、封建社会中，集镇这种通过商品交换而产生的经济联系上的横向性受到了不同程度的压制，但它的这种特点并未改变。党的十一届三中全会以来，随着农村经济体制改革的顺利进行，随着各个企业和所有城乡商品生产者和经营者自主权的扩大及市场调节范围的扩大，农村集镇在经济联系上的横向特点就日益充分显示出来，并主要通过集镇市场功能表现出来。

①农村集镇市场从横向联系上沟通了集镇周围农村中各乡、村、农户及各行业之间的经济联系，并反过来促进农村社会分工和商品生产的发展。近几年来，随着农村社队统一核算制的改变，千家万户成了独立的商品生产者，家庭经济成了合作经济的一个层次，较好地调动了广大农民的生产和经营积极性，各种各样的专业户、重点户以及农民联合体大量涌现，也可以说分散经营是目前农村经济发展的一个特点。分散经营的生产，加之农产品指令性统派购计划的逐步缩小，迫切需要从生产、流通环节上加强相互间的联系和协作，那种礼节性和亲戚之间的单向往来已无法适应生产扩大和流通发展的要求，农民们必须从农村市场上去相互联系和协作，或及时地取得商品生产及商品交换的信息，或及时地购进生产所需的生产资料，或及时地得到资金、技术上的交流和支持，或及时地卖出多余或剩余的产品及商品。这样，农村集镇上频繁进行的商品流通、信息流通、资金流通、技术流通，使各生产企业、农民之间的横向经济联系日益密切，并反过来促进农、工、副生产日益专业化、社会化。例如河北省新城县宋辛庄人造革市场在集镇形成后，又促进了人造革制品系列化生产，促进了钱包、书包、自行车座套、沙发面等品种生产和购销逐步专业化，该镇农民有的专门生产，有的专门加工，有的专业推销，使当地人造革制品生产专业户发展到一万多户。

②农村集镇市场从横向联系上加强和扩大了城市经济与农村经济之间的交流。城乡之间的经济交流是我国社会主义现代化建设的一个重要特色。我国国内市场的主体在农村，更应努力扩大城乡之间的商品交换和经济交流。作为商品的工农业产品除了一部分在农村和城市内部交换外，大量的工业品下乡，农产品进城，城市工业与集镇工业及农业的协作均需通过集镇这一枢纽进行，通过集镇的工农业产品交换活动会随着工农业产品的增多和城市工人、农民购买力的提高而日益增多。尤为值得注意的是，随着我国商品生产的迅速发展，又出现了乡镇企业产品进城，一部分农产品转化为农民的商品性消费，集镇市场上出现了工业品与农产品双向流通的新格局。

还应该看到集镇市场这种经济联系的横向性不只是沟通一城一村之间的单一联系，而是从多角度、多方面同时沟通了城乡之间的经济联系，通过集镇，多个城市与一地农村、多地乡村与一个城市都会进行经济上的交往。集镇接近农村，它还会把农村为城市提供的农副产品货源信息以及对工业品需求的反馈，及时而灵敏地反映到城市，促进城市工商业更好地发展。

③农村集镇市场还从横向经济联系上打破了行政区划的限制与自然经济传统的封闭与闭关自守，加强和扩大了地区之间的经济联系与协作，有利于发挥各地区的优势。一方面从工农业生产的区域分工来看，各地之间必须通过扩大

横向联系与协作来弥补生产力在空间上分布不均衡的间隔，因为国家不可能用纵向指令性计划把各地工农业产品的余缺调剂都包下来，只有通过集镇的横向联系，才能使更多的产品冲破行政区划的限制而在更广的范围内自由流通。另一方面，我国自然经济传统深厚，新中国成立以来又由于经济工作中"左"的错误，强化了自然经济自给自足的封闭性，造成了地区之间的封闭。因此，国内各地区之间迫切需要互相敞开大门，对外开放。尤其是经济落后地区更要注意对先进地区开放。集镇其经济联系上的横向性，正有助于扩大各地区之间的相互开放和经济技术上的协作与交流。特别是毗邻地区的集镇，这种作用更为明显。如云南四川两省交界的新兴集镇——云南镇兴起后，云南的土特产如中草药、五倍子、柑橘等通过集镇集中后远销到长江中下游的市镇，集体性质的水运公司也有拖船直航南京上海，外来个体集体工商业者有500多户进入该镇务工经商。目前农村集镇中各种专业市场的形成，都从更广的范围和更长的辐射线上扩大了各地区之间的横向联系和交流，如浙江永嘉县桥头镇由于纽扣专业市场形成，就从横向联系上沟通了全国十多个省四百多家工厂纽扣产品的产销，并且以流通为龙头，带动了当地以商业导向为特征的家庭工业生产的崛起。

④集镇市场经济联系的横向性还表现在不断扩大和加强了多种经济成分之间的经济联系与交流。由于集镇经济职能的加强和扩大，国有经济、集体经济、股份经济、个体和联营经济之间大多通过在集镇渠道流通、多方式的购销和经营，相互之间才有了联系和协作，从而互相竞争和促进。各种经济形式之间以及各种经济形式内部的横向竞争，形成了一股强大的外部压力，能促进具备各种经济成分的经济实体焕发出生机和活力，既能充分发挥国有经济的主导作用，又能使其他经济形式在市场调节机制的自我运作中协调发展。

此外，在边疆、民族地区的农村集镇还从横向经济联系方面沟通了国内各民族之间的经济联系。例如地处湘黔边境的苗族聚居区的湖南凤凰阿拉集镇，由于牛市交易闻名，土家族苗族人民与豫、湘、川、黔、鄂、赣等省不少地区的汉族群众通过集镇实现和扩大了彼此之间的经济联系。

13.2.3 中国农村集镇经济功能的多极性

在中国大地上星罗棋布的农村集镇，是中国的一大特色。6万余个集镇中，既有传统的老集镇，又有新发展的集镇，而且新发展的集镇将会越来越多。农村集镇居于乡之首、城之尾，既有城市的某些特色，又有农村的某些优势。集镇同时在空间上对城市、农村经济的发展都具有十分重要的作用，因此，集镇的经济功能具有多极性特点。

①瓦解农村自然经济,加快农业向专业化、商品化、现代化转变的功能。中共中央关于经济体制改革的决定指出:"商品经济的充分发展是社会经济不可逾越的阶段。"大力发展我国农村商品经济更是势在必行。我国没有经过发达的资本主义阶段,几千年来封闭的自然经济使我国社会主义农业的发展背上了沉重的历史包袱。十一届三中全会以来,我国农业生产出现了从自给性向商品性转变的历史性突破,但应看到,要使我国农村经济更快地向专业化、商品化、现代化转变,关键是要大力发展商品生产和商品交换,促进农业专业分工和农业生产社会化,并在这个基础上使传统农业向现代农业过渡。而集镇的存在和发展,一是能为日益增多的农产品提供销路和开拓市场;二是能及时为农民发展商品生产提供信息及商品性农业生产物质要素和劳务服务;三是为各种专业性的能工巧匠提供了活动阵地;四是有利于各种农村乡镇工业、家庭工业在一定空间内集中。特别是乡镇工业在集镇的集中,是实现我国农业现代化的必由之路。它既能较快地改善农业生产结构,实现农业生产的良性循环,又能促进农民尽快富裕,并为农业现代化提供资金。如江苏省苏州市的农村乡镇企业从1979年以来平均每年为农业提供购买农业生产资料的资金一亿多元,相当于国家对农业投资的3倍多。因此,发展和完善集镇市场可以尽快地打破自然经济的封闭性,促进自给性的剩余产品转化为商品,并不断使自给性生产向商品生产转化,不断提高生产力水平;同时商品交换的多样化又能较快地打破农业结构的单一性,促进农业生产的良性循环。因此,集镇的显著功能之一是有助于瓦解农村自然经济。

②有利于扩大工农业产品的双向流通,繁荣国内市场,促进城乡人民提高消费功能。建立一个日益繁荣的国内统一市场是社会主义商业发展战略目标之一。繁荣国内市场的物质基础是搞活流通,即在商品生产发展的基础上,努力扩大城乡、地区、工农业间的商品交换,充分满足人民群众日益增长的物质和文化生活的需要。中国的国情决定,要建立一个繁荣的国内市场,重点和难点在于搞活农村市场。而农村集镇是农村市场中的交换据点和城乡商品交换的枢纽,上首连着城市,腹容广大农村,工农业产品的交换都要经过这个据点和枢纽,大量的工业品通过集镇流入农村中的千家万户,大量的农产品由千家万户汇集到集镇再转至城市。值得注意的是,近几年来随着农村商品经济的发展和农村工业的发展,"工业品下乡,农产品进城"这种单向流通的传统格局已经被打破。工业品不但下乡,而且也进城,农村提供给城市的不再是单一的农产品原料,还有轻纺、建材、电子、塑料、机械等产品,越来越多的乡镇工业产品经过集镇拥向城市,大有"兵临城下"之势。如江苏省吴江县的盛泽镇和松陵镇的工业品90%销往许多大城市,北至大庆油田、哈尔滨,西到乌鲁木齐、

西安、兰州,南达广州。至于农产品,由于农业专业区域性分工的发展和乡镇企业扩展,各地农村扩大了对农产品商品性的消费比重,因此,农村本身也需要更多的农产品,富裕的农民也会讲求吃好,因此农产品在农村之间的流通也增大了流量。

集镇促进了工农业产品的双向流通,不但为满足城乡居民生活提供了物质基础,而且有利于促进、刺激和提高人民群众的消费水平和改进消费方式,特别是对于促进广大农民改善消费有重要作用。多少年来,由于自给型封闭性消费模式的束缚,加之抑制和限制消费的"左"的错误影响,视富如虎,节衣缩食,我国农民接受的是一种远远落后于现代生活方式的消费方式、消费习惯。通过集镇,并大力发展集镇上的商品交换和第三产业,可以促使城市先进的消费方式、消费习惯扩散到农村,从而传入千家万户。通过集镇使新的消费信息、消费潮流来冲击几千年来遗留的陈腐的封闭性的消费观念,逐步扫除封建迷信、落后愚昧的消费习惯,使广大农民提高消费意识,并通过提高引导农民的消费,反过来促进交换和生产的发展。目前,江、浙、闽、粤及大城市的郊区农村,富裕的农民在生活上正向城市看齐,有的甚至超过了城市工人。这是大好事。

③有助于放手发展多种经济成分,搞活经济,促进整个国民经济提升发展功能。对内搞活,是要搞活整个国民经济。因此必须发展多种经济形式,实行"国家、集体、个人三者一齐上"的方针。作为农村经济中心的集镇,既是集体、个体经济活动的主要舞台,又为城市国营工商业对农村的扩散提供了据点。各地情况表明,集体、个体及各种联营性质的经济形式,以小企业为主,对于我国整个国有经济的发展起着拾遗补阙、以小补大的作用。在我国这样一个生产力发展多层次、地域辽阔的大国,要加快现代化建设,必须形成大中小企业配套、高中低技术层次相结合,多种经济形式各自发挥优势、城乡协调发展的崭新格局,才会收到良好的宏观经济效果。1983年湖南各地农村集镇所在地乡镇企业的总收入就占了农村社队总收入的22.6%,其中工业产值占全省工业产值的11.5%,上交国家税金达1.93亿元,为当年农业税的65.4%。这正说明,集镇经济的发展有利于整个国民经济发展。

集镇上集体经济及个体经济的发展既能为市场提供大量货源,如湖南省1983年有16%的乡镇小企业生产各种小百货、小针织、小五金、小日用杂品、小文化用品等1 000多个品种7亿多元产值,补充了市场货源;同时,这类发展模式为大中城市工业配套的加工业又补充了城市国有工业的不足。这样,一方面促进了城市工业的专业化不断向高、精、尖方向发展,同时又加速了城市工业技术、管理方面的智力向农村扩散。

④促进农村劳力就地转移和消化,加速农村城市化,逐步缩小三大差别功能。随着我国工业化的加速进行和农业向专业化、商品化、现代化转化,大批农业劳动力必然转向工业和第三产业部门,目前农村不少地方已出现了大量剩余劳力,因此,农村城市化是大势所趋。从我国实际来看,农村劳动力向工业和第三产业的转移,除了必要的一部分劳力从农村转向城市外,大量的农村劳动力要靠发展集镇经济就地消化、就地转移。如果都拥向城市,到本世纪末,全国就需要建一批大中城市,才能容纳越来越多的农村劳力,很显然这是不可能的。相反,现有近6万个集镇到本世纪末每个集镇只要多增加1 000人,即可容纳6 000万农村劳动力就业。加上新发展的集镇,还可容纳更多的农村劳力,这就能从根本上避免城市人口极度膨胀的危害。对于集镇的这种战略性功能,党中央、国务院已十分重视,并制定了有关政策。1985年10月13日国务院发出了《关于农民进入集镇落户问题的通知》,要求各级政府积极支持有经营能力和技术专长的农民进入集镇经营商业。同年11月李鹏副总理在全国村镇建设经验交流会上讲话时指出:"党中央、国务院很关心很重视村镇建设工作。""我们各级领导必须重视农民住宅建设和集镇建设,并把这两件事列入重要议事日程。"目前,随着农村经济形势的好转,越来越多的农村劳动力从单纯的种植业中解放出来,进入集镇务工经商。如经统计,浙江省至1984年年底止全省从事非耕地经营的劳动力占全部农业劳动力的50.9%。由于这种变化,不少集镇目前也由单一的商业型镇向工业型、工商结合的新型集镇转化,特别是去年以来,不少地方都成立了接待农民进城进镇的专项办公室,有的还修了农村街、农业第三产业街,集镇的规模在扩大,集镇的数量在增加。农村集镇腹容广大农村,可以以多种方式方便农民向工业和商业等第三产业转化,或以工为主,或工农相兼,或亦工亦农。随着农村集镇的发展,城市的科技、教育、文化必然会在更大规模上、更广的范围内向农村急速地扩散,城乡融为一体的局面就会形成,现代城市的物质文明和精神文明也将更快地普及到农村。这样,农村也逐渐城市化,在这个基础上,城乡差别的鸿沟也最终通过集镇去填平了。

(本文写于1985年,并被选入《经济问题探索》杂志社1986年所出版的《发展小城镇对策》一书)

13.3 关于建设湘北环洞庭湖经济带的几个问题

湖南的区域经济发展战略经过多年的实践和争论已达成了一种共识,即由过去"四面出击,东西南北中"一起发展的战略,转到集中加快一点(长、株、潭)一线(京广线沿线北段)发展的战略,并从总体上提出了"呼应两东,开放带动,科教先导,兴工强农"的战略思想,这无疑是十分正确的。我认为目前湖南在重点发展长、株、潭"金三角"及京广线北段的同时,应不失时机地从整体上规划"湘北环洞庭湖经济带"的经济发展战略(简称环湖经济带),并作为湖南经济起飞和工业化的重点地带之一。离开了"环湖经济带"的发展,就不可能有湖南经济的全面振兴,建设经济强省的目标也难以实现。

13.3.1 环湖经济带的经济实力及区位优势决定这一地带应是湖南新一轮经济增长的极地带

从整体上提出建设环湖经济带的构想是有其客观依据的,也是20世纪90年代中期中国经济开放和经济发展新格局对我省区域发展重点的一种正确选择。

湘北环湖经济带是打破现行行政区划的一个地域概念。它包括岳阳市的市区(南区、北区、郊区)、汨罗市、临湘市、华容县、岳阳县、湘阴县、益阳市市区(资阳、赫山区)、沅江市、南县以及常德市的市区(武陵区、鼎城区)、津市、安乡县、汉寿县、澧县、临澧县、桃源县以及长沙市的望城县(区),整个地带有4个县级市、7个区、11个县和15个国有农场,环湖经济带各市、区、县以洞庭湖为中心分布,正处于湘、资、沅、澧四水下游与洞庭湖交汇地带。

湖南是农业大省,而湘北环湖经济带则是湖南农业开发最早的地区,也是湖南由农业大省变成农业强省的黄金地带和希望所在。环湖经济带22个县、市、区面积只有3.16 km²,仅占湖南省国土面积的1/7,人口不到全省的1/5。但1993年农业总产值占全省产值的31%以上,1993年该地带粮食、棉花、油料、苎麻、甘蔗、蚕茧、茶叶、水产品、生猪产品分别为全省产量的29.4%、86%、41.2%、82.2%、73.9%、63%、39.7%、49.7%、29%。全省每年40%的商品粮、90%的商品棉、50%的商品油、70%的商品鱼均由环湖经济带提供。作为湖南省主要农业产品基地密集带,其粮食、水产、猪牛羊肉、苎麻、芦苇等生产在全国影响较大,近几年来,粮食、水产、猪牛羊肉产量分别占全国总产量的1.5%左右。

湘北环湖带也是湖南工业生产最具有潜力和市场的黄金地带。该地带工业总产值约占全省产值的25%以上,其中轻工业产值占全省轻工业产值比重高达32%以上,尤以饲料工业、纺织业、造纸业以及纸制品工业、食品饮料、烟草工业为甚,其产值分别占到全省产值的35%~50%或以上,此外建材、塑料制品、机械化工、皮革制造等工业也在全省占有一席之地。尤其值得指出的是，该地带由于农产品资源丰富，发展农产品的深加工、精加工潜力巨大。同时，该地带又是我省农村市场容量较高的地带，每年吸纳轻工产品能量大，也是促进工业生产发展的广阔市场。该地带还是目前全省农业生产力水平最高层次地带，1993年该地带农业机械总动力占全省的36%，大中型拖拉机功率占全省的70%，因而也是吸纳重工业产品的巨大市场。

湘北环湖经济带还具有明显的交通优势，从水运而言，处于四水下游，与洞庭湖连成一体，并建有湖南省第一个外贸港口——城陵矶港口码头，可通江达海，发展"湖—江—海"一体化的水运潜力巨大。公路运输有319国道与107国道从东西、南北走向与环湖经济带连成一片。计划中的常、长高速公路也环湖而过。铁路运输有京广线、枝柳线在环湖经济带的东、西方向纵贯，而修建中的长石铁路与319公路（国道）平行，成为一条东西走向、横穿四水下游地区的环湖铁路线；此外，常德、长沙两个飞机场分别位于环湖经济带的东、西两端。因此，这一地带已基本形成了水陆空互相连接的交通网络，特别是长石铁路、常长高速公路建成通车后，环湖经济带的交通网络优势会更加明显。

除了上述三大主要经济因素外，环湖经济带也是湖南省科技、文化、教育较为发达地带，具有一定文化智力资源优势，而且是紧靠省会城市——长沙的前沿地带。因此，环湖经济带在湖南的经济实力以及所处的区位优势都说明该地带应是21世纪湖南一个经济增长极地带，必须从整体上重视这一地带的整体开发和建设。

13.3.2 国内外经济发展格局的新变化为环湖经济带的发展提供了一种历史性机遇

中国十多年来改革开放和经济发展的实践说明，区域经济的发展是非均衡推进的，经济增长点或增长极不会同时出现在所有地方，而是首先出现在特定的地方，并向其他地方进行辐射和扩散，形成极地效应与扩散效应。自20世纪70年代末期至今，中国东南部、东部沿海经济开放地带的迅速发展，就充分说明了区域经济发展必须找准增长点和增长带，正确处理"点—线—面"的关系，切忌分兵把口、四处启动，分散投资。

湖南是一个不临海的内陆省份。但在内陆省份中又是为数不多拥有通江达海内陆湖泊的省份之一。中国经济的快速发展与腾飞离不开沿海开放地带的极地效应。同理，湖南经济的起飞也应重视环湖经济带的启动。但湖南经济发展过程中的教训也较深刻，如前十多年我们忽视了对环湖经济带的整体规划与投入,大量的投资外流与投资分散更使有限的资金投入产生不出相应可观的投资回报。"亡羊补牢,犹未为晚。"90年代中期我们应遵循区域经济发展的科学规律,不失时机地从整体上规划"环湖经济带"的建设和开发了。但同时也应该看到"环湖经济带"目前正面临一个难得的历史机遇。

上溯到19世纪末,湖南最先开放的也是环湖经济带。1898年岳阳开埠。其后的1903年、1904年长沙、湘潭、常德相继对外开埠,历史上的这种开放是一种被迫的、不平等的开放。但在客观上也使四水下游的环洞庭湖地带最先进入世界市场体系。进入本世纪末,我省环湖经济带又面临一个新的开放促开发的历史契机,有可能成为"呼应两东(广东、浦东)开放带动"的先导地带和新一轮经济增长的极地带。

第一,世纪之交国际经济大格局变动为环洞庭湖经济的崛起提供了契机。和平与发展是世纪之交世界的主题,世界范围内新一轮经济增长正在酝酿和启动。世界看好亚太地区,亚太看好东亚和中国,中国看好浦东为龙头的长江流域经济开发带。国际产业结构的调整与转移,有可能使湘北环湖经济带成为吸引外资及港、台、澳投资的长江黄金水道的一个重要区间。

第二,90年代中期起中国生产力布局和区域开发的总体态势正发生战略性转换,即由沿海先行转向沿海带动沿江、沿线、沿边全方位协调发展,沿海开放正向内陆延伸,地处长江黄金水道及京广线北段的环湖经济带将率先接受沿海地带技术、产品、资金向内陆地区的传递、扩散、辐射与带动。

第三,浦东的迅速开发与三峡工程的上马,为湘北环湖经济带的发展提供了新的机遇与挑战。90年代浦东高起点的开放与建设正带动长江流域经济的发展,新形势下传统的湘沪经济协作与交流必须建立在比较利益和优势互补的基础上,而水道紧连上海的环湖经济带则具有承东启西的作用。同时静态投资超过1 000亿元的超世界级的三峡工程的上马和正式开工,为湘北环湖经济带的经济发展提供了新的市场机会。湘北环湖经济带成为我省从水路与陆路上唯一直接与三峡工程直接接壤的地带。从石门县城、澧县县城经松滋到宜昌只有100多km,这样,湘北环湖经济带就可能成为湖南连接三峡大市场和以浦东为龙头的整个长江流域经济带的经济新走廊,成为支撑长、株、潭湘中金三角点的坚强后盾;此外,湘、鄂、川三省的经济协作与联合也离不开环湖经济带的发展。

第四,经过多年的改革、开放、建设,环湖经济带也具有成为湖南新的经济走廊和经济增长极地带的基础。除了得天独厚的大宗主要农产品的生产和流通优势外,近几年来环湖经济带的对外开放格局与经济发展均有了巨大进展,特别是地处该地带东西两端的岳阳市、常德市在市政建设、对外开放、产业升级等方面在湖南省地级市中位置前移，撤地建市较迟的益阳市也在奋起直追，势头很好。

以上材料说明，建设和开发湘北环湖经济带时机已成熟，"机不可失，时不再来"。百年难逢的好机遇，决不可坐失。

13.3.3 开发及建设环湖经济带的目标设想与对策

建设湘北环湖经济带的战略目标就是要将环洞庭湖22个县（含市、区）从整体上列为湖南新一轮对外开放地带，直接参与长江开放带，形成沿京广线接长石铁路，东起岳阳市、中经益阳市、西至常德市、背靠"长、株、潭""金三角"城市群的环湖经济增长走廊，使之成为湖南省内继长、株、潭之后经济最具活力的地带之一，并带动湘、资、沅、澧四水流域经济的发展，促进湘中、湘西经济和整个湖南经济在新的基础上高起点发展，使这一地带成为我省世纪之交和21世纪实施"开放带动""兴工强农"战略的示范区。

应当看到建设环湖经济带还存在一系列障碍。除了众所周知的体制障碍与观念障碍外，还必须正视以下问题：①由于改革开放以来区域发展上的失误，环湖经济带的投入力度不够，基础建设落后，使这一地区的经济实力相对萎缩；②环洞庭湖北部的湖北、湖南两省交会地带的经济发展差距明显扩大，特别是宜昌—荆州—沙市三角地带明显领先于我省常德市为中心的湘西北地带经济的发展；③湖南省财力紧张，加之"九五"之初宏观偏紧的财政金融政策，使加大环湖经济带的投资有一定难度；④多年来存在的"剪刀差"使对国家贡献大的环湖农产品基地反而得到补偿少，一定程度挫伤了环湖经济带农民的积极性；⑤由于洞庭湖生态环境的恶化及自然灾害的频繁，使这一地带的农业生产和整个经济发展具有一定脆弱性和较大风险性；⑥条块分割的行政区划体制也直接阻碍了环湖经济带的发展。

根据环湖经济带的优势与障碍，要在21世纪前几十年或更短的时间建设一个崭新的湘北环湖经济带，实现预定的目标，应采取正确的战略对策。

（1）扩大双向开放，加大招商引资的力度

环湖经济带应抓住国际国内经济成长和产业转移的机遇，千方百计引进国际国内投资，多方扩大招商引资的渠道和筹资来源。尤其应及时抓住浦东为中心的长江开发开放和港、澳回归祖国的机遇，抓住国内与长江经济带和华东华南沿海经济圈接轨、国外与东南亚市场和世界市场接轨的机遇，主动接受其辐射和影响，要集中力量重点建设环湖三个中心开发区，即"岳阳市经济开发区、常德市经济开发区、益阳市经济开发区"，采取特殊政策，加快三个中心开发区建设，形成新的经济增长点，再环湖扩散。

（2）充分利用环湖经济带的资源优势，优化产业结构，形成布局合理、结构协调、功能优化、特色明显的产业带

第一，突出以科学技术为先导，努力建设现代化的优质高效农业产业群，实现环湖农业带的产业化、市场化、现代化、基地化。一方面要主攻粮食、棉花等最重要的农产品单产，环湖建设一批上规模、上质量的粮食大县和棉花大县，使环湖带粮食总产量稳定在年产 800 万 t 以上，并力争较早突破粮食年产 900 万 t、棉花产量突破年产 20 万 t。另一方面加强农业内部结构调整，进行农业深度开发，建设一批具有规模优势的优质农产品商品基地，包括优质稻基地、优质油基地、优质棉基地、优质水产品基地、优质畜禽生产基地、优质茶叶基地、优质蚕桑基地、优质水果基地，形成创汇农业群，以便在与国际市场接轨的新形势下，发挥环湖经济带在全省和全国的农业优势地位作用。

第二，加速发展以农产品为主要原料的轻工业，形成环湖轻工业带，并由此推动其他高科技产业超前发展和带动产业结构向优质高效方向调整。环洞庭湖经济带的工业化不能盲目脱离现实超常规发展，而应通过低阶段轻型产业与高技术的渗透，改造传统轻工业，使之逐步向产业高级化发展。应通过"岳、常、益、长"四市的协调，合理规划环湖经济带的轻工业产业群布局，避免各地重复建设，分散上马，不成规模，对环湖带的食品工业、饲料工业、烟草工业、酿酒工业、皮革工业、医药工业、印刷工业、塑料工业、纺织工业（麻纺、棉纺）、制糖工业等可环京广、石长线合理布点，形成名牌产品生产基地〔如望城县（区）的"旺旺"食品生产基地等〕，使环湖轻工业带由数量主导型转换到质量、效益主导型为主，建设各具特色的专业工业区。

第三，利用环湖的沙石资源及运输优势，发展建材工业和化工、机械工业以及与长、株、潭及其他大城市工业配套的机械产品的生产。如岳阳在已建成中南地区最大石油化工基地基础上可继续扩大化工产品链生产，形成环湖带的现代高技术化学工业走廊区；常德市距离三峡工程最近，应建成环湖带中最大的建材工业基地；益阳应建成环湖机械工业基地。

第四，大力发展商贸、旅游流通产业，完善市场体系。重点应在岳阳市与常德市，即环湖经济带的东、西两端重点建设一批有特色、能辐射长江沿江地带及京广线沿线地带和辐射大西南市场及三峡工程区的专业批发市场，如水产品批发市场、粮食及棉花批发市场、建材批发市场、饲料批发市场等。还可利用岳阳造纸优势与传统文化特色及现有市场的改造建成一流的图书出版发行市场。要加强环湖集镇市场的建设，使之成为常、益、岳城市市场群的有机组成部分，合理分布在环湖带上，还要突出开发环湖旅游点。

在产业结构调整中，要突出增加工业比重，尽早实现环湖经济带工业化，

工业发展则突出区域特色，发展轻工、石化、建材、农机等支柱产业，并且要从整个地带的全局出发，将一批分散到各县城、集镇的工业生产项目调整到环石长线、京广线一带及岳、常、益三市周围上来，形成工业产业群落，改变分散分割状态，形成规模优势和聚合效应。

（3）将环湖经济带的工业化与城市化有机结合起来，尽早形成背靠长江的环湖城市带，使之成为湖南省在21世纪城市化、工业化同步发展的示范地区。应充分发挥岳阳、常德、益阳三市在环湖带中的中心城市作用，形成环湖"金三角"。特别是注重发挥岳阳、常德两市东、西两个端点作用。同时，应将农村小城镇和乡镇企业沿石长铁路、京广铁路及319国道、107国道集中发展，尽早形成环湖城市带。

要鼓励农民向环湖城市带沿线城镇集中，并使农村分散的家庭工业、乡镇企业集中于沿线市、镇，要有计划地规划各个不同工业区，按照城乡一体化的要求，搞好城镇的基础设施建设和工业区的环保建设，湘北环湖带要向苏南学习，正确处理好城乡之间的关系，促进城乡经济协调发展。

（4）以治水为重点，突出抓好环湖经济带的基础建设

万里长江，险在洞庭。环湖经济带的优势在水，隐忧在水。开发、建设环湖经济带应与洞庭湖治理有机结合起来，突出环湖基础建设。

第一，要坚持采取正确措施，防止水域生态继续恶化和湖泊的萎缩。应加速洪道治理，扩大泄洪泄沙能力，控制河湖泥沙淤积。要禁止围垦，严禁乱占水面；疏通河道，增强蓄洪能力。

第二，加强水利工程建设。应改变水利设施老化现象，蓄洪区要注意搞好安全公路、安全船、安全楼等基础设施建设，提高抗灾能力；环湖丘岗及低山地带应进一步开展植树造林种草，控制水土流失，改善生态环境，要下决心整治洞庭湖，在长江入湖区及四水入湖区实施建闸控制工程，配合三峡上马，根治湖区水患。

第三，加快交通基础建设。在加快石长铁路建设的同时，使长常高速公路尽快上马，并力争新建岳阳市到常德的湘北高等级公路，加速湘、资、沅、澧四水中下游的航道整治及港口建设，形成四大水系联网的水运系统，使水运与长石铁路、319国道、湘北高等级公路、京广铁路、枝柳铁路、城陵矶码头等互相串通，形成通江达海，东接京广，西连枝柳，南下湘中及黔、桂，北入鄂、川及西北的立体交通网络。

（5）建设环湖经济带应及早规划，科学论证，多方协调

建议：①首先在省委省政府支持下将环湖经济带的开发和建设列为我省重点软科学课题，并分设若干小课题，组织各方面的力量进行协同攻关。②成立

"岳、益、常、长"四市有关领导参加的环湖经济带协调联席会议,对环湖带的产业布局、结构及相互协作进行协调,以达成共识,淡化各地行政区划的概念,强化环湖经济带的整体意识。联席会议下面再设诸如农业、工业、交通、商贸、科技等若干个专业协调小组,商定具体对策。③争取"环湖经济带建设"进入国家的区域规划项目,在资金、科技投入等方面取得中央有关部门的支持。④省里要研究、制定加速湘北环湖经济带开发的有关政策措施,给予当地一定优惠条件。

(此文曾选为1996年湖南省政协七届四次大会材料,并在大会上发言,后在《学术界》杂志1997年第1期发表)

13.4 论发展农村小城镇与加快中国城市化的若干问题

要最终解决中国的市场问题,并从根本上突破买方市场下的需求约束,为中国顺利实现工业化创造良好的市场条件,必须下大力气培育和开拓农村市场。而要使农村市场尽快发育充分并有效地扩充其市场容量,尤应注意发挥农村小城镇的作用,并在提高农村城市化水平上下功夫。本文就对以小城镇为中心和依托培育农村市场与加快中国城市化以及解决城市短缺的问题作初步探讨。

13.4.1 中国农村小城镇发展中的"先天不足"与"后天失调"

要深刻理解小城镇在中国城市化及工业化中的战略作用,必须在整个世界大背景下去考察,应当明确的是近代中国由于落后的封建政治制度的制约,相继失去了两次产业革命的历史机遇,既无法从根本上去瓦解延续了两千多年的封建自然经济,更不可能实现在工业经济时代就应解决的工业化与城市化问题。尽管中国农村封建自然经济长期超稳定运行,但中国自然经济并不可能完全排斥和取代商品与货币关系,事实上在自然经济的缝隙中小商品经济也能长期延续下来,正如著名经济学家王亚南在《中国经济原论》一书中所揭示的,中国封建社会长期存在着土地买卖以及地主、官僚、商人三位一体的状况,实物地租、劳役地租、货币地租紧密结合,使中国封建自然经济生产关系超稳定发展。与欧洲大陆的封建生产方式相比,中国的封建城镇正因为成为地、官、商一体化的中心和堡垒,在自然经济占主导地位的同时,又有效地利用了商品经济形式,并把小商品经济的发展控制在不损害封建生产方式的范围内,因而中国封建社会末期的大小城镇很难演变成瓦解封建生产方式及封建自然经济的先导阵地,难以形成强大的城市市民阶层,更无法向周围广大农村形成瓦解自然经济的巨大的经济辐射能量。尽管明清之际中国城乡资本主义萌芽有了一定发展,也涌现出一批著名的工商集镇,如广东的佛山镇、江西景德镇等,但由于落后及超稳定的封建生产方式和自然经济的巨大障碍,以及工业革命无法到来,中国的城市化、工业化始终无法真正起步。

1840年鸦片战争后,帝国主义列强侵入中国,中国社会逐步沦为半殖民地半封建社会,中国社会经济形态出现了许多新变化,特别是西方各发达资本主义国家侵占了中国的主权,把沿海地带以及长江等内河流域的许多城市、商镇辟为其通商口岸或租借地,资本主义经济成分迅速增长起来。但是帝国主义侵入中国的目的绝不是想促进中国资本主义经济的充分发展,相反,而是要把中国变成其附庸和殖民地,变成其工业原料的来源地和工业产品的销售场所,所以帝国主义势力一进入中国便与地、官、封三位一体的政治势力紧密勾结在一起,并紧紧依靠落后反动的国家政权和腐朽的生产方式的保护而大肆掠夺中国劳动者的血汗,在这种情况下尽管中国国内市场与世界市场的经济联系日益密切,但并未有效地促进中国封建生产方式在内部的解体,只是使城乡商品经济畸形发展。凡是资本主义世界市场急需的各种农产品及矿产品原料的商品化生产程度都会急剧提高,各地农村中小城镇成为帝国主义经济侵略网络上的一个个"网结"。这种"网结"大都处于原始、封闭的粗放状态,既无法促进农村自然经济的解体,也不可能加快中国工业化、城市化的进程。加之频繁的社会动乱和战争以及持续出现的封建军阀割据,农村小城镇发展的社会政治经济环境不断恶化,到了20世纪40年代中国农村小城镇的发展数量及规模、质量均出现了萎缩。很明显,近代农村小城镇的发展存在着明显的"先天不足"。

1949年新中国成立后,中国农村小城镇得到了恢复和发展,在50年代前期与中期,小城镇成为当时社会主义经济壮大和繁荣的阵地。但是在"对私改造"过程中以及后来的"大跃进"、人民公社化运动中,农村小城镇的发展遇到了挫折。特别是后来由于指导思想上"左"的错误,在连续不断以阶段斗争为纲的政治运动中,小城镇被视为无产阶级专政的前沿阵地和批判资本主义的第一线,其经济功能大大被削弱。特别是"文革"浩劫中,"四人帮"更把农村小城镇作为产生资本主义的温床,在全国范围内实施了砍杀、撤销、限制农村小城镇的做法,大量城镇工商业者及居民下放农村社队,大批农村小城镇的建制消亡而成为农村公社、生产大队的一部分。这段时期农村小城镇的经济功能受到人为的破坏而被大大弱化,中国城市化的进程出现了历史大倒退,不但大大拉开了与发达国家城市化水平的差距,也明显落后于发展中国家城市化水平,到1978年中国农村成建制的小城镇只有2 173个,比50年代中期还减少了一批。在数量减少的同时，发展质量及经济功能更是严重下降。很显然当时的中国农村小城镇的发展不可避免地出现了"后天失调""后天受挫"。

由于小城镇发展中的"先天不足"与"后天失调"，中国农村的市场化与城市化始终是举步维艰，中国城市化短缺也就在所难免了。与此相反的是，50～70年代末正是世界范围内城镇化步伐加快的时期。据有关资料统计，1950年世界城镇人口占总人口的比重为28%，到1980年全世界有44亿人，城镇人口为18.7亿，城市化比重为42.5%。其中英国城镇人口占总人口的比重为88.3%；美国为82.7%；西德为86.4%；法国为78.3%；日本为63.3%。（资料来源：《建设好社会主义小城镇》，郑宗汉著，江苏人民出版社1984年版第9页）；很明显，在改革开放前相当长一段时期内，由于指导思想和理论上的错误以及落后体制的障碍，我国的城市化进程明显受挫，尤其是农村小城镇建设以及农村城镇化远离了世界潮流。对此我们应当深刻反思，用巨大成本换来的历史教训切不可忘记。

13.4.2 农村小城镇是解决中国城市化短缺的根本出路

要解决中国城市化比重低的问题并从根本上缓解城市化短缺的困难，关键是农村人口的转化。目前中国农村人口占总人口的比重仍在70%左右，1997年年底全国总人口123 626万人中乡村总人口达86 637万人（《中国统计摘要》，中国统计出版社1998年版），如此庞大的农村人口怎样向城市转化，这是我们必须认真考虑的一个战略问题。

从世界各国城市化的实践来看，农村人口向城市人口转化主要有三种途径选择：一是以发展大城市为主式的转化，如主要西方发达国家以及墨西哥等发展中国家；二是以发展中小城市为主式的转化；三是基本上在农村就地转化。当然这三种转化方式不是简单地替代，而是可以同时存在，主要是看哪一种方式为主罢了。

毋庸讳言，中国作为世界上人口最多的社会主义国家，在城市化的过程中必须发展一批大城市，并有一些跻身国际一流城市行列的世界性大都会城市，如北京、上海、天津、广州这样的城市。从世界各国城市化的趋势来看，大城市发展速度确实快于中小城市的发展。如1980年以来200万人以上的城市人口增长速度是1964—1980年的6倍多，这是因为大城市的最终规模效益相对较高，城市功能较齐全，具有中小城市无法替代的辐射和聚集功能。但由于中国长期处于社会主义初级阶段，总体生产力水平仍较低，因而在我国发展这类大型和特大型城市一是有条件的，这些大城市多是建设在国内政治、经济、文化的中心之地，工业和第三产业的现代化程度高，科学技术发达，交通与商贸网络密集,历史基础较好。这样的城市毕竟是少量的,更不可能遍地开花。二是我国国内一批大型城市的人口数量已达到相当规模,有的人口总数超过了300万甚至1 000万。我国大城市的人口密度是世界上最高的,早在1980年北京市区的人口密度即达2.6万人/km²,比发达国家同类城市高3～9倍,因而城市接纳新增人口的设施和能力严重短缺,难以在短期内消化大量的农村人口。三是单一实施发展大城市的城市化战略会违反可持续发展的规律和潮流。从世界范围来考察,大城市的盲目发展会带来一系列负面效应和诸多社会问题,如供应紧张、交通困难、住房拥挤、污染严重、犯罪增多。早在100多年前当英国伦敦人口剧增时,恩格斯就尖锐地指出:"250万人的肺和25万个火炉集中在一个狭窄的地面上消耗极大量的氧气……呼吸和燃烧所产生的碳酸气,由于本身比重大,都滞留在房屋之间,而大气的主流只从屋顶掠过。住在这些房子里面的人得不到足够的氧气,结果身体和精神都萎靡不振,生活力减弱。"(《马克思恩格斯全集》第2卷第380、第381页)

除了上面论及的几个方面,还必须认识到建设大城市需耗费大量的成本投入,需要相当长的时间周期。而中国的基本国情是长期处于社会主义初级阶段,面临"吃饭财政"的紧张局面,国家不可能拿出有限的财政资金同时去再造一批大城市。此外,中国农村人口数量为世界之最,超过了美国和欧盟各国人口的总和,就是再建几个大城市去转化农村人口,也只能是"杯水车薪"。同时在现代市场经济条件下大城市建设的投入成本越来越高,建设周期也很长,也是现阶段我国的经济承受能力所不允许的。因此在中国城市化的过程中既要注意完善现有大城市的布局及功能,又应从实际出发适当控制大城市的发展速度。从城市化的空间布局选择来看,中国应特别注重发展中小城市和农村小城镇,探索具有中国特色的城市化模式。发展农村小城镇之所以应成为解决中国城市化短缺的主要战略,这是因为:

其一,农村城镇化曾是世界各国城市化起步阶段的共同选择。无论哪个国家的任何一个城市,其初级形态都是由农村居民点演化为村镇或小商镇而开始的,只是由于条件不同,各地农村人口聚集演化为城市的速度和规模不同。从我国各个城市形成的历史来看,有的农村小城镇在不太长的时间内较快地形成了大中城市,如上海市、青岛市等均是由原来的农村小镇演化而成的;有的农村小城镇则经过几百年甚至更长的时间才慢慢地演变为大中城市;有的农村小城镇则始终难以变为城市,还有的则衰落退化下去了。总之,任何城市最初都是由人口聚居密度高的镇演化来的。

其二,以农村小城镇为主加快城市化适合中国的国情特点。中国国土面积广大,各地农村人口分布不均衡,1997年全国乡村总人口86 637万人散居在全国 31 个省、市、自治区的 2 000 多个县的几万个乡村中。规模如此巨大的农村人口要想城市化，主要靠就近城镇化。此外中国城乡经济是典型的二元经济结构，因而中国的城市化也应当是多层次、多样化、多模式，发展农村小城镇为主的城市化较适合大量的农民迅速非农化，较快地进入低水平的城市化阶段，尔后再逐步提高城市化水平。

其三，经过 20 年来的改革、开放和发展，中国农村小城镇的发展进入了历史上最好的时期，为新时期中国城市化的发展打下了良好的基础。1978 年党的十一届三中全会开创了中国现代化建设的新阶段，在邓小平理论指导下，实施对外开放、对内搞活的战略方针，坚决实行市场取向的经济改革，中国农村小城镇也得以恢复和发展。1979 年中共中央关于农村工作的一个文件中提出要重视发展农村小城镇，1980 年年初胡耀邦同志在云南省视察时专门考察了保山县的农村小城镇，同年底他在一次会议上特别强调要加快小城镇的发展。后来党中央国务院又陆续颁布了有关加快小城镇建设的政策措施，此后我国各地农村迅速恢复了原有的小城镇，并在城乡商品经济发展的基础上新建了一批小城镇。进入 90 年代以后，随着社会主义市场经济理论的确立和改革的深入，我国农村小城镇的建设进一步加快，到 1997 年年底全国建制镇达到 18 402 个，比 1978 年的 2 173 个增长 7.3 倍；此外还有几万个非建制的农村集镇多半是农村集市贸易市场所在地，这一大批农村小城镇和集镇使大量的农村人口就地转化和异地转化为非农人口，也成为加快中国城市化的重要阵地。今后中国城市化水平的提高也离不开上述这一重要的基础和前提。

其四，小城镇的发展是培育和开拓农村市场、扩大国内市场需求的根本措施，也是消化城市化过程中大量农村剩余劳动力的重要场所。目前我国城市化滞后是导致我国农村市场发育水平低下的一个重要原因。据 1997 年全国统计资料显示，占全国总人口 70% 的农村人口只占全国消费品市场份额的 40% 以下，农村市场容量很低，因而从某种角度讲我国农村市场的问题主要是培育的问题。城市化滞后使农村剩余劳动力积累过多，也加剧了我国农村土地经营规模超小型化的趋势。加快发展小城镇可就地发展第二产业、第三产业，既可消化大量农村剩余劳动力，又可有效增加农村居民收入，扩充农村市场的需求规模和容量，从而加快农村市场的培育。

13.4.3 积极稳步推进有中国特色的小城镇建设

中国是一个发展中的社会主义国家，各地生产力发展水平及社会经济文化发展水平存在很大差异，各地人口密度也差异很大，因而各地农村小城镇发展具有不平衡性。与世界各国相比较，中国农村小城镇具有以下明显特点：

其一，小城镇分布密度及规模上的地域差异性。华东及东南沿海地区由于人口密度大，小城镇分布密度也高。如长江三角洲及珠江三角洲地带农村1万 km² 平均拥有建制镇在15个左右，每个小城镇的人口规模多则几万人，少则近万人。而西部地区农村小城镇的分布密度就低得多，有的地方1万 km² 内还很难看到一个小城镇，人口规模也很小，多则几千人。因此国务院于1984年11月批准民政部关于调整建制镇标准的报告中就放宽了有关地区建镇的人口规模标准，指出："少数民族地区、人口稀少地区、山区和小型工矿区、小港口、风景旅游区、边境口岸等地，非农业人口虽不足两千，如确有必要，也可设置镇的建制。"（《人民日报》1984年11月29日）这一规定正好反映了中国农村小城镇发展的一大特点。

其二，小城镇经济发展水平的地域差异性。从总体上看，中国农村小城镇的经济发展水平远低于大中城市。但各地农村小城镇的经济发展水平的差异性也是十分明显的。小城镇的经济发展水平主要由当地农村的商品经济发育程度决定，也由小城镇距离大中城市的远近及城市经济辐射功能的强弱所制约。很明显，在经济发达的苏南地区及珠江三角洲地区，农村小城镇经过20年改革开放，其城市化水平已大大提高，相当一批小城镇已发展为工商业集中的现代新型城市，完全脱离了原有农村小城镇的原始粗放状态。如广东省顺德、中山、东莞的许多小城镇都已成为国内一流家电企业集中的城市，其产品已大批辐射到全国各地市场和世界市场。相反，随着改革开放以来地区之间经济发展差距的扩大，中西部地区的不少小城镇仍停留在原有的粗放状态，有的仅仅还是一个农村近地小区域集贸中心。

其三，各地小城镇发展类型的多样性。由于各地经济、文化、人口、地理以及自然条件的不同，其小城镇类型也呈多样性。按所在地区特点分，有大中城市郊区的小城镇，有平原地区的小城镇，还有工矿区小城镇、边境地区小城镇、山区小城镇、水乡小城镇等；按功能特点分，有传统商业型小城镇、手工业集中型小城镇，还有现代化工业型小城镇，以及交通枢纽型小城镇、旅游文化型小城镇，还有一些则是专业型小城镇，即以一种或某几种、某一类商品生产集中和交易集中而闻名于世，如浙江温州桥头镇就以纽扣交易量大而在全国享有盛誉。

以上材料说明，中国农村小城镇的现状是十分复杂的，在发展小城镇、加快城市化、缓解城市短缺的过程中应注意上述这些特点。为了积极有效而又稳步推进中国农村小城镇的发展，还应特别注意以下几个方面的问题。

（1）正确定位，合理布局，科学规划

在发展农村小城镇的过程中要防止两种不良倾向：一是任其自然发展的消

极被动态度,认为小城镇是商品经济发育过程中自发形成的,应听由"市场这只手"去左右其自生自灭;二是随意刮风的错误做法,借助行政权力搞运动式造小城镇,类似于1993年前后的"开发区热"。为了防止出现上述问题,我认为必须对发展小城镇进行正确定位,合理布局,科学规划。各地政府应把发展小城镇作为促进城市化和带动区域及县域经济发展的长期战略,作为一项发展农村市场、调整农村经济结构、实现农业产业化现代化的长期带动战略,确立打持久战的思想,作为利国富民的善举而长期抓下去,克服追求一时政绩的短期冲动,克服不负责任的任其自然。只有从经济战略高度为小城镇的发展定位,才会提高发展小城镇的自觉性主动性。在正确定位的同时应合理布局,科学规划,各地应根据本地的人口、经济、资源、交通、文化、自然环境等因素和经济发展前景等情况,在充分调查研究和比较分析的基础上作出本区域内的小城镇发展规划,做到合理布局。这个规划既包括对原有小城镇发展的完善,又包括对新建小城镇的谋划。除了一个县市区域内要有发展小城镇的总体规划外,还要制订好每个镇的发展规划。各个镇应根据本镇镇情特点以及未来影响本镇经济发展的种种因素,对本镇的发展类型及功能准确定位。发展规划应突出重点,坚持可持续发展的原则,确保水、电、路等基础建设的一体化及优先发展,注意镇内普水率、普电率、绿化率的提高,并特别注意保护国土资源和防止环境污染。总之,小城镇发展规划应体现科学性、综合性、系统性、超前性的统一,要贯穿现代化理念,合理安排、调整好内部的区域划分和功能布局;要注意各种基础设施的配套建设;要充分兼顾经济功能和其他社会服务功能的协调;要逐步营造高质量的生活环境,避免低水平简单重复建设。

(2)形成集聚、适当集中、优化功能

要加快农村小城镇的发展,必须注意强化小城镇的集聚功能,为此应注重农村人口、农村企业、农村优质生产要素向小城镇集中。我一直认为,农村人口向小城镇的适当集中是培育与工业化相适应的消费群体、培育农村市场的重要一环,也是有中国特色的城市化的重要特征。大量农民就近进入小城镇后安家落户,经营实业,或兴办工厂,或坐店经商,或兴办其他三产项目,随之而来的是其收入的货币化、消费的商品化。这样城镇人口的适当集中并与拥有现代电力、自来水、通信的基础设施相结合,不仅会从根本上改变农民传统的自给、半自给性的生产方式与生活方式,而且会从各个领域和环节把进入城镇的农民与各个市场融为一体,从而形成新的市场增长点,农村市场对各种工业品以及文、教、卫等服务产品的需求会迅速扩大,中国农村市场的潜在能量也才会有效释放出来,这样也有利于促进国民经济的良性循环。

在发展小城镇的过程中积极推进农村各种成分企业特别是乡镇企业向小城

镇集中，更是从深层次上扩大小城镇的集聚、辐射、带动功能的需要，也是我国农村企业特别是乡镇企业在新的形势下进行结构调整、组织优化、产业升级和创新的客观要求。不可否认，20年来改革开放中崛起的乡镇企业为中国经济增长作出了巨大的历史贡献，但其本身存在的功能性缺陷在市场格局大变动的新形势下越来越显现其负面效应，特别是过去乡镇企业"村村点火，处处冒烟"的四处布点式的低水平简单重复建设，既难于管理，又造成资源浪费与环境污染，也加剧了"小生产大市场"的矛盾。因而正处在体制创新、结构创新中的乡村企业向小城镇集中，既可得到小城镇水、电、路、通信等相关公用设施的支持，又可充分利用小城镇的公用设施资源，更为重要的是可使乡村企业特别是乡镇企业降低共享资源的成本，密切了与市场的联系，并能促进其分工专业化，更好地接受大中城市的经济辐射，实现新一轮的创新与升级。

积极推进优质生产要素向小城镇的集中，这是从根本上强化和扩大小城镇功能的需要，也是新形势下提高小城镇的城市化水平、把小城镇建成城乡经济联系枢纽与经济增长极的需要，真正使小城镇成为新一轮科技兴农、科技兴县的中心。因此发展小城镇要克服单纯把小城镇只视为培育市场人口集中的场所，而应从实现现代化、社会化、工业化、市场化、城市化的高度，着眼于从提高小城镇的整体功能上去完善小城镇的发展，突破传统的小城镇单一低功能模式的束缚。采取种种措施使资金、先进技术、先进设备以及优秀人才往小城镇集中，有利于形成要素优化聚集的规模效应，提高小城镇的经济效率和效益。广东顺德的一批小城镇以及浙江的横店镇、苏南的小城镇等正由于吸引了优质生产要素的集中，而成为享誉全国的百强镇，成为农村城市化的榜样。因此无论是发达地区或是不发达地区的农村，要发展和建设小城镇时都必须考虑集中和吸引优质生产要素的问题，特别是如何集中吸引优秀人才这一最重要的生产要素。小城镇兴衰在人，小城镇经济的发展以及功能的发挥也靠人。

(3) 因地制宜，多元投资，多轮驱动

建设和发展农村小城镇实际上是一个从根本上调整农村社会结构的系统工程，它要从人口的空间布局上改变旧有的分散、封闭、小规模的布点状态，这涉及体制创新、观念创新、基建规划、资金融通、国土保护、工商发展等一系列问题，因此发展小城镇绝不是简单地扩大城镇规模、增加非农业人口数量的问题，更不能为小城镇而搞小城镇。

正因为小城镇的发展和建设是一个复杂的系统工程，所以不可能有一个放之四海而皆准的发展模式，各地必须从本地实际出发，因地制宜地寻求自己的发展途径。从我国各地农村的实际情况来看，各地小城镇的发展规模及发展水平处在不同的阶段，如苏南地带、珠江三角洲地区、胶东半岛等地，人口密度大，经济发达，交通方便，大中城市多，对外开放早，因而这些地区农村小城镇的发展就应以提高质量为主；而中西部地区，特别是西部地区的农村发展小城镇可能还处在初始的数量扩张阶段。更为重要的是不同地区的农村小城镇不仅在规模上区别很大，更重要的是小城镇内部的结构、功能会有明显区别，如广东珠江三角洲的不少小城镇目前已发展为大城市的卫星城，成为整个城市圈体系中不可缺少的一部分，形成了与大城市的优势互补有机体。相反，中西部的小城镇有不少还仅仅是一个原始简陋的集贸场所。因而在小城镇的发展和建设上切不可盲目照搬和攀比，一定要从本地实际出发，因地制宜求发展。

要积极稳步地发展小城镇必须解决资金、土地、户籍等问题。从目前情况来看，国土管理日益规范，建设与发展小城镇完全可以与利用和保护国土资源有效结合。此外随着户籍制度改革的深化，户籍问题也不是障碍了，因此发展小城镇的最大问题便是资金障碍。而要解决小城镇发展中的资金障碍问题，切不可单纯依靠政府投资，而应特别注意发挥多种经济成分的作用，实行多元投资、非公为主。一般而言，农村小城镇的经济产业与经营项目都是竞争性领域，不存在所有制进入的限制，尤应注重发挥非公有制经济主体与农民在小城镇建设中的投资作用。以湖北省襄樊市为例，1992年至今全市小城镇建设投入资金约65亿元，其中农民投入资金52亿元，占80%，全市小城镇发展到310多个，其创造的国内生产总值达152亿元，占全市国内生产总值的1/3。（《中国经济时报》1999年4月27日）襄樊是内陆欠发达地区，其解决小城镇发展中资金问题的做法对其他地区有启发。应当看到，经过20年改革开放与发展，我国的民间资金储量已有一定规模，到1999年一季度止，城乡居民储蓄存款余额已突破5万亿大关，其后以月净增近1 000亿元的速度在增长。尽管其中公款私存有一定比重，但绝大部分是居民个人存款，只要解放思想、措施有力而又引导得法，使居民个人到小城镇投资有利可图，就会大大缓解小城镇发展中的资金困难。此外还要注意发挥集体经济的投资作用，并应广泛吸引城市经济主体的投资，吸引某些大工业的零配件生产向小城镇扩散。至于地方政府也应把小城镇的基础设施建设纳入议事日程，尽可能扩大对小城镇基础建设的投入。

小城镇的发展和建设要靠各个部门的共同努力，因此应当实行多轮滚动的策略。要在当地政府的统一规划下，组织城建、计划、财政、国土、公安、工商、税务、金融等部门和单位统筹解决小城镇发展中的基础设施建设、结构布局、产业与网点规划、国土利用、资金融通、户籍登记、市场管理等一系列具体问题，真正优化基层行政部门的整体服务功能，实实在在为进入小城镇的城乡居民特别是农民提供优质服务，并以优质服务吸引更多的农民到小城镇安居乐业。特别需要指出的是，在发展小城镇的过程中要防止权力腐败之风的侵蚀，坚决打击那种借为农民办理有关入镇手续之名而行敲诈盘剥农民之实的行为，否则实际上就会破坏小城镇的发展。因此各个行政管理部门一定要牢固树立公仆意识，克服追求部门利益扩张的冲动与短视行为，把支持小城镇的发展与减轻农民负担有机结合起来，把支持小城镇的发展与服务于经济建设和培育新经济增长点有机结合起来，真正做到"多轮驱动，动则兴镇，动则利民"。这样一来，我国农村小城镇的建设与发展一定会呈现出更可喜的局面，中国的城市化进程也必将大大向前推进。

（此文原载《湖南商学院学报》1999年第4期，中国人民大学复印报刊资料《城市经济·区域经济卷》2000年第2期全文复印）

13.5 进一步破除城乡分割体制　加快农村城市化的探讨进程

当我们跨入21世纪的时候，我们必须以更大的热情关注中国的农民、农业与农村经济问题。我认为中国新一轮经济结构的调整与优化应主要包括三个大的方面：一是按照社会主义初级阶段基本经济制度的要求，对所有制结构进一步调整和优化；二是适应国内外市场的变化和知识经济的发展，对产品结构、企业结构、产业结构进行调整与优化；三是按照城市化的要求，对城乡经济结构与区域经济结构进行调整与优化。因此，努力提高中国农村人口的城市化水平，逐步缩小城乡差距，逐步实现农业工业化、农民工人化、农村城市化，也是实现经济结构大调整战略的主要内容，是从根本上强化中国经济持续高速健康发展的市场动力的需要，是实现中华民族伟大历史复兴的战略要求。新中国成立以来，阻碍城市化的体制障碍主要是传统城乡分离及分割体制的影响。要加快中国城市化，就必须进一步破除传统的城乡分割体制的束缚与影响，为此本文特对此作初步探讨。

13.5.1 城乡分割与城乡分离的历史原因

所谓城乡分割体制，是指采取行政手段将城市居民与农村居民的户籍分开封闭固定管理，限制农村居民自由进入城市生活与居住，并对城乡居民在落户、通婚、就业、上学、生活物资供应、公共物品享受、社会保障及医疗等各个方面实行一种差别待遇的管理体制。在这种体制下，农村居民的经济地位与社会待遇明显低于城市居民，并处于事实上的不平等。因而从本质上讲，这种城乡分割的体制实际是对农村居民的一种差别歧视，是对历史上城乡差别的一种体制性放大。

我国的城乡分割体制虽然是新中国成立后才真正形成的,但有其深刻的历史原因,与中国历史上长期形成和发展的城乡分离、城乡差别有关。城市的出现以及城市居民从农村中分离出来其本身是社会分工与经济发展的产物,马克思、恩格斯曾深刻指出:"某一民族的内部分工,首先引起工商业劳动和农业劳动的分离,从而也引起城乡的分离和城乡利益的对立。"(《马克思恩格斯全集》第3卷第24~25页)我国的城镇最早是在原始社会末期和由原始社会末期向奴隶社会过渡时期产生的。据历史文献记载,大禹的父亲鲧是最早筑城的人。原始城镇产生的物质基础,一是因为农业生产力的进步以及农产品剩余产品增多为城镇居民从农村中分离出来提供了可能;二是手工业的分离与商业的产生。这两次大的社会分工的出现,为城镇形成提供了现实条件。与农业生产的分散性不同,手工业生产要求生产加工场所适当集中,而商品交换也要求有交通方便、人流物流集中、较为固定的交易场所,这样,城镇就产生了。除了奴隶主贵族及统治者外,最先进入城镇的居民便是从农业劳动中独立而分离出来的手工业者及商人。

但必须看到,城镇的产生也与私有制、阶级、国家的形成互相渗透。城市一经产生,便成为奴隶主阶级加强其政治统治的中心,成为其聚敛财富、强化剥削的据点,成为其奢侈享乐的场所。因此城市一产生便深深打上了阶级烙印。在漫长的奴隶社会与封建社会,城市也往往成为奴隶主之间、封建统治者之间争夺剥削权力和地盘的焦点。连绵不断的战争,也使许多城市扮演了军事中心的角色。而历次农民起义都把攻打和占领城市作为主要内容。在广大起义农民的心目中,他们认为要改变自己的命运,就必须攻占城市。而历代奴隶主阶级、封建地主阶级为了镇压人民的反抗,也千方百计在城市强化各种国家机器,城镇聚集着统治阶级最重要的上层建筑,如政府机关、军队、监狱、宗教机构等等。各种大大小小的城市实质上都是统治阶级盘剥和控制广大农民或农奴的中心与据点,历代统治者(包括奴隶主或封建主)都是通过各类大小城市来控制和剥削广大农村,并采取劳役地租、实物地租、货币地租、贡税及其他形式剥削农民(农奴)创造的剩余产品及财富。因而,在奴隶社会与封建社会,城市的繁荣是完全建立在广大农村经济凋零的基础上,城市和农村的差别越来越大,城乡对立也越来越尖锐,这也是传统的分工的局限。阶级对立也明显地反映到城乡差别中来,正如马克思、恩格斯论述的:"城乡之间的对立只有在私有制的范围内才能存在。这种对立鲜明地反映出个人屈从于分工、屈从于他被迫从事的某种活动,这种屈从现象把一部分人变为受局限的城市动物,把另一部分人变为受局限的乡村动物,并且每天都不断产生他们利益之间的对立。"(《马克思恩格斯全集》第3卷第57页）马克思、恩格斯的这一论断充分揭示了在私有制为基础的阶级社会中，城市的发展延伸和巩固了旧的不合理分工，从而形成了城乡对立、城乡分离，其发展过程受到了奴隶主和封建统治者的严密控制，城乡对立、城乡分离、城乡差别本质上是阶级对立、阶级差别。

从中国近代城市的发展来看，旧的城乡对立、城乡分离与城乡差别状况更为严重。鸦片战争后，西方帝国主义国家侵入，中国变为半殖民地半封建社会。帝国主义侵入中国首先把全国的沿海、沿边、沿江开埠城市变为他们掠夺、剥削、压迫中国人民的中心和据点，进而又一步步向内陆城市和城镇渗透；帝国主义与官僚资本、地主阶级狼狈为奸，把魔爪伸向广大农村，千方百计地榨取中国劳动者特别是广大农民的血汗，同时又把城市变成他们骄奢享乐的场所，城市的经济与文化畸形发展，西方腐朽的文化生活方式成为毒害中国人心灵的新的精神鸦片。因此，中国近代城市的发展进一步加剧了城乡分离与城乡对立，这种历史状况不能不影响到后来城市的发展。

13.5.2 城乡分割的体制原因

新中国成立后，计划经济体制在其建立、形成和实施过程中，也逐步形成了城乡分割的体制。新中国成立初期，国家对城乡居民之间的互相往来和自由迁徙尚无限制，农村居民进入城市经商、务工均比较自由，在城镇落户、结婚、安家也较为方便。在这种农村居民享有较充分的迁入城市的权利的情况下，农村人口城市化的进程也较自然，城镇人口随着国民经济的恢复也不断增加。在党的七届二中全会关于"将消费城市变成生产城市"的方针指引下，城市数量有所增加，到1952年，全国建制市由1949年的134个增至160个。当时相当多的农民向城市的迁移也较好地满足了城市经济建设对劳动力的需求，有力地促进了城市建设的发展。

但是，越来越多的农民无节制地迁入城市，由此也产生和带来了一系列负面影响：其一是大量农民迁移到城市，使一大批青壮年农业劳动力脱离了农业，直接影响了农业生产，而新中国成立初期的低生产力水平农业生产正亟待恢复和发展，尤其需要青壮劳动力；其二是农民无限制地进城加剧了城市的就业压力，而当时因百废待兴，城市的失业问题十分突出；其三是大量农民进城对城市的粮食、肉食、蔬菜、煤炭等生活资料供应以及住房供给带来了沉重的负担；其四是大量农民进入城市加剧了城市基础建设短缺的矛盾，也给城市管理带来了许多新的麻烦。基于这种情况，政府在20世纪50年代初就试图对农民迁移至城市进行限制，政务院于1952年就发出了《关于劝止农民盲目流入城市的指示》，号召各级政府劝说和引导农民不要盲目迁移到城市。

从 1953 年起我国在顺利度过国民经济恢复时期后开始实施第一个五年计划，鉴于当时因城镇人口的增多使一些吃、穿、用的主要商品供应越来越紧张，为缓解供应短缺的状况，国家决定从 1953 年底起对粮食实行统购、统销，对城市居民的粮食实行分月按人定量供应的政策。紧接着又对食油、棉布实行按人定量供应的办法，城乡居民在国家计划物资供应方面开始出现差别待遇，即城里人能享受优价的定量物资供应，农村居民不能享受。城乡差别明显以及城市经济建设的加快，进一步吸引了各地农民自发进城。在这种情况下，为了保证农业合作化运动的顺利进行，为了促进农业生产能顺利完成"一五"计划规定的年度指标和保持农村经济稳定发展，1957 年中共中央国务院再次制定和颁布了《关于制止农村人口盲目外流的指示》，作出了更严格限制农民进城的一系列具体措施，如严格禁止企业单位从农村招工，在城市建立收容站，把流入城市而到处找工作的农民强行集中起来并遣送回原籍。这些举措是一定历史条件下的产物，有一定的必要性和合理性。但是这一系列措施在一定程度上使城乡居民在生活空间上分隔开来，在扩大城市居民优越感的同时，也在一定程度上伤害了农民的感情。

城乡分割体制最终形成于 1958 年，同年国务院颁布的《中华人民共和国户口登记条例》便是这种体制形成的标志。这个重要的行政性法规在文件中明确将城乡居民分为"农业户口"与"非农业户口"两种不同的户籍，文件规定，"农业户籍"的居民要想迁入城市，首先必须获得城市政府主管部门的批准。这个重要文件在全国各地实施后就形成了极为严格控制农村人口流动和农民迁入城市的户籍管理制度，这也是中国近代以来第一个严格限制农民在城乡之间自由流动的制度。通过这种严格的户籍制度，国家把城乡之间的人口迁移、户籍变动直接纳入政府计划的控制之下，这也是高度集中的计划经济体制的内在要求。这样一来，以新颁布的户籍管理制度为核心就形成了一种城乡分割体制。其后在这个基本制度下又派生出一系列与之配套的基本生活资料供应制度、就业制度、医疗保健和福利保障制度等。这一系列制度规定，只有具有城市合法户口的居民才享有在城市参加招工、招干的权利，才能获得国家统一配给低价供应的基本生活资料，才具有享受各种医疗保健福利等待遇的权利。

城乡分割体制的形成是由一系列原因造成的，也是一定历史条件的产物，对这种体制应当客观地、历史地、辩证地分析。在我国整个经济体制以苏联模式为榜样的 20 世纪 50 年代，实行城乡分割体制也是计划经济必不可少的有机组成部分，后来又在以阶级斗争为纲的历次政治运动中进一步强化了这种体制。这种体制的实行可以使政府在城市经济陷入困境时及时向农村扩散城市人口，如 20 世纪 50 年代中期农村人口向城市的盲目流动很快得到制止。20 世纪 60 年代初三年经济困难时期，我国市场供求严重失调，城市居民食品供应全面紧张和匮乏。为了缓解市场供应危机，短期内国家劝离 2 600 多万城市人口返回农村，从而较快地解决了市场需求方面的问题，大大缓解了城市居民基本食品与副食品的供应压力，加快了当时市场局势的好转。毛泽东主席后来高兴地说："两千万人呼之即来，挥之即去。""文化大革命"期间，在国家组织、发动、安排下，全国 3 000 多万城市人口迁往农村，这样大规模的人口迁移也是这种城乡分割体制造成的，当然还有更复杂的政治原因、历史原因。

13.5.3 城乡分割体制的历史局限性及弊端

经过几十年的运转，城乡分割、分离体制其消极功能不断积累和扩大，特别是与世界范围内的工业化、城市化潮流背道而驰，其弊端越来越明显。

(1) 加剧了城乡差别和城乡居民的不平等

以城乡分离户籍制度为基础的城乡分割体制其最大的弊端是将全国人口区分为"农业人口"与"非农业人口"，将城乡居民划分为就业、物资供应、医疗保健等待遇及权利不同的社会集团，实际上使城市人口成了享有一定特权和优惠的"一等公民"，农村户籍人口成为"二等公民"。在这种体制下城乡居民不仅仅是现实的待遇不公平，更重要的是发展机遇不平等，如国家招工、录干的机会等等，均为城里人所垄断。在这种体制下，乡里人要改变户籍变为城里人的途径主要是读书考上中专或大学、参军当官转业或是找一个城里人结婚成家。但如果城里人与乡里人结婚时女方是农村户籍，则所生子女只能继续其农村户籍，而无法取得城市户口。如果农村男居民因各种机会进城工作并取得城市户口后，其家属及子女是不能随其迁入城市并取得城市户籍的，只能留在农村，这样的家庭称为"半边户"。总之这种城乡分割的体制使城乡居民在身份、地位、权利、利益上极不平等，使城乡居民在生活物资供应、受教育、就业、结婚成家等方面存在严重的机会差别，也造成城乡居民在生存权益与发展权益上的巨大空间差别。

更为严重的是，传统的城乡分割体制还把农村作为对居民实施政治地位差别的场所。在"以阶级斗争为纲"的历次政治运动中，当权派将所谓犯了政治错误的城市居民和清理出无产阶级队伍的城里人统统下放农村，甚至株连到家属子女也一并下乡。将城市户口降为农村户口，改吃国家商品粮为吃农业粮，这对当时的城市居民是仅次于判刑的一种惩罚。在"以阶级斗争为纲"的严峻日子里，不少城市居民整天提心吊胆，就是怕强制下迁农村变为农业户口。这种做法既伤害了广大农民的感情，又进一步扩大了城乡居民在政治上的差别，加剧了城乡之间的不平等。

(2) 严重地阻碍了城市化进程

传统的城乡分割体制不仅加剧了城乡居民之间的不平等，同时那种互相分离城乡居民的户籍制度也等于在城市与农村之间筑起了一道鸿沟，严重阻碍着我国城市化进程。在传统的户籍制度下城市居民等于是由国家实行供给制"包养"，每增加一个城市户口就会相应加大政府的财政负担；城市的企事业单位通行的都是单位办社会的"小而全"体制，要管每个职工的生老病死、吃喝拉撒，每增加一个职工需要一笔不小的投资。据 80 年代初的统计，城市每增加一个职工仅福利设施费就要 5 000 多元，职工的福利设施投入占全部投资的 1/3 还多。

由于我国财力长期较为困难，加之从第一个五年计划开始实施的工业化的原始积累主要由农业和农民创造的剩余价值提供，即通过工农业产品"剪刀差"的交换价格来转移农民创造的收入，在这种情况下，政府必然也尽可能把农村剩余劳动力阻滞和限制在农村，甚至还把农村作为排放城市过剩人口的"积水坑"，使农村人口的城市化严重受阻。事实上，从 50 年代初到 80 年代初，我国城乡人口结构比例并没有随工农产业产值结构比例的变化而变化，恰恰与此相反，还一直相对凝固在一个较固定的比例上。如 50 年代初期我国的工业产值与农业产值的比例是 3∶7，80 年代末工业产值与农业产值的比例是 7∶3，而同期全国城乡人口的比例一直保持在 2∶8 的格局上，到 90 年代初我国城市化水平不仅大幅度落后于世界平均水平，也比同等收入国家的平均水平低 7 个百分点。从 50 年代末期到 70 年代中期，中国持续不断的政治运动进一步强化了城乡分割分离的体制，也使这一时期的城乡人口的隔离现象最为严重。1958—1975 年的城镇新增人口中自然增长比重高达 77.3%，机械增长仅为 22.7%，其中 1966—1970 年这段"文革"高峰时期全国城镇人口机械增长是负值，这一时期除了大批城镇知青上山下乡外，还有一大批城镇居民因政治运动冲击而被遣送下农村，因而形成了特殊时期城镇人口机械增长出现负值现象。

20 世纪 50~70 年代正是世界范围内城市化的一个高速增长期，与此相反，在中国正是城乡分割体制的形成与发展和成熟期。在这一体制的制约下不但大量农村过剩劳动力难以进入城市，而且连城镇人口也强行向农村排放，从而使我国城市化进程严重受阻，"文革"浩劫期间甚至在一定范围内掀起了以清退城镇工商业为主的"刮台风"活动，不少中小城市更名为镇，一大批农村小城镇则撤销建制而作为人民公社的一部分，从而使我国的城市化水平受到了极大限制。

(3) 严重影响了农业生产的发展和农村经济的升级

城乡分离分割的体制不仅阻碍了城市化及城市经济的发展，也制约了农业生产及农村经济的发展。一方面,由于农村过剩劳动力因受体制影响不能及时向城镇转移,只能滞留在农村,有限的耕地资源使过度密集的农业劳动力的生产效率难以有效提高,从而使农村低水平的传统的自给自足的生产方式长期延续;另一方面,是在城乡分离分割的体制下,农村过剩劳动力的转移途径及致富门路受到限制,城镇中许多适合农民工作的就业岗位都向农村居民亮起了红灯,同时农民进镇务工经商的生活物资供应等基本条件没有保障,更加大了农民进城的困难。在这种情况下,农民要想进入城镇从非农产业中扩大现金收入渠道就十分困难,难以真正做到以工补农、以商补农,使农业生产技术的改造与升级缺乏必要的资金投入,也使改善和提高自身生活水平的愿望因缺乏必要的需求条件而难以实现。此外,即使一些农民想方设法进入了城市,也因户籍制度的限制而无法取得合法身份,无法变成长期居住和有相对稳定职业的"城里人",也不可能愿意放弃农村土地的承包经营权,这样就造成了离农人口的"两栖化":人在城里,心挂两头,既无力耕种好承包土地,又舍不得转让给他人耕耘与经营,易造成耕作粗放或撂荒。80年代中期与90年代初期国内有些地区的农村土地出现了严重的撂荒现象,这些地区多是农村劳动力大量流动外出务工经商的地区。再就是以户籍制度为根基的城乡分割体制使农业生产领域释放的过剩劳动力和其他生产要素,难于自由地在空间上向城市流动和聚集,造成乡镇企业布局在空间上过于分散,不可避免地出现大量的低水平简单重复项目,形成资源和设施利用率低、环境污染严重、同构性产品竞争力弱、乡镇企业实际效益低的状况。近两年来各地乡镇企业普遍发展后劲不足并出现了滑坡问题。

基于上述四个方面的影响,农业劳动生产率以及农产品商品率都不能有效地提高,农民的现金收入也不能随着工业生产的发展而相应增长,而广大农民为国家工业化所提供的巨大的价格转移积累也无法得到等值的补偿,这样城乡居民的收入差距也呈现一种扩大的趋势,如1984年城乡居民收入差距为1.72:1,1993年则扩大到2.6:1。农民因现金收入不足也难以提高其消费的市场化、商品化水平,从而使整个农村经济的商品化水平也难以有效上升。目前中国市场启而难动,整个经济发展面临通货紧缩的压力,一个十分重要的原因是广大农民因现金收入增长滞缓而导致整个农村经济有效需求严重不足。

(4) 加剧了户籍管理中的不正之风及腐败的蔓延

城乡分割的管理体制使农村居民迁入城市要经过一系列严格的审批手续,任何一道审批环节不签字同意、盖章,居民就无法办理入迁城市的户籍。在这种分割的体制下,即使是城市之间居民的横向流动如迁出迁入手续也很麻烦,尤其从小城市迁入中等城市、从中等城市迁入大城市更是困难重重。在这种体制下，农民要想从农村迁入城市，小城市的居民要想迁入大中城市，异地分居的"牛郎织女"要想调入一城一地，只能千方百计与握有掌管城市居民落户权的各个行政管理部门及其实权人物打通关系，或者以种种办法弄到迁入城市的各类证明。在办理这类政务缺乏"透明度"和有效监督机制的情形下，往往易出现幕后非正常的"黑箱"交易和种种贿赂权力的"寻租"活动，如"文革"中在办理下乡知青、下乡居民的返城户籍中就出现过一些腐败案例，曾引起毛泽东同志的高度重视。这一问题的出现除了监督不力外，更重要的还是这种城乡分割体制本身存在的体制惰性及体制漏洞。

(5) 严重地阻碍了社会分工的发展与产业升级

近代旧中国未经历过工业革命的洗礼，使我国城乡社会分工水平低，特别是广大农村长期超稳定的自然经济运行，自然分工的比重大，在相当多地区农村长期维系着"男耕女织、以织助耕"的格局；因此，为了打破这种传统的格局，应当加快和扩大农村劳动力在城乡之间不同产业中的流动，以提高社会分工的水平，特别是一般分工与特殊分工的水平；而分工的发展又可保证劳动力在第一、第二、第三产业中有序转移，以此推动产业升级。

但是，城乡分割的体制却强制性地把农村劳动力固定在农村，既无法使农村剩余劳动力及时转移到非农产业中，也使城市某些产业吸纳农村剩余劳动力的需求受到限制。这样既不利于城市各个产业社会化分工的发展，也严重阻碍了农村社会分工的发展，越来越多的农村劳动力年复一年被束缚在有限的耕地资源上，造成分工受阻，农业劳动生产率也不能有效提高。目前我国仍是世界上农业劳动力数量最多及农业劳动力比重最大的国家，同时也是农业劳动生产率最低的国家之一。

13.5.4 加快城乡分割体制的改革，积极实施农村人口非农化战略

我认为我国当前城市化水平远低于世界平均水平的原因除了生产力落后以外，制度安排落后更是一个十分重要的原因。因此加快我国农村城市化的关键是在大力发展生产力的同时，进一步改革现行不合理体制，彻底打破传统的城乡分割体制在各个方面的束缚，形成有利于农村城市化、农村人口非农化的制度安排与制度环境。

(1) 加快户籍制度的改革，消除农民进入小城镇的种种行政限制

目前农民进入小城镇务工经商的土地流转制度、户籍制度，以及小城镇建设中的融资问题、财政税收问题、行政管理体制与社会保障制度等等问题，尚缺乏明确的统一的权威的规定，基本是各地政府自己变通掌握，这种状况易出

现进入规则不透明、随意提高农民进入城镇成本、实际阻碍城市化的现象。而其中的核心问题是户籍制度的改革。因此我认为，为了加快城市化，除了大中城市外，县级市镇以及县以下农村小城镇的户籍制度应彻底放开，取消阻碍农民进入城镇落户的种种行政限制与准行政限制，农民进入小城镇务工、办厂、经商、投资、开发房地产等只与当地有关部门按公开、公平、公正的原则办理具体手续，并直接落户。从我所调查的一些小城镇来看，目前小城镇中有城市户籍的居民已实际没有任何原计划经济体制时的物资供应、福利保障、医疗保健等方面的"特权"了，在粮油食品、蔬菜、燃料供应等方面完全市场化了，在参军、就业、入学等方面的机会也没有特殊照顾了。在这种情况下完全放开小城镇的户籍是完全可行的。农民只要在该城镇居住一段时间，或有较固定的工作，或有一定的资产，就应办理户籍登记。

(2) 以县城扩容为重点使重点小城镇成为农村人口非农化枢纽

中国农村的城市化以及农村人口的非农化过程中要防止简单地撤县建市、撤乡建镇的行政办法，这种盲目追求城镇数量而忽视城市化的实质内容会使我国城市化陷入某种误区。1980—1996年我国有441个县撤后建市，近万个乡改为镇，但不少市与镇只是行政区划的易名，而并非真正的城市升级。因此从21世纪一开始，我国就应把县城所在重点小城镇扩容作为加快我国农村城市化和农村人口非农化的先导与示范工程。这是因为县城作为一县的政治经济文化中心，本身已聚集了高密度的生产要素，路、电、水、通信等公用设施建设有一定基础，文化教育卫生事业单位相对集中，居民文化素质也高于农村，对本县域内的农民具有较大吸引力，在此基础上扩容比另建新镇收效快、成本低，可收到事半功倍的效果。除个别县城因条件所限难以扩容外，建议各地在适当发展大中城市的同时，要把农村人口的非农化和城市化重点放在县城所在小城镇的扩容上，并作为"十五"规划与长期规划的内容。如果五年内每个县城关镇扩容能吸纳3万～5万农民，仅此一举全国城市化比重就可提高3～5个百分点。县城关镇扩容的最终目标是使县城关镇的城镇人口、非农产业、第三产业比重达到一定规模时升格为市，真正成为实质意义上的撤镇建市，改变过去那种只盲目追求形式上的"撤县建市"格局。此外，在县城所在小城镇扩容的同时，在一个县范围内应再选择一个或若干重点小城镇进行扩容，在优化小城镇基础建设和完善各种服务功能的同时，加快近地农民进入小城镇的步伐。由于东、中、西部地区人口密度及生产力水平和社会经济发展水平的差异，重点小城镇的数量是不一样的，不能盲目照套、照搬，如珠江三角洲的中山、顺德等地，其许多农村小城镇已经完成了城市化过程，而西部地区的许多县城仍处于小城镇的初级形态。

（3）进一步调整所有制结构，小城镇的经济活动依法完全放开

加快城市化和农村人口的非农化应与所有制结构的调整有机结合起来，以便充分发挥各种所有制经济主体在城镇建设与发展中的积极作用。从我国经济的空间布局来看，县城及农村小城镇不是"抓大"的支点，而是"放小"的空间。除了少数油田、金矿等特种矿业外，除了路、水、电、气、通信等重要基础设施与重要公共物品经营外，国有经济没有任何必要在小城镇这个层次从事直接经营活动，原来已参与到小城镇经营而效益又不理想的国有经济应果断退出或调整其实现形式。除了极特殊的领域或国家产业政策禁止或限制的行业外，各种形式的集体经济、个体经济、私营经济在小城镇的经济行为只要依法登记、照章纳税即可，再无须不必要的审批与国家干预。从整个社会主义初级阶段来看，如果中国农村小城镇真正成为集体经济、个体经济、私营经济、混合经济大显身手的"乐土"，成为培植农村富裕阶层（抑或中产阶层）的"天下"，则大量民间投资与生产要素在小城镇的聚集必将大大加快中国农村城市化与农村人口的非农化过程。

（4）采取得力措施，提高乡镇企业及农村民营企业在农村重点小城镇的集聚度

农村城镇化过程必须与农村产业结构空间布局调整有机结合起来。农村的城镇化不只是农村人口向城镇集中的问题，更是农村小城镇产业升级、市场创新与整体经济功能不断优化与城市化的问题，离开了后者，农村人口的非农化没有实际意义。因此要下决心改变我国农村乡镇企业布局散、规模小、结构乱、效益低的局面，采取规划、引导与利益诱导相结合，鼓励农村乡镇企业与民营企业向重点小城镇集中，如大中城市郊区城乡接合部地带的小城镇，各个县城关镇及县内若干个重点小城镇。要改变按基层行政区划抓乡镇企业的传统管理体制，而应按经济区域协调发展与产业行业协调发展的原则去管理乡镇企业，不求乡镇企业处处上马，只求乡镇企业空间集中重点突破，这也是从根本上抑制我国乡镇企业发展中的命令主义瞎指挥以及虚报、浮夸、造假、作弊等不良风气的重要途径。乡镇企业及农村民营企业在重点小城镇的集中，不能只是数量上的相加，更应是质量上的革命。提高乡镇企业与农村民营企业在空间上的聚集度，有利于按专业化协作原则，发展和扩散与大中城市工业相配套的零部配件及半成品的生产，有利于集中吸收大中城市先进科技文化的辐射与高位势经济能量的扩散，也有利于促进城乡之间物质、信息、能量的相互转换，便于加快小城镇市场体系的完善及第三产业的发展，真正使农村小城镇在经济上"强身健体"，这样也能使小城镇创造更多的就业空间与就业机会，不断增大吸纳农村剩余劳动力的能量，为真正加快农村人口非农化创造良好的动力

条件。

（5）从实际出发，变通解决进镇农民原有承包地的经营权问题

中国农民非农化进入城镇的最大忧虑是离土离乡可能遇到的经济风险。由于城镇的土地都是国有的，小城镇规划区内的土地收益都应上交国家。农民进入城镇必然要交付一定成本包括国有土地的使用费，同时原有承包土地及宅基地的使用权可能失去，在这种情况下一旦在进入城镇经营中出现亏空或发生一定经营风险时，就缺乏农村中最直接最常用的化解经营风险和抵御经济波动的土地资源，必然使农民进入城镇有后顾之忧，尤其是那些经济收入并不宽裕和稳定的农民更担心进入城镇后遇到这种困难局面。

因此从我国目前农民收入水平较低的实际出发，对于城市化过程中进入城镇落户的农民原有的承包地及宅基地的经营权不应强制性一律规定其退出和交还集体经济，应从各地实际出发，采取适当变通的办法。有的可实行限定时期保留经营权，有的应允许其自主选择转让土地经营权的形式，总之进入城镇农民原有土地经营权是否转让，应尊重其自愿选择。而政府则应当引导和鼓励离乡离土落户城镇的农民改变传统观念，采取符合农业产业化方向的土地经营权转让方式，使土地经营权向种养殖加工专业能手集中，以便形成一定经营规模，实行集约经营，提高土地资源的利用效率与产出效益，使农村土地资源的经营真正实现减劳增产、减员增效。

（全文原载于《湖南农业大学学报·哲学社会科学版》2000年第1期，《中国经济时报》2000年1月13日摘要报道）

13.6 努力将洞庭湖区域建成湖南省农村城镇化的示范地带

1996年在湖南省政协七届四次大会上，我作为省政协委员在大会上作了《建设湘北环洞庭湖经济带》的发言，发言中强调，要"将环湖经济带的工业化与城市化有机结合起来，使之成为湖南省在21世纪城市化、工业化同步发展的示范地带"。《学术界》杂志1997年第1期也刊发了我关于建设环洞庭湖经济带的论文。1999—2000年我主持了国家社科基金课题"环洞庭湖地带农村小城镇市场结构研究"，2000—2001年我牵头主持了湖南省参政议政课题——"关于加快我省环洞庭湖地带农村小城镇健康发展的对策建议"，再次强调环洞庭湖地带应在城镇化方面为全省示范。从目前全省经济社会发展大势来看，进一步加快洞庭湖区域小城镇发展，努力形成环湖的大中小城市与城镇体系更是势在必行。

13.6.1 加快推进洞庭湖区域城镇化的必要性

2007年党的十七大提出,"走中国特色城镇化道路,按照统筹城乡、布局合理、节约土地、功能完善、以大带小的原则,促进大中小城市和小城镇协调发展。以增强综合承载能力为重点,以特大城市为依托,形成辐射作用大的城市群,培育新的经济增长极"。2009年中央经济工作会议再次强调,要"积极稳妥推进城镇化,提升城镇发展质量和水平。要坚持走中国特色城镇化道路,促进大中小城市和小城镇协调发展,着力提高城镇综合承载能力,发挥好城市对农村的辐射带动作用,壮大县域经济"。加快洞庭湖区域的城镇化对于深入贯彻党的十七大精神及2009年中央经济工作会议精神,探索有区域特色的城镇化道路具有十分重要的意义,其必要性还可从以下几方面去理解。

(1) 加快洞庭湖区域城镇化与建设长株潭城市群具有内在一致性

洞庭湖区域是长株潭城市群的核心腹地,是支撑长株潭城市群做大做强的基础,也是长株潭城市群对外辐射的第一圈。从长远来看,长株潭城市群要在国际上有所影响,必须坚持"沿江靠湖"的发展方向,才能真正通江达海。加快洞庭湖区域的城市化、城镇化,既可以为长株潭城市群的发展提供更大的产业转移空间,提供更广阔的市场需求容量,又可为长株潭城市群发展提供更多的劳动力资源和生态食品及其他生产要素。因此,加快洞庭湖区域小城镇发展和城市化发展与加快长株潭城市群建设具有内在一致性。而且长株潭城市群发展必须走有中国特色的新型城市化道路,其中一个重要特点就是要通过大城市群带动中小城市和农村小城镇发展。

(2) 加快洞庭湖区域城镇化具有较好的基础

洞庭湖区域占全省面积的1/7,人口占全省总人口的1/5,工业总产值占全省总产值的1/4,农业产值约占全省总产值的1/3。洞庭湖区域人口密度较高,现有农村建制镇占全省建制镇的20%左右,每1万 km^2 所拥有的建制镇的密度高于全省平均水平,因此城镇化的基础较好。同时,近几年随着交通条件的改善,洞庭湖各县城、各乡镇之间均实现"桥改渡",交通条件大为改善,为城乡之间人口的迁移与流动提供了更多方便。更重要的是,它作为长株潭城市群最大的内陆腹地,能更好地接受长株潭城市群的辐射与带动作用。同时随着三峡工程的完工及蓄水到位,洞庭湖区外水的水患也基本根治,便于湖区人民安居乐业。此外,由于多年来实施"退田还湖、平垸行洪"工程,湖区面积渐有增加,湖区居民聚居城镇的意识进一步增强。同时,洞庭湖地带的岳阳、常德、益阳已粗具大城市的雏形,还有津市、临湘、汨罗、沅江几个小城市也粗具规模,一批县城关镇也有一定的人口与产业聚居规模。综上所述,加快洞庭湖地域的城镇化和中小城市及小城镇发展也有较好基础。

（3）加快洞庭湖区域城镇化有利于提高全省城市化水平

加快洞庭湖地带（区域）小城镇及城镇化的发展，也有利于进一步缩小我省与全国城市化的差距。湖南省长期以来作为农业大省其城市化严重滞后于工业化，也低于全国城市化水平。但自2000年以来，在省委省政府的正确领导下，特别是在近几年建设长株潭城市群战略的带动下，我省与全国城市化的差距正逐步缩小，由2000年的7个百分点减少至2008年的3.5个百分点。2008年全国城市化率为45.7%，我省为42.15%。2005—2008年湖南城市化年增速比全国平均增速高1倍，位居中部各省第一，说明我省正进入城市化的快速发展阶段。为了进一步赶上全国城市化的平均水平，洞庭湖地域及长株潭城市群的步伐也应率先推进。

13.6.2 加快推进洞庭湖区域城镇化思路

推进洞庭湖区域城镇化的总体思路是：依靠长株潭城市群的带动，形成以岳阳、常德、益阳三大中心城市为依托，以若干中小城市为骨干，联结县城和重点城镇，覆盖广大环湖村庄的城乡一体化体系。具体内容为：

（1）尽快将居于东洞庭湖边的岳阳市、西洞庭湖边的常德市、南洞庭湖边的益阳市打造成为人口达100万的大城市

湖南人口多，但人口上100万的大城市太少，只有省会长沙一个。因此，亟须发展一批人口在100万左右的大城市。而洞庭湖区域的岳阳、常德、益阳分别居于洞庭湖的东、西、南边，城市腹地广阔，周边农村人口密度大，且铁路、水路、公路交通方便，又有一定产业基础。如岳阳的石化、火电、造纸、纺织、农副产品加工、旅游业；常德的烟酒、食品、纺织、机械制造业等；益阳市的食品、麻纺、机械制造等产业。因此，加快三市城市提质，扩大城市基础设施的承载能力，扩大对周边居民的吸引力便是当务之急，以便能及时消化当地农村人口的非农化与市民化，使之成为洞庭湖区域城镇化的三大中心增长极，成为百万人口的大城市。

（2）尽快形成一批连大接小的中等城市

洞庭湖地带除了将岳阳、常德、益阳打造成100万人口的大城市外，还需有一批人口30万~50万的中等城市。从目前现状和未来发展趋势看，可考虑通过合并、撤县改市和现有市做大的办法，努力建设一批中等城市。具体方案一是将澧县与津市合并，改为澧州市。二是将桃源、华容、湘阴三县政府撤县改为市，县城可发展为常住人口达30万左右的城区。三是将已有的建制市沅江、汨罗、临湘三市扩容提质建成为人口在30万左右的中等城市。

（3）将一批县城和重点小城镇建设为环洞庭湖区域的明星镇

一方面通过对现有的县城扩容提质，将岳阳县城关镇、汉寿县城关镇、临澧县城关镇以及安乡县城关镇建设成人口在 15 万左右的水乡小镇，并创造条件在未来将其演变成为环湖地区的小城市。同时，再选择一批重点小城镇，如华容县的注滋口镇、南县的茅草街镇、益阳的沧水铺镇、汉寿的太子庙镇、临澧的合口镇、常德的蒿子港镇、桃源的陬市镇等，作为推进农村城镇化和城乡一体化建设的重点示范乡镇。

13.6.3 用制度创新推进洞庭湖区域的城镇化

（1）打破行政区划限制，推进乡镇合村并点，突出发展重点小城镇

随着湖区交通网络的完善，应考虑改变目前洞庭湖区域小城镇数量多、重点小城镇不突出的问题，在城镇化过程中推进乡镇合村并点，减少小城镇数量，提高单个城镇的人口规模，提升其发展质量势在必行，这既有利于扩大小城镇的市场规模与产业集聚的能力，也有利于大大提高小城镇基础设施的利用效率及吸纳当地农村人口转化的能力，也可促进城乡一体化发展，便于农村土地规模经营和生态治理。日本在城市化过程中的 50 年内（1920—1970 年）将 12 161 个村镇合并为 2 631 个，村镇数量减少 4/5，但村镇规模平均扩大了 6.5 倍，5 万人口以上的村镇数量增加了 8 倍，从而大大加快了城乡一体化进程。浙江省 20 世纪 90 年代初将全省 3 170 个镇合并为 1 975 个，平均每个乡镇规模由 1.2 万人增至 2 万人以上，由此促进了农村工业化及块状经济、集群经济及乡镇专业市场的发展。

因此，为了改变目前"湖区单个小城镇功能薄弱—产业集群度低—人口吸纳力弱"现状，应实行"小市人镇"战略，即发展岳阳、常德、益阳三市的郊区重点镇和各个县城关镇以及次于县城关镇的重点镇，环洞庭湖小城镇发展可打破原有行政区划布局的限制，将人口在 1 万人以下又缺乏产业基础及人口吸纳能力的小城镇，合并到周边的大镇去，或与邻近的小城镇合二为一。

（2）以农村居民新社区建设与发展规划为基础，科学制订洞庭湖区域的城镇化规划

要改变传统的城市规划思路，反弹琵琶从农村社区规划做起，建议在做洞庭湖区域城镇化总体规划前先做好农村居民新社区建设与发展规划，将农业耕作成片地区与生态保护带结合起来，设立限制或禁止开发地带，或规划为农业生态隔离带，在保护好农业永久性耕地基础上再安排好城镇体系建设规划，真正做到城镇规划以农业为基础和城乡规划一体化。因此洞庭湖区域各县（市、区）在确定新一轮城镇规划或规划修编中，应增设农村居民新社区建设发展规

划,与城镇总体规划、新一轮土地利用总体规划、县域镇村体系规划、农村住房建设和危房改造规划紧密结合,与农田保护、生态涵养、基础设施、产业发展等空间布局有机衔接,做到同步规划,系统安排。其中对"城中村""城郊村"合村并点建社区的,纳入城市规划;"镇中村""镇边村""园中村"合村并点建社区的,纳入小城镇规划;而重点是对未纳入城市规划与小城镇规划的大量农村自然村与行政村的居民新社区建设发展要制订规划。

(3) 加快洞庭湖区域农村土地流转制度创新,加快农民向小城镇集聚及就地转化

早在1996年湖南省政协七届四次大会上的发言中,我就提出要给农民发放永久性的土地使用权证,实行"一地一证"制,农民凭借土地使用权证和承包合同,可自主对土地实行转让、出租、入股和抵押等土地流转活动,强调要"发展农业规模经营和吸引产业资本介入农业,加大土地使用权规模经营的力度",提出"建立宅基地拆旧建新制度"。现在看来,这十多年前的提法并无不当,要加快湖区农村土地流转制度改革,包括养殖水面(湖面)经营权的流转,应进一步加大改革力度,采取多种方式发展规模经营,让更多的农民离土进镇,加快农业人口的非农化。

(4) 改革户籍管理制度及实行城乡社会保障制度一体化改革,解除农民离村进镇的后顾之忧

应放开县城及县城以下小城镇户籍管理,改变城乡分开的户籍管理,实行居民一体化的户籍管理,进一步降低农民进入城镇的户籍门槛,鼓励农民进镇落户,环洞庭湖各地农民进镇落户可打破行政区划,就近方便选择落户镇,各地应一视同仁。

更为重要的是,在"十一五"期间,各地应尽快建立和完善城乡一体化的社会保障制度,使农村居民和城镇居民一样能享受到养老、医疗及贫困方面的社会保障,为部分进入城镇落户的农民解除后顾之忧。

(5) 加快农村小城镇投融资体制改革,努力解决小城镇建设过程中资金短缺难题

一方面是在洞庭湖地带可推行"大汉模式",鼓励民营企业、民间资本直接向小城镇投资基础建设及经营兴办公用事业。

另一方面可推行"地滚地、地换钱"等方式,利用小城镇土地批租收入筹集基础建设资金,探索发展项目融资、工程融资等通行的融资方式。

此外,可建立小城镇发展基金,基金可从城镇建设维护税、市县政府安排的城镇建设资金、土地出让金的留成部分、房地产开发上缴的利润、城镇基础建设配套费及管理费中提取部分资金用于相关建设。

同时，政府应出台有关支持小城镇建设投融资政策，鼓励建设银行等金融机构提供贷款支持，有条件的重点小城镇基础建设可实行项目债券的办法筹措资金。

（此文原载《湖南城市经济》2010年第1期）

13.7 公路基础设施对中部地区城镇化贡献的空间计量分析

13.7.1 相关研究回顾

学术界对城镇（市）化贡献因素的研究由来已久，但似乎到今天为止也还没有一个令所有人都满意的结果。总的来说，传统的城镇化贡献因素可概括为分工演进、产业发展、产业结构升级以及人力资本提升等几个方面。事实上，无论是在政界还是民间，人们对道路交通在经济发展过程中所起的关键作用都有深刻认识；国内外学者对交通基础设施在城镇化过程中的载体角色和推动作用也有较多关注，并形成了较丰富的研究成果。

Thünon（1826）研究认为，交通距离是影响城市区位以及农业产业布局的重要因素。Ratzel（1897）提出了"交通是城市形成的根本推动力"的观点，认为缺乏良好交通基础设施的城市是不可思议的。Weber（1909）、Christaller（1933）和 Losch（1954）等则进一步研究了交通距离对工业、商业的空间集聚以及对城市形成的重要影响。近20年来，学者们更加注重交通基础设施对城镇化贡献的实证研究。Rudel&Richards（1990）对20世纪60年代与70年代厄瓜多尔安第斯山脉地区的城镇化进行了实证。结果表明，尽管该国政府大力推动城镇化进程，但交通不发达地区的城镇化速度会很快出现下降趋势，而交通状况较好地区的城镇化则能保持一定的速度。Naseem（2001）研究了巴基斯坦伊斯兰堡市的城市化过程，认为高速公路的建设对农村城市化有重要作用。Timofeev（2009）则以俄罗斯的西乌拉尔地区为例，实证研究了高等级公路在加速城市扩张过程中的积极作用。

国内学者陈彦光（2004）从城市化水平与人均产出的线性模型和交通网络连接度与人均收入的对数关系模型出发，导出了交通网络与城市化水平的线性相关模型；并借助中国城市化水平与铁路里程的时间序列和空间序列数据，对理论推导结果进行了实证。姚士谋等（2001）认为高速公路建设与城镇发展有着密不可分的互动关系，并对苏南地区高速路段进行了案例分析。夏飞和陈修谦（2004）分析了高速公路在加速劳动力转移、促进乡镇企业集聚和二次创业等方面对我国农村城镇化产生的积极影响，并以我国主要高速公路经济带为例进行了实证分析。李世泰等（2006）建立了一个农村城镇化动力的系统理论模型，将交通因素纳入非物质利益类推动力系统。柳思维和吴忠才（2009）实证分析了基础设施对城市商圈发展的影响。结果表明，交通基础设施对城市商圈的产出弹性高达0.42。

笔者认为，随着城镇化水平的提高，要素与产品的流动性和集聚性不断增强，作为流通载体的交通基础设施，对城镇化的推动作用从理论上看是明显的。在我国中部地区城镇化进程中，各级地方政府相继投入巨资，构建了以高速公路为核心的公路基础设施交通网络；那么，公路交通网络的构建到底有没有对中部地区城镇化产生贡献呢？如果有，那不同级别公路网络的贡献情况又分别如何呢？本文对中部六省85个地级市的公路基础设施建设及其城镇化水平进行了计量分析，以考察公路基础设施对中部地区城镇化的贡献情况。

13.7.2 研究思路与方法

一般来说，贡献率的计量分析可以采用时间序列方法或面板数据分析方法，但这些经典计量方法完全忽略了样本之间的空间关联效应；若样本之间存在明显的空间互动，则这种空间关联效应显然是不可忽略的，那么传统计量模型的设定、估计与预测都将是不恰当的。由于区域间存在学习、效仿与辐射等诸多空间互动行为，区域城镇化水平存在空间关联的可能性。因此，本文将首先测度中部地区85个地级市城镇化水平的空间关联效应及所形成的空间关联模式，然后根据该结果进行模型设定，将空间关联效应以适当的形式包括到模式设定中去，使模式的设定更加符合客观实际情况。计量模型的设定将按如下两步进行：一是公路基础设施作为一个整体变量与其他调节变量对城镇化的回归，用于考察交通基础设施对城镇化的总体贡献情况；二是将不同级别公路基础设施分列为不同的变量替代单一整体变量与其他调节变量对城镇化进行回归分析，以进一步考察各个级别公路基础设施对中部地区城镇化的贡献率分布情况。

在空间计量经济学中，描述空间关联性的统计量主要有 Moran's I、Geary's C、G 等等，其中 Moran's I 统计量的应用最为广泛。Moran's I 统计量还可细分为全局 Moran's I 与局部 Moran's I（简称 LISA），可分别用来描述总体空间关联状况与识别局部空间关联模式。全局 Moran's I 期望为 $-1/(n-1)$，值域为 $[-1,1]$；I 越接近期望值，就表示样本在总体上的空间关联性越小；I 越接近 1，就越表示样本在总体上存在正的空间关联，即同类的值倾向聚集在一起；I 越接近 -1，就越表示样本在总体上存在负的空间关联，即异类的值倾向聚集在一起。局部空间关联指标 LISA 值 I_i 则表示地区

i 的空间效应大小；若 I_i 值为零，我们说它与邻区之间不存在空间关联；若 I_i 值为正，表示区域 i 与邻区间存在类型为高高集聚（或低低集聚）的空间关联关系；若 I_i 值为负，我们说区域 i 与邻区之间存在类型为高低集聚（或低高集聚）的空间关联关系。

进一步分析可知，空间计量模型的设定可以根据空间关联效应的来源不同而分为空间滞后模型（SLM）与空间误差模型（SEM）两种。其中，SLM 描述了区域间通过学习与效仿、扩散与辐射等机制产生关联的情况，而 SEM 则描述了由于数据测量或模式考虑的因素不周导致的空间关联情况。因此，本文以传统城镇化贡献因素为调节变量、以公路基础设施为重点考察变量，建立如下 SLM 与 SEM 模型：

$$ERB = C + \beta_1 TRF + \beta_2 GDP + \beta_3 NON\text{-}ARG + \beta_4 EDU + \rho WY^L + \varepsilon \cdots\cdots (SEM)$$
$$\begin{cases} ERB = C + \beta_1 TRF + \beta_2 GDP + \beta_3 NON\text{-}ARG + \beta_4 EDU + \mu \cdots\cdots\cdots (SEM) \\ \mu = \lambda WY^L + \varepsilon \end{cases}$$

其中，（ERB）是区域城镇化水平，C 是固定效应，公路网密度（TRF）、人均产出（GDP）、非农产业比重（NON-ARG）和万人大学生数（EDU）是四项调节变量，β_1、β_2、β_3 和 β_4 分别是四项调节变量的弹性系数；W 是空间权重矩阵，ρ 是空间滞后项 WY^L 的弹性系数，ε 与 μ 都是服从正态分布的随机干扰项。

为分析不同等级公路网络对城镇化的影响，进一步将公路里程（TRF）变量细分为高速公路密度（HIGH-WAY）、一级公路密度（CLASS1）、二级公路密度（CLASS2）和三四级公路密度（CLASS3～4）四个调节变量。先用 TRF 进行回归，以考察公路网络对城镇化的总体效应；然后用四个调节变量替代 TRF 进行二次回归分析，从而考察各级公路网络对城镇化的作用和影响，以达到全面评估公路网络对中部地区城镇化水平提升的目的。其中，公路网络 TRF 以及各等级公路网络 CLASS1、CLASS2 和 CLASS3～4 对城镇化的影响分为两类：一是对本地公路网络产生的直接影响，可用弹性系数 β_1 来度量；二是邻区公路网络对本地城镇化的间接影响（即空间外溢效应），其计算公式为 $\rho\beta_1$ 或 $\lambda\beta_1$（本文只考虑一阶邻区的情况；若为多阶，则该公式须作扩展）。公路网络对城镇化的总体影响就等于 $\beta_1 + \rho\beta_1 = (1+\rho)\beta_1$。

本文数据主要来源于《山西统计年鉴 2009》《河南统计年鉴 2009》《安徽统计年鉴 2009》《湖北统计年鉴 2009》《湖南统计年鉴 2009》《江西统计年鉴 2009》以及中国经济信息网统计数据库。城镇化水平指数（URB）按前文的方法计算，即等于城镇人口除以总人口。其中，《江西统计年鉴 2009》只向我们提供了其中 11 个地级市的全市总人口数，而没有提供全市城镇人口数，我们选择使用各地市市区非农业人口加下辖县市城镇人口，以近似替代全市城镇人口数，从而获得江西省 2008 年底各地级市的近似城镇化水平。公路网络密度（TRF）等于境内等级公路总里程除以地区总面积。其中等级公路总里程以及各级公路总里程可以从各省统计年鉴中获取，而地区总面积则根据国家基础地理信息系统网站下载的中部地区地级市行政区划 Shape 文件得到。人均 GDP 可以直接从各省 2009 年统计年鉴中获得。非农产业比率（NON-ARG）等于第二、第三产业产值之和除以地区总产出。万人大学生数（EDU）等于高等院校在校学生数除以地区总人口数，其中《湖北统计年鉴 2009》没有向我们提供各地级市的高等院校在校学生数，我们用中国经济信息网统计数据库提供的各地级以上城市的高等院校在校学生数替代全区的高校在校人数，因为高校基本集中在地级以上的城市，所以我们认为这样做不会产生太大的计算误差。

13.7.3 公路基础设施对城镇化贡献的实证分析

我们指定不同空间权重对中部地区六省的 85 个地级市（其中山西省 11 个、河南省 17 个、安徽省 18 个、湖北省 14 个、湖南省 14 个、江西省 11 个）在 2008 年年底的城镇化水平进行了探索，结果如表 13-1 所示。

表 13-1 全局空间 Moran's I 对空间权重的敏感性

权重类型	邻接原则		距离原则			最小邻接原则		
	Rook	Queen	$D=1.5$	$D=2.0$	$D=2.5$	$K=1$	$K=2$	$K=3$
Moran's I	0.159 1	0.159 1	0.161 1	0.172 0	0.073 8	0.122 6	0.156 5	0.113 9

从表 13-1 来看，中部六省城镇化水平的总体空间关联指数 Moran's I 在距离原则下的 $D=2.0$ 阈值下达到最为显著的 0.172 0；由于 Moran's I 的期望值 $E(I)=-1/(85-1)=-0.0119$，因此我们初步判定中部六省城镇化水平在总体上主要存在正向的空间关联，即类型相同的区域（高高或低低）倾向于集聚在一起。如图 13-1（左）所示的中部地区城镇化水平的四分位图也比较明显地支持中部地区存在空间关联的判断：基本上形成了以湖南"长株潭 3+5"城市群、湖北武汉城市圈为核心的两个高城镇化水平集聚区域，并且山西与河南两省也有较高城镇化水平集聚的倾向。但这个判断仍是比较粗略的，还可以通过局域 Moran's I（LISA）进一步对其局部空间关联性进行分析，以确认以上判断。

从局部空间关联的 LISA 聚集图来看（图 13-1 右），武汉城市圈城镇化水平表现出非常显著的"高高集聚"（HH 区域）现象，而"长株潭 3+5"城市

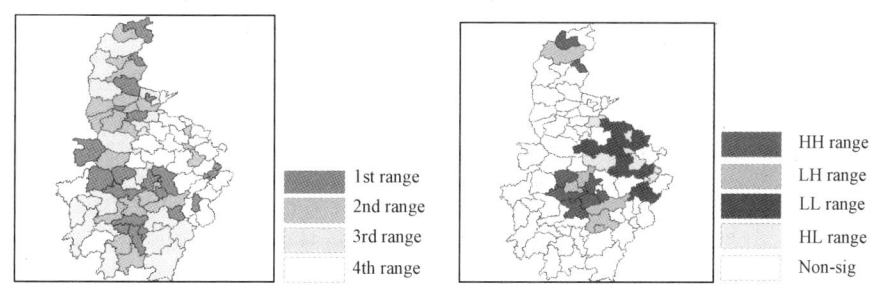

图 13-1　2008 年中部城镇化水平的四分位图与 LISA 聚集图

群的集聚效应尚不显著。（该观点只是相对于中部地区范畴来说，若考察范围缩小到湖南省内或扩大到全国范围，则结论可能会有所不同。）在图 13-1（右）中，我们还注意到另外一个非常显著的现象，即在安徽省境内形成了一片城镇化水平"低低集聚"的区域（LL 区域）。因此从总体来看，中部地区城镇化形成了城镇化高地与城镇化洼地并存的"局部趋同、总体分异"空间格局。

表 13-2　2008 年中部地区城镇化水平聚集情况（10% 显著水平）

聚集类型	LISA 排名	地　区	城镇化水平	LISA 值
HH	1	湖北省黄石市	94.916 052	1.148 876
	2	湖北省武汉市	89.805 238	1.100 092
	3	湖北省荆州市	55.107 642	0.309 592
LL	1	安徽省亳州市	11.050 839	1.278 984
	2	安徽省宿州市	13.140 724	1.198 246
	3	安徽省阜阳市	12.331 543	1.169 492

表 13-2 向我们详细描述了导致中部地区出现较明显空间关联的微观原因：一是湖北省境内的武汉城市群向周边城镇产生了较强的辐射力和带动力，形成了以武汉、黄石和荆州等为中心的、水平在 80% 左右的中部地区城镇化"高地"；二是在安徽省境内，几个落后地区相互制约相互影响，形成了以亳州、宿州和阜阳等地为中心的、水平在 12% 左右的中部地区城镇化"洼地"。

全局 Moran's I 指数初步表明了中部地区城镇化水平具有空间关联性；而局部 Moran's I（LISA）指数则进一步证明了中部地区城镇化水平确实存在空间关联性，并且显示了城镇化水平出现总体空间关联的微观原因。基于该分析结果以及 Anselin 的空间计量经济学理论，我们可以认为，前人在关于城镇化贡献因素方面所作的时间序列分析与面板数据分析的结论是值得商榷的。有鉴于此，本文将尝试使用基于空间截面数据的空间计量模型，将空间效应以明确变量的方式包括在分析框架之内，着重分析公路网络对城镇化水平的贡献情况及其带来空间关联效应的机理。

根据上文的相关模型设定与数据准备，我们接下来首先使用 OLS 对去除空间因素的一般模型，然后使用 ML 法对包含空间因素的 SLM 模型、SEM 模型进行回归估计，并对其性能进行比较；再对公路基础设施按技术标准分级，对以上模型进行扩展，同样进行回归估计，以进一步分析各级公路的具体贡献。本文使用的工具是 Anselin 等开发的空间计量软件 GeoDa 095i。我们得到如表 13-3 与表 13-4 所示的实证结果。

表 13-3　总体等级公路对中部地区城镇化水平影响的实证结果

变量名称	OLS（Ⅰ）	OLS（Ⅱ）	SLM（Ⅰ）	SEM（Ⅰ）
C	−26.32	−28.97*	−42.24***	−37.15**
GDP	0.249	—	—	—
$NON\text{-}ARG$	0.073	0.078***	0.068***	0.089***
EDU	0.012	0.013	0.015**	0.127*
TRF	0.066***	0.195	0.287*	0.202
WY	—	—	0.524***	0.601***
$Adjusted\ R^2$	0.335	0.335	0.437	0.469
$Log\ Likelihood$	−339.461	−338.491	−353.150	−331.330

注：***、**和*分别表示变量在1%、5%和10%水平下显著。

如表 13-3 所示，OLS（Ⅰ）是将公路作为一个整体变量，不包括空间效应、使用传统最小二乘法的估计结果。所有变量中只有公路网络密度（TRF）通过了 1% 的 t 检验，其他调节变量均不显著，回归的拟合优度只有 0.335，显然该结果不能令人满意。OLS（Ⅱ）是在 OLS（Ⅰ）基础上剔除了最不显著调节变量人均 GDP 后的较好结果，此时调节变量只有非农化比较显著，公路基础设施则变得不显著。SLM（Ⅰ）是在 OLS（Ⅱ）基础上加入了空间滞后变量（即为 SLM 模型）的估计结果，结果显示所有调节变量（除人均 GDP）以及空间滞后项都基本在 10% 水平下比较显著，回归的拟合优度虽仍不能令人满意但有所提升，并且 Log Likelihood 的绝对值也有所提高；这表明空间滞后项对模型来说是有实际意义的。SEM（Ⅰ）是在 OLS（Ⅱ）基础上加入了空间误差项（即为 SEM 模型）的估计结果，其公路网络密度变量不能通过 t 检验，而且 Log Likelihood 不但没有明显提高，反而有所下降；这表明 SEM（Ⅰ）的结果不如 SLM（Ⅰ）好。这也就是说，中部地区城镇化空间关联效应的主要来源是局部空间的相互学习、模仿以及扩散与辐射，测量误差以及系统外因素对其影响不大。

从 SLM（Ⅰ）的结果来看，除去人均 GDP 以外（笔者认为，出现人均

GDP 不显著的原因可能在于经济发展是城镇化的结果而不是原因),产业非农化、人力资本与公路基础设施对中部地区城镇化水平的提高都有显著贡献效应;其中公路基础设施对城镇化的直接贡献率达到 0.287,其间接贡献率为 $0.458\times0.287=0.131$,因此总的贡献率为 $0.287+0.131=0.414$。这表明,公路基础设施建设在总体上对中部地区城镇化水平的提高确实产生了至关重要的推动作用。

表 13-4　各等级公路网络对中部地区城镇化水平影响的实证结果

变量名称	OLS(Ⅲ)	OLS(Ⅳ)	SLM(Ⅱ)	SEM(Ⅱ)
C	−21.69	−23.11	−36.48***	−36.99**
NON-ARG	0.073	0.071***	0.065***	0.090***
EDU	0.012	0.010	0.014*	0.017*
HIGH-WAY	0.271	0.230**	0.121**	0.117
CLASS1	0.242	0.183**	0.110*	0.094
CLASS2	0.093	—	—	—
CLASS34	−0.098	—	—	—
WY	—	—	0.458***	0.583***
Adjusted R^2	0.360	0.359	0.530	0.463
Log Likelihood	−336.858	−336.952	−363.174	−331.622

注:＊＊＊、＊＊和＊分别表示变量在1%、5%和10%水平下显著。

表 13-4 为各等级公路基础设施对中部地区城镇化水平提高的回归结果。其中,OLS(Ⅲ)是将公路按技术等级分为多个变量,不包括空间效应、使用传统最小二乘法的估计结果。其结果显示,所有调节变量都不显著,只有 NON-ARG、EDU、HIGH-WAY 与 CLASS1 四个变量比较接近显著。OLS(Ⅳ)为在 OLS(Ⅲ)的基础上,剔除 CLASS2 和 CLASS3、CLASS4 后的较好估计结果,我们注意到 EDU 仍然不是很显著。SLM(Ⅱ)是在 OLS(Ⅳ)基础上,加入空间滞后项(即为 SLM 模型)的估计结果,所有控制变量都能通过 10% 的 t 检验,拟合优度和 Log Likelihood 绝对值较 OLS(Ⅳ)均有所提高。SEM(Ⅱ)是在 OLS(Ⅳ)的基础上,加入空间误差项(即为 SEM 模型)的估计结果,其结果明显不如 SLM(Ⅱ)好。

根据 SLM(Ⅱ)的结果,四个级别的公路基础设施中只有高速公路与一级公路对中部地区城镇化水平有显著的正向影响,直接影响系数分别为 0.121 和 0.110,间接影响系数分别为 $0.583\times0.121=0.071$ 和 $0.583\times0.110=0.064$,总体影响系数分别为 $0.121+0.071=0.192$ 和 $0.110+0.064=0.174$。这说明了对中部地区来说,包括高速公路和一级公路的高等级公路网络对城镇化水平的提高作用最为明显;而其他较低等级公路的作用则不显著。

13.7.4 研究结论与讨论

根据以上理论分析与实证研究，本文得出关于公路基础设施建设对中部地区城镇化有以下几个方面贡献的基本结论。

①公路基础设施对中部地区城镇化有显著的正向贡献，这也是中部地区城镇化出现"局部趋同、总体分异"空间格局的主要原因之一。自2005年党中央国务院提出"中部崛起"战略以来，中央和地方各级政府大力推进交通基础设施特别是公路的建设。在2005年年底，中部地区等级公路总里程为37.527万km，占全国等级公路的23.58%；到2008年年底，中部地区等级公路总里程为76.883万km，占全国等级公路的27.67%，年增长率达到34.96%。从SLM（Ⅰ）中公路总里程密度（TRF）的实证结果来看，公路交通基础设施的快速发展对中部地区城镇化起到了显著的推动作用。一方面，在公路基础设施密度较高的地区，中心城市对周边城镇的辐射力度得以极大化，从而带动了周边地区的城镇化协同发展，在局部地区形成了密度较高的中小城镇群落。例如，在以武汉为中心的湖北省中东部地区以及以长沙为中心的湖南省中北部地区，就形成了两处比较明显的中部地区城镇化"高地"。另一方面，在公路基础设施密度较低的部分地区，其城镇化水平相应比较低。例如在以亳州、宿州和阜阳为中心的安徽省北部地区，形成了中部地区城镇化的"洼地"，较低的城镇化水平成为当地相互制约的不利因素。城镇化"洼地"与城镇化"高地"形成了强烈对比，从而使中部地区城镇化在"局部趋同"的同时出现了"总体分异"的现象；公路基础设施的完善程度成为该空间格局的主要影响因素。

②高等级公路对中部地区城镇化具有显著的推动作用，而较低等级公路则没有明显作用。我们这里借用的"高等级公路"概念与国家公路技术标准中的概念有些不同（国家公路技术标准将高等级公路定义为高速公路、一级公路以及二级公路），而狭义定义是指高速公路与一级公路的总和。笔者认为，中部地区城镇化过程总出现这种"高等级偏好"的原因主要在于：中部地区目前仍处于工业化与城镇化的初级阶段，城镇化主要发生在大城市及其周边区域，因此对高等级公路的依赖性要比对中低等级公路来得大。可以预见的是，当快速交通框架基本搭建完成、到了中部地区城镇化向广大周边地市甚至县域攻坚的阶段时，中低等级公路网络对城镇化的促进作用就肯定会凸显。国家发展与改革委员会在2010年初公布了《促进中部地区崛起规划》，提出要以郑州、武汉、长沙等省会城市为重点，到2015年基本建成中部地区国家高速公路网络和区域高速公路通道。这也从另一个侧面说明，当前中部地区的公路交通基础设施网络构建确实有待进一步努力。

由于数据可得性的限制，本研究没有考虑以武广高铁为代表的各种现代化交通基础设施对中部地区城镇化格局的影响（传统铁路交通网络也因没有可靠的地市级数据来源而放弃），这可能使本研究在全面性上有所折扣。此外，本文在技术上仅采用了空间截面模型而没有采用空间面板模型，因此，更全面考虑各种交通基础设施与采用空间面板数据模型将是本研究继续深化的两个基本方向。

（本文发表于《经济地理》杂志2011年第2期）

13.8 洞庭湖区与鄱阳湖区城镇化模式的横向比较及启示

13.8.1 引言

我国城镇化的基本格局是东部强中西部弱，基本路径是依靠东部辐射，促进中部崛起与西部大开发，形成东中西产业对接，建设一条沿长江西进的"龙型"经济带，并最终带动全国的城镇化进程。从当前的发展形势来看，以上海、浙江和江苏为代表的"龙首"城镇群落已经形成，以重庆、四川为代表的"龙尾"城镇群落也已粗具规模，而中部地区的湖南、湖北、江西和安徽等各省则尚未形成合力。如何推进中部地区城镇化进程、构建"龙身"城镇群落，成为"龙型"城镇化战略需要突破的重点与难点。

沿长江纵观中部地区，区位条件最为优越的当属洞庭湖区域与鄱阳湖区域。其中，洞庭湖区域位于湖南北部与湖北交界处，主要包括岳阳市、常德市和益阳市的大部区域以及长沙市的望城县（区）等共20多个县（市、区）。总面积3.17万km²，占湖南全省面积的15%。2008年年底总人口1 323.08万，占湖南省总人口的20%，人口密度为每平方千米317人。2008年年底地区生产总值2 116亿元，占湖南全省的19%。另外，鄱阳湖生态经济区位于江西省北部与湖北、安徽交界处，主要包括南昌市、景德镇市、鹰潭市的大部区域以及九江市、新余市、抚州市、宜春市、上饶市和吉安市的部分地区共30多个县（市、区），总面积为5.12万km²，占江西全省的30%。2008年年底总人口为1 770.02万，占江西全省的40%，人口密度为每平方千米346人。2008年年底地区GDP为3 897亿元，占江西全省的60%。

洞庭湖区与鄱阳湖区拥有极其相似的区位条件，均具备成为"龙身"城镇群落核心区的必要条件，因此，两地在城镇化进程中存在竞争与合作的双重关系。在此背景下，对两大湖区城镇化模式进行横向比较研究有助于我们更清晰地理解湖区的特色城镇化道路，对促进两大湖区之间相互学习与彼此借鉴也大有裨益。

13.8.2 两大湖区城镇群落空间分布的比较分析

参照发展经济学家刘易斯（Louis，1953）的劳动力转移理论，本研究以各县（市）城镇人口数作为衡量本地城镇规模的代表性指标，统计结果见图13-2和表13-5所示。其中，图13-2以热点图的方式展示了2008年底洞庭湖区与鄱阳湖区的城镇群落空间分布状况，表13-5则以数字的方式刻画了同期两大湖区城镇群落空间分布的基本特征。

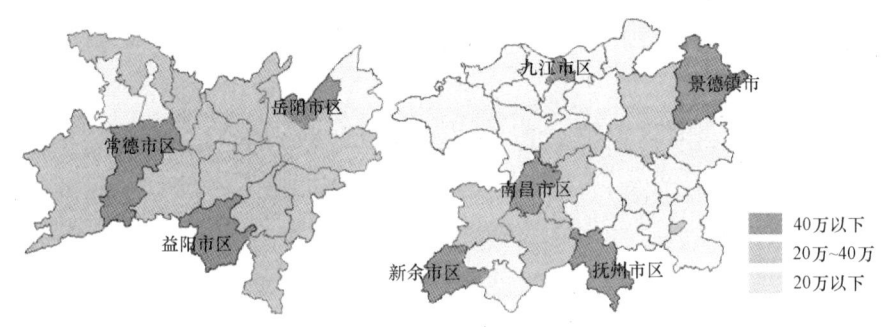

图13-2　2008年底洞庭湖区与鄱阳湖区城镇群落空间分布状况

如图13-2所示，两大湖区共有8个人口在40万以上的大型城镇，其中洞庭湖区有3个（从大到小分别是岳阳市市区、益阳市市区以及常德市市区），鄱阳湖区有5个（从大到小分别是南昌市市区、抚州市市区、新余市市区、九江市市区和景德镇市）；并且两大湖区的大型城镇均未形成空间集聚而呈随机分布的状态。其次，两大湖区共有16个人口在20万以上、40万以下的中型城镇，其中洞庭湖区就占了11个（从大到小分别是沅江市、汨罗市、华容县、南县、岳阳县、澧县、桃源县、湘阴县、汉寿县、望城县和安乡县），而鄱阳湖区仅有5个（从大到小分别是丰城市、南昌县、高安市、鄱阳县和鹰潭市市区）。此外，洞庭湖区11个中型城镇已经连成一片且覆盖了湖区的大部区域，而鄱阳湖区的5个中型城镇主要分布在南昌市市区周围。第三，两大湖区共有23个人口在20万以下的小型城镇，其中洞庭湖区仅占其中的3个（从大到小分别是临湘市、津市市和临澧县），鄱阳湖区则占了剩余的20个（从大到小分别是乐平市、贵溪县、樟树市等）。相比之下，鄱阳湖区的小型城镇在数量上与覆盖面积上比洞庭湖区要大得多。

表 13-5 2008 年年底洞庭湖区与鄱阳湖区城镇群落空间分布的统计数据

地 区	城镇类型	城镇数目	最大值	最小值	均值	比重	标准差
洞庭湖区	40 万以上		87.62	76.63	80.36	0.41	22.50
	20 万～40 万	11	32.61	21.24	26.19	0.49	
	20 万以下	3	19.97	15.50	17.90	0.09	
鄱阳湖区	40 万以上	5	223.67	45.27	105.33	0.62	44.19
	20 万～40 万	5	30.1	20.34	23.05	0.14	
	20 万以下	20	18.0	4.2	10.09	0.24	

数据来源：《湖南省统计年鉴 2009》以及《江西省统计年鉴 2009》。

如表 13-5 所示，我们注意到鄱阳湖区的总体标准差比洞庭湖区的要大得多，这表明鄱阳湖区城镇群落呈现出"大的大、小的小"的两极分化格局；而洞庭湖区城镇群落的分布则相对来说是"大的不大，小的不小，中等居多"的格局。具体体现在如下三个方面：①在大型城镇方面，鄱阳湖区在数量、最大规模、平均规模和人口比重等方面均超过洞庭湖区域。如鄱阳湖区最大型的城镇是拥有 223.67 万人口的南昌市市区，而洞庭湖区最大型的城镇则是人口为 87.62 万的岳阳市市区，两者的规模相去甚远（从平均规模上来看也同样相差较大）。②在中型城镇方面，洞庭湖区在数量、平均规模和人口比重等方面均超过了鄱阳湖区。③在小型城镇方面，鄱阳湖区在数量、人口比重等方面均超过洞庭湖区，但总体规模偏小（仅为洞庭湖区小城镇规模的 1/2 左右）。

13.8.3 两大湖区城镇化动力来源的比较分析

学术界对城镇化动力来源问题的理论研究由来已久，但到今天为止也还没有一个令所有人都满意的答案。总的来说，可以把传统城镇化动力理论总结为分工演进、产业发展、产业结构变迁、基础设施以及人力资本等几个主要理论。

一是认为劳动分工演进是城镇化的根本动力。该观点主要以马克思为代表，后由杨小凯、黄有光（1998）使用超边际分析方法对分工演进与城市出现的动态过程进行了模型化。二是认为产业发展与产业结构升级是城镇化的主要驱动力。该观点主要以 Adam Smith（1776）以及 Button（1920）、Christaller（1933）、Losch（1954）等学者为代表，他们认为城市的形成与农业、工业以及服务业的充分发展及其结构优化关系密切；我国学者费孝通（1998）也认为工业化是城镇化的直接动力。三是认为交通等设施是推动城镇化的重要动力。持该观点的有国外学者 Naseem（2001）和 Timofeev（2009），国内学者陈彦光（2004）、夏飞和陈修谦（2004）等。四是认为人力资本提升是城市可持续发展的重要反馈力。持该观点的代表是人力资本理论创始人 Lucas（1988）以及学者 Glaeser（1995）；国内学者蔡昉、郭剑雄、范剑勇、赖明勇和李宪宝（2007）等人也持有类似观点。

基于以上理论回顾，我们认为城镇化过程是分工发展、产业结构优化、人力资本提升以及交通基础设施不断完善的综合过程；其主要影响因素包括分工水平、产业结构、交通状况与人力资本状况，为方便建模，我们假定这些因素与城镇化水平之间是线性相关关系。由于在当前理论与技术水平下还难以处理分工水平的量化问题，故本研究仅考虑后三个因素与城镇化之间的相关关系。具体来说，将产业结构升级因素细化为第一产业比重与第二产业比重两个方面，基础设施状况用高等级公路（二级以上，包含二级）密度来代表，人力资本则用万人大学生数来代表，可以建立如下线性模型：

$$EAB = C + \beta_1 ARG + \beta_2 IND + \beta_3 ROAD + \beta_4 EDU + \varepsilon \tag{1}$$

其中，ERB 是城镇化水平，用各地区城镇人口数占本地总人口数的比重来简要地表示；①ARG 是第一产业产值占地区总产值的比重，该指标同时也可以反映农业产业化的状况；IND 是第二产业产值占地区总产值的比重，主要反映了地区工业化的水平；$ROAD$ 是高等级公路密度，即各地区辖区内二级以上公路（含二级）通车里程数除以该地区总面积，该指标可以代表性地反映交通基础设施的建设水平；EDU 是万人大学生数，用以反映本地教育水平与人力资本投入状况。

以上数据的主要来源是 2003—2009 年《湖南省统计年鉴》和《江西省统计年鉴》。由于两份年鉴都不能提供完整的县（市、区）级的统计数据②，本文退而使用地市级空间数据。其中洞庭湖区使用了岳阳市、常德市与益阳市的数据，而鄱阳湖区则使用了南昌市、景德镇市、九江市、新余市、鹰潭市与抚州市的数据。此外，历年《江西省统计年鉴》均不提供地市级的"城镇人口"，我们使用其中的"非农业人口"指标代替；同时也没有提供地市级的"大学生在校人数"，我们用各地级市市区的"普通高等学校学生数"代替。由于普通高校基本位于地级市市区范围，所以该技术处理不会引起过大的统计误差。而《湖南省统计年鉴》的统计数据较为全面和易用，洞庭湖区的各项数据基本可以直接从历年《湖南省统计年鉴》中获得。

---

① 学术界对城镇化水平的界定与量化有许多方法和途径，复杂的如层次分析法、因子分析法、KPCA 非线性主成分分析法、物元模型法等，其评价内容包括了人口结构、经济发展、基础设施、社会发展和生活质量等诸多方面，需要经过非常复杂的运算才能得到。笔者认为，城镇人口比重是一个较为简单但具有一定代表性的指标，本文以简便为原则，选择了此计算方法。

② 主要是没有提供县级等级公路里程数据。

基于模型（1）以及 2002—2008 年两大湖区的面板数据，我们在计量软件 Eviews5.0 的辅助下完成模型的设定与估计，得出了如表 13-6 所示实证结果。

表 13-6　基于 2002—2008 年两大湖区面板数据的城镇化动力模型回归结果

变量类型	变量名称	洞庭湖区域		鄱阳湖区域	
		模型 1	模型 2	模型 3	模型 4
调节变量	ARG	0.290***	0.291***	−0.061	—
	IND	0.099	—	0.549***	0.526***
	ROAD	0.042***	0.051***	0.005*	0.006**
	EDU	0.173***	0.167***	0.015***	0.016***
调整后 R^2		0.857	0.857	0.756	0.759
F 检验（P 值）		0.000	0.000	0.000	0.000

注：该结果在 Eviews5.0 辅助下完成，***、**和*分别表示在 1%、5%和 10%水平下显著。

如表 13-6 所示，模型 1 是洞庭湖区农业产业化、工业化、公路交通建设和人力资本投资四大因素对城镇化水平的面板回归结果；模型 2 是剔除工业化因素后、通过 t 检验与 F 检验的修正模型回归结果；模型 3 是鄱阳湖区的四大因素对城镇化水平回归结果；模型 4 是在模型 3 基础上剔除农业产出比重后、通过 t 检验与 F 检验的修正模型。我们对以上模型的回归结果进行横向比较分析，可以得出如下结论。

①农业产业化对洞庭湖区的城镇化有显著的推动作用，而与鄱阳湖区城镇化水平之间有模糊的负相关关系。从地理和地质学来看，洞庭湖区与鄱阳湖区均属于长江冲积平原和湿地地质，有适合农业发展的相似的自然条件；而从史料记载来看，洞庭湖区的农业自明代以来就明显比鄱阳湖区要发达。明代李釜源在《地图综要》中写道："楚故泽国，耕稔甚饶；一岁再获，柴桑、吴楚多仰给焉。"此外，谚语"湖广熟，天下足"也说明了明清以来洞庭湖区域就以农业发达而闻名全国。在近十多年来，洞庭湖区抓住改革开放的历史机遇，充分发挥本地特色农业资源，大力推进农业产业化改革；以大企业为龙头，将农产品的生产、加工、销售有机结合起来，克服了小生产与大市场的矛盾，延长了传统农业的产业链，提高了农业产业竞争力。农业产业化经营模式带动了人口和其他要素向城镇集聚，推动了洞庭湖区城镇化进程，而农业在鄱阳湖区城镇化过程中的地位则逐渐下降。

②工业化对鄱阳湖区的城镇化有显著的正向驱动作用，而对洞庭湖区城镇化的推动作用则尚不明显。在历史上，鄱阳湖区拥有非常发达的手工业，形成了一系列与当地资源相对应的工业产业集聚中心，如瓷都景德镇、木都吴城、茶都浮梁、铜都永平监、纸都铅山和药都樟树等等。翦伯赞在《中国通史纲要》中说："明代中叶，江南五大手工业区分别是棉纺织业的松江，丝织业的

苏杭，浆染业的芜湖，制瓷业的景德镇和造纸业的铅山。"江南五大手工业区，鄱阳湖区就占据了两席之多。进入 21 世纪以来，鄱阳湖区充分利用了其临近东部沿海发达地区的区位优势，积极承接了东部产业转移，在继续利用传统资源的同时开始了探索和开发新兴资源，这使鄱阳湖区的产业集聚呈现出新气象（新兴的产业集聚地有"世界铜都"鹰潭、"太阳能城"与"钢铁之城"新余等）。工业集聚使鄱阳湖形成了南昌、抚州、新余、九江和景德镇等多个大型人口集聚地。洞庭湖区工业有一定基础，如益阳的装备制造业、常德的烟草业、岳阳的化工业等都有一定实力，但与洞庭湖区农业的迅猛发展势头相比，近几年工业化对城镇化的推动作用就不那么明显。

　　③公路交通基础设施对洞庭湖区与鄱阳湖区的城镇化水平均存在显著的正向影响，其中洞庭湖区的弹性系数要更大一些。两大湖区同时拥有星罗棋布的河道，所以在工业时代以前，两大湖区的交通运输主要依靠水路。而到了工业化时代，湖区河道已经不能满足大批量、高速率的商品流通需要，所以公路交通网络成为弥补水路的主要交通要道。自进入新千年以来，国家与地方各级政府对两大湖区的交通基础设施投入了巨资，构建了以高等级公路（包括高速公路、一级公路和二级公路）为核心的公路交通网络，对湖区的人口流动、商品和其他物资的流通起到了很好的支撑作用。在高速公路交通网络支撑下，人口、生产要素在空间形成集聚，城镇由此快速形成和扩大。此外，我们认为洞庭湖区的公路弹性系数较鄱阳湖大的原因可能在于：①洞庭湖区在近十多年来出现了淤泥积聚、湖水变浅等实际情况（黄群和姜加虎，2005），这使得水路交通在很大程度上受到限制，使其对公路交通产生了更大的依赖性。②洞庭湖区对外输出的主要是鲜活农产品，较鄱阳湖区的工业产品对流通速度有更高的要求，而高等级公路交通比水路交通在速度方面无疑具有明显优势。

　　④人力资本投资对两大湖区的城镇化水平均有显著的正向影响，其中洞庭湖区的弹性系数比鄱阳湖区要大。从长远来看，人力资源对城镇的可持续发展具有不可替代的作用；在历史上，文化与知识对两大湖区城镇群的形成与发展产生过巨大影响。例如，洞庭湖区人口、产业和城镇的集聚使其成为"湖湘文化"的主要发源地，从洞庭湖畔的岳阳楼、范仲淹的《岳阳楼记》到屈原的《离骚》等等都可以看到在洞庭湖区城镇群落上留下的深深的文化烙印。而鄱阳湖区则相应地推动和形成了"赣鄱文化"，鄱阳湖畔的滕王阁以及王勃、苏轼、陶渊明等历史名人对鄱阳湖区城镇群的人文精神都产生过很大的影响。在以知识为核心的工业化时代，人力资本对区域城镇群落的成长与发展更是起着举足轻重的作用。2008 年年底，全国平均万人在校大学生数为 204 人，洞庭湖区三市的平均数为 50 人，而同期鄱阳湖区的六市平均数为 263 人。正是由

于洞庭湖区在人力资本投资上的不足，使其人力资本对城镇化的边际推动效应相对鄱阳湖区来说要更大一些。

13.8.4 对洞庭湖区城镇化的政策建议

基于前文的理论与实证分析，结合洞庭湖区城镇化的实际情况，我们对"十二五"时期洞庭湖区城镇化战略调整提出如下几条政策建议。

①从"中型城镇优先发展"模式切换到"大中型城镇协同发展"模式，改变当前洞庭湖区城镇化"龙头不强"的局面。应该说，中型城镇的数量与质量对整个区域的城镇化水平有着决定性的影响；但是，这种"大推进式"的发展模式被实践证明其难度是非常大的。与此相对应，发展经济学家一般认为"增长极式"的发展模式更加容易实现跨越式发展，我国改革开放30年的实践经验就是对"增长极"发展模式的最好例证。鄱阳湖区就是采取了"增长极式"的发展模式，从而产生了拥有200多万人口的大型城市南昌市，对整个鄱阳湖区城镇群落产生了积极的辐射作用。当前，洞庭湖区域的城镇化进程已经有了一大批中等水平城镇群落作为良好的基础，如果能够集中力量再培育出几个大型城市作为"增长极"，对整个洞庭湖区域城镇化水平与质量的提高将是大有裨益。其中，有较好基础的岳阳市市区、益阳市市区和常德市市区应该是洞庭湖将来重点培育的城镇。

②树立"生态农业"加"低碳工业"的产业发展思路，形成工农协调发展、共同推进城镇化的局面。随着全球生态环境的恶化，人们越来越认识到，在创造财富的同时不能制造污染，"生态与低碳经济"成为全球关注的话题，也成为未来全球经济的前进方向。值得注意的是，时下还有不少人认为"生态与低碳"是针对工业而言的，农业天然就是"生态"与"低碳"的产业。笔者认为，这是错误的观点，农业也同样有"非生态"与"高碳"的可能性，例如过度使用农药、化肥等有害物质，可以导致生态环境的破坏甚至损害人们的身体健康。因此，即使是在以农业为主导产业的洞庭湖区，强调"生态与低碳"仍然是有实践意义的。此外，由于"长株潭"获批"两型"社会建设实验区，作为"长株潭"腹地的洞庭湖区还可以享受到国家政策的外溢效应，因此洞庭湖区应抓住历史机遇，大力发展生态农业和低碳经济，为湖区城镇群落的可持续发展提供根本保障。

③加大高速公路等基础设施投入，构建支撑洞庭湖区城镇化的快速交通网络。自2005年党中央国务院提出"中部崛起战略"以来，中央和地方各级政府大力推进交通基础设施特别是公路交通设施的建设。在2002年年底，洞庭湖地区高等级公路总里程为1 716 km，2008年年底，洞庭湖地区高等级公路

总里程达到了 2 190 km，年平均增长速度为 4%。初步构建起的高速交通网络为洞庭湖的城镇化注入了活力，大大推动了城镇化水平的提高。然而我们还应该看到，这个速度相对于全国来说并不算领先水平。事实上，2002 年年底，洞庭湖区的高等级公路密度为 379.6 km/km²，比同期全国高等级公路密度（260.1 km/km²）高 46%；而到了 2008 年年底，密度为 484.6 km/km²，比同期全国高等级公路密度（416 km/km²）仅高 16.4%。也就是说，从全国范围来看，我们的交通水平领先优势正在较快地被削弱，因此，还必须依靠后续资金不断地加大对高速交通网络的投入，才能使洞庭湖区的城镇化有领先的高速交通网络的持久推动力来保证。

④重视人力资本投资。2002 年，洞庭湖区的万人大学生数仅为 20 人，到 2008 年底，上升到了 50 人，虽然年均增长率达到了 21.4%，但与全国的同期水平相比相去甚远。实证结果表明，人力资本对洞庭湖区城镇化水平的提高有着显著的正向影响，因此，洞庭湖区在"十二五"时期必须加大人力资本的投入力度，以提高城镇化水平和保证城镇化的质量。具体可以从以下几个方面着手：一是继续加大高等教育的投入，支持当地高校的教学与科研建设，全面提高高校教师与大学生的素质；二是重视职业技能教育，鼓励实用型技术人才教育，为本地农业产业化与工业化提供大量较高水平的蓝领工人；三是对农民进行人力资本投资，包括开办业余培训班、送技术下乡等等形式，用知识武装农民，以实现从传统农民到现代农民的转变。

经过对洞庭湖区与鄱阳湖区城镇化模式的横向比较研究，我们基本总结出了 2002 年以来两地城镇化发展的成功经验。所谓"他山之石，可以攻玉"，我们认为，洞庭湖区如能在坚持自身实践经验的基础上参考包括鄱阳湖区在内的其他区域城镇化的成功经验，那么一定能在"十二五"、甚至更长的时期里不断提高城镇化水平与质量，从而实现经济、社会与生态的可持续发展。

(本文收录于《洞庭湖研究丛书：2010 洞庭湖发展论坛文集》)

13.9 加快发展环洞庭湖旅游产业带的思考

要把湖南建成旅游大省、旅游强省，除了要加快把张家界—凤凰建设成世界一流的湘西旅游风光带，把南岳衡山、新宁崀山、永州九嶷山建成湘中湘南名山旅游圈，把韶山、花明楼、岳麓山、长沙等建成经典红色旅游区外，还要注重环洞庭湖区域旅游产业的发展，努力将其建成具有湖区水乡特色的环洞庭湖产业带。结合对洞庭湖区调查考察的实践，我们特提出几点思考。

13.9.1 洞庭湖区域旅游资源丰富

我省洞庭湖区域旅游资源丰富，除了久负盛名、饮誉海内外的岳阳楼、君山、屈子祠、桃花源外，还有许多旅游资源尚处于待认识、待开发中。环洞庭湖区域的旅游资源极其丰富，特色鲜明。

①开发价值高的红色旅游文化资源。近现代以来，在革命年代和建设进程中，洞庭湖区域英才辈出，革命先驱的故居及活动纪念地很多，如汨罗市有开国元勋任弼时故居及纪念馆，平江县有平江起义纪念馆，南县有红军名将段德昌将军的陵园，临澧县有革命元老林伯渠的故居及纪念馆，桃源县有辛亥革命领袖宋教仁的故居及纪念馆，澧县有辛亥起义总指挥蒋翊武纪念馆，汉寿县有革命大姐帅孟奇的故居及纪念馆，长沙县有板仓杨开慧烈士故居及纪念馆，望城县（区）有革命英烈郭亮纪念馆以及雷锋镇雷锋纪念馆等，这些都是极具价值的红色旅游文化资源。

尤应指出的是，抗日战争时期的洞庭湖区域，既是当年湖南的主要沦陷区，是日本法西斯在华制造杀人惨案的重点地区，也是中国军民抗击日寇的主战场之一。震惊中外、仅次于南京大屠杀的南县厂窖惨案，就发生在洞庭湖区域。1943年5月9～12日，日军曾在南县厂窖镇集中屠杀了3万多名中国居民，每天杀1万多人，为二战时法西斯一天杀人之最。此外，还发生了湘阴青山惨案、常德细菌战。洞庭湖区域是抗战中几次"湖南会战"的主战场，惊天地泣鬼神的"常德保卫战"在此发生。现存的某些纪念塔、纪念碑坊（如常德会战后的纪念碑坊、屈原营田的白骨塔），以及新建的纪念馆、碑（如新建的南县厂窖惨案馆、碑）等均可作为爱国旅游项目，这些地方都可以作为爱国主义教育基地。

②底蕴深厚的人文历史资源。洞庭湖区域是中华民族祖先早期活动的区域，自古至今，人文历史旅游资源丰富。澧县城头山古城文化遗址是中国发现最早的古城遗址（6 000年前），系国家级文物保护单位。津市、安乡、华容、汉寿、湘阴、桃源等县市也有不少古文化遗址，如津市古城有烈女孟姜女祠及"大同寺""乐云寺"等佛教古迹，湘阴县有宋代岳州窑遗址，望城县（区）的铜官镇有唐窑遗址等。同时，洞庭湖区域也是历代文化名人在湖南的主要活动区域，屈原曾在汨罗玉笥山、汨罗江留下活动足迹，唐代诗仙李白、诗圣杜甫在游历洞庭湖时留下一些著名诗章，唐代著名诗人刘禹锡被贬到常德任太守达八年之久，白居易、孟浩然、欧阳修、陆游等著名诗人、文学家都曾在洞庭湖区域吟诗作赋。《岳阳楼记》作者，宋代政治家、文学家范仲淹儿童时代曾在安乡县城兴园观读书。近现代以来，洞庭湖区域政治文化名人辈出，如湘阴县

有近代中兴名臣左宗棠、首任驻英公使郭松焘、著名作家康濯，临澧县有著名作家丁玲，益阳市有清代中兴名臣胡林翼及著名作家周谷城、周立波，这些名人故居或存，有的还新修了纪念馆，均可作旅游资源开发项目。此外，洞庭湖区域一批县城的文庙也很有名，如澧县、岳阳及湘阴县的文庙等，均建于宋代，保存及修缮较好，也是城乡居民旅游的一个重要项目。

③独具洞庭湖水乡特色的旅游景观。岳阳君山区的团湖拥有 5 000 亩野生荷花水面，"接天莲叶无穷碧，映日荷花别样红"，美景壮观；东洞庭湖湿地冬景观鸟，平时可参观鱼类、鸟类博物馆；地处湘鄂交界处的安乡黄山头国家森林公园，为千里平川中的"一山独秀"，且建有新中国第一个荆江分洪工程纪念公园；汉寿县有西洞庭湖国家湿地公园。这些景观都具有浓郁的水乡特色，均有旅游开发价值。

岳阳洞庭湖大桥横跨洞庭湖，沅江茅草街大桥横跨"四水"，均为亚洲之最，具有重要旅游观光价值，只是尚未开发。已动工修建的湘江水利枢纽工程建成后，也必然成为一个重要的旅游景观。此外，岳阳市的南湖，常德市的柳叶湖、花岩溪，汉寿县的清水湖，沅江市的胭脂湖等正在开发。临湘市的佛教圣地五尖山、岳阳与临湘交界处的道教圣地大云山均属国家级森林公园，还有临湘"6501"新景区等亦有重要旅游开发价值。

④丰富的现代产业观光旅游资源。有特色的产业观光也可成为重要的旅游资源。洞庭湖区域的产业观光点有汨罗市的国家级循环经济工业园区、岳阳市城陵矶临港产业园、华容县的县级工业园、南县的陈克明面条生产基地、湖南中烟有限公司的常德卷烟厂、沅江市的水产养殖基地及农产品食品加工、澧县的葡萄种植、湘阴县鹤龙湖的水产养殖及轻工业产业园区、汉寿县的甲鱼养殖（汉寿县曾被命名为"中国甲鱼之乡"）等特色产业项目，均可为开发产业旅游观光服务。

⑤一批具有开发价值的名镇资源。环洞庭湖地区有一批著名的农村重点小城镇，也具有旅游开发价值。如地处湘江、沩水连接处的望城县靖港镇，古民居保存和修缮较好，作为水乡商业古镇，其知名度正在提高。临湘市的羊楼司镇与湖北赤壁交界，是湖南四大边境重镇之一，是国内规模最大的竹器专业市场，号称"中国竹器之乡"。岳阳县张谷英镇的民居古建筑群总面积 4 万 m^2，号称"江南第一屋场"，系国家级文物保护单位，已作为旅游景点对外开放。此外毗邻湘鄂两省的安乡黄山头镇、益阳的沧水铺镇和兰溪镇、沅江的草尾镇和南大膳镇、南县的茅草街镇和厂窖镇都是著名的水乡名镇，都有一定的旅游开发价值。

13.9.2 环洞庭湖区域旅游产业发展中存在的问题

目前环洞庭湖旅游资源的开发及旅游产业发展中还存在一些问题，主要如下。

①只有少数重点旅游资源得到开发与利用，大多数旅游资源尚未被认识、开发和利用。据有关部门统计，洞庭湖旅游核心区范围内具有旅游开发价值的山、峰、岗、岭、洞、湖等多达130余处，楼、亭、台50多处，祠庙、墓坊碑塔、文化遗址、革命纪念地多达100余处，而到目前为止，真正已开发成熟的，只有岳阳楼、君山、桃花源等少数景点，大部分旅游资源"养在深闺无人识"，湖区许多县的人文历史及自然风光旅游资源正待人们重新认识。

②尚未形成环洞庭湖的旅游产业带概念及洞庭湖旅游精品线路。从旅游产业区域发展规律来看，省内各地旅游业不可能同步发展，最具旅游资源优势的往往率先发展，如张家界、凤凰的旅游业及韶山、衡山、长沙的旅游业就走在全省前面，并形成了旅游热点目的地及旅游精品线路。洞庭湖区域的旅游业发展尚未形成环洞庭湖的品牌概念，也未形成旅游精品线路，故一些旅游景观的开发只是孤立进行，有的虽然建成了某些设施但利用率很低。如南县厂窖镇2009年建成了"厂窖大惨案纪念馆"及纪念碑，岳阳君山区团湖也建设了规模可观的团湖荷花旅游广场，但平时少有团队游客，设施利用率很低。

③洞庭湖区域旅游具有明显的季节性、过境性。由于洞庭湖区域的交通便利，承东往西、连南接北均十分方便，故游客在洞庭湖区域具有明显的过境游特点，逗留时间短。据前几年有关资料统计，平均每个游客在长沙逗留的时间为2.86天，在张家界逗留的时间为3.82天，而在岳阳逗留的时间仅为0.39天。游客逗留时间短必然造成旅游设施利用率低。同时由于季节性变化，湖区的一些旅游项目，如洞庭湖湿地冬季观鸟、夏日赏荷、春日观桃花、水上旅游项目等均具有很强的季节性，难以常年开展。

④旅游商品开发粗放。洞庭湖区农副土特产品资源十分丰富，尤其是水产品资源丰富，但旅游商品开发却很薄弱。除了岳阳楼景区开发了一些以《岳阳楼记》为标志的竹刻、纸扇等工艺品外，其他有洞庭湖区域特色的旅游食品、旅游用品及旅游工艺品太少，特别是品牌旅游商品缺乏，难以激发国内外游客的购物冲动。

⑤血吸虫病的存在影响水乡旅游。由于湖区尚未根治血吸虫病，湿地、湖泊、港汊尚有钉螺，导致人们"谈虫色变"，许多游客视水为害，忧心感染血吸虫病，致使到湖区旅游存在恐惧心理，许多临水、亲水、戏水项目都无法谋划与启动。

13.9.3 系统开发洞庭湖区域旅游资源和发展环洞庭湖旅游产业圈的条件具备

①我国旅游消费热点开始形成。从旅游消费需求的动力来看,按照国际经验,当一个国家或地区人均GDP超过了3 000美元之后,便会出现"消费革命",旅游消费热点便开始形成。我国人均GDP 2009年突破了3 600美元,我省也突破了3 200美元,旅游消费正成为广大居民的消费热点,而且旅游消费也呈现出多层次、多样化的发展趋势,近地游与远地游、国际游与国内游、山区游与水乡游、文化游与生态游等互相交织,因此,大力发展以绿色水乡生态旅游为主导的环洞庭湖旅游业正是时候。

②交通等基础设施的改观,为发展环洞庭湖旅游产业提供了条件。"十一五"以来,环洞庭湖区域最大的变化是交通条件的根本改善。以岳阳洞庭湖大桥、益阳茅草街大桥为标志的"渡改桥"工程使湖区各县、镇之间的人流、物流时间大大缩短;武广高铁的开通,使港、澳、台、粤地区居民可直乘高铁抵达岳阳市及洞庭湖地区;正在修建中的"岳常"高速、京珠高速复线、"随岳铁路"、"岳荆高速"等项目,以及各县正在实施的县、镇、乡、村公路体系建设工程,将使环洞庭湖区域以高速公路、高等级公路为主导的交通体系畅通。此外,"十一五"以来,岳阳、常德、益阳三市都建有一批三星级以上酒店及大型现代购物中心,一批星级酒店也正在修建中。同时,洞庭湖区各县城"扩容提质"取得了明显成效,县城面貌有了根本变化,这些都为游客的行、看、住、吃、购、休闲等提供了较好基础。

③环洞庭湖区域旅游产业发展的区位优势明显。环洞庭湖区域是长株潭城市群的最大腹地,又毗邻鄂、赣、渝三省市,地处长江中游地带,上连长江上游及三峡旅游风光带,下接庐山及鄱阳湖生态风光旅游带,处于重庆、武汉、长沙、张家界、桂林、南昌等几大旅游城市的中心,通往各处方便,且在旅游项目上有互补的特色,发展团队游、自驾游、多日游、一日游等都较易衔接或延伸。

④重点地区及标志性旅游资源的开发已取得明显成效并积累了经验。如岳阳楼景区的改造和重新拓宽,从根本上改变了过去景点单一、景区狭窄、接待能力有限的局面,使岳阳楼景区正成为一个旅游热点。岳阳南湖风光带的建设、常德柳叶湖的改造、常德沅水诗墙的修建、益阳梓山湖新区的建设等都为提高城市的旅游品位提供了有益启示,对于发展环洞庭湖旅游产业具有积极意义。汉寿县的清水湖、西洞庭湖湿地公园和鹿溪旅游度假区都由有关投资方建设并经营了部分景点。

⑤洞庭湖各市、区、县对发展旅游业都具有积极性。我们在调查中感受到，洞庭湖区各地都把发展本地旅游产业作为调整产业结构，扩大内需，改善人民生活水平的一项重要战略。如汨罗市委市政府就提出要"唱响龙舟文化品牌，建设好屈子文化园，推动文化旅游产业和现代服务业发展"的口号，要把汨罗建成全国"城市矿山"和"屈子文化旅游基地"。南县、澧县、沅江市、华容县等在县城都注重公园及旅游景点的建设，在财政资金偏紧情况下也尽可能加大这些项目建设的投入，为老百姓提供观光、休闲、娱乐场所。如南县县城就建有5座公园。

13.9.4 加快发展环洞庭湖旅游产业的建议

为了加快环洞庭湖区域旅游产业发展，以带动和促进环洞庭湖区域的城镇化、工业化，促进区域的产业结构调整和经济发展方式转变，我们对发展环洞庭湖旅游产业提出几点建议。

①进一步从战略上重视旅游产业发展，切实加强领导。发展环洞庭湖旅游产业既是产业演进规律的必然要求，也是将湖南建成旅游大省、旅游强省的需要，更是湖区转变经济发展方式、调整产业结构、扩大和促进消费需求升级、改善人民生活的战略需要。湖南省委省政府及湖区各级政府应进一步从战略高度来重视环洞庭湖区域旅游产业的发展，将环洞庭湖区域旅游产业纳入区域经济社会发展长期规划及"十二五"规划，纳入党委、政府的议事日程。湖区各县、市、区政府应确定一名领导分管旅游产业发展，建议湖南省旅游局会同长沙、岳阳、常德、益阳四市成立环洞庭湖区域旅游产业协调领导小组，加强区际旅游项目协调。

②对环洞庭湖区域旅游资源进行一次全面勘查、摸底、分类、排队，在此基础上科学制订环洞庭湖区域旅游产业发展规划。洞庭湖区域各县、市、区旅游资源极其丰富，既有远古时代人类活动遗址，如澧县的城头山古城遗址，也有近现代以来大量的人文历史旅游资源，以及各种山、水、岗、楼、亭、台、碑等资源，更有新时期兴起的新的旅游资源。因此，有必要对环洞庭湖的所有历史、人文、自然风光等旅游资源进行全面勘查，在此基础上，根据旅游消费需求变化趋势及专家评价，分别确定近期、中期、远期分阶段开发的资源项目，以及进行优先开发、重点开发、限制开发、禁止开发的资源分类。在摸清和掌握环洞庭湖区域旅游资源的基础上，由省旅游局牵头，湖区各市政府协同，制订环洞庭湖旅游产业发展规划，确定环洞庭湖旅游产业发展的战略思路、战略目标、战略重点、战略步骤及战略对策，也可由政府部门实施课题招标研究，在规划中突出旅游重点区域、旅游精品线路和旅游商品的生产、旅游

基础设施的配套、旅游文化的建设等。

③规划建设一批环洞庭湖旅游线路。可建设"长沙—杨开慧故居—汨罗市任弼时故居—屈子祠—岳阳楼—君山岛"红色人文风景旅游线路，"望城靖港镇—雷锋镇—益阳周立波故居—沅江胭脂湖—南县茅草街大桥—南县厂窖镇"洞庭湖风情旅游路线，"长沙—益阳梓山湖—汉寿清水湖—常德诗墙及柳叶湖—鼎城花岩溪"湖区风情旅游路线。今后可逐步开发环湖综合游旅线路，如环湖两日游、环湖三日游，确立"长沙—汨罗屈子祠—岳阳楼—洞庭湖大桥—君山团湖—东洞庭湖湿地—华容县城—安乡县黄山头镇—津市孟姜女祠—澧县城头山遗址—临澧林伯渠、丁玲故居—桃花源—柳叶湖—益阳"旅游线路，在各个季节还可开发一些专题景观旅游线路，如冬季湿地观鸟、春季观桃花、夏季观荷、中秋赏桂等，也可开辟特色产业旅游线路。

④把发展环洞庭湖旅游产业与加快环洞庭湖区域城镇化建设结合起来，建设一批旅游名市、名县、名镇，打造一批区域旅游品牌。发展环洞庭湖区域旅游产业可有效带动商贸流通服务业及整个第三产业发展，增加就业岗位，有利于消化和吸收大量城市青年及农村剩余劳动力，因此，发展旅游产业对于促进城镇化具有关联带动效应。可以通过多方面努力，加大环洞庭湖区域旅游名市、名县、名镇的建设，打造一批区域旅游品牌。旅游名市名县可打造岳阳市、常德市、汨罗市、沅江市、桃源县、澧县、湘阴县、汉寿县等。旅游名镇可重点打造岳阳的君山镇、望城县（区）的靖港镇与铜官镇、澧县的澧阳镇、南县的厂窖镇、临湘市的羊楼司镇、岳阳县的张谷英镇等，通过发展旅游产业促进这些重点城镇做大做强，提高其吸纳农村居民的能力。

⑤加大环洞庭湖地带旅游业基本要素建设。支撑旅游业发展的基本要素主要有旅游基础设施、旅游商品开发、旅游重点项目、旅游环境等。一是加大湖区旅游基础设施建设与其他配套设施建设，完善湖区高速公路网络及其与主要旅游景点的连接通道，完善重点景区的路、水、电、气、信息网络化建设，扩大接待游客的能力。建议建设环湖风光带临水旅游公路（对此我与聂芳容等专家另有专题建议）。二是加大有湖区特色的旅游商品的开发。除了有特色且便于携带、易于保管、方便食用的旅游食品外，尤其要开发有文化品位、产品附加值高的各种竹、木、石、藤、根雕等特种工艺品及民间工艺美术品，应多制作歌唱洞庭湖风光的DVD等音像制品，让已故著名歌唱家何继光的《洞庭鱼米乡》等作品能广泛流传。三是在岳阳市湘阴县、益阳市赫山区、沅江市以及宁乡县、望城县（区）等临近长株潭三市一小时车程范围内建设几个重点旅游项目，融观光、度假、水上运动、文化娱乐、农业体验、生态享受、农家乐于一体，使之成为"长株潭"三市居民的"后花园"。四是加强旅游环境建设，

重视旅游景区的生态环境保护与改善。

要加大血吸虫病的防治力度，消灭湖洲、沼泽地钉螺，努力根治血吸虫病；防止垃圾污染水面与景区，保护好山、水、湖、岗旅游资源的原生态性，保持人和自然的协调发展。同时加强旅游景区的管理，提高涉旅单位及个人的综合素质与服务质量，减少旅客投诉，营造一个安全、方便、经济、快乐的洞庭湖旅游环境。

⑥出台有关支持环洞庭湖区域旅游业发展的政策措施。一是扩大对外开放，优惠招商引资。即对环洞庭湖区域开发并经营重点旅游产业项目的外资、港澳台资本以及国内各民营资本实行某些优惠政策，如在土地转让、税赋减免、银行信贷、利润留成等方面提供一定的支持，在其发展初期"放水养鱼"。二是对重要旅游景区、景点项目的经营权实行招标转让。三是对大学毕业生、复员退伍军人、返乡农民工等从事旅游商贸服务业创业，在工商注册、税收、信贷等方面实行某些优惠，吸引更多的人在旅游业中创业，活跃湖区经济。四是对于符合两型社会建设要求及节能减排的低碳性旅游项目的技术改造、固定资产设备更新、专用设备的购买等实行一定奖励政策，如鼓励提高水上电瓶动力船、陆上电瓶车等一类设备的使用率以及旅游景区扩大风能、太阳能等新能源使用率等。

（本文于2010年入选首届洞庭湖发展论坛，并在大会上作主体发言，全文发表于《武陵学刊》杂志2011年第3期）

13.10 城乡市场协调发展与城镇化质量关系的实证分析

13.10.1 引言

目前，统筹城乡市场协调发展以及加快城镇化发展问题已成为当前我国经济社会发展中最为突出的主题，不仅受到了学术界的关注，也受到了党和政府的高度重视。可以说，中国的现代化实质上是农村的现代化，而提高城镇化水平，使之实现与城乡市场协调发展，对于中国现代化来说有着至关重要的意义。如何实现城乡市场协调发展，推进城镇化发展的速度，提升城镇化发展的质量，国内学术界和实践界对此作了许多有益和比较深入的探讨和研究，并提出了许多有益的思路与措施，特别是近年来对于城乡统筹发展、市场化带动论、城镇化推进论等理论的研究，以及我国实行城乡综合改革实验区建设等有了新的探索。但结合我国的特殊国情来分析，我国城乡市场协调问题直接表现出来的城乡市场分割、城乡市场差距大的问题，其实质是城乡市场协调以及与之相联系的城镇化建设质量问题。同时,城乡市场协调发展的主要途径都因城镇化发展速度和质量而受阻。究其原因,最重要、最根本的是城乡市场分割体制和城镇化质量不高导致城乡市场发展差距过大,城镇化发展质量不优,没有很好地实现在城镇化发展的同时拉动城乡市场协调发展。然而,发达国家的经济增长历程中,几乎都经历了城乡市场协调发展的历程,促进了农业人口向非农产业人口的过渡,从而促进了城镇化的良好发展。如英国的城镇化建设进程中依托乡村工业市场的高度发展而实现了很好发展,乡村工业市场发展促进了城镇化发展的进程。国内外诸多研究成果表明,城镇化的推进和发展对城乡市场协调发展的作用巨大,城乡市场协调发展在很大程度上取决于城镇化的速度、规模以及质量。城镇化发展与城乡市场协调发展之间客观上存在着某种内在的必然联系和作用机制。加速推进城镇化进程和提升城镇化质量,统筹城乡市场协调发展,逐步扭转城乡差别和差别扩大的趋势,是全面建设小康社会,也是落实科学发展观的重大任务。要完成这一伟大的历史性任务,重点和难点都在于城乡市场协调发展与城镇化质量的提升,关键在于统筹城乡市场协调发展,而这不仅取决于整个城乡市场的发展,更取决于城镇化推进的速度与质量。为此,本文试图在提炼城乡市场协调发展有关因素和城镇化质量有关因素的基础上,运用主成分分析、因子分析和多元回归分析以及相关性分析来研究城乡市场协调与城镇化质量之间的相关性和相互作用机制,以考察两者之间的交互情况,由此提出一定的对策和建议来推动城乡市场协调发展和城镇化质量的提升。

13.10.2 研究设计

13.10.2.1 研究方法及思路

城镇化水平是衡量区域整体经济发展状况的重要指标。城镇化水平随着人口、经济发展与城市建设以及人居生活环境等方面的发展在不断调整。因此,本研究从人口就业、经济发展、城市建设、社会发展、居民生活、生态环境六个方面,选取权重相对较大的指标对城镇化质量进行综合评价,利用主成分分析方法求出对应年份的城镇化质量的综合得分。

本研究根据国内部分专家对城乡二元市场协调发展的研究所提出的指标体系,以及数据的可查找性,采用城乡消费品零售额差异度、城乡市场数量差异度、城乡商品零售价格指数差异度、城乡社会固定资产投资差异度四个指标来衡量城乡市场协调发展水平。

本研究对城镇化质量和衡量城乡市场协调发展的三个指标进行相关分析,并以城镇化质量为因变量,三个指标为自变量,进行多元回归分析,建立多元回归模型，指出城乡市场协调发展水平是如何影响城镇化质量的。

因为有些文献中是直接将城乡消费品零售额差异度作为市场协调水平的指标，所以本研究最后将这个指标与城镇化质量进行曲线拟合，指出城镇化质量又是如何影响城乡市场协调发展的。

13.10.2.2 城镇化质量综合评价指标体系的构建

综合城镇化水平测度综合评价指标体系，本书从人口就业、经济发展、城市建设、社会发展、居民生活、生态环境六个方面来选取权重较大且可以查找到数据的十个指标构建城镇化质量的综合评价指标体系，如表13-7所示。

表13-7 城镇化质量评价指标体系

评价层	项目层	指标层	指标符号	指标解释
城镇化质量	人口就业	人口城镇化率（％）	Y1	城镇人口/总人口
	经济发展	第三产业增加值占GDP比重（％）	Y2	
		人均GDP（元）	Y3	
	城市建设	人均城市道路面积（m^2）	Y4	
		每万人拥有公交车辆（标台）	Y5	
	社会发展	研究与试验发展经费支出占GDP比重（％）	Y6	
		城乡居民收入差异度	Y7	城乡居民收入之比（农村/城镇）
	居民生活	城镇居民家庭人均可支配收入（元）	Y8	
		城镇居民家庭恩格尔系数（％）	Y9	
	生态环境	人均公园绿地面积（m^2）	Y10	

13.10.2.3 城乡市场协调发展指标选取

根据国内部分专家对城乡二元市场协调发展的研究成果，以及数据的可查找性，本书选取以下指标来衡量城乡市场协调发展水平。

总体衡量：城乡消费品零售额差异度。

说明市场规模：城乡市场数量差异度。

说明市场间分割的程度：城乡商品零售价格指数差异度。

说明市场环境因素：城乡社会固定资产投资差异度。

最后本书还将城乡社会消费品零售总额之比直接作为衡量市场协调发展的指标，与城镇化质量进行曲线拟合，总体分析二者之间的关系。

13.10.2.4 回归分析的变量定义

根据上文对城乡市场协调发展和城镇化质量的评价指标分析，本书所选取的自变量和因变量说明如表 13-8 所示。

表 13-8 变量定义表

变量类型	变量名称	变量符号	变量定义
因变量	城镇化质量	YQ	主成分分析的综合得分值
自变量	城乡消费品零售额差异度	XS	城乡社会消费品零售总额之比（农村/城镇）
	城乡市场数量差异度	XN	城乡市场数目之比（农村/城镇）
	城乡商品零售价格指数差异度	XP	城乡商品零售价格指数之比（农村/城镇）
	城乡社会固定资产投资差异度	XI	城乡全社会固定资产投资之比（农村/城镇）

13.10.3 实证分析及其结果分析

本研究所选取的数据全部来源于 1995—2009 年的《中国统计年鉴》，选取了 1995—2008 年的数据进行实证分析。运用 Eviews6.0 进行数据分析和建模。

本研究首先对选取的反映城镇化质量的指标进行主成分分析，求出各个年份的城镇化质量综合得分，然后再与城乡市场协调的因素进行多元回归分析，最后将城镇化质量与城乡市场协调水平进行曲线拟合，并对所有实证结果做出相应的分析。

13.10.3.1 主成分分析及结果

本研究在对指标数据进行标准化处理后，运用 Eviews6.0 对选取的反映城镇化质量的 10 个指标进行主成分分析，计算结果见表 13-9、表 13-10。

表 13-9 主成分的特征值、方差和累计贡献率

主成分	特征值	方差	累计贡献率
1	8.241 003	7.292 086	0.824 1
2	0.948 918	0.261 261	0.919 0
3	0.687 656	0.617 970	0.987 8
4	0.069 686	0.042 367	0.994 7
5	0.027 3 19	0.010 0 52	0.997 5
6	0.017 267	0.011 457	0.999 2
7	0.005 810	0.003 738	0.999 9
8	0.002 072	0.001 869	1.000 0
9	0.000 202	0.000 136	1.000 0
10	6.66E-05	——	1.000 0

由上表可知，前两个主成分的累计贡献率已达到91.90%，说明前两个主成分基本概括了原始数据的全部信息，因此提取前两个主成分，即把选取的10个指标综合成两个主成分。

表13-10　1995—2008年城镇化质量综合评价结果

年份	F_1	F_2	综合得分
1995	−4.78	−2.08	−4.14
1996	−3.86	0.37	−3.14
1997	−3.25	0.98	−2.59
1998	−2.55	0.86	−2.02
1999	−1.55	0.95	−1.19
2000	−0.58	0.85	−0.4
2001	0.56	1.08	0.57
2002	0.21	−1.36	0.04
2003	1.06	−0.91	0.78
2004	1.66	−0.51	1.32
2005	2.25	−0.41	1.82
2006	2.82	−0.3	2.29
2007	3.66	0.04	3.02
2008	4.36	0.45	3.63

上表中F_1和F_2是通过计算得到的第一、第二主成分得分，综合得分（F）的计算公式为：$F=7.292\,086 \div F_1 + 0.261\,261 \div F_2$。

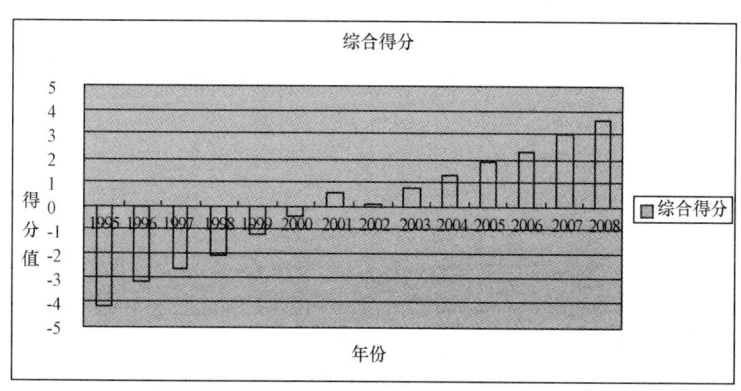

图13-3　1995—2008年城镇化质量综合比较

从上图明显看出,我国的城镇化水平呈上升趋势,城镇化质量越来越好,说明提升城镇化质量越来越受到国家的重视,在城镇化过程中我们也要不断提升城镇化质量。随着国家"十二五"期间对于城镇化建设的宏观调控,我国城镇化建设必将进入一个从规模扩张到品质提升的战略转型期,必将出现并加速城市社会经济发展的整体转型,城镇化质量将越来越高。

13.10.3.2 相关性分析

从表13-11相关性检验结果可以看出,除了城乡商品零售价格指数差异度(XP)外,城乡消费品零售额差异度(XS)、城乡市场数量差异度(XN)、城乡社会固定资产投资差异度(XI)都与城镇化质量(YQ)呈现负相关。

表13-11 相关系数表

指标	代码	YQ	XS	XN	XP	XI
城镇化质量	YQ	1.000 000				
城乡消费品零售额差异度	XS	−0.966 435	1.000 000			
城乡市场数量差异度	XN	−0.991 064	0.980 512	1.000 000		
城乡商品零售价格指数差异度	XP	0.083 707	0.015 050	−0.120 142	1.000 000	
城乡社会固定资产投资差异度	XI	−0.950 711	0.922 303	0.967 997	−0.289 241	1.000 000

以上分析认为,虽然快速发展的商品流通网络已经拉近了城市与乡村之间的距离,不论是在城市还是乡村,琳琅满目的各式商品充分满足了群众的需求,但是总体比较而言,城乡市场数量差距越来越大,而且对于城乡社会固定资产投资的差距也在逐步加大,城市已经由物质商品消费上升到精神文化享受,居民多层次、多样化、不断提升的消费需求使得城市与乡村的消费品零售额差距越来越大。因此,日益拉开的城乡市场差距使得城乡市场协调与城镇化发展之间呈现出负相关,而且城乡的差距拉大对于城镇化来说是非常不利的。

13.10.3.3 多元回归分析及结果

以城镇化质量(YQ)为因变量,城乡市场数量差异度(XN)、城乡商品零售价格指数差异度(XP)、城乡社会固定资产投资差异度(XI)作为影响因子即解释变量,运用Eviews6.0拟合回归方程,建立多元回归模型,分析城乡市场协调是如何影响城镇化质量的。

通过对回归方程的多次拟合,采用加权最小二乘法修正异方差,广义差分法修正序列相关性和多重共线性，效果最好的回归模型结果见表 13-12。

原模型：$y_i = \beta_0 + \beta_1 x_{1i} + \beta_2 x_{2i} + \cdots + \beta_k x_{ki} + \mu_i$

如果 μ_i 存在一阶序列相关，且 $\mu_i = \rho \mu_{i-1} + \varepsilon_i$，利用 DW 统计量估计 ρ，广义差分模型为：$y_i - \rho y_{i-1} = \beta_0 (1-\rho) + \beta_1 (x_{1i} - \rho x_{1i-1}) + \cdots + \beta_k (x_{ki} - \rho x_{ki-1}) + \varepsilon_i$，

即 $y'_i = \beta_0^* + \beta_1 x'_{1i} + \cdots + \beta_k x'_{ki} + \varepsilon_i$

其中 $y'_i = y_i - \rho y_{i-1}$，$x'_{1i} = x_{1i} - \rho x_{1i-1} \cdots x'_{ki} = x_{ki} - \rho x_{ki-1}$，$\beta_0^* = \beta_0 (1-\rho)$

表 13-12　多元回归模型结果

变量	参数估计	t 统计量显著性	模型概要	
$XN - 0.315 * XN(-1)$	-4.698	0.000	调整后 R^2	D.W
$XP - 0.315 * XP(-1)$	9.093	0.000	0.999	1.497
$XI - 0.315 * XI(-1)$	5.967	0.000		

注：t 检验值是表示回归系数 5% 的显著性水平下显著。

从拟合优度检验来看，模型的拟合优度 R^2 为 0.999，说明回归方程的解释能力有 99.9%，即城乡市场数量差异度、城乡商品零售价格指数差异度、城乡社会固定资产投资差异度能够对城镇化质量的 99.9% 做出解释。

D.W 检验值表明该模型不存在明显的序列相关性。

因此建立多元线性回归模型：

$YQ - 0.315 * YQ(-1) = -4.698 * (XN - 0.315 * XN(-1)) + 9.093 * (XP - 0.315 * XP(-1)) + 5.967 * (XI - 0.315 * XI(-1))$。

13.10.3.4 曲线拟合及结果

本研究最后以城乡消费品零售额差异度作为市场协调的评价指标，总体分析城乡市场协调与城镇化质量二者的关系。

由相关性系数表 13-11 可知，城镇化质量与城乡市场协调呈现高度的负相关。对二者做散点图，观测其分布情况，如图 13-4 所示。

① 以城镇化质量（YQ）作为因变量，城乡市场协调水平（XS）作为自变量，做线性和二次曲线拟合，结果如表 13-13 所示。

表 13-13　YQ 与 XS 曲线拟合结果

拟合模型	模型概要			参数估计		
	调整后 R^2	F 统计量显著性	D.W	常数 c	b_1	b_2
线性函数模型	0.928	0.000	0.834	12.762	-39.270	

续表

拟合模型	模型概要			参数估计		
	调整后 R^2	F 统计量显著性	D.W	常数 c	b_1	b_2
			t 统计量显著性	0.000	0.000	
二次函数模型	0.955	0.000	1.509	28.976	−135.903	139.659
			t 统计量显著性	0.000	0.002	0.015

注：F 检验值和 t 检验值都是表示回归系数 5% 的显著性水平下显著，下表皆同。

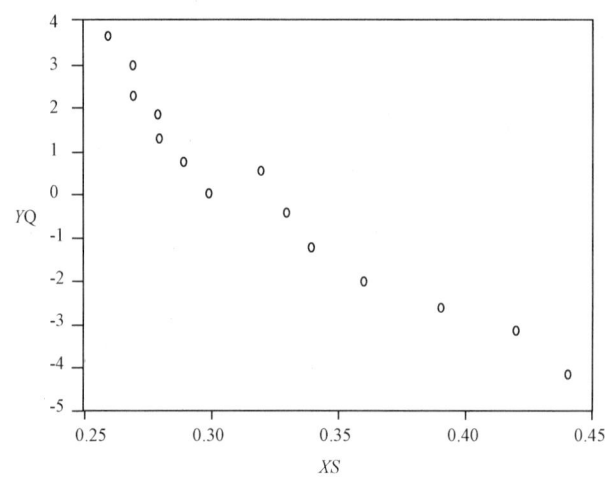

图 13-4　城乡市场协调水平与城镇化质量散点图

由拟合结果表 13-13 知，D.W 检验值表明线性模型存在正的序列相关性，而 YQ 与 XS 的二次曲线拟合效果非常好，回归模型和回归系数都是显著的，并不存在明显的序列相关性，因此可得出城镇化质量（YQ）与城乡市场协调水平（XS）存在以下关系：

$$YQ = 28.976 - 135.903XS + 139.659XS^2$$

注：YQF_1 是二次曲线拟合的结果，YQF_2 是多元回归拟合的结果。

②以城乡市场协调水平（XS）作为因变量，城镇化质量（YQ）作为自变量，做线性和二次曲线拟合，结果如表 13-14 所示。

表 13-14　XS 与 YQ 曲线拟合结果

拟合模型	模型概要			参数估计		
	调整后 R^2	F 统计量显著性	D.W	常数 c	b_1	b_2
线性函数模型	0.928	0.000	0.828	0.325	−0.024	
			t 统计量显著性	0.000	0.000	
二次函数模型	0.973	0.000	2.070	0.313	−0.023	0.002
			t 统计量显著性	0.000	0.000	0.001

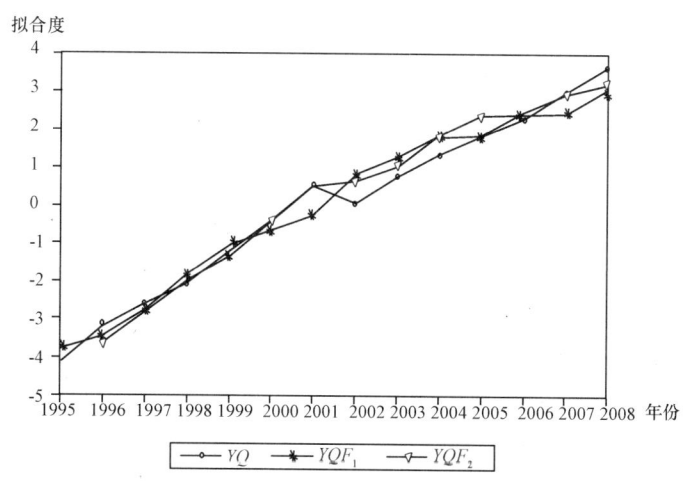

图 13-5　两个模型 YQ 的拟合结果图

由拟合结果表 13-14 知,线性模型存在正的序列相关性,而 XS 与 YQ 的二次曲线拟合效果也非常好,回归模型总体显著,回归系数也是显著的,并且不存在明显的序列相关性,因此可建立城乡市场协调水平(XS)与城镇化质量(YQ)的二次函数模型:

$$XS = 0.313 - 0.023YQ + 0.002YQ^2$$

通过上述分析,笔者认为,虽然从目前情况来看城镇化质量与城乡市场协调水平之间出现负相关,这恰恰反映了当前推进城镇化过程中对于城乡市场协调的统筹水平还有待提升,但是城镇化质量与城乡市场协调是一种高度相关的

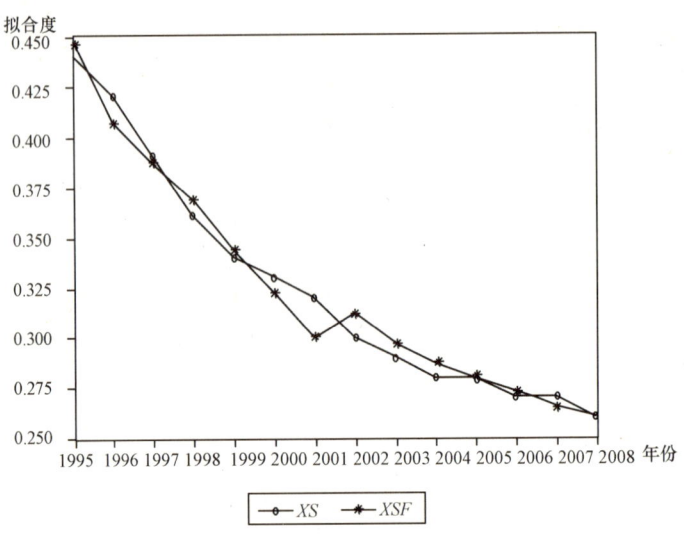

图 13-6　XS 的拟合结果图

关系，需要让两者实现良性互动，即城乡市场协调与城镇化质量是同步的，推进城镇化质量提升的同时也需要注重城乡市场协调，而城乡市场发展的同时也需要注意到其对城镇化的影响，让两者共同朝着良性方向发展。

13.10.4 基本结论与政策建议

根据上述基于我国 1995—2009 年反映城镇化质量的指标进行主成分分析，求出各个年份的城镇化质量综合得分，我国的城镇化水平呈上升趋势，城镇化质量越来越好，城镇化质量从 1995 年开始逐步提升。尤其是自 21 世纪以来，城镇化的质量综合评分为正且逐步上升，从长期来看城镇化发展质量会越来越好。在建立城乡市场协调水平与城镇化质量之间的多元回归模型，以及对城乡市场协调水平与城镇化质量之间的相关分析基础上，我们发现，我国城镇化发展质量与城乡市场协调之间存在着高度的相关性，但是因为当前的城乡市场协调水平与其城镇化发展之间的整体协调还有一定差距，因而其关联度呈高度负相关。上述实证分析结论表明，我国城镇化质量与城乡市场协调发展之间存在着较强的关联性和互相作用机制，而且其长期的作用机制更显著、更稳定。这说明，我国在提升城镇化质量与推进城乡市场协调发展的过程中，应保证城镇化发展质量，如通过两型社会建设、低碳社会建设、同步推进城乡市场协调发展，有效地促进城乡市场互动，提高城镇化的整体质量水平。具体建议如下：

(1) 用科学发展观指导城镇化建设，促进城乡市场协调发展

城镇化质量的提升是经济社会发展实现优化的必然趋势，是现代化的重要标志。推进城镇化质量的提升必须坚持以科学发展观为指导，加快推进城镇化建设步伐。

中国特色城镇化道路是协调发展的集合，是城镇化质量提升和城乡市场协调发展的统一。坚持统筹城乡市场协调发展的原则，统筹兼顾，把城镇化建设作为促进城乡市场协调发展的重大战略举措来抓。充分认识到城镇化质量提升不仅是走向现代化的必由之路，而且对打破传统体制下形成的城乡二元结构进而优化城乡市场结构更是有着十分重要的现实意义。正确认识和妥善处理城镇化建设中事关城乡市场协调发展的重大关系，既要抓住城乡市场协调机遇，为城乡市场协调创造条件，积极推进城乡市场协调；又要循序渐进，逐步实施城乡市场协调。始终注意处理好城乡市场协调与城镇化质量提升之间的关系，是当前发展与长远发展的必然选择。

(2) 打破城乡市场壁垒，助推城镇化质量提升

日益拉开的城乡市场差距使得城乡市场协调与城镇化发展之间呈现出负相关，显著表现在城乡消费品零售额差异度、城乡市场数量差异度、城乡社会固定资产投资差异度都与城镇化质量呈现负相关。在"扩内需、保增长、促消费"工作中，如何保持城乡消费、需求两旺盛，启动扩大农村市场消费将是至关重要的环节，为此，应着重对城、乡两个市场进行有机统筹，力保群众满意、基层满意、社会满意。

打破城乡市场壁垒需要继续深入做好以下工作：一是全面启动各种产品下乡工程，积极实施产品以旧换新活动；扩大实施家电下乡工程；继续开展万村千乡市场工程，扎实推进"农家店""配送中心"及网络建设，努力打造完善的城乡一体商品销售渠道，为城乡商品顺畅流通服务；大力推广"便利消费进社区、便民服务进家庭"的"双进工程"，为居民提供安全便利的家政服务，引导典当、拍卖、直销、租赁等特殊行业健康发展；积极推进专业市场和特色商业街区建设。

尤其值得一提的是在打破城乡市场壁垒的过程中，对于涉及城镇化发展质量的一系列因素，如城乡商品顺畅流通服务点建设、专业市场和特色商业街区建设等过程中要重视对于城市相应配套设施的提质改造，进一步突出市场特色与发展定位，优化城镇化的整体氛围。按照"政府引导、市场运作"的原则，推动市场的标准化改造，进一步完善、规范市场功能。

(3) 推进城镇化质量提升与城乡市场的协调发展

城镇化质量与城乡市场之间是紧密相关的，对于中国的城镇化发展过程中

影响城乡市场协调的因素必须密切关注，处理好以下几个方面的问题，从而推进城镇化与城乡市场协调发展。

首先，实现城镇化由速度型向质量型转变。要把城镇化快速推进与质量提升有机结合起来，尤其是在城镇化过程中必须推进城乡市场协调发展，缩小城乡市场数量以及质量方面的差距。

其次，由粗放型市场向可持续的市场发展转型。过去我国城镇化采用的是高增长、高排放、高消耗的粗放型发展模式，未来城市发展向低碳型城市转型，在推进城镇化的同时，统筹城乡的全面发展，关注农村整体市场质量的提升。

总之，城镇化质量提升与城乡市场协调之间存在相辅相成的关系，需要对两者进行有针对性的研究，在促进城镇化质量提升的同时，促进城乡市场协调发展。

（4）完善县域内基础设施建设，推进城镇化质量提升

"十一五"以来，虽然加大了对农村村级公路等基础设施建设的改造，但是总的来说，县域内基础设施建设还有很多不足之处。当务之急是要改善居民生活的基本环境，如加大对农村饮用水的品质监管和合理配套，加大对乡镇垃圾的合理化处理，避免小城镇环境的污染加剧，同时在进行县域开发的过程中，要注重长远规划，合理布局商业网点，提高居民日常生活必需品的品质监管，避免食品安全事故的发生。总之，通过改善县域内城镇和乡村居民生活基础设施建设，推进城镇化建设的水平提升。

（本文发表于《湖湘论坛》杂志2011年第5期）

13.11 突出提质发展农村重点小城镇、推进湖南城镇化的思考

党的十七届五中全会公报再一次明确提出，调整经济结构，要把城镇化发展作为扩大内需的战略重点，科学有效地拓展内需空间。"十二五"期间湖南省应以科学发展观为指导，紧密结合本省实际，坚持工业化与城镇化互动，积极推进新型城镇化，统筹城乡协调发展。今年（指2010年）以来我几次去怀化、益阳、岳阳、常德等地调查，特就以提升质量为中心发展农村重点小城镇、促进湖南省城镇化的问题进行了专题探讨。

13.11.1 湖南城镇化进程的现状分析

"十五规划"以来湖南城镇化进入了一个快速发展阶段。湖南新型工业化

的快速发展以及城镇化与工业化互动，是近几年湖南经济崛起的主要经验。2000年湖南城市化率为29.75%，2000—2008年的9年间，城镇人口年均增速为5.00%，高于全国城镇人口年均增长3.55%的速度；城市化率年均上升1.55个百分点，高于全国年均上升1.19个百分点的速度。2008年全省城镇化率较2000年提高12.4个百分点。2005年以后城镇化率年均提高1.7个百分点以上。2008年湖南省的城市化率与全国平均水平的差距，已由2002年的7.09个百分点，缩小为2008年的3.55个百分点。

全省城镇化的另一大突出成绩是县城扩容提质成效明显。从我今年8月、9月、10月到益阳、岳阳、常德三市的调查考察来看，"十一五"期间县城城区面积普遍扩大0.5~1倍或以上，道路、自来水、天然气、电力等基础设施承载力明显改善，大多县城建有污水处理厂，并在县城建设有公共绿地与公园。如南县县城5年城建总投资约8.1亿元，新建了污水处理厂、垃圾处理场，改扩建自来水厂，新建了一批广场、公园，新增绿地面积24.7万 m^2，新建了20多个居民小区，县城城区面积由原来的 $5\ m^2$ 扩展到 $12.5\ m^2$，人口达13万多人。其他如华容县城、澧县县城、湘阴县城以及沅江市、汨罗市等的变化等也与南县县城建设类似。

13.11.2 我省农村小城镇发展中的质量问题堪忧

从我今年以来到湘西及洞庭湖区域的城镇化调查情况来看，农村小城镇发展中的质量问题是一个突出问题，主要表现在以下几个方面：

①农村小城镇规划编制严重滞后，建设无序。从益阳等地调查来看，对县城的规划普遍重视，但县城以下农村小城镇的规划则较滞后。如南县大部分农村乡镇的规划是20世纪80年代编制的，多年未修编，益阳市使用的一些国家级、省级、市级重点小城镇规划还是80~90年代的规划，有的乡镇从未作过规划。没有规划或规划过时，致使小城镇建设中边建设边违章的无序状况严重。之所以如此，一是县城以下乡镇财政困难，小城镇规划又难以纳入县财政预算。二是县级规划编制机构力量薄弱、经费困难。

②县城以下农村小城镇基础设施建设十分薄弱。从洞庭湖区农村小城镇的调查看，农村小城镇供水、排水、污水及生活垃圾处理设施、市场设施、文化体育设施普遍缺口较大。华容、南县、沅江基层乡镇负责人均反映水面水源污染严重、水质下降，农村饮清洁水难、处理垃圾难。以南县华阁镇为例，镇区常住人口已达1.2万人，但自来水水源杂质多，一遇下雨，自来水变浑水，居民饮水都困难；同时生活垃圾日产20多t，尚未有填埋场，只好买农民水塘填埋，但污染未解决。整个洞庭湖区域农村小城镇都遇到饮水水质差及生活垃圾

处理无设施的问题，且环卫工人无编制，靠收取卫生费养人，无任何养老、医疗、失业保障。

③农村小城镇建设用地指标少而缺。目前农村重点小城镇要发展的一个突出障碍是得到建设用地指标难，土地规划中预留指标大多被县城建设占用。如沅江草尾镇是沅江市北部农村一个重点城镇，辖区内共有9.5万人，镇区常住人口已达2.4万人，该镇有5条老街、3条新街，镇区开往周边农村的公共汽车有5条线路，平均15分钟发一趟车；镇区商业服务业发达，有1 400多个商业网点，就业人员6 000多人。该镇完全可以做大，镇区现有面积2.5 km²，计划扩展至5 km²，常住人口达5万人，镇政府两次向有关部门报了建设用地指标，省市有关部门却难以解决。其他一些国家级、省级重点农村小城镇建设中也都遇到过这类问题。

④农村小城镇建设资金缺乏情况较普遍。其一是财政资金投入少。一方面农村乡镇村负债普遍，乡、县级财政无法安排农村小城镇建设资金。如2009年安乡县、乡镇、村三级债务总额11.68亿元多，除县城建设纳入县级财政预算外，其他农村小城镇建设却难以安排。另一方面是市财政也无法安排，省财政安排的小城镇建设专项资金也呈逐年减少的趋势。如2007—2009年省财政安排给益阳市的小城镇建设资金就从2007年的163万减至2008年的106万，再减至2009年的80万元。二是银行融资难，银行不向小城镇建设贷款。其三是由于小城镇基础设施薄弱，人口规模与经济规模小，对外招商引资也非常困难。

⑤支撑农村小城镇发展的产业基础薄弱。除了长株潭周边一些重点农村城镇产业基础较好外，我省相当多农村小城镇，既缺乏产业基础，人口聚居规模也小，无法形成吸纳农村剩余劳动力及带动周边农村发展的功能。如环洞庭湖区域农村小城镇除各个县城产业基础稍好外，如华容县城、湘阴县城、汨罗市区、沅江市区、澧县县城等均有发展势头较好的工业园区外，其他农村重点小城镇基本上都无特色产业支撑，主要靠人口聚集后的商贸服务业来支撑。其一是环洞庭湖农村小城镇农产品加工业落后，更难以在小城镇集聚，其二是环湖农村小城镇难以承接沿海及本地城市的产业链延伸与产业转移。至于大量山区丘陵区农村城镇也普遍缺乏产业支撑。

⑥小城镇管理混乱，普遍存在脏、乱、差现象。主要表现在相当多农村小城镇基础设施不配套，地下管道、地上路面、空中网线布局混乱；各种垃圾乱堆乱扔乱倒，污水横流；商业摊点乱摆乱设，占路为市；机动车、自行车、人力车等乱停乱靠，影响交通；各种商业广告、安民告示等乱涂乱贴乱挂。总之，生活环境差，市场与交通秩序混乱，镇容镇貌较差。

⑦小城镇按行政区划设置，量多质差，有名无实。我省建制镇数量不少，不少仅是原有区、乡行政机构改名而已，相当多建制镇基础设施建设落后，常住人口不足1万，公共产品设施严重短缺。

13.11.3 以提升城镇化质量为中心，发展农村重点小城镇

省委省政府在"一化三基"的基础上已将城镇化与新型工业化、农业现代化、信息化列为转变经济发展方式的重点，提出"四化两型"战略方针，这是十分正确的。湖南城镇化的主攻方向是建设以长株潭城市群为中心的城市网络体系，这方面的规划与探讨很多，本人也向省委省政府提供了这方面的对策思考（见《湖南省院士专家咨询参考》2010年第4期《十二五期间加快推进湖南省城镇化的若干建议》一文）。

从面上来讲，则要重视推进农村重点小城镇建设。"十二五"期间湖南省农村城镇化的中心是提升发展质量。为了改变目前"单个建制小城镇功能薄弱→产业集群度低→人口吸纳力弱"的现状，应实行"小市大镇"战略，即集中发展各地级市的郊区重点镇、各个县城关镇以及次于县城关镇的重点镇，扩大这批重点镇吸纳农村人口就地市民化的能力。

①继续完善县的扩容提质。无论是今后建中小城市的县城，还是一般仍保持建制镇的县城，在"十二五"期间应以建设两型城镇为目标，加大完善县城基础设施及公共产品的建设力度，改变目前普遍存在的县城基础设施远远落后于县城扩容的局面，提升县城建设品位，努力使不同山水区域的县城各有特色，避免"千城一面"；要提高县城产业集聚能力和吸纳农民就地转化的能力，提高城镇管理水平。努力创造条件使一批县城关镇逐步成为中心城区，为今后演变成为中小型城市打好基础。

②以提质为中心积极实施农村重点镇培育工程。在一个县域范围内小城镇发展不能一哄而起，而是要突出重点，应实施"大镇带村"战略，重点建设常住人口2万～5万的重点镇。要对原来确定的国家级、省级重点农村小城镇进行验收与重新评估，对达不到原定发展规模和功能的应取消重点小城镇的称号，通过综合考虑小城镇的区位优势、产业基础等因素，选择部分条件优越、发展潜力大、发展基础好的中心镇进行重点培育，将其发展成为小区域经济中心、商贸流通服务中心、城乡基本公共服务平台，作为推进农村城镇化和城乡一体化建设的重点示范镇。对这部分重点镇，政府除加大投入外，还要尽快出台有针对性且行之有效的全方位的鼓励扶持政策，以建立职能明确、结构合理、精干高效的镇政府为目标的管理体制；采取税费优惠政策，改善小城镇投资环境，促进小城镇经济发展；对重点小城镇的建设用地指标，土地管理部门

应适度倾斜并优先安排。如在洞庭湖区域,要继续实施平垸行洪、移民建镇、扩大湖面的战略,动员和安排蓄洪区、地势低洼区分散居住的居民搬迁至重点小城镇;在山区、丘陵区,对居住在易于发生山洪暴发及泥石流等地质灾害区域的农民,也要动员和安排他们搬迁至重点小城镇。

③打破行政区划限制,推进乡镇合村并点到重点小城镇。随着交通网络的完善,应考虑改变目前全省小城镇数量多、重点小城镇不突出的问题,在城镇化过程中推进乡镇合村并点,减少小城镇数量,提高单个重点城镇的人口规模。这样既有利于扩大小城镇的市场规模与产业集聚能力,也有利于大大提高小城镇基础设施的利用效率及吸纳当地农村人口转化的能力,也可促进城乡一体化发展,节约土地资源,便于农村土地规模经营和生态治理。日本在城市化过程中的50年内(1920—1970年)将12 161个村镇合并为2 631个,村镇数量减少4/5,但村镇规模平均扩大了6.5倍,5万人口以上的村镇增加了8倍,从而大大加快了城乡一体化进程。浙江省20世纪90年代初将全省3 170个镇合并为1 975个,平均每个乡镇规模由1.2万人增至2万人以上,由此促进农村工业化及块状经济、集群经济及乡镇专业市场的发展。重点小城镇发展可打破原有行政区划布局的限制,将镇区常住人口较少、缺乏产业基础及人口吸纳能力的小城镇合并到周边的大镇去,或与邻近的小城镇合二为一。

④进一步加强农村重点小城镇建设与发展的规划。一方面,要转变规划编制理念,从小城镇实际出发,高水平编制规划,防止小城镇规划手法简单复制城市的错误倾向;另一方面,为确保编制好农村重点小城镇规划,编制经费建议纳入市县财政预算,并由城市规划部门具体组织,规划要经人大审议颁布,由政府实施,确立重点小城镇规划的权威性。

要改变传统的城市规划思路,"反弹琵琶",从农村社区规划做起,建议在区域城镇化总体规划前先做好农村居民新社区建设与发展规划,将农业耕作成片地区与生态保护带结合起来,设立限制或禁止开发地带,或规划为农业生态隔离带,在保护好农业永久性耕地基础上再安排好城镇体系建设规划,真正做到城镇规划以农业为基础和城乡规划一体化。各县(市、区)在确定新一轮城镇规划或规划修编中,应增设农村居民新社区建设发展规划,与城镇总体规划、新一轮土地利用总体规划、县域镇村体系规划、农村住房建设和危房改造规划紧密结合,与农田保护、生态涵养、基础设施、产业发展等空间布局有机衔接,做到同步规划、系统安排。其中对"城中村""城郊村"合村并点建社区的,纳入城市规划;"镇中村""镇边村""园中村"合村并点建社区的,纳入小城镇规划;而重点是对未纳入城市规划与小城镇规划的大量农村自然村与行政村的居民新社区建设发展要制订规划。

13.11.4 加大制度创新,促进全省农村重点城镇又好又快发展

①加快农村土地流转制度创新,加快农民向小城镇集聚及就地转化。应进一步加快全省农村土地流转制度改革,包括养殖水面(湖面)经营权与林地经营权的流转,要给农民发放长期性的土地使用权证,实行"一地一证"制,农民凭借土地使用权证和承包合同,可自主对土地使用权实行转让、出租、入股和抵押等土地流转活动,以促进农地规模经营和吸引城市产业资本介入农业。可探索建立宅基地拆旧建新制度,使更多的农民能够让宅基地、承包地经营权、林地经营权变为增加自身收入的资本,将死地变为活钱,为自己的社会保障与进入城镇解决住房问题提供保证,以消除农民离乡进城的各种顾虑,加快农业人口的非农化。

②改革户籍管理制度及实行城乡社会保障制度一体化的改革,解除农民离村进镇的后顾之忧。应放开县城及县城以下小城镇户籍管理,改变城乡分开的户籍管理,实行居民一体化的户籍管理,进一步降低农民进入城镇的户籍门槛,鼓励农民进镇落户。各地农民进镇落户可打破行政区划就近方便选择落户镇,各地应一视同仁。更为重要的是在"十二五"期间,全省应尽快建立和完善城乡一体化的社会保障制度,使农村居民和城镇居民一样能享受到养老、医疗及贫困方面的社会保障,为部分进入城镇落户的农民解除后顾之忧。

③加快农村小城镇投融资体制改革,努力解决小城镇建设的资金短缺难题。一方面鼓励民营企业、民间资本直接向小城镇投资基础建设及经营兴办公用事业,在全省有条件的县城推行和完善"大汉模式"。另一方面可推行"地滚地、地换钱"等方式,利用小城镇土地批租收入筹集基础建设资金,探索发展项目融资、工程融资等通行的融资方式。此外,可建立小城镇发展基金,可从城镇建设维护税、市县政府安排的城镇建设资金、土地出让金的留成部分、房地产开发上缴的利润、城镇基础建设配套费及管理费中提取部分资金用于相关建设。同时,省政府应出台有关支持小城镇建设投融资政策,鼓励建设银行等金融机构提供贷款支持,有条件的重点小城镇基础建设可实行项目债券的办法筹措资金。

④努力形成有利于农民在重点小城镇就业创业的机制。要把加快城镇化与扩大农村剩余劳动力充分就业结合起来,与促进农民创业结合起来。全省应加快建立覆盖城乡的公共就业服务体系,政府要增加农民工培训投入,整合培训资源,积极开展农民务工技能培训,提高农民就业和创业能力。政府要努力建设有利于促进农民进城镇创业与就业的服务平台,为农民创业就业提供经营场地、资金融通、税费减免、信息沟通等方面的服务与支持。要推进小城镇产业

结构调整和产业升级，努力深化农业内部分工，提高生产经营专业化水平，努力拓展农村非农就业空间，增加就业岗位。完善促进创业带动就业的政策措施，将农民工返乡创业和农民就地就近创业纳入政策扶持范围，在营业执照办理、经营场地租赁及税收、信贷等方面给予一定优惠。加大农民外出务工就业指导和服务力度，切实维护农民工合法权益，健全农民工社会保障制度，促进农村劳动力平稳有序转移。

⑤统筹城乡公共资源配置，加大政府对重点小城镇基础设施和公共设施建设投入。我省重点小城镇基础设施和公共设施短缺、落后仍然是制约小城镇发展的瓶颈，公共财政长期忽视对农村小城镇的投入是造成设施短缺的最主要因素，在每年的政府预算安排中，农村小城镇的基础设施公共设施建设都未纳入计划，或虽纳入，占的比重却太小。湖南省2009年社会固定资产投资达7 695.4亿元，创历史最高水平，但用于小城镇基础设施和公共设施建设的却很少。因此应有计划改变公共资源配备方式，对公共社会资源由过去偏重城市逐步向农村重点小城镇转移。建议在"十二五"期间全省应注意统筹城乡公共资源配置，加强农村重点小城镇及农村的水电路气房建设，加大农村饮水安全工程投入，实施新一轮农村电网改造升级工程，推进以重点城镇为中心的农村电信和互联网基础设施建设，加大政府对全省建制镇特别是重点小城镇基础设施和公共设施建设投入，并在每年的财政预算中切块安排，尤其要加强对重点小城镇环境基础设施这一最薄弱环节的投入。凡具备纳入中心城区污水网体系的小城镇，应充分依托城区，纳入城区基础设施建设规划一并解决。一定区域内分布较为密集的小城镇，应以重点镇为中心，积极协调共建、共享环境基础设施。下决心建设好一批基础设施与公共设施齐全、各种服务网点配套、环境优美、生活便利且符合两型社会要求的重点小城镇，真正促使其成为吸引当地农村居民就地转化的中心，就能大大加快我省城镇化进程。

⑥加快农村重点小城镇综合性商业服务业中心建设。在一个县域范围内选择若干重点农村小城镇作为农村区域性商业服务业中心来建设，使之成为上连城市、下接各个村庄农户的现代商业流通业态中心、农村消费品物流配送中心、农产品采购及交易中心、农业生资供应中心、农村再生资源回收中心、农村各类服务业网点聚集中心，这样既便于提高城镇化质量、推进城乡经济协调发展，也为持续性扩大农村消费需求和开拓农村市场建立了一个平台。

（本文系2010年省政府参事重点调研课题，并在年底省政府参事会议上作主题发言，直接向省长徐守盛等省领导汇报）

13.12 加快推进湖南省城镇化若干建议

13.12.1 湖南城镇化的现状与问题

在改革开放前相当长一段时期内由于指导思想和理论上的错误以及落后体制的障碍,湖南城镇化的进程明显受挫。1978 年湖南城镇化率仅为 12%。改革开放以来湖南省城镇化虽有了较快发展,但湖南城市化水平一直低于全国水平,当全国于 1996 年(30.48%)进入城市化中期加速发展阶段后,这种差距进一步拉大。

"十五规划"以来湖南城镇化进入了一个快速发展阶段。2000 年湖南城市化率为 29.75%,根据雷·诺塞姆用 S 形曲线三阶段理论概括的城市化进程一般规律,湖南省城市化进程自 2000 年后进入中期加速阶段(30%<城市化率<70%)。湖南新型工业化的快速发展以及城镇化与工业化互动,也是近几年湖南经济崛起的主要经验。"十五"期间,湖南省城镇化进程以年均 1.45 个百分点的速度向前推进。进入"十一五"后,全省城镇基本设施建设投入加大,城镇化进程加快。2000—2008 年的 9 年间,城镇人口年均增速为 5.00%,高于全国城镇人口年均增长 3.55% 的速度;城市化率年均上升 1.55 个百分点,高于全国年均上升 1.19 个百分点的速度。2008 年全省城镇化率较 2000 年提高 12.4 个百分点,年均提高 1.55 个百分点。2005 年以后城镇化率年均提高 1.7 个百分点以上。2008 年湖南省的城市化率与全国平均水平的差距,已由 2002 年的 7.09 个百分点,缩小为 2008 年的 3.55 个百分点(表 13-15)。

表 13-15 湖南省与全国的城镇化率差距

年份		2000 年	2001 年	2002 年	2003 年	2004 年	2005 年	2006 年	2007 年	2008 年
城镇化率(%)	湖南	29.75	30.80	32.00	33.50	35.50	37.00	38.71	40.45	42.15
	全国	36.22	37.66	39.09	40.53	41.76	42.99	43.90	44.94	45.70
	差距	−6.47	−6.86	−7.09	−7.03	−6.26	−5.99	−5.19	−4.49	−3.55

2008 年,全省城市化率为 42.15%,在中部六省中排名第三,低于全国平均水平。全省 14 个市州城市化率由高到低依次是:长沙市、株洲市、湘潭市、岳阳市、衡阳市、郴州市、益阳市、张家界市、永州市、常德市、娄底市、怀化市、湘西自治州、邵阳市。

在全省城镇化的进程中,省会长沙市一直走在全省前面,起了带头示范作用。2008 年,全国城市化率为 45.7%,长沙市城市化率为 61.3%,高于全国平均水平15.6个百分点；在中部六个省会城市的城市化综合评价中排名第二位，仅次于武汉市。长沙市城市化率高居省内首位，比第二、第三位的株洲市、湘潭市分别高出12.8和13.7个百分点，比最低的邵阳市高出31.4个百分点，比较优势十分明显。近年来，长沙市大力推进城市建设，取得了突破性进展，建成区面积翻一番。2000年，长沙市区面积为556.3 km^2，至2008年年底，长沙市城区面积增大到955 km^2；其中建成区面积由118.8 km^{2}增加到243 km^2，年均增加15.5 km^2，等于再造一个新长沙城。城市人口由2000年的175.4万人增加到2008年的237.1万人，年均增长3.8%。城市化率由2000年的44.7%提高到2008年的61.3%，年均提高2.08个百分点，比全省平均水平高近20个百分点，达到中等发达国家水平。

特别是在中央批准长株潭城市群为全国两型社会建设综合配套改革实验区以来，长沙按照"城乡一体、统筹发展"的思路，加大了城镇化的实施力度，城镇化进程的特色更为明显：一是加快了县（市）城区的提质扩容，特别是建制镇的中心集镇建设。全市四县（市）县城都已建成为容纳20万人口左右的中小城市，并出现了产业集聚与集群效应，如长沙县星沙镇、望城县（区）的高塘岭镇、宁乡县玉潭镇的工业集聚、商业集聚等。二是四县（市）都已建成2~3个规模在2万~3万人的中心集镇，建制镇增加到80个以上。一批具有鲜明地域与文化特色的重点小城镇发展令人瞩目，如宁乡县的灰汤镇、花明楼镇、沩山镇、望城县（区）的靖港镇、铜官镇、雷锋镇，长沙县的黄兴镇、金井镇、㮾梨镇，浏阳的永安镇、大瑶镇、文家市镇等。三是加强了以大城市为核心、布局合理的大中小城市建设，逐步形成了以长沙为核心，以卫星城市、中心集镇为纽带的生态化、多节点的都市城镇圈。

虽然我省城镇化近年来成绩斐然，并出现了长沙市这样的先进典型，但我省城镇化过程中还存在不少问题。一是我省城镇化与全国相比还有一定差距，城镇化率低于全国约3个百分点，尚未达到全国平均水平。二是全省中心城市规模不尽合理，平均规模偏小，全省各地级市中，中心城市人口超过100万的只有长沙1个，而且中心城市非农业人口在城市总人口中所占比例普遍偏低，中心城市的发展规模和对城市群的发展带动作用明显不足，制约中心城市对周边区域的带动作用。三是省内各区域城市化率不平衡，14个市州中城镇化率超过全省平均水平的只有长沙、湘潭、株洲、岳阳、衡阳5市，其他9个市州城镇化率均不到40%。本省城镇不发达，对本地农民吸引力弱，湖南外出农民工多达1 400万，其中到省外城市就业的近80%。四是小城镇按行政区划设置，量多质差，有名无实。我省建制镇数量不少，不少仅是原有区、乡行政机构改名而已，相当多建制镇基础设施建设落后，公共产品设施严重短缺，脏、乱、差现象普遍。五是相当多小城镇既缺乏产业基础，人口聚居规模也小，无法形成吸纳农村剩余劳动力及带动周边农村发展的功能。

13.12.2 强化加快城镇化的战略意识，科学制订全省城镇化规划

（1）将"一化三基"调整完善为"两化三基"，进一步强化加快城镇化的战略意识

当今世界，城市化水平的高低，已经成为衡量一个国家和地区经济社会综合实力和文明程度的重要标志。清华大学教授、两院院士吴良镛认为，21世纪有"城市世纪"或"城市时代"之称，未来的世界是一个城市化的世界。2000年7月，世界著名经济学家、诺贝尔经济奖获得者斯蒂格利茨在世界银行中国代表处说："中国的城市化与美国的高科技发展将是深刻影响21世纪人类发展的两大课题。"

很明显，我省目前的城镇化滞后于工业化，滞后于全国平均水平，这也是与我省建设经济强省的目标不相适应的。因此，"十二五"期间湖南应进一步从战略上谋划加快全省城镇化，要把加快城镇化与农民市民化作为从根本上解决"三农"问题的战略路径，作为调结构扩内需的战略对策，作为建设经济强省的主要任务。为此应进一步强化城镇化的战略意识，在继续加大新型工业化发展力度的同时，努力实现全省工业化与城镇化的互动与同步发展。建议省委省政府将"一化三基"战略方针调整完善为"两化三基"，"两化"即新型工业化与新型城镇化，以避免只注重工业化的经济指标攀比而忽视城镇化的社会发展目标协调的倾向，同时重视城镇化，更会突出以人为本的全面发展，这也是科学发展观的真谛。应当明确，其一，工业化若不和城镇化相结合，必然会走弯路，如改革开放前的中国工业化以牺牲城镇化为代价，结果进一步加剧了城乡二元结构的差别。其二是城镇化是工业化的载体与动力。其三是我省的现实是城镇化落后于工业化，而不是工业化落后于城镇化。其四是城镇化可以带动工业化和农业产业化，农民市民化、农村城镇化、农业工业化是解决"三农"问题的根本出路。

城市化过程中城市基础设施建设的投资直接对经济增长起拉动作用，适当加大城市基础设施投资，对于推动城市经济跨越式发展和促进产业结构调整不仅必要，而且见效快，并且由于城市基础设施投资的社会效率大大高于其自身效益，对社会的贡献要远远高于其他方面的投资。城市化同时还可从扩大需求的角度带动经济的增长，以基础设施建设为主体，通过投资需求，搞活资本市场、劳动力市场等要素市场，可以拉动土地资源、房地产、建材、轻工、设备

市场和劳动消费需求的上升。城市化促进经济增长的另一个重要方面就在于它会产生明显的消费扩张效应。城市人口的消费水平远高于农村人口，据测算，中国现阶段一个城镇居民的消费水平相当于3.5个农村人口消费水平，城市数量及城市人口的不断增长，将促进消费总量的提高，把潜在的消费需求转化为现实的购买力。2008年长沙市全社会零售额1 273.8亿元，是2000年的3.6倍；城镇居民人均消费12 960元，为农村居民的2.1倍，与2000年相比增长75.8%。同时，城市化不仅可以促进消费总量的明显提升，而且还将带动消费结构与消费层次的升级。

(2) 全面制订"十二五"期间全省城镇化规划，并制订城镇化实施细则与小城镇发展规划

科学规划是保证城镇化健康发展的重要前提，要防止推进城镇化过程中一哄而起搞形象工程、面子工程，防止长官意志的瞎指挥与形式主义，因此必须坚持科学论证，民主决策，规划先行。

①制订好全省"十二五"城镇化规划。城镇化关系到整个社会的转型与社会事业的全面发展，远比工业化的任务艰巨，因此建议在省政府统一部署下，由省发改委、省建设厅牵头，会同省财政厅、省民政厅等有关部门制订全省城镇化的单项总体规划，其内容包括总体思路、基本原则、主要目标、实施步骤、重点项目与单项规划、资金投入、保证措施等。全省城镇化总体规划制订后应经省人大常委会审议批准后，以地方性法律条文颁布。

②分解总体规划，制订分年度分地区实施细则规划。为了保证规划的有效实施，避免规划流于形式，应分年度制定各地实施细则。由于全省各地社会经济发展状况、自然地理条件、人口分布状况有差异，因此应从各地实际出发，制定不同的实施细则规划，将全省推进城镇化的总体规划具体落实到基层，实行一年一小结，及时反馈，及时完善规划。

③进一步加强小城镇建设与发展的规划。一方面，要转变规划编制理念，从小城镇实际出发，高水平编制规划，防止小城镇规划手法简单复制城市的错误倾向；另一方面，应积极开展规划的执法检查，确立小城镇规划的权威性。

目前，建制镇总体规划已基本普及。在进一步提高总体规划质量的同时，建制镇规划还应向两头发展：一是向薄弱的城镇体系规划发展，编制县（市）城镇体系规划；二是向详细规划发展。

要改变传统的城市规划思路，"反弹琵琶"，从农村社区规划做起，建议在区域城镇化总体规划前先做好农村居民新社区建设与发展规划，将农业耕作成片地区与生态保护带结合起来，设立限制或禁止开发地带，或规划为农业生态隔离带，在保护好农业永久性耕地基础上再安排好城镇体系建设规划，真正做

到城镇规划以农业为基础和城乡规划一体化。因此各县（市、区）在确定新一轮城镇规划或规划修编中，应增设农村居民新社区建设发展规划，与城镇总体规划、新一轮土地利用总体规划、县域镇村体系规划、农村住房建设和危房改造规划紧密结合，与农田保护、生态涵养、基础设施、产业发展等空间布局有机衔接，做到同步规划、系统安排。其中对"城中村""城郊村"合村并点建社区的，纳入城市规划，"镇中村""镇边村""园中村"合村并点建社区的，纳入小城镇规划；而重点是对未纳入城市规划与小城镇规划的大量农村自然村与行政村的居民新社区建设发展要制订规划。

13.12.3 进一步完善全省城市体系，努力形成城乡统筹、大中小城市协调发展、"以市带镇""大镇带村"的城镇体系

从"长三角""珠三角"地区的经验来看，强大而完善的城市体系是加快城市化的基础，如江苏省分别形成了"苏州—无锡—常州金三角""南京—镇江—扬州银三角""徐州—连云港—盐城铜三角"等几个城市群体系，并由此带动了周边卫星城镇的发展。而湖南省由于大城市少，形不成大中小城市有机联系的城市体系，难以带动周边农村的城镇化。因此"十二五"期间应注重完善我省的城市体系，努力形成城乡统筹、大中小城市协调发展、"以市带镇""大镇带村"的城镇体系。

①除长株潭城市群外，应着力打造一批人口达100万的大城市。湖南100万人口城市只有长沙一个，与湖南人口大省的地位不相称。因此除了坚定不移地实施加快建设长株潭城市群这个最大增长极外，同时应将长株潭城市群周边的岳、衡、常、益、娄等城市打造成100万人口规模大城市，形成几个次级区域型城市群（圈），包括以"岳—常—益为核心"的"环洞庭湖城市圈"，以"怀化—吉首、凤凰—张家界"为重点的湘西城市带，以"衡阳—郴州—永州"为轴心的湘南城市圈，以"娄底—邵阳—冷水江"为中心的湘中城市圈，并联结所有县城和重点城镇，带动整个湖南经济的发展。

②努力建设一批连城接乡的中等城市。湖南的城镇化还需有一批人口30万~50万的中等城市，这类城市为20个左右。我认为县改市不能长期停滞不动，需要选择资源环境承载力较强、经济聚集程度较高、人口相对集中、公共基础设施较为完善的地区，适度发展一批中等城市。从目前现状和未来发展趋势看，一是将已有的建制市如浏阳、醴陵、耒阳、常宁、湘乡、沅江、汨罗、涟源等市扩容提质建成为人口为30万~50万的中等城市。二是将现有县域面

积较大、人口较多、交通区位优势明显、县城关镇常住人口规模较大的县撤县改市，努力建设一批新的中等城市，如长株潭城市群范围内的宁乡县、攸县，洞庭湖地区的澧县、桃源、汉寿、湘阴、华容等县，湘西的龙山、溆浦等县，湘南湘中的衡阳、衡南、邵东、隆回、祁阳等县今后都具备改县为市并逐步建成中等城市的条件，县城可逐步发展为常住人口达30万～50的城区。中等城市应成为我省"十二五"城镇建设规划的重点。

③建设好一批人口10万～20万的小城市。除原有一批建制市外，如吉首市、资兴市、临湘市、武岗市、洪江市等，还可考虑将一批旅游产业特色突出，或处于省域边界地区以及县城关镇人口规模较大的县改为小城市，如旅游产业优势明显的凤凰、炎陵、新宁、宁远、衡山、芷江等县，省际毗邻边界县如宜章、临武、汝城、道县、东安、新晃、石门、花垣等县，此外还可选择一批人口规模较多的县改为小城市。

④以县城扩容提质为中心发展农村重点小城镇。湖南省城镇化在县域的重点是县城扩容提质，无论是今后建中小城市的县城，还是一般仍保持建制镇的县城，在"十二五"期间应以建设两型城镇为目标，加大完善县城基础设施及公共产品的建设力度，提升城镇建设品位，提高城镇产业集聚能力，提高城镇管理水平。努力创造条件使一批县城关镇逐步成为中心城区，为今后演变成为中小型城市打好基础。

另一方面积极实施重点镇培育工程。小城镇发展不能一哄而起，而是要突出重点，在一个县范围内实施"大镇带村"战略，重点建设常住人口2万～5万的重点镇。

13.12.4 加大制度创新，推进全省城镇化

（1）打破行政区划限制，推进乡镇合村并点，突出发展重点小城镇

随着交通网络的完善，应考虑改变目前全省小城镇数量多、重点小城镇不突出的问题，在城镇化过程中推进乡镇合村并点，减少小城镇数量，提高单个城镇的人口规模，提升其发展质量势在必行，这既有利于扩大小城镇的市场规模，提高产业集聚的能力，也有利于大大提高小城镇基础设施的利用效率及吸纳当地农村人口转化的能力，也可促进城乡一体化发展，便于农村土地规模经营和生态治理。因此，应实行"小市大镇"战略，即发展各地级市的郊区重点镇、各个县城关镇以及次于县城关镇的重点镇。小城镇发展可打破原有行政区划布局的限制，将镇区常住人口较少、缺乏产业基础及人口吸纳能力的小城镇，合并到周边的大镇去，或与邻近的小城镇合二为一。

（2）加快农村土地流转制度创新，加快农民向小城镇集聚及就地转化

应进一步加大土地使用权经营的改革力度,加快全省农村土地流转制度改革,包括养殖水面(湖面)经营权与林地经营权的流转,采取多种方式发展规模经营,使更多的农民能够让宅基地、承包地变为增加自身收入的资本,将死地变为活钱,为自己的社会保障与进入城镇解决住房问题方面提供保证,以消除农民离乡进城的各种顾虑,加快农业人口的非农化。

(3) 改革户籍管理制度及实行城乡社会保障制度一体化的改革,解除农民离村进镇的后顾之忧

应放开县城及县城以下小城镇户籍管理,改变城乡分开的户籍管理,实行居民一体化的户籍管理,进一步降低农民进入城镇的户籍门槛,鼓励农民进镇落户,各地农民进镇落户可打破行政区划就近方便选择落户镇,各地应一视同仁。更为重要的是在"十二五"期间,全省应尽快建立和完善城乡一体化的社会保障制度,使农村居民和城镇居民一样能享受到养老、医疗及贫困方面的社会保障,为部分进入城镇落户的农民解除后顾之忧。

(4) 加快农村小城镇投融资体制改革,努力解决小城镇建设的资金短缺难题

一方面鼓励民营企业、民间资本直接向小城镇投资基础设施建设及经营兴办公用事业,在全省有条件的县城推行"大汉模式"。另一方面可推行"地滚地、地换钱"等方式,利用小城镇土地批租收入筹集基础建设资金,探索发展项目融资、工程融资等通行的融资方式。此外,可建立小城镇发展基金,可从城镇建设维护税、市县政府安排的城镇建设资金、土地出让金的留成部分、房地产开发上缴的利润、城镇基础建设配套费及管理费中提取部分资金用于相关建设。同时,省政府应出台有关支持小城镇建设投融资政策,鼓励建设银行等金融机构提供贷款支持,有条件的重点小城镇基础建设可实行项目债券的办法筹措资金。

(5) 努力形成有利于农民在城镇就业创业的机制

要把加快城镇化与扩大农村剩余劳动力充分就业结合起来,与促进农民创业结合起来。全省应加快建立覆盖城乡的公共就业服务体系,政府要增加农民工培训投入,整合培训资源,积极开展农民务工技能培训,提高农民就业和创业能力。要推进小城镇产业结构调整和产业升级,努力深化农业内部分工,提高生产经营的专业化,扶持发展农产品加工业,积极发展休闲农业、乡村旅游、森林旅游、商贸流通和各种农村服务业,努力拓展农村非农就业空间,增加就业岗位。完善促进创业带动就业的政策措施,将农民工返乡创业和农民工就地就近创业纳入政策扶持范围,在营业执照办理、经营场地租赁及税收、信贷等方面给予一定优惠。加大农民外出务工就业指导和服务力度,切实维护农

民工合法权益,健全农民工社会保障制度,促进农村劳动力平稳有序转移。

13.12.5 统筹城乡公共资源配置,加大政府对小城镇基础设施和公共设施建设投入

基础设施和公共服务设施作为小城镇发展的硬件支撑系统,不仅关系到小城镇的运行效率,而且对小城镇规模经济效益有着重要影响。我省小城镇基础设施和公共设施短缺、落后仍然是制约小城镇发展的瓶颈,而公共财政长期忽视对小城镇的投入是造成设施短缺的最主要因素。在每年的政府预算安排中,小城镇的基础设施公共设施建设都未纳入计划,或虽纳入,占的比重太小。如2008年全国城市市政公用设施投资总额为7 368亿元,单位城市建成区面积的平均投资密度为2 254万元/km^2,而建制镇则为726亿元,平均投资密度为240万元/km^2,不足城市的1/9;乡为99.5亿元,平均投资密度为123万元/km^2,仅是城市的1/18。湖南省2009年社会固定资产投资达7695.4亿元,创历史最高水平,但用于小城镇基础设施和公共设施建设的却很少。

由于小城镇基础设施建设长期不足,公共物品和公共服务供给失衡,如我省小城镇的环境污染也十分突出,"室内现代化,室外脏乱差"的现象非常普遍,缺乏对当地农村居民的吸引力,长期出现要素净外流。

因此应有计划改变公共资源配备方式,实行"公共资源配置权下移"。对公共社会资源由过去偏重城市逐步向农村小城镇转换。建议在"十二五"期间全省应注意统筹城乡公共资源配置,加强小城镇及农村的水、电、路、气、房建设,加大农村饮水安全工程投入,实施新一轮农村电网改造升级工程,推进以重点城镇为中心的农村电信和互联网基础设施建设,加大政府对全省建制镇特别是重点小城镇基础设施和公共设施建设投入,并在每年的财政预算中切块安排,尤其要加强对小城镇环境基础设施这一最薄弱环节的投入。凡具备纳入中心城区污水网体系的小城镇,应充分依托城区,纳入城区基础设施建设规划一并解决。一定区域内分布较为密集的小城镇,应以重点镇为中心,积极协调共建、共享环境基础设施。只有改善小城镇人居环境,下决心建设好一批基础设施与公共设施齐全、各种服务网点配套、环境优美、生活便利且符合两型社会要求的重点小城镇,使其真正成为吸引当地农村居民就地转化的中心,才能大大加快我省城镇化进程。

(此文入选《湖南经济发展蓝皮书(2011)》,中国社会科学文献出版社出版)

参考文献

[1] 柳思维. 加快发展环洞庭湖区域旅游产业带的思考. 武陵学刊, 2011(3).
[2] 王克英, 等. 洞庭湖治理与开发. 长沙: 湖南人民出版社, 1998.
[3] 颜永盛. 2010 洞庭湖发展论坛文集. 长沙: 湖南大学出版社, 2011.
[4] 朱翔, 等. 环洞庭湖经济圈建设研究. 长沙: 湖南师范大学出版社, 2003.
[5] 郭辉东. 洞庭湖生态经济圈建设要有新思路大举措. 新湘评论, 2011(7).
[6] 顾朝林. 国外城镇化主要经验启示. 城市, 2010(10).
[7] 姜爱林. 中国城镇化发展的历史变迁. 资料通讯, 2002(3).
[8] 侯晓丽, 贾若祥. 城镇化内涵和城镇化形态. 中国发展观察, 2007(7).
[9] 辜胜阻, 武兢. 城镇化的战略意义与实施路径. 求是, 2011(5).
[10] 国务院发展研究中心课题组. 中国城镇化前景、战略与政策. 北京: 中国发展出版社, 2011.
[11] 陈怀录, 齐昊聪, 荣慧芳. 西部干旱、半干旱地区小城镇发展模式的探讨. 中国沙漠, 2009(1).
[12] http://www.hnfgw.gov.cn/zt/ztdthgk/18916.html.
[13] http://www.hnziyang.gov.cn/qwb/shownews.aspx? id=9103.
[14] 叶裕民. 中国城市化之路: 经济支持与制度创新. 北京: 商务印书馆, 2001.
[15] 益阳市国民经济和社会发展第十二个五年规划纲要. 内部报告, 2011.
[16] 常德市国民经济和社会发展第十二个五年规划纲要. 内部报告, 2011.
[17] 岳阳市国民经济和社会发展第十二个五年规划纲要. 内部报告, 2011.
[18] [美]丹尼尔·科尔曼. 生态政治: 建设一个绿色社会. 上海: 上海世纪出版集团, 2006.
[19] 王茂林. 新中国城市经济 50 年. 北京: 经济管理出版社, 2000.
[20] 陈赜. 中国城市和城市现代化. 南京: 南京出版社, 1998.
[21] 秦润新. 农村城镇化理论与实践. 北京: 中国经济出版社, 2002.
[22] 中国科学院国情分析研究小组. 城市与农村——中国城乡矛盾与协调发展研究. 北京: 科学出版社, 1996.
[23] 蒙世军. 城镇化与民族经济繁荣. 北京: 中央民族大学出版社, 1998.
[24] 中国社会科学院研究生院城乡建设经济系. 城市经济学. 北京: 经济科学出版社, 1999.
[25] 顾朝林. 经济全球化与中国城市发展. 北京: 商务印书馆, 2000.

[26] 丁建. 现代城市经济. 上海:同济大学出版社,2001.

[27] 辜胜阻. 非农化及城镇化理论与实践. 武汉:武汉大学出版社,1993.

[28] 林玲:城市与经济发展. 武汉:湖北人民出版社,1993.

[29] 谢文蕙. 城市经济学. 北京:清华大学出版社,1996.

[30] 辜胜阻. 人口流动与农村城镇化战略管理. 武汉:华中理工大学出版社,2000.

[31] 刘勇. 我国城市化回顾与展望. 中国经济时报,1999-4-14.

[32] 马克思,恩格斯. 马克思恩格斯全集. 北京:人民出版社,1962.

[33] 周一星. 城市地理学. 北京:商务印书馆,1995.

[34] 沃纳·赫希. 城市经济学. 北京:中国社会科学出版社,1990.

[35] 巴顿. 城市经济学——理论和政策. 北京:商务印书馆,1984.

[36] 库采夫著,张淑君译. 新城市社会学. 北京:中国建筑工业出版社,1987.

[37] 许学强,周一星,宁越敏. 城市地理学. 北京:高等教育出版社,1997.

[38] 张疑,赵民. 论城市化与经济发展的相关性——对钱纳里研究成果的辨析与延伸. 城市规划汇刊,2003(4).

[39] 李小建. 经济地理学. 北京:高等教育出版社,1999.

[40] 钱纳里,等. 工业化和经济增长的比较研究. 上海:上海三联书店,1996.

[41] 宋俊岭,黄序. 中国城镇化知识15讲. 北京:中国城市出版社,2001.

[42] 许学强. 城市经济学,第二版. 北京:高等教育出版社,2009.

[43] 仇保兴. 国外模式与中国城镇化道路选择. 人民论坛,2005(6).

[44] 迈克尔·波特著,陈小悦译. 竞争战略. 北京:华夏出版社,2005.

[45] 迈克尔·波特著,陈小悦译. 竞争优势. 北京:华夏出版社,2005.

[46] 迈克尔·波特,李明轩,邱如美译. 竞争战略. 北京:华夏出版社,2002.

[47] Peter Karl Kresl, Balwant Singh. Competitiveness and the Urban Economy: Twenty-four Large US Metropolitan Areas. Urban Studies,1999(36).

[48] Paul Cheshire, Gianni Carbonaro, Dennis Hayl. Problems of Urban Decline and Growth in EEC Countries: Or Measuring Degrees of Elephantness. Urban Studies,1998,23,(2).

[49] Dennis A. Rondinelli and Gyula Vastag, Urban Economic Growth in the 21st Century: Assessing the International Competitiveness of Metropolitan Areas, Migration, Urbanization, and Development: New Directions and Issues, p469-514. United Nations Population Fund and Kluwer Academic Publishers.

[50] Iain Begg. City and Competitiveness. Urban Studies,1999(36).

[51] Markku Sotarauta, Reija Linnamaa. Urban Competitiveness and Management of Urban Policy Networks: Some Reflections from Tampere and Oulu. Paper Presented in Conference on Cities at the Millennium,1998.

[52] Douglas Webster, Larissa Muller. Urban Competitiveness Assessment in Developing Country Urban Regions: The Road forward. Paper Prepared for Urban Group, INFUD, The World Bank,2000.

[53] Deas & B. Giordano. Locating the Competitive City in England. Urban Competitiveness: Policies for Dynamic Cities,Bristol:The Policy Press,2002.

[54] 费孝通. 我看到的中国农村工业化和城市化道路. 浙江社会科学,1998(4).

[55] 夏飞,陈修谦. 高速公路对我国农村城镇化影响研究. 管理世界,2004(8).

[56] 段玉. 环洞庭湖区特色经济发展研究. 经济地理,2009(7).

[57] 刘明,谢光辉,等. 环洞庭湖区城镇体系发展研究. 地域研究与开发,2001(1).

[58] 黄群,姜加虎. 近50年来洞庭湖区的内湖变化. 湖泊科学,2005(3).

[59] 罗之仁. 洞庭湖区小城镇建设与发展问题研究. 学术交流,2001(2).

[60] 王耀中,刘辉煌. 洞庭湖区域经济特征与发展模式. 财经理论与实践,1999(3).

[61] Adam Smith(1776)著. 郭大力,王亚南,译. 国富论. 上海:上海三联书店,2009.

[62] Button(1920)著. 上海社会科学院部门经济研究所城市经济研究室译. 城市经济学理论和政策. 北京:商务印书馆,1986.

[63] Lucas. Research on the Mechanics of Economic Development. Journal of Monetary Economics,1988(22).

[64] 李宪宝. 人力资本对城市可持续发展推动作用研究综述. 工业技术经济,2007.

[65] 张萍. 长株潭城市群发展报告(2010). 北京:社会科学文献出版社,2010.

[66] 徐和平. 经济发展中的大国城市化模式比较研究. 北京:人民出版社,2011.

[67] Weber. Translated by Carl J. Friedrich. Theory of the Location of Industries. Chicago:The University of Chicago Press,1929.

[68] Christaller 著,常正文,王兴中,等译. 德国南部中心地原理. 北京:商务印书馆,1998.

[69] Losch,A. The Economics of Location. New Haven:Yale University Press,1954.

[70] Rudel and Richards. Urbanization,Roads,and Rural Population Change in the Ecuadorian Andes. Studies in Comparative International Development. 1990(3).

[71] Naseem. Urban Growth Monitoring along Islamabad Highway through Satellite Remote Sensing and GIS. http://www.gisdevelopment.net/application/urban/agglomeration/pdf/ma03112.pdf.

[72] Timofeev. Great Siberian Highway and Process Urbanization on Southern Ural. Journal of Siberian Federal University:Humanities & Social Sciences. 2009(2).

[73] 陈彦光. 交通网络与城市化水平的线性相关模型. 人文地理,2004(1).

[74] 姚士谋,等. 高速公路建设与城镇发展的相互关系研究初探——以苏南地区高速路段为例. 经济地理,2001(3).

[75] 李世泰,孙峰华. 农村城镇化发展动力机制的探讨. 经济地理,2006(5).

[76] 柳思维,吴忠才. 基础设施对城市商圈影响的实证分析. 城市问题,2009(9).

[77] Anselin,Getis. Spatial Statistical Analysis and Geographic Information System. The Annals of Regional Science. 1992,26(1).

[78] 赵晓雷. 城市经济与城市群. 上海:上海人民出版社,2009.

后 记

《农村城镇化研究——以洞庭湖区域为例》一书是我主持的湖南省社科基金重大委托课题的最终成果，并被湖南省洞庭湖发展研究会选入《洞庭湖生态经济区研究丛书》，由湖南大学出版社公开出版。该书内容主要涉及四个方面：一是对农村城镇化的理论与实证研究，包括1~5章对国内外城镇化研究理论的梳理、国内及洞庭湖区域城镇化沿革分析等。二是洞庭湖农村城镇化战略与对策研究，包括6~8章。三是洞庭湖区域农村城镇化的实践与案例，包括9~12章，即对洞庭湖区域的湖南岳阳、常德、益阳三市的农村城镇化实践过程及经验启示进行了分析，并对典型的湖乡小镇草尾镇的发展进行了概述。四是有关农村城镇化的专题论文，汇集了我多年来撰写的关于农村城镇化论文。

该成果的许多内容已先后进入湖南省委省政府决策参考，并直接当面向省委省政府主要领导汇报。该成果中的许多理论观点在学术界也产生了一定影响，如我一贯倡导的"农村城镇化、农业工业化、农民市民化"，以及"突出发展农村重点城镇，加快农民就地市民化"等思想至今仍有现实意义。当然我深知本成果仍存在一定缺憾与局限性，有些问题的研究还有待深入，如农村城镇化的制度创新既包括正式制度创新，也包括非正式制度创新，书中对正式制度的创新还有研究空白，而对非正式制度创新的研究尚未触及；又如对国内农村城镇化模式及比较研究尚缺乏深入精准的分析；对洞庭湖区域农村城镇化的实践与案例也还欠系统和全面。以上都是我今后在研究农村城镇化中要注意的。

柳思维
2012年10月于长沙

编 后 记

"洞庭湖生态经济区研究"丛书是由湖南省洞庭湖区域经济社会发展研究会会长、原湖南省人大常委会副主任颜永盛同志主持的 2011 年湖南省哲学社会科学成果评审委员会"洞庭湖区域经济社会发展系列研究"重大委托课题的最终成果，目前已形成《洞庭湖生态经济区建设构想》《洞庭湖区腹地生态经济发展战略研究》《洞庭湖区域新型工业化战略研究》《洞庭湖区域产业结构调整研究》《农村城镇化研究——以洞庭湖区域为例》《解决洞庭湖区季节性缺水方案比较研究》《洞庭湖生态经济区建设与湿地保护研究》《洞庭湖生态系统服务功能研究》《湖南省洞庭湖区域建设系统性融资规划（2011—2015）》《洞庭湖的演变、开发和治理简史》等十余部专著。本丛书于 2012 年被列入湖南省重点图书音像出版项目，于 2013 年被列入"十二五"国家重点图书出版规划项目。

为了认真组织本丛书的撰写，湖南省洞庭湖区域经济社会发展研究会成立了编委会，由洞庭湖区域经济社会发展研究会名誉会长梅克保（国家质量监督总局副局长、原湖南省委副书记）、王克英（原湖南省政协主席）、吴向东（原湖南省委副书记）任顾问，洞庭湖区域经济社会发展研究会会长颜永盛（原湖南省人大常委会副主任）任主任，洞庭湖区域经济社会发展研究会副会长（以姓氏笔画为序）刘宏（原湖南省社会科学界联合会巡视员）、刘茂松（湖南师范大学教授）、李松龄（湖南大学教授）、柳思维（湖南商学院教授）、蔡四桂（原中南林业科技大学党委副书记）任委员。每本专著，都由省内知名专家撰写。丛书编委会在丛书付梓之际，对各位领导、各位专家的辛勤劳动表示衷心感谢！

在本丛书的组稿、评审、编辑、出版过程中，蔡四桂、刘宏、刘茂松、李松龄、柳思维、吴纪宁、杜登峰、周华做了大量工作，湖南大学出版社给予了大力支持，在此，一并表示感谢！

本丛书尚有许多不足之处，恳请有关专家继续深入研究，恳请读者批评指正。

丛书编委会
2014 年 4 月